« Partage du savoir » est une collection qui tend à rendre compte des réalités complexes, des préoccupations humaines et contemporaines. Elle a vocation à dépasser le seul cadre disciplinaire de la recherche universitaire. Il s'agit ici de rétablir les passerelles entre la science et le citoyen.

EDGAR MORIN

LES FIGURES DU RAVISSEMENT

Enjeux philosophiques et esthétiques

DU MÊME AUTEUR

« La Transparence musicale contre le pouvoir des intermédiaires », *introduction à l'édition de la* LETTRE D'UN SYMPHONISTE *de Jean-Jacques Rousseau*, Editions Rumeurs des âges, La Rochelle, 1996.

L'UTOPIE VICTIME DE SES « TOPIQUES », Editions Rumeurs des âges, La Rochelle, 1996.

Analyse et présentation du BANQUET *de Platon*, « Les Classiques Hatier de la philosophie », 2001.

MARIANNE MASSIN

LES FIGURES DU RAVISSEMENT

Enjeux philosophiques et esthétiques

BERNARD GRASSET
LE MONDE DE L'ÉDUCATION

Ce livre a reçu le soutien de la Fondation d'entreprise Banques CIC pour le livre et de la Fondation Charles Léopold Mayer pour le progrès de l'homme.

« Ah, ces tristes raisonneurs ! Quels doux ravissements leurs cœurs n'ont jamais sentis ni donnés ! »

ROUSSEAU, *Julie ou la Nouvelle Héloïse*,
IIe partie, Lettre XI de Julie.

Prélude

Le ravissement bouleverse corps et âme. Les héros raciniens, subitement dépossédés de leurs pouvoirs, réduits à une passivité sidérée, en font l'épreuve saisissante. Leur brusque mutisme l'atteste :

> Quoi qu'il en soit, ravi d'une si belle vue,/J'ai voulu lui parler et ma voix s'est perdue./Immobile, saisi d'un long étonnement/Je l'ai laissée passer dans son appartement.

> Je le vis, je rougis, je pâlis à sa vue./Un trouble s'éleva dans mon âme éperdue ;/Mes yeux ne voyaient plus, je ne pouvais parler ;/Je sentis tout mon corps et transir et brûler[1].

Ce mutisme appelle le présent travail non sans constituer un inquiétant avertissement. Sous l'emprise du ravissement, la voix se perd. Seul reste vif l'écrit littéraire qui décrit le foudroiement et témoigne de l'inexplicable. Faut-il analyser dès lors ce qui se donne dans la troublante fusion des contraires (rougir et pâlir, transir et brûler, vouloir et ne pas pouvoir), dans l'instantanéité du choc et la durée de l'étonnement ? Faut-il tenter de maîtriser par la réflexion ce rapt fulgurant qui immobilise ? Quelle validité peut avoir une approche philosophique ?

1. Racine, *Britannicus,* II, 2, et *Phèdre,* I, 3.

Ces questions s'imposent tant la notion de ravissement déconcerte. Consulter les dictionnaires[1] pour se rassurer par une définition, c'est affronter des antinomies. Le ravissement désigne l'action d'enlever de force mais aussi l'état d'un esprit transporté de joie, ravi dans la béatitude. Est-ce une violence qui peut aller jusqu'à la mort ou un bienfait susceptible d'inaugurer une renaissance ? Un état ou un mouvement ? Une disposition stable ou un acte brusque ? En est-on l'objet ou le sujet ? Est-on affecté (ravi) ou acteur (ravisseur) ? A ces problèmes sémantiques s'ajoute celui de l'évolution historique du terme. On a peu à peu occulté la brutalité du rapt et sa rapidité ravageuse. Si « ravir » suppose encore virtuellement la puissance d'un ravisseur, le participe présent, « ravissant », a perdu cette valeur offensive pour s'affaiblir en qualifiant esthétiquement l'objet d'un possible rapt. La notion se scinde alors en un couple qui l'appauvrit. Les rôles y sont répartis dans une relation dissymétrique et complémentaire où se devinent des jugements de valeur (l'adjectif « ravissant » ne désignant guère désormais que la femme ou l'objet) : activité masculine, passivité féminine. Il n'y aurait plus lieu de s'étonner d'antagonismes résultant chaque fois de l'unilatéralité d'un point de vue. La difficulté conceptuelle s'évanouirait, l'extraordinaire se résorberait dans l'ordinaire des poncifs.

Je me tiendrai résolument en amont de cette répartition bipolaire par volonté philosophique de suspecter l'opinion, par refus d'aplanir trop aisément de réelles difficultés, mais surtout par souci de ne pas mutiler la plénitude troublante de la notion. L'inquiétant prénom d'Hélène indiquait déjà que la femme enlevée pouvait être aussi celle qui enlève[2] et, si l'on passait outre cet avertissement, le théâtre de Racine obligerait à

---

1. Cette recherche restera dans l'univers occidental. Cf. *Littré*, rééd. 1962 ; *Dictionnaire historique de la langue française* 1992 ; *Trésor de la langue française, Dictionnaire de la langue du* XIXe *et du* XXe *siècle*, 1990.

2. Dans « Hélène », s'entend l'infinitif aoriste du verbe « enlever », *helein*. L'étymologie, sans doute discutable, est imaginairement présente dans le monde grec, en témoignent les vers d'Eschyle (*Agamemnon* v. 681-698). Cf. Cl. Ramnoux (1959) et N. Loraux (1989).

admettre l'enchevêtrement des pôles. Au sommet de sa puissance, Néron est ravi par celle qu'il fait emprisonner et sa volonté se défait dans le moment même où elle s'exerce ; Junie, captive, le réduit à l'impuissance. Hippolyte est aussi l'acteur passif de la flamme qui transforme Phèdre, sa belle-mère, en jouet dans les mains de « Vénus tout entière à sa proie attachée » (I,3). L'invocation de la divinité vient dénommer cette fusion des contraires qui résiste à la pensée. La magie du philtre qui lie à jamais Tristan et Yseult n'a-t-elle pas un rôle semblable ? N'entraîne-t-elle pas les amants dans un amour partagé qui les ravit tous deux ? Passivité et activité ne s'y laissent pas dissocier ; les amants boivent le breuvage qui décide de leur sort, mais luttent aussi contre le monde pour accomplir leur destin.

La bipolarité trahit donc ce qui se vit dans la contraction instantanée ; de plus, faisant du ravissement la résultante d'un acte, elle érige en modèle de compréhension une relation interhumaine. Or la plénitude de la notion tient également à son étonnante extension. Le domaine amoureux est loin de l'épuiser. Le mystique peut être ravi mais aussi le penseur dans l'illumination d'une idée, le poète dans l'inspiration qui l'anime. Cette énumération rhapsodique est encore insatisfaisante. Dans une telle classification, où loger en effet « cette sorte de volupté divine et de frisson » qui saisit Lucrèce, ébloui par le « génie divin » d'Epicure[1] ? L'esprit humain atteint le divin, le poète s'enthousiasme, illuminé par la sagesse que dévoile le philosophe. Les expériences ne se laissent pas dissocier. Les unes et les autres arrachent à un univers familier, mais ne sont pas toujours provoquées par une cause extérieure. Même si dans certains de ces ravissements (mystiques ou poétiques par exemple), la question peut se discuter, il semblerait hâtif de préjuger d'une volonté divine anthropomorphisée comme il serait hâtif de nier toute participation, fût-elle inconsciente, de celui qui est ravi. Ce qui surgit dans la brutalité se nourrit peut-être de la continuité sourde d'une gestation antérieure et, dans tous les cas, dans ce transport qui le dépossède, dans cet oubli de lui-même, l'être ravi est intensément et paradoxalement pré-

1. *De Rerum natura* III, 1-3 (*De la Nature,* trad. A. Ernout, 1962).

sent dans la sensation qui le requiert. Je me refuse donc à trancher les contradictions de la notion car en elles, dans cette condensation fulgurante, palpite ce qui importe. C'est la première hypothèse de ce travail.

Le ravissement rend muet car il excède l'ordinaire des dénominations, l'exclusive logique des définitions et semble débouter de ses prétentions toute explication rationnelle. Il ne déroute donc pas seulement celui qui l'éprouve, mais aussi celui qui veut penser l'instantanéité sidérante. A tenter de comprendre, ne risque-t-on pas de résorber l'extraordinaire ? A vouloir maîtriser ce qui dépossède, n'en laisse-t-on pas échapper la puissance ?

Cette éventuelle déroute de la pensée suscite des tentations d'esquive dont on doit se garder. En blâmant les « tristes raisonneurs » que plaint Rousseau[1], on pourrait d'abord être tenté de leur opposer un sentiment rebelle à l'analyse. Ce serait abandonner tout effort de compréhension pour déclarer forfait devant l'irrationnel. On pourrait ensuite vouloir éviter la déroute en recomposant, en amont ou en aval de l'expérience énigmatique, la maîtrise menacée. En amont, on assignerait une causalité dont le ravissement ne serait que l'effet ponctuel ou le symptôme – aussi intéressants soient-ils, certains discours théologiques et certaines théories psychanalytiques paraissent relever d'une telle tentation. En aval, on jugerait et justifierait l'expérience par ses effets et son éventuelle utilité ; on prétendrait alors derechef maîtriser l'extraordinaire en lui assignant *a posteriori* une finalité, éventuellement thérapeutique. A l'inverse de ces attitudes, j'accepterai de soumettre la pensée à l'épreuve du ravissement et le ravissement à l'épreuve de la pensée.

On pourrait encore, et ce serait une autre tentation, essayer de démêler ce qui paraît inextricable en découpant le champ d'extension de la notion en domaines hétérogènes dont s'occuperait séparément chaque spécialiste ; il faudrait choisir alors de ne traiter que d'un domaine – par exemple, le seul

1. Cf. Epigraphe. Rousseau ne mésestime pas le risque et fustige les « tristes raisonneurs », non les penseurs.

ravissement intellectuel du philosophe. La compétence sur un *corpus* restreint compenserait la limitation. Je refuse aussi cette tentation. L'expérience du ravissement s'exténuerait dans le morcellement disciplinaire. Le mystique ne s'exprime-t-il pas dans un vocabulaire érotique ? Le philosophe n'est-il pas d'abord un amoureux ? Et ne lit-on pas chez Platon que l'amour est une folie divine ? Lucrèce n'écrit-il pas sous la dictée de l'amour qui l'engage à imiter Epicure, dans cette illumination qui dissipe les ténèbres ? Si le ravissement est un rapt, il transporte qui l'éprouve hors de son univers familier, hors de ses repères logiques. Il transporte aussi hors des frontières disciplinaires, entrelace les domaines et tisse de l'un à l'autre de nouveaux possibles. C'est la deuxième hypothèse de ce travail.

Tous ces refus relèvent de la même exigence – penser sans l'amoindrir l'épreuve du ravissement, sa force insolite et sa puissance de transgression –, mais posent de réels problèmes méthodologiques. Comment penser le transport sans l'arrêter ou préjuger de sa destination ? Comment tenir la rigueur de l'analyse sans rétablir la bipolarité notionnelle dénoncée ? Comment se tenir dans l'extériorité d'une réflexion sans défaire la dense contraction qu'on cherche à pénétrer ? Georges Bataille a noté l'extrême difficulté de ces questions qu'il tenta sans cesse d'affronter. L'intelligence discursive semble rester désespérément extérieure à ce qu'elle se donne pour objet, qu'il faudrait donc vivre « du dedans [...], jusqu'à la transe, dans cette fusion qu'elle interdit »[1]. Et Jean Paulhan, dans un autre registre et pourtant à la fin d'un « Traité »[2] où il cherche à analyser les ravissements qu'offre la littérature, avoue « que le ravissement – et cela dont il est le signe – ne se peuvent directement poursuivre, et que le plus sûr moyen de les perdre est de les rechercher[...]. Ce serait une folle entreprise que de les poursuivre par méthode et par réflexion ».

Je ne renoncerai pourtant pas à cette « poursuite par ré-

1. « Mais une telle expérience ne peut se décider volontairement, en faire le projet serait dérisoire », note-t-il, *L'Expérience intérieure* (1954).
2. *Traité du ravissement* (1983).

flexion », pour trois raisons au moins. Une expérience aussi centrale, aussi décisive, aussi bouleversante ne doit pas être abandonnée à l'irrationalité. Par ailleurs, parce qu'elle traverse divers domaines, les unit et les mêle, parce qu'elle évoque à la fois l'épanouissement d'un bonheur insolite et la violence déconcertante d'un rapt, elle sollicite une démarche philosophique soucieuse de s'ancrer dans la plénitude du réel pour le penser et le construire, « pour régler nos mœurs et nous conduire en cette vie[1] ». Enfin parce que ces questions témoignent à leur manière d'un dénuement et d'une épreuve, la difficulté rencontrée, loin de paralyser la recherche philosophique, se révèle stimulante. Elle indique en effet que la pensée n'est pas aussi extérieure à son « objet » qu'on le supposait, que le discours peut ne pas rester dans ce « dehors » que dénonçait Bataille, qu'on ne doit pas dissocier trop vite le sentiment vécu de l'effort de réflexion. La troisième hypothèse de ce travail est donc que la démarche philosophique doit savoir risquer sa propre maîtrise pour être digne de ce qu'elle cherche à penser.

Il fallait donc inventer un cheminement réflexif qui se tienne avec rigueur entre deux ornières – entre la pétrification des définitions qui trahirait le mouvement du ravissement et le flou facile de qualificatifs exaltés, entre la froide analyse qui se voudrait strictement objective et l'empathie subjective. A défaut de définir le ravissement, j'ai cherché à dessiner une constellation de notions où son sens s'épanouit et où l'on peut préciser ce qui importe par rapprochements, écarts et différences. Il partage avec l'évanouissement la sensation d'un vacillement et d'un abandon, avec la syncope celle d'une rupture dans la continuité temporelle, avec l'inspiration celle d'une dictée impérieuse, avec l'extase celle d'une sortie hors de soi, avec l'enthousiasme celle de l'accueil ébloui d'une intense présence. Le confronter à ces notions et à leurs antinomies (l'enthousiasme implique un mouvement vers l'intérieur, l'extase vers l'extérieur ; la syncope paraît interrompre une durée, l'inspiration ouvrir un processus créatif), préserve le vif de cette épreuve où s'abolissent les repères et permet d'appréhender l'indétermination qui rend le

1. Descartes, *Lettre préface* pour les *Principes de la philosophie.*

ravissement si difficile à penser : indétermination de l'identité propre arrachée à sa stabilité passée et de l'éventuelle destination du transport bouleversant.

Mais cet effort de précision ne peut seul suffire. L'abstraction nécessaire de l'analyse notionnelle menace sans cesse d'oblitérer le concret de l'expérience intime ; inversement la radicale singularité de l'expérience suspend toute parole. Il ne faut pourtant renoncer ni à l'un ni à l'autre. Entre les deux, s'offre la médiation des récits qui veulent relater ce qui a sidéré, des témoignages ébahis des uns, des évocations admiratives des autres, de l'art enfin qui suggère ou provoque ces émois extraordinaires – précieux intermédiaires entre l'intimité de l'épreuve et l'extériorité nécessaire d'une réflexion, parce qu'ils le sont entre le vécu psychologique et sa réélaboration, entre un pâtir et un agir, entre le foudroiement d'un transport et l'effort d'une transmission. La figure est encore médiatrice parce qu'elle s'offre à tous, même à ceux qui ne partagent pas l'expérience évoquée ou ne sont pas disposés à y adhérer. Il n'est pas nécessaire d'être amoureux pour lire Racine, pas plus qu'il n'est indispensable d'être croyant pour lire les descriptions de Thérèse d'Avila ou contempler son extase sculptée par le Bernin – ce qui invite d'ailleurs derechef à dépasser le cloisonnement disciplinaire.

La constellation ici encore s'impose puisqu'elle seule transcende le divers kaléidoscopique des épreuves vécues et permet de lier des expériences apparemment aussi distinctes qu'une illumination intellectuelle, un coup de foudre amoureux, un éblouissement esthétique, une inspiration poétique ou encore une extase mystique. Interroger ces figures de ravissement, les décrire attentivement, chercher ce qui les rassemble, c'est donner à l'analyse notionnelle la richesse de cette matière plus concrète qui lui faisait défaut, sans renoncer pour autant à l'exigence de rigueur.

De plus, les figures s'enlacent d'elles-mêmes non seulement par-delà les genres mais encore par-delà les siècles et les auteurs. La figure de Phèdre reprend celle d'Euripide (de l'aveu même de Racine) et les quelques vers cités plus haut peuvent se lire comme une nouvelle version du célèbre poème de Sappho qui figure l'égarement amoureux dans des symptômes physiques contradictoires. Loin d'être un objet inerte, la figure est vecteur d'une transmission mais aussi manière d'appréhender ce qui échappe ou sidère, mouvement créatif qui apprivoise l'ineffable, voie d'invention[1]. Je préférerai donc aux figures qui « illustrent » un ravissement donné celles qui suggèrent le transport, mieux encore, qui le propagent et l'effectuent.

Le ravissement se sent et se donne, suggérait Rousseau dans la citation donnée en épigraphe ; les figures permettent de le faire sentir et peut-être alors le donnent-elles à vivre. Pour approcher au plus près le cœur vif de la notion, on suivra donc le fil de ces appels et de ces reprises inventives, qui mène d'une figure à une autre selon la logique interne des échos signifiants. Ce fil fragile oscillera entre l'extériorité d'une réflexion et l'intimité de l'émotion, entre objectivité et subjectivité. Parmi toutes les figures possibles du ravissement, le choix de quelques figures – privilégiées parce qu'elles offrent une voie d'accès, centrales parce qu'elles sont susceptibles d'unifier ce qui resterait sinon morcelé – comportera nécessairement une dimension personnelle. Pour autant, la volonté de rigueur dans l'analyse précise, la tension vers l'abstraction notionnelle, l'accent mis sur la transmission et la propagation des figures, préserveront, j'espère, à la fois de la gratuité de l'arbitraire et de l'enfermement dans l'idiosyncrasie. Pour s'en prémunir encore, la recherche s'enracine dans l'analyse attentive des textes platoniciens. Leur influence sur la Renaissance italienne suffirait à convaincre de la nécessité de ce premier moment, mais il aura la triple ambition de déployer avec rigueur les contradictions et suggestions que la notion recouvre, de comprendre dans un second moment comment elle met le philosophe à l'épreuve, enfin de dégager la constellation de figures qui organisera le reste du travail.

Le parcours n'aura pas la belle linéarité que lui donnerait une destination prévue et les étapes, nécessaires pour légitimer les options prises et dégager de nouvelles perspectives, seront celles de sa propre progression. Il témoignera en tout cas d'une

1. Cf. les analyses d'E. Auerbach (1944), P. Francastel (1965 et 1967), J. F. Lyotard (1971) et G. Didi-Huberman (1990). Cf. aussi J. Clair (1989).

exigence continue : réfléchir sans trahir les conditions de possibilité et les enjeux d'une expérience radicale, chaque fois bouleversante et singulière.

« J'ose joyeux l'audacieux voyage »

La Flûte enchantée
(Tamino, Finale du second acte[1]).

---

1. « *Ich wage froh den kühnen Lauf* », Mozart, Livret de Schikaneder.

– I –

FIGURES PLATONICIENNES DU RAVISSEMENT

Au cœur de quelques dialogues connus (principalement l'*Ion*, le *Banquet*, le *Phèdre*) se trouvent des figures centrales pour affiner la notion de ravissement et les interrogations qu'elle suscite. L'aimantation d'une inspiration qui se propage, la présence vigilante d'un démon familier, la catalepsie méditative, la folie amoureuse, toutes ces figures sont moins disparates qu'il n'y paraît. Encore faut-il comprendre ce qui se joue dans ces différents états, dans leur temporalité, ce qui y est ainsi suggéré de la tension vers la vérité. Et ce, d'autant que Platon ne propose pas seulement des voies d'approche imagées permettant de se « figurer » l'extraordinaire du ravissement mais aussi des figures, au sens plus traditionnel du terme : figures visuelles (sculptures de vieux satyres qui s'ouvrent en leur milieu sur d'autres figurines), ou figurations animales du philosophe (poisson torpille, taon, vipère, etc), ou encore portraits remarquables de quelques personnages privilégiés (un philosophe musicien, une prêtresse étrangère, voire ce « vieux bonhomme » que Socrate oppose sans cesse à Hippias). Tous creusent des écarts dans le discours, éblouissent le lecteur pris de vertige dans des dédoublements de sens. L'entrelacement des figures dans le texte paraît alors un moyen privilégié de suggérer l'expérience du ravissement, sans l'exténuer dans la linéarité d'un discours ni la figer dans des oppositions statiques. L'œuvre qui nous prend aux rets de ces images n'invite-t-elle pas dès lors à un tel ravissement philosophique ?

Cette hypothèse infléchit la nature des lectures platoniciennes qui suivent, moins soucieuses de s'inscrire dans une histoire doctrinale de la philosophie que de suivre les figures esquissées et d'en épanouir les virtualités interrogatives. Il ne s'agira donc pas de discuter ici des attributions de tel ou tel dialogue ou de leurs dates respectives de composition, mais de se confronter à la puissance de ce legs historique du platonisme et de rendre ainsi hommage à « des discours qui ne sont pas stériles mais ont en eux une semence d'où viendront d'autres discours qui, poussant en d'autres naturels, seront en mesure de toujours assurer à cette semence l'immortalité, et de donner à celui qui en est le dépositaire le plus haut degré de bonheur que puisse atteindre l'homme » *(Phèdre*, 276e).

Pour privilégier la facilité d'accès aux textes, je citerai Platon dans les nouvelles traductions en « GF-Flammarion » (celles du moins qui étaient disponibles lors de l'élaboration de ce travail) et, à défaut, dans la traduction de Léon Robin qui rassemble tout le corpus dans la « Bibliothèque de la Pléiade » (2 t., 1950). Lorsque ce sera nécessaire, je rappellerai les termes grecs, en optant pour la forme la plus simple de translittération en caractères latins : celle qui omet les accents et ne marque que l'esprit rude (h), l'êta (ê) et l'oméga (ô). Le lecteur trouvera en annexe la liste des abréviations utilisées pour les titres des dialogues.

1. Possession poétique et aimantation

Le dialogue *Ion* est centré sur le thème de l'inspiration. Dans une première lecture, la notion paraît utilisée ironiquement pour ruiner la prétention du rhapsode[1], l'interlocuteur éponyme. Pourtant la dénonciation met en œuvre la belle figure de l'aimantation qui inspirera à son tour bien des théories. Aussi vaut-il la peine d'en comprendre la complexité.

Couronné de succès, Ion ne doute pas de sa supériorité. Socrate va pourtant l'obliger à reconnaître l'inanité de son pouvoir. Car il ne peut rendre raison ni de ce dont il parle ni de la manière dont il le fait et, en plus, il ne sait commenter qu'Homère. Pourtant, proteste le malheureux, je subjugue mes auditeurs. C'est sans doute « [qu']une puissance divine te met en mouvement, comme cela se produit dans la pierre qu'Euripide a nommée Magnétis et que la plupart des gens appellent Héraclée[2] », lui propose Socrate. Devant cette alternative – posséder une technique ou être possédé par la Muse – et ne pouvant prouver la première, Ion préfère tirer gloire de la seconde en se proclamant le héraut des dieux.

Pour le lecteur amusé, ce triomphe prête à sourire. D'abord, Ion n'est qu'un maillon conducteur du flux aimanté : le dieu inspire le poète qui inspire le rhapsode qui inspire les auditeurs. Ensuite, ce flux ne lui vient que d'une seule source d'inspiration

1. Le rhapsode déclamait les vers des poètes. Il en actualisait l'émotion dramatique, il pouvait aussi en donner des commentaires.
2. *Ion*, 533d, trad. de M. Canto (1989).

« tel poète dépend de telle Muse, tel autre d'une autre Muse – nous disons alors que le poète "est possédé", ce qui est tout près de la vérité, puisqu'il est tenu par sa Muse »(535-536). Enfin, pour être ainsi possédé et réduit à l'état de chaînon dépendant, il a été privé de sa propre raison comme tous ceux qui sont inspirés et que « le dieu emploie comme des serviteurs, ayant ravi leur raison »[1].

Cette restriction dessine l'ombre portée de l'inspiration (la déficience de la technique et de la raison) et ses caractères négatifs. Elle est aléatoire car elle survient à l'improviste et s'empare de n'importe qui, voire du plus médiocre. Par exemple Tynnichos de Chalcis ne sut rien composer qui vaille en dehors d'un poème « le plus beau de tous les poèmes lyriques, vraiment "une découverte des Muses", comme il l'appelle lui-même ». Son ordinaire médiocrité indique en creux l'extraordinaire pouvoir du dieu et la place dévolue au poète : instrument obéissant, d'autant plus docile que sa personnalité est faible, d'autant plus soumis qu'il ne se sert plus de sa raison propre. Par ailleurs, la manifestation divine est fugitive et le poète, déserté, retourne à sa médiocrité, le rhapsode à son hébétude. Ion avoue sommeiller lorsqu'on ne parle pas d'Homère. L'inspiration révèle ses limites, l'écoute singulière du possédé manifeste encore l'étroitesse de sa dépendance.

La vanité d'Ion est donc mise à rude épreuve alors même qu'il croit s'enorgueillir d'une « faveur divine ». Loin d'être un don, l'inspiration traverserait un être vide. La possession ne serait qu'une parenthèse temporelle faisant irruption dans une durée lisse. Discontinuité terrassante, elle surviendrait de l'extérieur de l'individu et ne saurait s'expliquer. Brèche brutale, elle suspendrait son identité, le dépossédant de sa raison, pour le réduire à n'être que la scène d'une autre parole. Mis brusquement en transe, l'inspiré agissant serait essentiellement passif. Ces caractères semblent se renforcer mutuellement et impliquer cette commune conséquence : la possession, aussi extraordinaire et divine soit-elle, ne modifie pas essentiellement, mais suspend seulement l'identité de celui qui en est

1. 534cd ; également *Mén.* 99d (pour les poètes, prophètes, devins et même hommes politiques).

précisément l'objet (et non le sujet) et qui redeviendra aussi vite lui-même. Ion a donc bien tort de se vanter. Il a été possédé, rien de plus. Registre de l'avoir et non de l'être.

Ce tableau négatif ne peut satisfaire. Car la perte de raison de l'inspiré y est à la fois postulée et démentie. Le bon rhapsode, souligne Socrate, doit connaître et comprendre les vers du poète qu'il commente afin de les interpréter au mieux ; en outre, Ion lui-même avoue veiller aux effets de son interprétation pour maîtriser à son tour l'inspiration des spectateurs – ce qui suggère une pratique réflexive de son métier[1]. L'aspect irrationnel de l'inspiration doit donc être nuancé comme doit l'être la perte de rationalité qu'elle suscite. Il est explicitement dit que l'inspiration n'advient qu'en faisant brutalement le vide dans l'esprit de celui qu'elle visite comme si la puissance du souffle divin chassait les facultés propres de celui qu'elle mobilise, mais, en fait, elle n'arrache Ion et Tynnichos de Chalcis qu'à la somnolence et à la médiocrité. Dormir, végéter, est-ce la raison dont on les prive ? A y regarder de plus près, se manifeste une hésitation temporelle que l'on pourrait schématiser ainsi : ou le dieu ravit la raison de celui qu'il inspire ; et, en ce cas, l'inspiration est discontinuité et rupture, elle est première et suspend momentanément et conséquemment la raison de l'inspiré. Ou, à l'inverse, l'inspiré potentiel s'emploie à perdre sa raison pour se rendre disponible dans l'espoir d'une éventuelle inspiration. Au lieu d'une discontinuité, au lieu de l'irruption d'une possession étrangère, se dessinerait alors la continuité d'une quête. L'un n'exclut d'ailleurs pas l'autre puisque l'inspiration se donne dans l'expérience vécue de la possession.

Cette hypothèse permet de dépasser l'alternative rencontrée dans les contradictions apparentes du texte.

> Comme les Corybantes qui se mettent à danser dès qu'ils ne sont plus en possession de leur raison ainsi font les poètes lyriques. C'est quand ils n'ont plus leur raison, qu'ils se mettent à composer ces beaux poèmes lyriques. Davantage, dès qu'ils ont mis le pied dans

1. On songerait plus au *Paradoxe sur le Comédien* de Diderot qu'à une transe inspirée.

l'harmonie et dans le rythme, aussitôt ils sont pris de transports bachiques et se trouvent possédés (534a).

Les deux premières phrases insistent sur la perte de la raison : la dépossession est condition nécessaire, antécédente ou concomitante, de l'inspiration. La troisième phrase, elle, fait de la possession le résultat temporel d'une action. Que cette action soit immédiatement suivie d'une passivité (« ils sont pris »), et qu'elle soit ici présentée comme minimale (mettre le bout du pied suffit), ne doit pas masquer le fait qu'elle esquisse une amorce de participation volontaire du sujet. La suite du texte renforce cette activité, en comparant les Bacchantes et les poètes : les premières, possédées, vont puiser aux fleuves du miel et du lait et les seconds vont butiner « sur certains jardins et vallons des Muses » pour en rapporter des poèmes lyriques. L'image évoque une quête et non la docile passivité d'un instrument possédé. La possession pourrait n'être alors qu'une manière de dénommer ce que ressentent subjectivement les poètes.

La même tension se retrouve dans la figure de l'aimantation. Dans une première lecture, le possédé semblait n'être qu'un morceau de matière, sans qualité propre, mis en mouvement par une force magnétique extérieure. Mais dans une seconde lecture, ni l'extériorité, ni la passivité, ni la métamorphose du sujet en objet possédé ne sont évidentes. L'extériorité d'abord n'est pas totale puisque l'aimantation suppose une identité de nature entre les corps qu'elle relie : ils sont tous en fer, tous sensibles aux Muses. Platon va plus loin en différenciant les chaînes d'aimantation. Le rhapsode n'est relié qu'à celle qui lui correspond. L'apparent hasard conjoncturel peut donc s'interpréter comme une détermination interne. La force attire et révèle à chacun sa nature propre. Cette nature est spécifique mais partageable. Même si cette (re)découverte est vécue dans la passivité surprenante d'une révélation extérieure, l'identité s'y révèle ; mieux, elle agit : la pierre magnétique « fait aussi passer en ces anneaux une force qui leur donne le pouvoir d'exercer à leur tour le même pouvoir que la pierre » (533d). Cela invite à concevoir une activité dont le sujet n'est pas directement la source mais qui s'effectue en lui avec son concours efficace. Ce qui explique la conjonction des termes « d'enthousiasme » et de

« possession », l'un mettant l'accent sur l'intimité de cette parole qui habite le rhapsode, l'autre sur l'extériorité d'une prise. Extériorité et intériorité se manifestent aussi dans la place médiane du maillon, il subit une attraction extérieure, et l'exerce à son tour.

Une autre conception de l'inspiration se profile : individuelle mais communicable, transitive et renforcée par l'activité propre du rhapsode. Son sommeil prend ainsi un autre sens, celui d'une mise en sommeil de la raison, symbolisant un effort de disponibilité pour accueillir une raison supérieure qui transcende l'émiettement des individus et de leurs savoirs particuliers. Platon insiste sur ce qui est perdu (l'autorité dont le rhapsode se croyait détenteur) mais cette perte assumée indique la voie de la sagesse de Socrate qui prétend ne dire « que des vérités vraies, comme c'est naturel chez un homme dépourvu de toute compétence particulière ! » (532d-e). Dans ce dénuement avoué, se dessine une autre dimension spirituelle, celle de la vigilance philosophique au service du vrai. Ion s'éveille à la vivacité intellectuelle lorsqu'il se tient au service d'Homère[1]. L'éveil est aussi une dépossession de ses repères, de la fermeté de son assise, ce que dit encore le mouvement de l'aimantation. Et l'idiotie singulière du possédé, dormant quand on ne parle pas de <u>son</u> poète, n'est pas une limitation égoïste puisque la reconnaissance est celle de son appartenance commune à une lignée, le rhapsode est un maillon qui permet un véritable partage.

On doit en conséquence dépasser la première et la plus habituelle interprétation du dialogue : l'inspiration serait ironiquement évoquée pour ridiculiser Ion – divine intrusion imposée à un individu privé de son bon sens dans une dépossession violente, puis abandonné à sa médiocrité coutumière une fois la parenthèse extraordinaire refermée. La seconde interprétation est plus convaincante : Ion n'est aimanté que dans la mesure où il est susceptible de l'être (la pierre d'Héraclée n'agit que sur telle matière), voire parce qu'il s'est préparé et

1. Deux verbes en tout cas le montrent attentif à l'accueil des idées. L'expression « *prosechein ton noun* » signifie appliquer son esprit à quelque chose, « *euporein ho ti legein* » marque la réussite de cette application puisque les idées viennent en abondance (532c).

rendu disponible pour l'être. Comme on l'a vu, il faut avoir d'abord « mis le pied » dans l'harmonie pour « être pris de transport » ; derrière l'apparente possession se profile une quête personnelle.

Cette conception propose un riche point de départ pour penser le ravissement au-delà du rapt et de sa brutalité temporelle, au-delà de la violence éphémère d'une dépossession extérieure. Dans l'immédiat, elle présente un triple intérêt. Le premier est de donner toute sa force à un dialogue qui serait sinon assez mince et mettrait en scène un Socrate persifleur sans que ce soit au service d'une véritable finalité ; le texte serait plein de contradictions ou d'hésitations et abuserait de figures elles-mêmes obscures, énigmatiques, voire contradictoires – les rhapsodes sont des dormeurs brutalement éveillés, des abeilles qui butinent ou des morceaux de fer aimantés. Or le deuxième intérêt de cette conception est de souligner que les figures, notamment celle de l'aimantation, sont irremplaçables. Elles permettent en effet de ramasser dans l'unité d'une forme littéraire les tensions notionnelles qui cherchent à s'exprimer et qui risquent de s'épuiser ou de mener à une contradiction inopérante dans la linéarité du discours. L'aimantation figure l'un et l'autre à la fois et dans le même temps : l'activité et la passivité, la discontinuité de la prise et la continuité de la chaîne, la singularité de la parole et son partage possible, l'origine divine et la réception humaine, l'extériorité de la pierre d'Héraclée et l'intériorité de son pouvoir, et encore l'unité du multiple rassemblé par cette attraction. Figure heuristique pour le lecteur, mais aussi pour le philosophe qui cherche à conceptualiser une expérience qui échappe aux prises habituelles du savoir, à la maîtrise de la raison ordinaire. A l'instar de Platon, il faut donc prendre au sérieux cette force heuristique de la figure. Le philosophe est aussi appelé à mettre en sommeil sa compétence conceptuelle et à se hasarder hors de son domaine pour se laisser à son tour aimanter par les figures. Et Socrate, taquinant Ion, dessinerait de comparaisons en figures le cœur du problème qui lui importe. Car le troisième intérêt de cette interprétation est de préserver non seulement la cohérence propre du texte, mais encore la cohérence globale des dialogues platoniciens ; la possession poétique représente dans cette perspective une des figures de la tension que proposent d'autres textes en mettant l'accent sur d'autres priorités.

Aussi faut-il mettre maintenant à l'épreuve cette cohérence en examinant une figure qui revient à maintes reprises dans l'œuvre de Platon : celle du démon socratique.

2. Manifestations et présences singulières

Apparemment tout oppose la figure de l'aimantation et la figure démonique, hormis le fait qu'elles impliquent toutes deux l'action d'une puissance extérieure. L'une minéralise les sujets et leur imprime un mouvement irrésistible ; l'autre personnalise un pouvoir et s'oppose à un mouvement spontané. L'inspiration extraordinaire jette le poète ou le rhapsode hors de leur raison pour les investir d'une parole qu'ils ne peuvent ni retenir ni maîtriser, elle les suspend comme de simples maillons à de longues chaînes. Le démon de Socrate lui est propre et même familier, il l'incite à retenir et maîtriser le geste irréfléchi. Mais cet antagonisme des figures repose sur la première et insuffisante lecture d'*Ion*, ce qui incite à le soupçonner.

Le daimôn

« Les débuts en remontent à mon enfance, dit Socrate, c'est une voix qui se fait entendre de moi, et qui, chaque fois que cela arrive, me détourne de ce qu'éventuellement je suis sur le point de faire, mais qui jamais ne me pousse à l'action »[1].

Il s'agit donc d'une voix, d'autres textes parlent de « signal »

1. *Apologie de Socrate* (31d). L'analyse s'appuiera sur les diverses occurrences du *daimôn* dans le *corpus* platonicien : *Apo.*, *Hip. Maj.* (304c), *Mén.*, *Théé.* (151a), *Alc.*, *Euthyd.* (272e), *Rép.* (VI 496c) ; *Euthyp.* (3b) ; *Phèdre* (242b-d) ; *Ban.* (202de-219bc) ; *Théa.* (128-130) – trad. L. Robin, sauf *Phèdre* (trad. L. Brisson).

ou « d'avertissement », si peu exceptionnelle en tout cas qu'on se dispense du souvenir précis de sa première occurrence ; elle ne renvoie pas à un événement mémorable, mais à la lointaine période de l'enfance. La première fois s'efface dans la réitération. La discontinuité du signal se conjugue avec la continuité tissée par l'habitude, comme l'extériorité de la manifestation se conjugue avec l'intimité d'une présence familière. Cette ambiguïté explique sans doute que cette présence hybride, transcendante et intérieure, extraordinaire et ordinaire à la fois, soit appelée : « un je-ne-sais-quoi de divin et de démonique ». Dénommons-le pour l'heure, et en accord avec la tradition, *daimôn*.

Il présente la singularité de se manifester à Socrate seul et dans l'éventualité d'un tort que lui seul commettrait ou subirait. Il intervient pour suspendre un mouvement (*apotrepein*) : empêcher l'éventualité d'une action, interrompre celle qui est commencée ou tenir Socrate en arrêt. Dans tous les cas, la voix semble interdire sans jamais proposer (*protrepein*), ce qui impliquerait pour Socrate une double passivité dans l'écoute et l'obéissance. Pourtant les dialogues platoniciens associent parfois à cette fonction apotropaïque (de retenue et d'empêchement), une fonction protropaïque (d'incitation, voire de conseil)[1]. Dans *l'Apologie,* Socrate dit que le dieu le tient et le transforme en « une manière de taon », attaché au flanc de la cité pour réveiller chacun et le stimuler (30e). Les termes invitent à une action réitérée. Certes, il s'agit du dieu et non du *daimôn,* mais ce dernier intervient quelques lignes plus loin pour interdire au philosophe de se mêler des affaires de la cité – ce qui lui permet de survivre et d'accomplir l'exigence divine. Respecter l'interdit, c'est donc pouvoir poursuivre l'action entreprise.

Dans le *Phèdre,* l'occurrence est plus intéressante encore.

> Comme j'allais traverser la rivière [...] le signal divin, celui dont j'ai l'habitude, s'est manifesté en moi ; or, il me retient toujours quand je suis sur le point de faire une chose. J'ai cru entendre une voix qui venait de lui et qui m'interdisait de m'en aller avant d'avoir expié pour une faute contre la divinité (242 bc).

---

1. Les héritiers de Socrate se sont opposés sur la place respective de ces deux fonctions.

Sans conteste ici, le *daimôn* est apotropaïque. Mais s'il retient une action, il en requiert une autre. Il arrête Socrate qui voulait partir après avoir entendu un discours sur l'amour et en avoir composé un autre. Or, ces deux discours ont présenté Eros comme mauvais. L'expiation exige la composition d'un troisième discours qui défendra l'idée d'une bonne folie : la *mania*. Impressionnant renvoi : l'intervention divine stimule Socrate afin qu'il célèbre la force féconde de la possession par le divin.

Le « signal » ne l'oblige pas seulement à parler mais aussi à assumer sa responsabilité d'auteur, en commençant d'abord par refuser celle des précédents discours. Si la chose paraît évidente pour le premier, celui de Lysias, elle l'est moins pour le second qu'il a lui-même prononcé devant Phèdre. C'est pourtant à ce dernier que le philosophe attribue à deux reprises ce discours « stupide » et « impie ». Il l'accuse d'abord de l'avoir forcé à le prononcer, puis de l'avoir prononcé par sa bouche après l'avoir drogué (242de). Encore actif même sous la contrainte dans le premier cas, il n'est plus qu'un instrument dans le second cas. Ces accusations sont moins déconcertantes qu'elles ne paraissent. Elles proposent la modalité négative d'une possession fallacieuse, inversion de la réelle possession du rhapsode. Socrate refuse désormais d'être le réceptacle vide d'une parole qui coulerait en lui et malgré lui, car cette parole, loin d'être divine, serait celle de son séduisant interlocuteur. La séduction n'est qu'un simulacre de la possession. Humaine, trop humaine, elle mime la perte au seul profit d'une parole creuse. Substance extérieure, la drogue ingérée modifie notre nature et nous fait perdre notre maîtrise propre. A l'inverse, l'aimantation n'attire que celui qui, par sa nature, est destiné à l'être. Cette passivité docile de l'orateur, stigmatisée désormais par Socrate, souligne *a contrario* l'activité reconquise grâce à l'intervention démonique. La singularité de la parole revendiquée se conjugue avec l'intériorité du signal divin, tout à la fois injonction de passivité et d'activité, présence extérieure et intime.

Un vieux bougon, un sage en extase...

Cela expliquerait que le signal soit une voix ; elle oblige à faire silence pour l'entendre. Cette voix, surgie de nulle part et pourtant familière, ne figure-t-elle pas l'altérité du dialogue que nous menons intérieurement, nos propres objections, notre propre dualité ?

La figure satirique du « vieux bonhomme », mis en scène dans l'*Hippias Majeur,* remplirait un rôle parallèle. Interdisant de se satisfaire des réponses toutes faites, ce bougon traque les préjugés (ces propos qui sortent de notre bouche sans que nous en soyons les auteurs). Explicitement, il s'agit de quelqu'un avec qui Socrate prétend s'être acoquiné, tout en disant habiter avec lui et vouloir même entrer dans sa peau. Il laisse donc entendre qu'il ne ferait qu'un avec lui et que ce dédoublement n'est qu'un savoureux recours pour débouter la prétention d'Hippias. Pourtant Socrate n'est pas seulement cet astucieux stratège et il avoue son embarras :

> Un sort démonique me retient autant qu'il semble : moi, dont continuellement la pensée est errante et embarrassée ; moi qui, d'autre part, en étalant aux yeux de vous autres savants mon propre embarras, me fais en revanche insulter par vous, chaque fois qu'il m'arrive de l'étaler (304c).

La retenue démonique traduit le refus d'une suffisance savante ; l'embarras socratique n'est pas un défaut mais un progrès sur les naïves certitudes, comme le montre (à quelques lignes de là) ce vieux « bonhomme » qui asticote les protagonistes en réfutant leurs définitions irréfléchies du beau. Dédoublement de la pensée dans sa vigilante présence à elle-même, on est au plus près de la lecture d'Apulée[1] faisant du *daimôn* de chacun, un surveillant alerte et circonspect, même

1. Apulée, *De Deo Socratis* (trad. C. Lazam, 1993).

s'il ne s'agit pas ici de n'importe quelle introspection, mais de l'exigence spécifique de la quête du vrai. Pour autant, le vieux bougon ne représente qu'en mineur, dans une version appropriée à la grossièreté d'Hippias, la voix démonique. Car le *daimôn* n'est pas une simple conscience, il surgit de manière inopinée dans une impérieuse présence.

On songe alors à une autre manifestation rapportée par des témoins : ces « arrêts » socratiques que le peuple constate étonné, que le disciple amoureux célèbre, et que le médecin ultérieurement s'efforcera de diagnostiquer, hésitant entre extase et catalepsie. Pour éviter de schématiser, relisons le passage célèbre du *Banquet* où Alcibiade décrit l'attitude étonnante du philosophe à Potidée.

> Mais voici ce qu'encore a accompli et supporté cet homme énergique, un jour, là-bas, en campagne, et qui vaut d'être entendu. Ayant en effet concentré ses pensées dès l'aurore sur quelque problème, planté tout droit, il le considérait, et comme la solution tardait à lui venir, il ne renonçait pas, mais restait, ainsi planté, à chercher; c'était déjà midi, les hommes en faisaient la remarque, et, pleins d'étonnement, ils se disaient l'un à l'autre : « depuis le petit jour, Socrate est là debout, en train de méditer quelque chose ! » Finalement, le soir venu, quelques-uns de ceux qui l'observaient, ayant, après leur dîner, transporté dehors leur couchage, joignaient ainsi à l'agrément de dormir au frais la possibilité de surveiller Socrate. Pour voir si, toute la nuit, il demeurerait ainsi, en plan. Or, il resta planté de la sorte jusqu'à l'aurore et au lever du soleil. Ensuite, il s'en alla de là, après avoir fait au Soleil sa prière (220cd).

Ici, pas d'interlocuteur coriace pour le plonger dans l'embarras, pas de voix démonique pour l'empêcher d'agir ou exiger une action réparatrice. Le philosophe est radicalement seul, isolé de la foule qui le considère comme un phénomène, arraché à lui-même par la tension intellectuelle de sa recherche. L'immobilité est l'envers de sa concentration spirituelle. Elle n'en est pas seulement le signe, elle en est la résultante. Alcibiade le laisse doublement entendre : explicitement, en soulignant la priorité de la concentration, puis sa reconduction; implicitement aussi, en insérant cet épisode dans le catalogue des prouesses d'endurance de Socrate. Cette immobilité est la victoire d'une volonté sur un corps dompté, tendu vers autre chose. Elle s'apparente à une extase (au sens qu'a pris le terme dans notre vocabulaire, de sortie hors de soi, *ek-stase*) même si le terme grec[1] ne se rencontre pas et si on peut lui préférer le terme de « catalepsie », médicalement distinct de l'extase en ce que « l'exercice de la pensée, au lieu d'être anéanti [...] est entièrement absorbé par une idée[2] ».

Déjà dans l'ouverture du *Banquet,* un incident « cataleptique » annonce celui de Potidée. Socrate, tout à ses pensées, s'est arrêté immobile devant la maison d'Agathon et reste sourd aux appels du domestique. L'hôte s'en agace, juge que c'est « hors du sens commun » et emploie le qualificatif *atopos* qui exprime le fait d'être hors du lieu, *ek-stase* donc et singularité exceptionnelle. Or l'accusation prélude au banquet et à une réflexion sur la « folie amoureuse » qui fait passer pour fou aux yeux du vulgaire. Parler de folie, de perte du sens commun, c'est en rester aux manifestations extérieures, à la vision de la foule ou d'Agathon ; c'est méconnaître le mouvement « atopique » du détachement. Cette perte n'est que le symptôme d'un déplacement et ce déplacement permet l'accueil en soi d'une autre dimension – ce qui n'est pas sans évoquer la figure de l'aimantation.

Des trois figures et de la fonction démonique

L'anecdote montre que l'extraordinaire n'interdit pas la répétition coutumière ; elle montre aussi que les interventions du *daimôn* et les moments « cataleptiques » présentent de forts caractères communs : Socrate y paraît à l'écoute de quelque chose qui le met hors du monde et de lui-même. Son apparente

---

1. *Ekstasis* ; le mot signifiait initialement tout changement abrupt d'idée ou d'humeur et indiquait plus généralement à la fois le déplacement, le changement et la disjonction, la rupture avec les critères de la normalité (Ioan P. Couliano, 1984).

2. Georget et Calmeil, *Dictionnaire médical*, 1834. La référence est empruntée à J. Pigeaud qui rassemble les textes les plus instructifs sur cette question (1988).

passivité abrite une quête – ce qui confirme la double fonction du *daimôn,* indissociablement apotropaïque et protropaïque.

Mais le rapprochement oblige en retour à préciser deux différences éclairantes, d'autant que les deux manifestations ne coexistent jamais. Première différence : le *daimôn* surgit pour faire cesser quelque chose tandis que la « catalepsie » résulte de la concentration de Socrate. De l'un à l'autre, l'accent se déplace de la passivité imposée à l'activité volontaire[1] ; l'intrusion de la voix formule explicitement une condition dont les moments extatiques prouvent l'efficacité. Deuxième différence : le signal divin est toujours décrit par Socrate, l'extase par un spectateur. L'évocation intérieure témoigne de l'irruption de l'impératif et de la rupture qu'il induit, tandis que le témoin dépeint un résultat stupéfiant qui laisse supposer un effort constant. Mais c'est toute l'ironie de ce regard extérieur de ne s'intéresser qu'à la résorption de l'effort : ni Agathon ni les soldats ne se soucient de savoir quel problème va être résolu et comment, ils se demandent seulement quand Socrate va se soustraire à l'insolation et venir banqueter. Inversement, le *daimôn* oblige le lecteur (*via* Socrate) à l'interrogation : quelle est la faute imminente et l'exigence sous-jacente ? Ici encore, l'expérience du *daimôn* est plus explicite car le lecteur ne peut ignorer qu'une quête s'ouvre. Cet amont lui est manifesté ; en aval il n'en verra que les résultats symptomatiques et extatiques, de l'extérieur.

Dans cette perspective, le vieux bonhomme, le *daimôn* et la catalepsie peuvent se lier sans se confondre. Tous trois expriment le dédoublement, la faille ouverte par une recherche, en entrelaçant extériorité et intériorité, passivité et activité. Mais les trois représentations insistent différemment soit sur l'activisme râleur du vieux bougon, soit sur les familières mais brèves injonctions d'un *daimôn,* soit encore sur la remarquable immobilité d'un corps abandonné. De l'une à l'autre et dans cet ordre, on irait de l'obligation de sortir des assurances confortables, au retour réflexif sur la valeur des actions entreprises, à l'emprise enfin d'une extase « volontaire ». On irait aussi de la quotidienneté

1. Aulu-Gelle en fera même un exercice d'endurance.

prosaïque à la singularité d'une manifestation extraordinaire. Le vieux bonhomme est un *alter ego*, l'avertissement est démonique ; et l'homme, capable de se rendre indifférent à l'inconfort d'un corps humain, deviendrait quasi divin.

Cette gradation éclaire à son tour le « je ne sais quoi de démonique ». Dans le *Banquet*, la prêtresse Diotime définit le *daimôn* comme un médiateur entre le divin et l'humain. Par son intermédiaire, les hommes peuvent à leur tour devenir démoniques dans la mesure où ils entrent en relation avec la divinité et, conclut-elle, « celui qui est savant là-dessus est un homme démonique »(202a*).* Le texte platonicien est cohérent. Il souligne la relation dynamique qu'établit et rend possible la nature mixte du démon. Lorsqu'il fait de Socrate un humain jeté hors de son corps, un quasi dieu, il reprend la définition de Diotime et l'on doit penser à la fois que Socrate entend un avertissement divin et qu'il est lui-même potentiellement démonique. Cette double dimension implique la prudence de la dénomination du « je ne sais quoi ». Si, la plupart du temps, Socrate cherche à s'avertir lui-même, à se retenir ou se réprimander sous la figure d'un vieux bougon, dans des moments plus soutenus, il parvient à se démoniser lui-même par concentration volontaire. Humain, il participe du divin par cette quête spirituelle. Entre les deux, mixte des deux, l'avertissement démonique l'immobilise pour le mobiliser.

Ces contradictions n'en sont pas, elles disent simplement la complexité de la tension philosophique hors des inerties acquises, sous la figure de l'arrachement démonique. Démonique, cette tension l'est aussi, puisqu'elle rassemble en elle la transcendance de l'exigence et la dimension pathétiquement humaine de la quête. Elle est toujours ce mélange d'opposés, même si sa représentation insiste davantage sur la fonction apotropaïque. Puisqu'elle n'exclut pas la fonction contraire, que signifie une telle insistance ? Elle vise celui qui se satisfait trop vite de fausses certitudes. Le signal démonique interdit la spontanéité facile ; il inaugure ainsi la possibilité d'un discours réfléchi, d'un engagement personnel dans une quête authentique du vrai. L'interdit est précieux parce que dynamisant.

Le signal est donc rudesse pédagogique : de Socrate envers

Hippias ou Phèdre, de Platon envers son lecteur, soumis comme les interlocuteurs au venin de la vipère et à la paralysie de la torpille. Pour lui à son tour, la figure de Socrate est un « je ne sais quoi de démonique », apotropaïque et protropaïque, obligeant à la réflexivité, ouvrant en chacun la brèche de l'interrogation, tel ce taon que le dieu attache au flanc de la Cité pour piquer chacun d'incessants reproches. Ce dédoublement n'est pas simple effet de miroir, il témoigne de la fonction médiatrice du *daimôn* dans la conduction d'une énergie divine, dans un processus transitif qui évoque la figure de l'aimantation. L'anneau médian est l'intermédiaire entre le divin et l'humain. Socrate est « attaché par le dieu », le rhapsode « tenu par sa Muse », l'un et l'autre sont les vecteurs d'une force qui les transcende, exigence philosophique pour l'un, inspiration poétique pour l'autre. La chaîne de l'aimantation peut être fort longue, la transitivité de l'injonction démonique aussi ; elle suscite un vieux bougon en Socrate qui agit sur Hippias et cette action agit sur le lecteur.

Figures de l'inspiration poétique et de l'inspiration philosophique

La figure de l'aimantation et celle du *daimôn* s'organisent autour des mêmes tensions. Dans les deux cas, l'individu voit vaciller son assise (aimanté d'un côté, brusquement immobilisé de l'autre) et son identité est remise en question dans un arrachement au monde ordinaire, à la raison commune, au bon sens. Hegel indiquera d'ailleurs la parenté de ces deux manifestations[1] : à quelques lignes d'intervalle dans les *Leçons sur l'histoire de la philosophie*, l'extase est nommée « catalepsie » puis comparée avec le magnétisme. Si le vocabulaire hégélien porte sans doute la trace de l'impressionnant engouement pour le magnétisme et de sa très large diffusion depuis la fin du XVIIIe siècle[2], on ne peut réduire sa pensée à des effets de mode.

---

1. *Leçons sur l'histoire de la philosophie,* trad. P. Garniron, 1971, t. 2, p. 280 et 317.

2. Il faut rappeler le succès de Franz Anton Mesmer, des cures qu'il organise et des vifs débats que ces pratiques suscitent – la parodie de l'aiman-

Voulu ou non, le rapprochement de la catalepsie et de l'aimantation est effectué. En outre, quelques pages plus loin, le *daimôn* socratique est comparé à un état magnétique qui peut se produire à son tour dans les moments de catalepsie, les termes sont inversés mais le rapprochement maintenu. On peut donc considérer que le *daimôn*, l'extase, la catalepsie, et l'aimantation sont autant de traits susceptibles de décrire le génie socratique.

On ne doit pas les confondre pour autant. L'aimantation met l'accent sur la violence et la discontinuité de la transe, le *daimôn* insiste plutôt sur la familiarité de l'injonction. Le rhapsode est tenu par sa Muse, le philosophe écoute depuis l'enfance son démon. Le poète ne parle jamais en son nom propre, il n'est que la bouche du dieu. A l'inverse, et c'est sans doute sur ce point que la différence est la plus forte, le « signal divin » conduit Socrate à prendre sa propre responsabilité, à refuser qu'un autre parle par sa bouche (fût-ce le beau Phèdre). Une ultime différence en découle : le vocabulaire de la possession fait douter que l'identité du poète ou du rhapsode soit réellement modifiée. Socrate, en revanche, n'oublie rien des « stases » méditatives et transforme sa vie pour obéir aux avertissements démoniques, dût-il en mourir.

L'inspiration poétique ne s'identifie donc pas à la quête philosophique de la vérité qui requiert une dimension réfléchie. Le *daimôn* y oblige même si c'est encore dans l'extériorité d'une injonction, les épisodes cataleptiques la mettent en œuvre de l'intérieur. Possession, visitation démonique, auto-ravissement cataleptique indiquent la conquête progressive d'une pensée responsable et, dans cette progression, le *daimôn* remplit encore son rôle d'intermédiaire.

Par-delà ces différences, il est toutefois remarquable que la quête philosophique se dise et se pense dans une confrontation avec la visée poétique, qu'elle se manifeste dans une complémentarité fondamentale avec des modalités de dépossession et de perte de la maîtrise, qu'elle s'énonce enfin par et à travers

tation mesmérienne dans le finale du premier acte de *Cosi fan tutte* témoigne de cette célébrité et de son expansion par-delà les frontières (*cf. Infra* IV).

des figures. Ces trois éléments invitent à penser ce vacillement et cette brèche féconde de l'accueil de l'altérité, effectivement réalisée dans le discours philosophique par cet accueil de l'ambivalence pleine des figures. Ni plaisante reprise anecdotique, ni illustration floue, la figure est une médiation heuristique indispensable. Elle rassemble dans l'unité d'une configuration les opposés. Là où la dénomination précise fait défaut, s'impose cet hybride fécond, difficilement nommable mais aisément reconnaissable. Aussi le *daimôn*, mixte et mélange, ne peut être qu'une figure et non un concept. Encore faut-il ajouter qu'une figure seule ne saurait suffire, mais que les figures, dans leur rapprochement, incitent à leur tour à mettre en œuvre la recherche. Elles demandent à être soupesées, éventuellement ouvertes.

Ne restons pas tels les soldats devant Socrate en extase, qui ne voient rien mais tiennent à voir ce rien prodigieux. Inventons un voir actif. Pour découvrir les trésors cachés dans les boîtes de silène, ouvrons plus avant le *Banquet,* texte qui met lui-même en œuvre un emboîtement vertigineux puisque la scène est racontée par Apollodore qui en tient le récit d'Aristodème, invité par Socrate, lequel invite Diotime et se révèle ce Silène qui s'ouvre sur des trésors éblouissants.

3. L'amour démonique.
Parole de philosophe et récit d'amoureux

Redéployons la trame complexe du texte. Agathon, qui vient de remporter un prix de tragédie, donne un banquet. Socrate s'est fait beau pour s'y rendre et l'honorer. En chemin, il a rencontré Aristodème et l'a invité à le suivre mais lui-même reste « en plan », tout à ses pensées. Il rejoint plus tard les convives attablés. Ayant trop bu la veille, tous conviennent d'une autre occupation. Sur une impulsion qu'il prête à Phèdre, Eryximaque propose alors de célébrer l'Amour, chacun à son tour en allant vers la droite et en partant de Phèdre à qui revient la paternité du sujet. Socrate acquiesce, déclarant « ne rien savoir d'autre que les choses de l'Amour[1] ».

Des mets aux mots : consommation, célébration, invitation

On savourera donc le plaisir supérieur des discours. Chacun va donc prononcer le sien, à commencer par Phèdre qui loue l'Amour d'être le plus ancien des dieux, le plus vénérable et le plus puissant. Pour Pausanias, l'Amour est inséparable d'Aphrodite, or elles sont deux, la Céleste et la Populaire ; il y a donc deux amours, le premier seul méritant les éloges. Eryximaque reprend cette dualité, il en élargit la portée mais vante

1. Trad. L. Robin.

l'harmonie d'une conciliation dans la tempérance réglée. Aristophane, qui, pris de hoquet, avait cédé son tour, intervient alors pour décrire l'essence de l'Amour : l'humanité primitive était faite de boules d'une seule pièce, relevant de trois genres, masculin, féminin et androgyne. Ces boules autosuffisantes et pleines d'orgueil s'attaquèrent aux dieux qui les châtièrent en les coupant en deux. Depuis, chacun cherche sa moitié n'ayant que le désir « de joindre l'aimé, de se fondre avec lui, et ainsi de deux êtres qu'ils étaient, en devenir un seul ». Agathon, lui, prétend décrire la vraie nature d'Eros, le plus jeune des dieux, le plus magnifique, père de toutes nos trouvailles. Les convives ont tous exalté l'Amour, qu'ils en aient fait le plus vieux ou le plus jeune des dieux ; ils ont tous reconnu sa divinité, chanté sa force et ses vertus jusqu'à le faire de manière superlative. L'ordre du jour paraît épuisé, pourtant la ronde des convives ne l'est pas. Il en reste un, non le moindre, Socrate.

Il se déclare pétrifié par la splendeur du discours d'Agathon et se démarque ainsi des discours précédents régis par un souci rhétorique : « faire semblant de célébrer la louange de l'Amour. » Les convives solidaires avaient refusé de se livrer à une concurrence épuisante dans la consommation de boisson, leur rivalité n'a fait que se déplacer sur le plan oratoire. Sous couvert de compliments, Socrate paraît comparer « gueule de bois » et pétrification, fêtard hébété et auditoire médusé, deux formes de mauvaise ivresse où se perd une parole authentique. Il manifeste encore son atopie, au sens propre du terme. Son emplacement (son *topos*) ne saurait l'obliger à prendre à son tour la parole. S'il le fait, ce n'est ni pour prendre un rang dans cette joute verbale, ni pour clore la compétition engagée. Il s'agit plutôt de vivifier la parole en la libérant. Aussi substitue-t-il à la péroraison le dialogue, un premier avec Agathon puis, en abîme, un second dialogue où il est lui-même l'interlocuteur d'une autre, la prêtresse Diotime. La succession des discours est éclipsée par l'emboîtement des paroles, l'ordre des convives s'efface au profit d'une ouverture à l'autre.

Diotime parle donc, non pour dire l'apparence de l'Amour, mais sa réalité effective. L'Amour n'est pas un dieu mais un démon, né de la ruse de *Pénia* (Pauvreté) qui profita de l'ivresse de *Poros* (Expédient). Les superlatifs ne conviennent guère à sa nature médiane, il tient de sa mère le dénuement et la rudesse, de son père l'habileté des inventions, l'ardeur et la vaillance. Intermédiaire entre l'ignorance et le savoir, l'Amour est *philosophe*. Les précédents orateurs le paraient des grâces de l'être aimé, mais l'Amour manque précisément de ces grâces qu'il désire. Il est toujours amour de quelque chose, désir de possession éternelle, d'immortalité. Aussi est-ce un vagabond toujours en chemin et en quête. Cette quête relève d'une initiation qui indique la voie d'une progressive élévation et mène à une révélation, poursuit Diotime (209-210) : de l'amour d'un beau corps à la comparaison avec un autre jusqu'à l'amour de tous les corps qui participent du beau, de cet amour à celui des belles âmes, puis des belles occupations aux connaissances belles, jusqu'à la vision soudaine du Beau absolu, éternel. Vers cette vision tendent tous les efforts déployés selon une « droite méthode », même si le vocabulaire de la prêtresse est celui des mystères religieux[1].

Il est signifiant que ce discours soit tenu par une étrangère. Sa parole brise la distribution horizontale et circonstancielle des propos, elle invite à une ascension verticale : méthodique investigation de degré en degré, connaissance progressive jusqu'à l'absolu qui l'illumine. Cette illumination est une révélation que redouble l'extériorité de Diotime, révélant elle-même ce trajet aux convives, insistant aussi sur l'effort et la tension volontaire, la possibilité donc pour chaque convive d'entreprendre la démarche. On peut « accéder de soi-même aux choses de l'amour ou y être conduit par un autre », dit-elle. Dans le *Banquet*, elle est cette autre, ce que symbolise sa quadruple étrangeté – c'est une femme, une prêtresse, elle vient de Mantinée, elle n'assiste pas au banquet. Elle surgit dans la parole de Socrate au milieu des convives attablés, elle arrête leurs faux hommages, dévoile la nature démonique de l'amour et incite chacun à une progressive élévation. Diotime pourrait être le double réfléchi du *daimôn* socratique, un double féminin et disert donnant la définition du démonique, un double protro-

1. Sont désignées les purifications individuelles, l'initiation du premier degré, l'initiation du second degré (sur ces points, *cf.* P. M. Schuhl, 1949).

païque invitant à espérer la récompense extraordinaire d'un effort que son discours mobilise.

De la parole à l'image, des images aux paroles

Tous ont parlé et Socrate s'est même dédoublé pour le faire. La ronde des discours, mets du festin d'éloquence, s'est défaite pour accueillir l'espérance d'une révélation. A la célébration rhétorique de l'Amour a succédé la connaissance de sa nature et de son pouvoir réel.

Or le texte ne s'arrête pas là. Survient Alcibiade, complètement ivre, qui demande à être conduit auprès d'Agathon. Nouveau convive, nouveau discours attendu. L'intrus modifie le programme, il proférera un éloge certes, mais de celui qu'il vient, stupéfait, de reconnaître à ses côtés : Socrate. Est-ce réellement une modification ? On peut en douter tant Alcibiade, lorsqu'il célèbre Socrate, son inflexibilité, sa force et sa vertu (c'est ici que s'intercale la description de l'épisode de Potidée), témoigne qu'il est épris de celui qui semblait être son amoureux mais qu'il a lui-même tenté de séduire en vain. Il célèbre donc à sa manière la puissance de l'amour. De plus, évoquant le philosophe, il paraît décrire son propre « *daimôn* » : Socrate ne cesse de l'arrêter dans ses actions vaniteuses, de lui faire honte, il retient ses gestes séducteurs. Non seulement il remplit ce rôle, mais il a encore la figure de cet autre démon que Diotime vient de décrire : rude et laid, dit Alcibiade admiratif, Socrate va pieds nus, reste debout à la belle étoile.

Son éloge étonnant n'est pas un simple ajout aux précédents. Prononcé dans l'ivresse, ce n'est ni un discours d'éloquence maîtrisée ni un discours d'initiation comme celui de la prêtresse. A l'inverse des cinq premiers orateurs qui dressaient des portraits laudatifs et fallacieux, il ne craint pas l'apparence de caricature pour viser le vrai. Pour décrire la singularité du philosophe, il recourt à une comparaison, exposée au début de son propos et reprise à la fin (215a - 222a) :

> Il ressemble on ne peut plus à ces silènes que les sculpteurs exposent dans leurs ateliers, dans la bouche desquels ces artistes mettent

une syrinx ou un aulos[1] et qui, si on les ouvre par le milieu, montrent dans leur intérieur des figurines des dieux.

Cette image est d'abord celle d'un écart entre l'apparence et l'être, l'extérieur et l'intérieur, celle d'une ouverture en profondeur, écho possible de celle qu'a opérée le discours de Diotime, figurine divine initiant au divin. L'image dit donc ce dédoublement vertical mais en opère aussi un autre ; car la vision renvoie aussitôt à l'audition, la sculpture à la musique, et la figurine à la possession corybantique. Les instruments mis dans la bouche du Silène évoquent ceux du satyre Marsyas, capable par ses airs de mettre en transe les hommes. Aussi une seconde comparaison suit immédiatement, à l'avantage de Socrate qui n'a nul besoin d'instrument pour vaincre les résistances de l'auditeur et produire cet effet. « Quand je l'entends, le cœur me bat bien plus qu'aux Corybantes dans leurs pratiques », avoue Alcibiade qui revient alors à sa comparaison initiale pour l'appliquer, non plus au physique de Socrate, mais à « ces propos [qui] sont tout ce qu'il y a de plus semblable aux silènes qu'on ouvre ». Ils semblent grotesques si l'on n'y prête pas attention.

> Mais les voit-on s'ouvrir, est-on entré dans leur intérieur, alors on découvrira, premièrement qu'ils sont les seuls à avoir dans le fond quelque intelligence ; ensuite, qu'ils sont tout ce qu'il y a de plus divin, qu'ils contiennent en eux le plus grand nombre possible d'images divines de vertu avec le plus large champ d'application.

On peut appliquer au dialogue entier ce dédoublement vertigineux des propos aux figurines puis aux applications. Devant Agathon, Socrate est ce Silène laid et rude ; devant la belle éloquence de son hôte, il n'a qu'un aulos en bouche ; mais sa grossièreté apparente s'ouvre sur l'invite exaltante de la parole de la prêtresse, qui s'ouvre à son tour sur la perspective de la révélation. Le regard d'Alcibiade retourne donc les apparences,

---

1. Je modifie la traduction pour introduire le nom des instruments grecs : la syrinx est une flûte de Pan, l'aulos est un instrument à vent, doté d'une anche à la différence de la flûte – terme par lequel on l'a trop longtemps traduit. Je conserverai systématiquement le terme *aulos* quand il se présentera.

y compris celle de sa propre beauté, superficielle et creuse. Il voulait l'échanger contre une beauté intérieure et « troquer du cuivre contre de l'or », comme le souligne ironiquement Socrate qu'il voulait séduire. Troc de dupes, manœuvre naïve, à l'envers du chemin progressif décrit par Diotime. L'anecdote est encore silène qui masque l'effort de l'initiation. Elle produit ainsi un effet d'avertissement *a posteriori* pour le lecteur pressé, pour l'amoureux impatient. La séduction est une contre-initiation. L'Amour est médiation dans une gradation, se hâter aveuglément, c'est méconnaître sa nature démonique. Il faut apprendre à suspecter les apparences, faute de quoi l'on en restera à une « opinion de la beauté », il faut aiguiser son esprit dans la patience des emboîtements.

Le texte platonicien met à l'épreuve son lecteur par la multiplicité de tels emboîtements. Tout y est construit pour prendre le lecteur au masque de ce qui se révèle n'être encore qu'une vision superficielle.

Ainsi, la révélation de la prêtresse est enchâssée entre les deux manifestations « cataleptiques ». Le *Banquet* a proposé le silène d'un Socrate extravagant, l'a ouvert sur la parole de Diotime, puis refermé dans la bruyante sociabilité des fins de réjouissance. Par ailleurs, les discours des convives progressent de la superficialité bavarde à l'essentiel. Les trois premiers sont assez convenus. L'incident du hoquet d'Aristophane permet de distinguer les deux derniers discours qui mettent respectivement l'accent sur le manque amoureux et sur la beauté[1]. Peut alors advenir une parole extérieure à ce « tour de table » : celle de Diotime qui décrit l'Amour comme philosophe et démon. Une dernière intervention est enfin nécessaire (extérieure aussi mais inversée : à l'évocation d'une absente répond l'intrusion d'un fêtard) pour indiquer discrètement que la prêtresse est cette « figurine du dieu » cachée dans le silène des propos du philosophe, initiateur démonique de la révélation. Vecteur de l'élévation, il est lui-même toujours en mouvement et justement caractérisé par cette atopie qui consternait Agathon, que l'Étrangère personnifiait, et qui justifie l'ultime recours à la

1. Sur ce point, *cf.* D. Babut, 1980.

comparaison, donc au silène. Le propos sur l'ivresse est aussi fait d'emboîtements. Le texte s'ouvre sous le patronage de Dionysos, se poursuit par un refus de la beuverie et le désir de célébrer Eros ; il se ferme par un éloge amoureux de Socrate, prononcé par un homme qui se dit tout à fait ivre. Le dialogue conduit de l'ivresse la plus extérieure (la boisson) à la plus intime : Alcibiade ne peut être compris que de ceux qui « ont pris leur part du délire (*mania)* philosophique et de ses ivresses ». Le silène protège dans l'opacité de son sens apparent le mystère qu'il contient et ne s'ouvre qu'aux yeux d'un cœur ivre et d'une âme initiée.

Pourtant Socrate est comparé au satyre Marsyas qui met immédiatement en transe ses auditeurs. D'une image à l'autre, l'accent se déplace de la passivité de la possession à l'activité de la quête. Le silène ne s'entrouvre que « si l'on veut bien écouter les propos de Socrate », tandis que l'auditeur du Marsyas philosophe est mis en transe sans condition.

> Lorsqu'on t'entend ou qu'on entend tes propos rapportés par un autre, celui qui les rapporte, fût-il fort pauvre sire, l'auditeur fût-il une femme, fût-il un homme, fût-il un jouvenceau, nous en éprouvons un trouble profond ; nous sommes possédés.

Cette possession rappelle la force d'attraction de l'aimantation et l'indifférence à la qualité médiocre des maillons, le pauvre sire est l'équivalent de ce Tynnichos de Chalcis ou d'Ion hébété – ou encore de Platon... Ne se désigne-t-il pas avec ironie, lui qui rapporte par écrit les paroles de Socrate ? Peu importe qui parle ; celui qui écoute, quel que soit son âge, son sexe, est pris dans le champ d'aimantation de cette parole, comme les morceaux de limaille se trouvent mis en mouvement. Pourtant on a vu qu'il existait une correspondance interne entre la force de l'attraction et l'objet aimanté. N'importe qui ne peut pas être possédé par n'importe quelle Muse. Semblable réserve se rencontre ici. Alcibiade précise en effet que les airs de Marsyas « sont seuls à mettre en état de possession et, parce qu'ils sont divins, à manifester ceux qui ont besoin des dieux comme de leurs initiations ». Ne sont possédés que ceux qui en ont besoin, même si ce besoin leur est révélé par l'air qui les met en transe. On retrouve l'hésitation temporelle notée à propos des Corybantes dans l'*Ion.* Ici, il faut d'abord avoir été mordu par la vipère philosophique, pour connaître l'ivresse de cette possession, mais ne sont mordus que ceux qui s'y sont disposés et ont cherché à ouvrir le silène des anecdotes socratiques.

Dans ces hésitations, se joue la juste appréhension d'une passivité nécessaire pour dépasser la frivolité d'un activisme vain. Il faut savoir s'arrêter, prendre le risque d'être mordu. Alcibiade le prend-il vraiment ? Il devine la possible morsure car il est plein de talents, mais en éprouve-t-il le besoin ? Il semble à mi-route, à moitié mordu, à moitié instruit par ses échecs de séducteur. A ses ruses, Socrate opposait une patiente impassibilité. Les propos qu'il lui tient ont le même sens, Alcibiade reconnaît qu'ils sont « seuls capables de le remplir de honte » mais, au lieu de s'immobiliser pour les écouter et se corriger, il fuit en se « bouchant de force les oreilles, comme pour [se] défendre des Sirènes ». Il fuit dans une fausse activité et devant de feintes Sirènes. Car les Sirènes séduisent, enchantent et ne reprochent rien ; or Alcibiade fuit les reproches d'un philosophe qui lui révèle une exigence autre que ce souci vaniteux d'être admiré des Athéniens. Il reconnaît l'exigence, mais refuse de s'y plier. Il n'est donc pas aussi possédé qu'il le dit pour justifier sa peur ; sa fuite témoigne de sa liberté, du moins d'une apparence de liberté. Elle est à son tour le silène qui masque la vraie liberté. Cette dernière ne saurait être une fuite frénétique et angoissée dans l'extériorité et sollicite à son tour une figure : celle de Socrate en arrêt à Potidée, replié dans sa concentration intérieure, à l'écoute peut-être de son *daimôn.* La possession envoûtante est encore silène. Qui veut bien l'ouvrir y trouve une quête intérieure.

Par-delà les échanges, la médiation féconde de l'amour philosophique

Il faut être capable de patience pour deviner des silènes à ouvrir et pour suspecter, derrière l'opacité d'un premier sens, le trésor d'un autre. Il faut encore, par-delà une sobriété défensive et ignorante, risquer sa propre maîtrise dans l'ivresse, pour se rendre disponible à une autre vision. L'échelle initiatique du *Banquet* va des faux tempérants qui condamnent l'ivresse mais y succombent et sont les premiers à sortir de table, à ceux ensuite qui peuvent boire et rester, même si l'ivresse leur donne le hoquet ou finit par les endormir, à Socrate enfin dont tous louent l'exceptionnelle résistance, atopie encore.

Alcibiade est amoureux et ivre, mais n'ira sans doute guère au-delà de cet échelon intermédiaire d'une ivresse bien physique. Par la possession amoureuse, ne voulait-il pas obtenir de Socrate un profit de connaissance et de sagesse ? Posséder, et non être possédé. Avoir, et non se mettre en quête, « troquer du cuivre contre de l'or », échanger une opinion de beauté contre de la beauté. Visée « mercantile » que dénonce doublement le philosophe : d'abord le gain et la perte ne sont pas égaux, ensuite et surtout la beauté n'est pas un avoir mais une soudaine révélation qui transporte l'être et le dépossède. Ce vacillement effraie Alcibiade. Il ambitionne plutôt de posséder (du moins de voir à discrétion) les figurines du divin qu'il a entrevues dans les propos de Socrate. Aussi dit-il vouloir obéir aveuglément à tout ce qu'il lui ordonnera ; déclaration hypocrite (il préfère se boucher les oreilles) et inadéquate car Socrate n'ordonne rien mais, démoniquement, reproche.

Par ailleurs, Alcibiade minore ainsi la valeur de ces figurines de dieu qui sont, dit-il, des *agalmata* et non de banales statuettes, fussent-elles en or comme il le précise. Or l'*agalma* a une valeur complexe dans le monde grec : à la fois offrande aux dieux, objet de culte et de don entre les hommes, il circule en mobilisant des forces religieuses et en prenant une dimension mystique vivante. Il représente le dieu, ce qui est encore trop peu dire, car il manifeste sa présence dans le même moment. La figurine est donc une image des dieux, au double sens objectif et subjectif du génitif, et ne peut dès lors se réduire à un « objet » que l'on posséderait puisque s'y manifeste une relation dynamique entre le divin et l'humain[1]. L'*agalma* est bien plutôt

1. Sur ce point, *cf.* L. Gernet (1948), J.-P. Vernant (1965, t. 2) et Y. Brès qui évoque leur dimension érotique (1968).

un vecteur qui exerce une force transitive, ce qui explique pourquoi l'image proposée se dédoublait sans cesse. Le silène de l'apparence physique de Socrate cache les discours qui, sous les silènes des anecdotes, cachent les vérités. L'image sculptée ne désigne que deux termes, le silène et l'*agalma*, mais l'*agalma* en contient à son tour d'autres. Il représente un maillon de la recherche de la vérité. Ce qui n'est pas sans évoquer la chaîne d'aimantation de l'*Ion* à une différence d'accent près : l'attraction n'agit que sur les matériaux de même nature. Inversement le cuivre du troc de dupe cache l'or véritable, l'*agalma* souligne la différence de niveaux. Mais le chemin vers la soudaine vision est une élévation de degré en degré « comme au moyen d'échelons ». Cette échelle permet précisément de penser la continuité de la progression et la discontinuité de chaque seuil, lequel, une fois atteint, est le palier d'une nouvelle ascension. L'or, vu du degré supérieur, se révèle cuivre à son tour. Transmutation des métaux qui indique la métamorphose de l'être.

On peut alors résoudre quelques ambiguïtés. Alcibiade présente Socrate comme son amoureux mais avoue aussi lui tendre un piège comme à un bien-aimé. Il fait encore l'éloge de Socrate sous les traits du démon Amour, allant nu-pieds, indifférent aux inconforts et peines, infatigable et toujours en chasse. N'est-ce pas la confusion que dénonçait l'Étrangère : peindre l'Amour sous les traits de l'aimé ? Socrate est-il amant de la vérité (*philo-sophe*) ou aimé des jeunes gens qui l'entourent ? Il faut dépasser l'alternative car il est à la fois aimé et amant, toujours intermédiaire entre l'ignorance et le savoir, entre la tempérance sans risque et l'ivresse surmontée, entre le cuivre et l'or. Bien plus, il est aimé parce qu'amant. Nouvelle variation sur le motif déjà entrevu : si l'on aime Socrate, c'est parce qu'il aimante vers autre chose et il aimante parce qu'il est lui-même aimanté. Si le philosophe peut saisir son interlocuteur et l'arrêter au milieu de ses certitudes, en pleine action, c'est qu'il sait avoir été immobilisé en pleine campagne militaire. Si l'on est piqué par ce taon, c'est parce qu'il est lui-même piqué avec la même violence brutale par son *daimôn* ; Socrate est « un cadeau fait par le dieu à la cité », poursuit l'*Apologie*, un don qui circule du divin à l'humain, un *agalma* en quelque sorte.

Transitivité de cette force dynamisante, de la chaîne de l'aimantation ou des degrés de l'initiation.

Cette transitivité souligne à la fois la continuité dans la mobilité, la fluidité du partage, la communion dans une quête commune et le dépassement de chaque singularité dans la tension vers une transcendance qui les meut toutes. Encore faut-il ne pas confondre l'apparence et la réalité, ne pas se satisfaire d'une opinion de transitivité. Toute fluidité n'est pas partage. La contiguïté n'est pas la communion. L'échange circulaire des avoirs n'est pas la quête du savoir. Là encore, on risque de troquer de l'or contre du cuivre. En témoigne ironiquement la réponse que s'attire Agathon lorsqu'il demande au début du banquet que Socrate, revenu de sa méditation, s'installe près de lui.

> Afin que, à ton contact, je me régale, moi aussi, de la trouvaille de sagesse qui s'est offerte à toi sous le porche des voisins !
>
> — Quelle bonne affaire ce serait, Agathon, dit Socrate en s'asseyant, si la sagesse était chose de telle sorte que de celui de nous qui est plus plein elle coulât dans celui qui est plus vide, à condition que nous soyons en contact l'un avec l'autre : comme l'eau que contiennent les coupes coule, par le moyen du brin de laine, de celle qui est plus pleine dans celle qui est plus vide (175 de).

Cette tentative de « transfusion » n'annonce-t-elle pas sur le mode mineur la tentative de séduction d'Alcibiade ? Les deux jeunes gens se ressemblent d'ailleurs par leur beauté remarquable, par le patronage de Dionysos que le premier propose et que le second revendique (par son ivresse et sa couronne de lierre). Ils se ressemblent encore par leur place au banquet et leur commune espérance : profiter de la proximité physique de Socrate pour s'approprier le trésor envié de ses « trouvailles ». Dans les deux cas, on retrouve la même naïve représentation d'un bien qui pourrait changer de propriétaire. Le lecteur, instruit par Diotime, sait que l'Amour est justement incapable de retenir quoi que ce soit, tout « s'écoule sans cesse de lui de telle sorte qu'il n'est jamais dans le manque ni dans l'opulence ». Cet écoulement incessant témoigne de la double nature du fils de *Pénia* et de *Poros* – le mot *poros*, avant de prendre le sens plus abstrait d'expédient, désignait initialement une voie d'eau. Circulation, passage, dépossession, voilà l'héritage d'une telle filiation. Agathon, tout au contraire, veut posséder, retenir, maîtriser ; c'est la plus sûre manière d'exténuer, reconnaît-il pourtant à son insu lorsqu'il envisage de se « régaler » du savoir, donc de le consommer. Le participe grec (*haptomenos*) est plus explicite : il signifie aussi bien le fait de s'approprier quelque chose, que celui de prendre sa part d'une nourriture, ou celui encore d'avoir des relations intimes avec quelqu'un. Cela conduit sans détour au parallèle qui s'impose car, dans les deux cas, c'est le même échec. Agathon comme Alcibiade sont déboutés de leur prétention par le philosophe qui ne se donne même pas la peine de refuser le contact demandé, il s'assied à côté de l'un, il laisse l'autre se glisser sous son vieux manteau et l'enlacer. Mais une telle approche reste nécessairement extérieure. Aussi Alcibiade, mortifié, en restera à cette contiguïté. Il a tort de se croire humilié, car la bienveillance du pédagogue ne fait pas plus de doute ici que sa vigilance médiatrice. Le désarroi engendré par ce refus ouvre la brèche stimulante de l'interrogation. S'il avait suffi de s'asseoir à côté d'Agathon, il n'y aurait pas eu de *Banquet.* Si Alcibiade avait vaincu, il n'aurait jamais entrevu l'*agalma*. La résistance socratique est elle aussi apotropaïque et protropaïque. Elle interdit ce troc de dupes d'une possession charnelle contre un avoir intellectuel, mais propose une quête spirituelle, un devenir autre.

Socrate est aimé parce que philo-sophe, tout entier mobilisé dans cette recherche de la sagesse. Mais pour lui, comme pour Eros, l'ardeur de la poursuite est intimement mêlée à la difficulté de l'entreprise et au désarroi qu'on y éprouve. La belle fluidité de l'écoulement pourrait trahir cette dimension complexe, oublier l'indigence de *Pénia* et transformer trop vite *Poros* en *eu-poros* (aisance heureuse des chemins multiples). La tranquille clôture de l'identité se rompt dans l'étonnement, aussi faut-il insister sur la discontinuité. Qu'elle se manifeste de manière drolatique – le hoquet d'Aristophane par exemple, rupture sur le mode comique de la facilité des discours d'éloquence –, de manière impérieuse (la voix du *daimôn*) ou merveilleuse et terrifiante dans le coup de foudre amoureux, elle est chaque fois décisive et inaugurale. L'assurance confortable des possessions vacille, d'où l'atopie socratique, celle aussi de Diotime l'Etrangère, celle encore de l'Amour courant toujours par monts et par vaux. L'être se sent traversé par cette altérité, possédé. Mais la discontinuité à son tour n'est qu'un aspect, celui que le sujet éprouve lorsqu'il est brusquement dépossédé de ses repères, piqué, mordu, envoûté par un Marsyas. La réalité de sa quête est dans l'entrelacement des deux aspects (discontinuité de la révélation et continuité de l'ascension, discontinuité de l'arrêt méditatif mais continuité d'une mobilité atopique). Un autre vocabulaire s'impose alors : celui de l'engendrement qui lie les deux dimensions.

A l'extériorité contiguë des degrés, il faut préférer la vision dynamique d'un devenir, celui d'une fécondation ; à la fluidité d'un avoir qui passe d'un contenant à l'autre, préférer la pauvreté de l'Amour qui ne sait rien garder pour lui. L'amour avait été défini comme désir de possession éternelle, il faut le comprendre plutôt comme désir d'engendrement et d'enfantement dans le beau[1]. La pauvreté inhérente à l'amour a pour corollaire sa plénitude féconde, sa surabondance dynamique. Le dénuement devient promesse de don.

> Qu'il se tourne au contraire vers l'océan du beau, qu'il le contemple, et il enfantera de beaux discours sans nombre, magnifiques, des pensées qui naîtront dans l'élan généreux de l'amour du savoir[2].

Superbe définition de l'enfantement, indissociable de la générosité. Définition sans doute réversible, il n'y a de générosité que dans le fait de donner pour l'autre et non pour soi, en renonçant à la symbiose fœtale au profit de l'enfant à venir, en laissant advenir ce que l'on offre sans rien exiger en retour. La

1. 206b, Diotime prolonge sa propre définition en jouant de quatre termes (*kuô, tiktô* désignent respectivement le fait d'être fécond et l'action de mettre au monde ; *gennêsis*, *tokos*, l'engendrement et l'enfantement des enfants, des produits ou des fruits).

2. 210d, trad. P. Vicaire (Belles-Lettres), préférée ici parce qu'elle rend mieux compte du caractère, opposé à toute parcimonie, de cet élan abondant (*aphthonos*).

générosité est un don sans dû. Enfanter les discours n'est alors qu'une étape. Le mouvement du savoir est à l'inverse de la possession avaricieuse d'une « trouvaille ». Arrachée à son environnement elle est stérile ; à l'inverse, le terme d'une grossesse est « la délivrance », l'ouverture libératrice qui rend possible une autre vie. Devant la pensée en germination se tient le pédagogue maïeuticien.

Voilà pourquoi Socrate ne sait rien hors l'amour, restriction singulière, remarquable et significative qui ouvre le *Banquet*. Ses protestations d'ignorance ne sont pas des ruses ; s'y affirment le désaveu d'un savoir pensé comme un avoir, la condamnation des compétences pensées comme des possessions intellectuelles intangibles, le refus pour lui (pour ses interlocuteurs aussi) de l'argument d'autorité. Il n'y a pas de vérité stable, assurée, gage de science et de pouvoir, qui « coulerait » du maître dans le disciple. Chacun doit conquérir la sienne et se confronter à l'inconfort de la quête. L'amour est une médiation privilégiée, créant et soutenant l'effort, adjuvant précieux et délicieux car dans l'ardeur stimulante du transport s'oublie la douleur du manque révélé. Celui qui souffre le plus est celui qui ne le sait même pas, « pelotonné » sur sa stérilité, « il se détourne, il se replie sur lui-même, et au lieu de procréer, il garde sa fécondité, il en porte douloureusement le poids » (207d). Avoir la chance d'être amoureux, c'est se libérer. Aimer et procréer, c'est accéder à la légèreté ailée de la générosité.

Encore faut-il savoir saisir cette chance et ne pas attendre, comme Agathon ou Alcibiade un savoir prêt à réceptionner, pré-jugé. Encore faut-il aussi ne pas rester muets et passifs, prêts à se passer de boire pour rester auprès de ceux qu'on aime, dans une fascination mortifère que stigmatise Diotime (211d). C'est une autre manière d'échapper aux douleurs de l'enfantement, en se complaisant dans la passivité d'un éblouissement, en se masquant la crainte de vivre et de penser par soi-même. Cette crainte se masque aussi en entretenant le sentiment illusoire d'une complétude. Car l'amour est médiation, vecteur d'une quête, il oblige à chercher au-delà de lui la satisfaction éternelle du savoir contemplé, bien au-delà des jeunes gens aimés. Le désir amoureux n'est pas celui « de joindre l'aimé, de se fondre avec lui, et ainsi de deux êtres qu'ils étaient, en devenir un seul » comme le croyait Aristophane. Dans la fusion, les deux amants se perdent, renoncent à l'engendrement d'un troisième, l'altérité y est un leurre qui reconduit à une identité close[1]. L'amour démonique invite précisément à l'inverse ; il montre dans l'identité le travail incessant de l'altérité et laisse deviner, dans le devenir, le deuil nécessaire d'une identité passée (207-208).

Le texte de Platon y invite à sa manière. Faisant proliférer les emboîtements, il fait surgir l'altérité dans l'identité. Dans ces dédoublements, le lecteur fait l'apprentissage de la métamorphose du sens ; il fait en même temps le deuil de l'illusion rassurante d'un savoir « prêt à penser ».

Ravissement amoureux pour accéder au ravissement philosophique qui se pense dans l'étroite proximité de l'inspiration poétique, comme on l'a vu. Fût-il le seul apport de cette analyse des textes platoniciens, ce riche entrelacement en justifie la nécessité. Il invite aussi à poursuivre. Pas plus qu'il ne suffisait de suivre l'ordre des convives pour faire un réel éloge de l'amour, il ne suffit d'ouvrir le livre pour que le savoir coule en chacun. Il faut ouvrir le silène.

Or ce Silène-là a un sculpteur, Platon, lequel décrit l'emprise immédiate de la parole socratique... Image ou parole ? Parole vive ou écriture ? Le texte écrit peut-il préserver cette dynamique vivante de l'engendrement ? Ne risque-t-il pas de la figer ? Alcibiade et Agathon admirent et aiment Socrate, ce pourquoi ils commencent à l'entendre. Qu'en est-il du lecteur ? Il doit chercher des réponses dans la lecture du *Phèdre* – réflexion sur la folie amoureuse et sur l'écriture.

---

1. *Cf.* J.-P. Vernant (1989).

4. Des discours sur l'amour à l'amour des discours

Comme le *Banquet*, le *Phèdre* traite donc de l'amour, mais c'est en plein air dans la chaleur de l'été, tempérée par l'ombre d'un platane et une source fraîche. Socrate a quitté les murs d'Athènes pour suivre Phèdre qui « semble avoir trouvé la drogue pour [le] faire sortir » : un discours de Lysias sur l'amour qu'il propose de lire au philosophe. Dans l'espérance de l'entendre, l'atopie de Socrate est devenue superlative (*atopôtatos*) et celui que l'on connaissait déjà comme une vipère, un taon ou une torpille se décrit comme « ces bêtes affamées que l'on mène en agitant devant elles une branche ou un fruit ». Ventre creux mais oreilles vigilantes et esprit vif puisqu'il répliquera d'abord au discours entendu, puis procédera, à la suite de l'intervention démonique, à une véritable rédemption de l'amour. Mais le dialogue ne s'arrêtera pas là car l'appétit de Socrate ne portait pas sur le seul objet du discours mais aussi sur ces feuillets écrits que Phèdre cachait sous son manteau ; il reste donc à s'expliquer sur leur valeur et sur la fonction de l'écriture, cette drogue (*pharmakon*) capable de promener Socrate dans toute l'Attique, ainsi que sur les critères d'un beau discours.

> Tout discours doit être constitué à la façon d'un être vivant qui possède un corps à qui il ne manque ni tête ni pieds, mais qui a un milieu et des extrémités écrits de façon à convenir entre eux et à l'ensemble[1].

---

1. *Phèdre*, 264c, trad. L. Brisson (1989).

Platon se gardera de méconnaître cette unité organique. Le cœur du dialogue est indissociablement l'amour et cet amour sélectif des beaux discours que revendique Socrate. Tous n'en sont pas dignes, certains trahissent la nature réelle de leur objet, ainsi Lysias oblige-t-il son interlocuteur à « concevoir l'amour comme une réalité conforme à ses propres souhaits ». A cette rhétorique fallacieuse s'oppose la dialectique qui s'attache à suivre les articulations essentielles du vrai.

Trois discours seront nécessaires pour parvenir à la vérité; trois auteurs aussi, chaque fois couplés par deux : Lysias lu par Phèdre émerveillé de son ingéniosité, Phèdre parlant par la bouche de Socrate drogué, et Socrate enfin parlant sur l'injonction de son *daimôn*.

D'une maladie humaine à la folie divine

Lysias veut convaincre les jeunes gens de n'accorder leurs faveurs qu'à ceux qui ne les aiment pas. Un homme non amoureux est raisonnable et fiable; ces qualités l'emportent sur les visibles défauts d'un amoureux, emporté, passionné, inconséquent. Socrate critique l'émiettement de cette énumération. Phèdre, l'exhorte alors à composer une réplique et lui promet en récompense une effigie en or. Peine perdue. Il le menace alors de le priver de discours et Socrate s'exécute, gardant cependant la tête encapuchonnée. Il faut d'abord définir l'amour, dit-il. Il est désir (*epithumia)* mais le désir est double : il y a un désir tempéré, gouverné par la raison, et un désir qui entraîne déraisonnablement vers les plaisirs. Cette démesure dans l'amour des plaisirs corporels, on l'appelle *erôs*. L'amoureux est un malade, il est « nuisible et déplaisant » pour l'aimé; guéri, ce sera pire car il voudra ne se souvenir de rien et ne tiendra aucun des serments passés. « L'autre se voit forcé de courir après lui, en s'indignant et en prenant les dieux à témoin. » Retournement sordide de la quête amoureuse.

Du discours de Lysias à celui de Socrate, le lecteur progresse d'un catalogue composite à une tentative de définition. Mais ce n'est encore qu'une tentative car les mêmes traits sont repris sans que le philosophe en rende raison, se contentant des symptômes du seul désir corporel et de l'évidence des appellations communes (283c). Il confirme seulement le tableau clinique d'une maladie qui affecte la personnalité et fait perdre tout contrôle. L'amoureux est capable de tous les excès. Irresponsable puisque malade, on ne doit attendre de lui ni fidélité ni continuité. Possédé et aliéné par sa passion, il aliène celui qu'il aime, agissant par contrainte et surveillance pour l'assujettir à son tour. Non seulement il le détourne de ce qui lui est nécessaire (la philosophie), mais il le considère comme son bien et l'aime comme « le loup raffole des agneaux ». L'agneau dévoré n'a évidemment nul profit à en attendre et l'amoureux lui-même risque l'indigestion. Cette transe négative est passagère. Le retour à la santé clôt l'irresponsable parenthèse. « Bon sens et tempérance ont remplacé amour et folie. Il est devenu un autre homme [...] Maintenant qu'il a recouvré la raison et qu'il a retrouvé la santé mentale, il ne veut pas, en se conduisant comme avant, ressembler à l'homme qu'il a été » (241ab).

Triste écho d'un autre banquet et d'une même illusion, celle du gain possible dans l'acte amoureux. Alcibiade espérait troquer du cuivre contre de l'or et le discours de Lysias n'a qu'une visée mercantile. L'aimé doit placer correctement son capital attractif pour en tirer profit. Le placer mal serait le dilapider en vain. La seule question est celle du choix d'un bon gestionnaire et la réponse dès lors facile. Qui irait se confier à quelqu'un qu'une maladie métamorphose ? Il vaut mieux choisir celui qui est en pleine santé et dans son bon sens. La réponse était déjà contenue dans la formulation de la question, dans ce registre de l'assurance et du placement. « C'est en arrangeant tout en fonction de cette notion qu'il a mené à son terme la suite de son discours », reprochait Socrate à Lysias, or il encourt la même critique puisqu'il n'a pas remis en question la définition de l'amour comme maladie. Le deuxième discours est condamnable lui aussi, ce qui explique rétrospectivement qu'il l'ait proféré encapuchonné, ce qui annonce aussi l'intervention du *daimôn* qui lui interdit de continuer sur ce ton et l'oblige à assumer son discours, comme on l'a déjà dit. Cette voix démonique est ici également l'intermédiaire entre l'envoûtement facile de la séduction humaine et la seule folie qui vaille, folie divine.

Jusqu'à l'intervention du *daimôn* en effet, Platon multipliait les descriptions d'un enthousiasme ou d'une possession dont il se démarque désormais. La promenade hors des murs d'Athènes paraît ainsi une reprise moqueuse de l'aimantation, Ion est inspiré par un poète lui-même inspiré par le dieu ; Socrate veut partager « la transe bachique » d'un Phèdre « illuminé » par le discours de Lysias. Mais ici la pierre d'Héraclée se réduit à ces feuillets écrits, carottes pour l'âne affamé que Socrate feint d'être, mimant une dérisoire possession. Ces feuillets, cachés sous le manteau de Phèdre, ne livrent que des propos honteux auxquels on répond caché sous un capuchon. Inversion grotesque du silène qu'on ouvrait en deux pour découvrir l'*agalma* rayonnant. La sculpture de Socrate, que promet Phèdre pour obtenir un discours, est parodique aussi. Il veut dorer le cuivre d'un corps de silène en échange de l'or de sa parole. Fausse récompense pour de faux discours. Tout ce qui est recouvert n'est pas *agalma* et la capuche qui couvre la honte de Socrate couvre le propos de Phèdre lui-même. L'aimantation n'est qu'emprise artificielle, abus de drogue.

A maintes reprises pourtant, Socrate s'est dit « emporté par un flux », « possédé par les Nymphes du lieu », mais au terme du discours, refusant de continuer, il accuse Phèdre de l'avoir « livré à dessein » à ces Nymphes qui vont lui « inspirer des transports divins ». L'expression étonne. Qu'est-ce qu'une inspiration livrée sur commande et une possession « divine » conçue par un humain ? C'est une image en négatif, nécessaire pour faire pressentir par contraste les contours de cette *mania* que va célébrer la palinodie. Cet envoûtement provoqué par des feuillets n'est qu'un effet de drogue, ce Socrate faussement aimanté n'est étranger à son propre discours que par l'effet d'une séduction et non par inspiration divine. Il est conduit à l'extérieur, attiré dans la voie d'un autre (*se-ducere)* par lequel il veut être comblé, comme l'amoureux malade était étranger à lui-même et à l'objet de son désir. Alcibiade, Agathon, Lysias, et encore Socrate lorsqu'il se dit affamé, cherchent à assouvir cet appétit qui ne saurait être l'Amour. Car celui-ci ne possède rien et n'est jamais comblé. Loin d'être un épisode maladif et temporaire dont le patient guéri ne voudrait plus rien savoir, le vrai amour et l'inspiration requièrent un accueil intime de l'individu concentré sur ce qui lui advient. Il n'est pas livré sur commande à une fausse bacchanale mais tendu dans l'écoute attentive d'une intervention démonique. Les deux poussent Socrate à parler, mais l'une à répéter, l'autre à transformer radicalement son discours. L'une résulte des menées de Phèdre, l'autre surgit à l'improviste et se manifeste à Socrate seul. Une possession qui resterait extérieure au sujet, le laissant inchangé et oublieux de ce qui est advenu, n'est qu'une parodie de transe ; le transport n'y est que topologique, simple détour et non féconde déroute. Socrate se repentant de ses propos passés, dénonce aussi cette fausse inspiration qui « l'envoûtait », excuse facile qui accuserait sa faiblesse s'il y avait cru, mais l'on sait qu'il s'était déjà encapuchonné et l'avait donc récusée par avance.

C'est à visage découvert qu'il prononce la réparation exigée. Se découvrir la tête, c'est assumer une présence explicite et constante, au contraire de Lysias absent qui ne pouvait répondre des quelques feuillets écrits, au contraire du discours précédent qui sortait d'une bouche d'ombre où passaient les paroles d'un autre. C'est encore affirmer ouvertement sa responsabilité d'auteur sans s'abriter sous l'excuse vaniteuse d'une compétition d'éloquence ou d'une pseudo-inspiration. C'est donc « sa » palinodie que Socrate offre à Eros.

Il se place pourtant sous le patronage de Stésichore qui, privé de la vue pour avoir dit du mal d'Hélène, composa pour la défendre une palinodie grâce à laquelle il guérit de sa cécité. Instruit par son expérience, Socrate n'attendra pas pour imiter le poète lyrique et lui attribuera même son propre discours d'excuse. Cet apparent retrait dans la responsabilité s'explique si l'on examine attentivement une telle tutelle. C'est celle d'un mort et non d'un vivant séducteur. De plus, elle est présentée comme « une antique purification » ; aussi, loin d'être un acte d'allégeance à une personne, inscrit-elle l'auditeur dans une tradition. Dans la mesure où il s'agit de se purifier et d'œuvrer pour la vérité en refusant la rivalité des discours, la tutelle est une aide constructive. Mieux encore, on y devine peut-être la vraie figure d'une aimantation active : Stésichore fut inspiré par les Muses pour composer sa palinodie, Socrate s'inspire à son tour de lui pour composer la sienne. Il lui en attribue donc la paternité au sens d'une filiation précieuse, celle qu'il revendiquera ultérieurement pour les beaux discours, ces « semences » fécondes. En outre, cette tutelle est moins celle d'une personne que celle d'un texte déjà composé dont on connaît le contenu : Hélène a été calomniée à tort puisque son fantôme seul a suivi Pâris. La guerre de Troie résulte de la grave confusion des guerriers qui prennent un simulacre (*eidôlon*) pour le vrai. Le sentiment qui en résulte n'est qu'un « amour enragé, insensé[1] ». Or, c'est celui de ce malade qui n'éprouve qu'un désir impur, « simulacre peint en trompe-l'œil » du vrai amour. Pour réparer l'impiété, Socrate doit lever cette confusion.

Loin d'atténuer la responsabilité du philosophe, la tutelle de Stésichore permet donc de réhabiliter l'amour non seulement dans la forme du discours mais dans le fond du propos – ce qui est une même et seule chose. Elle incite aussi à réhabiliter les discours précédents et leurs orateurs, trop vite tenus pour des faire-valoir négatifs du discours philosophique qui se préparait. Cette réhabilitation serait bien conforme à l'amitié que Socrate porte à Phèdre et rendrait honneur à sa générosité vis-à-vis de Lysias, ainsi qu'à la densité du texte platonicien. L'illusion, pour fautive qu'elle soit, s'explique par un effet de trompe-l'œil. Elle indique aussi que le plaisir impur est bien une modalité du plaisir (n'importe quel simulacre ne déclencherait pas la guerre de Troie), tout comme le désir ravageur et insensé témoigne, de manière certes primaire, d'un manque et d'une aspiration. La transe corybantique de Phèdre est moins duperie qu'illusion, premier degré aussi qui en annonce d'autres. Lorsque Socrate se dit à son tour inspiré par les Nymphes, il préfigure d'autres inspirations et propose, sur le mode mineur, un premier degré dans la quête de la vérité car l'amour est bien

1. *Rép.*, IX, 586c, pour cette citation et la suivante trad. L. Robin. Sur la question de la culpabilité d'Hélène, *cf.* N. Loraux (1989).

désir et transport. Il ne s'agit donc pas de condamner mais de lever les confusions, d'éclaircir les définitions et de comprendre les articulations essentielles du vrai, comme autant de degrés possibles vers sa conquête. Le *Phèdre* rejoint ainsi les gradations de l'amour exposées dans le *Banquet*.

Enfin, si Socrate parle en son nom en le doublant de celui de Stésichore, ce peut être pour que l'auditeur s'attache moins à sa personne qu'à la valeur de vérité de son propos. Celui qui ne s'attache qu'à l'auteur reste médusé (c'était la réplique de Socrate à Agathon) ou croit pouvoir s'approprier sa sagesse, à moins qu'il ne soit tenté de faire à son tour l'esprit fort en rivalisant avec lui. Dans les trois cas, la teneur de vérité du propos est occultée. Socrate parle donc avec Stésichore, non pas masqué derrière lui mais dans une filiation qui efface sa prétention d'auteur. La démonstration peut alors commencer, sans doute « ne convaincra-t-elle pas les esprits forts, mais elle convaincra les sages (245c) ».

La folie divine

L'amour ne peut se réduire à ce qui en a été dit. Pourtant, il est bien désir et folie. Mais toute folie n'est pas un mal, tout amoureux n'est pas malade. Il y a en effet deux types de folie et les discours précédents n'ont parlé que de la première, folie humaine, et non de la seconde, *mania* divine. C'est un don bénéfique octroyé aux hommes dans quatre domaines par quatre divinités : le domaine de la divination par Apollon, des purifications et des initiations par Dionysos, de l'inspiration poétique par les Muses et enfin de l'ardeur amoureuse par Eros et Aphrodite. Quelle que soit sa forme, le transport divin dépossède et possède à la fois – en témoigne le vocabulaire, notamment les préfixes qui marquent un mouvement soit vers l'extérieur (*ek-bakcheuô*, transporter hors de soi ; ou encore *ek-plêttô*, être jeté hors de soi), soit vers l'intérieur (*en-theos*, *en-thousiastiko*s : être inspiré, enthousiasmé). Dans tous les cas, il transcende le bon sens. L'augure qui interprète le vol des oiseaux ne peut rivaliser avec le devin. Le poète qui s'en remet à la technique ne peut concourir avec « une âme tendre et vierge » éveillée par l'inspiration – cette tendre virginité confirme la malléabilité réceptive que l'on soupçonnait derrière l'hébétude d'Ion.

De toutes ces folies, l'amoureuse est la plus belle. Elle arrache au sensible, fait pousser des ailes et conduit vers l'intelligible. Pour en saisir la vertu et la force, il faut comprendre la nature de l'âme. Immortelle et autonome, elle est comparée à un attelage ailé qui se déplace dans des révolutions circulaires à travers la totalité du ciel. A la différence de celle des dieux, l'âme humaine est un attelage de deux chevaux dépareillés que l'intellect-cocher dirige comme il peut. L'un, grossier, n'écoute que ses pulsions et tire l'attelage vers le sol ; l'autre, noble, est prêt à obéir et à s'élever. Selon l'adresse du cocher, l'âme s'élance plus ou moins « dans les hauteurs où la race des dieux a établi sa demeure » et prend éventuellement part au cortège des dieux (246d). L'élévation est à la fois vision et nourriture substantielle. Plus l'âme s'élève, plus ses ailes croissent et plus elle est apte à contempler la réalité en soi jusqu'à ce que la révolution circulaire la ramène à son point de départ. Mais le plus souvent, les cochers sollicités par l'indiscipline des chevaux peinent pour entrevoir cette beauté céleste. Pire encore,

> [Les âmes] se piétinent, se bousculent, chacune essayant de devancer l'autre. Alors le tumulte, la rivalité et l'effort violent sont à leur comble ; et là, à cause de l'impéritie des cochers, beaucoup d'âmes sont estropiées, beaucoup voient leur plumage gravement endommagé. Mais toutes, recrues de fatigue, s'éloignent sans avoir été initiées à la contemplation de la réalité et, lorsqu'elles se sont éloignées, elles ont l'opinion pour nourriture (248ac).

Le combat est terrible, harassant. C'est une double bataille de mélanges, celui des chevaux dans l'attelage, celui des attelages qui s'enchevêtrent. La violence des rivalités détourne du but véritable, elle fait divaguer. Est-on si loin des compétitions d'éloquence au banquet ou du désir de Phèdre de faire concourir Socrate contre Lysias ? Les fausses plumes de paon de l'orateur fascinent sans conduire vers le vrai. Égarement humain et non folie divine. Opinion et non philosophie.

L'amour en revanche, ce cadeau des dieux, peut aider à recouvrer la vision entrevue, à dégager des liens humains où s'endommagent nos ailes. Parce qu'il est lui-même mélange, il peut donner au cocher la force de dompter l'impudique cheval et de dépasser cette effroyable mêlée des coexistences. Parce qu'il est démonique, il est susceptible de transformer en voie ascensionnelle le cercle vicieux de cette bousculade malchanceuse. Faut-il d'ailleurs accuser la malchance ? Le vocabulaire hésite et désigne aussi l'incapacité et la perversion. De fait, les attelages sont coupables de cette compétition. Mais peuvent-ils faire autrement puisqu'ils sont un composé instable ? Sûrement, car certains réussissent mieux que d'autres, qui témoignent justement de la volonté de « suivre le dieu et chercher à lui ressembler », au lieu d'être dans la violence d'un effort irréfléchi. Selon le décret d'Adrastée[1], les âmes sont d'ailleurs récompensées proportionnellement au parcours effectué. Celles qui ont pu s'élever seront exemptées d'épreuves jusqu'à la prochaine révolution, elles pourront s'implanter dans des semences qui produiront les hommes les plus nobles. Cette échelle des récompenses et des peines prévoit neuf degrés, descendants jusqu'au tyran sans exclure la réincarnation dans une bête à partir de la deuxième génération (248). L'échelle rappelle la progressive élévation amoureuse menée de degrés en degrés selon une droite méthode, couronnée brusquement par une illumination éblouissante. Dans les deux cas, l'inégalité des résultats renvoie à l'inégalité des efforts. L'ambivalence du vocabulaire est donc l'indice non d'une contradiction textuelle mais de la fragile complexité des humains, soumis aux aléas de l'existence et pourtant capables de la diriger. On est toujours en droit de les juger sur ces prémisses : l'attelage est un composé certes, mais le cocher doit conduire. L'âme est autonome, postule Platon qui souligne ainsi sa responsabilité. Mais la subtilité du texte est d'insister aussi sur la difficulté : la pente se prend vite, le mauvais et le bon attelage sont tous deux entraînés par la dynamique de leur propre trajectoire et l'attrait des buts entrevus. Cette difficulté est décisive, l'amour y prend tout son sens.

1. Adrastée est un surnom de Némésis qui personnifie le destin.

Cadeau divin, il est aussi une chance à saisir. On le sait démonique, mixte donc de responsabilité intérieure et de causalité extérieure. L'opportunité de la rencontre de l'aimé n'est que le début du travail intime qui va métamorphoser l'amoureux puis l'aimé. Ce cadeau d'ailleurs est déjà une récompense d'Adrastée : les âmes les plus capables sont réincarnées en « quelqu'un qui aspire au savoir *philo-sophos*, au beau *philo-kalos,* quelqu'un qu'inspirent les Muses et Eros » (248d). Double réincarnation pour une double tension amoureuse (*philos*). La récompense est la marque du manque persistant que la vision entrevue a laissé en chacun. Plus la vision s'est faite précise, plus l'attelage s'est fait léger. Mais plus l'attelage s'est fait léger, plus la retombée dans un corps paraît lourde, et plus le corps paraît lourd, plus le désir nostalgique va tarauder l'être qui l'habite. L'amour ne naît que chez celui qui, blessé au cœur par cette nostalgie, préserve l'attente ouverte en refusant le pansement de l'oubli. Peu nombreux sont ceux qui maintiennent vif le souvenir de ce qu'ils entrevirent, mais quand ils « aperçoivent quelque chose qui ressemble aux choses de là-bas », leurs « âmes sont projetées hors d'elles-mêmes, elles ne se possèdent plus » (249a).

La discontinuité du coup de foudre est le corrélat de la continuité d'une quête. La passivité de l'amoureux subjugué n'est qu'apparente ; elle est cependant conséquence et condition de possibilité à la fois de cette quête que l'amour réveille et stimule, même si l'amoureux ne le perçoit pas ainsi et reste sidéré, dépossédé de son illusoire maîtrise. Il perd l'habileté confortable d'un bon sens habitué à manœuvrer dans la brume de l'opinion et des apparences mondaines. Il est brusquement arraché à cette manière « raisonnable » de se comporter et aux repères de ses possessions humaines. Il est hors de lui, incapable de se définir autrement que dans cette tension désirante qui le porte vers son aimé. Foudroyé net, aussi admiratif que terrifié, il passe pour fou aux yeux des autres parce qu'il a oublié les convenances. Mais cette folie est l'appel de la vérité. Cette perte d'une pauvre raison trop vite rassurante est l'écoute d'une autre exigence. Cet oubli est authentique souvenir de ce qui seul importe. Et la dépossession est une reconquête.

Elle est loin d'être aisée : l'amoureux est tout aussitôt éperdument tiraillé entre la respectueuse pudeur qui le saisit devant la beauté, et l'appétit impétueux du grossier cheval qui tend à le précipiter sur le corps désiré[1]. Pour dompter la bestialité du désir, le cocher doit faire la preuve réitérée de sa « volonté réfléchie », ce qui confirme que l'amoureux n'a perdu l'habituel « bon sens » qu'au profit d'une raison supérieure. Parallèlement à ce conflit interne, se manifestent toutes sortes de symptômes de la repousse des ailes : gonflements, piqûres, frissons. L'amoureux fait ses ailes comme l'enfant ses dents. Cette première souffrance a sur la seconde l'avantage de céder devant l'aimé, « médecin des maux les plus grands » qui ne sont jamais seulement physiques.

Médecin ou cause occasionnelle ? Les ailes préexistent à la vision qui les fait croître. A souligner la continuité entre l'amour et le voyage antérieur de l'attelage, à insister sur la continuité entre la beauté de l'aimé et les visions célestes entrevues, à lire la preuve de cette continuité dans la métaphore d'une repousse des ailes, on pourrait croire que l'être aimé n'est qu'un pur prétexte. On serait proche alors d'une analyse psychologique qui s'effectuerait presque dans les termes de Stendhal, comparant la cristallisation amoureuse au travail du temps dans les mines de sel de Salzbourg : l'aimé n'est qu'un pauvre rameau jeté dans notre imaginaire, que le travail inconscient et notre besoin d'aimer ont couvert d'une infinité de diamants mobiles et éblouissants[2]. Une telle perspective appliquée au texte platonicien inviterait à penser la discontinuité comme l'aubaine aléatoire d'une occasion qui provoque la réminiscence ; l'aimé serait à peine nécessaire à l'amour, tout juste bon à éveiller et calmer la douleur de la pousse des ailes. Ce serait un triple faux-sens. D'abord, cela réduirait la psychagogie à une psychologie et la réminiscence au travail inconscient de l'imaginaire. Ensuite, traiter l'aimé comme simple cause occasionnelle serait non seulement lui faire injure (à l'amoureux aussi d'ailleurs), mais rendrait encore la suite ab-

1. L'analyse doit beaucoup au livre de J.-L. Chrétien, *L'Effroi du beau,* 1987.

2. Stendhal, *De l'amour*, 1822, L. I, chap. II.

surde. S'il aidait seulement à la repousse des ailes, il serait vite abandonné par son amoureux. Or, si les premiers discours du *Phèdre* ont soutenu que celui qui s'enfuyait devant l'aimé sans vouloir le reconnaître n'était qu'un malade déréglé, Socrate prononce précisément un troisième discours pour distinguer l'amoureux de ce malade. Traiter l'aimé comme une cause occasionnelle, c'est enfin et surtout s'interdire de comprendre la dimension féconde et généreuse de l'amour que le *Banquet* soulignait.

Elle est pourtant manifestement présente dans ce dialogue. Dans l'élection de l'aimé d'abord. L'amoureux, même s'il n'en est pas clairement conscient, le choisit dans la continuité du parcours accompli. L'âme, qui a pu suivre le cortège d'un dieu, garde un souvenir ébloui qui la pousse à pister la trace humaine de ce modèle (« ils se mettent en chasse »). Comme le rhapsode Ion est inspiré et aimanté par Homère seul, parce qu'il appartient à la chaîne de sa propre Muse, l'aimé est choisi par le regard amoureux qui a participé au cortège de son propre dieu. Ce choix est la reconnaissance intuitive d'une attraction partagée et d'une même appartenance. Loin de le minorer, cela le rend décisif et invalide tout effet de hasard. Car choisir l'aimé, c'est choisir à travers lui le modèle vers lequel tendent tous les efforts. L'amour est révélation, il est effroi et pudeur mais tout autant exigence d'une imitation constructive. L'amoureux n'est donc dépossédé que par celui qu'il a lui-même élu dans une quête active. Soutenir que l'aimé n'est qu'une cause occasionnelle est en partie acceptable (il avive le souvenir) ; mais il faut aussi admettre que cette occasion a été ardemment cherchée, que l'aimé n'est pas n'importe qui et ne se réduit surtout pas à ce rôle initial : s'il est reconnu dans cette tension imitative, il est à son tour modifié et enrichi par elle.

Ce processus mimétique mobilise à deux reprises la figure déjà rencontrée de l'*agalma*, de l'engendrement du sens sous l'apparence. L'amoureux vénère l'aimé « à l'égal d'un dieu et, s'il ne craignait pas de passer pour complètement fou, il offrirait au jeune garçon des sacrifices comme à la statue d'un dieu *agalmati* » (251a). L'aimé est donc lui-même un *agalma* qui paraît, à la différence de celui du silène, éblouir d'emblée son adorateur par sa beauté physique et lui ouvrir un chemin de réminiscence. Pourtant cet *agalma* n'est pas découvert mais édifié par l'amoureux qui, « comme s'il s'en faisait un dieu, lui élève une statue *agalma* qu'il orne, pour l'honorer et célébrer son mystère » (252d). On retrouve donc l'ambivalence remarquable de cette figure qui ne saurait se réduire à un objet ou à une représentation, *l'agalma* est présence vivante du sacré, source de respect et de joie[1], œuvre et origine, effet et cause. L'amoureux sculpte la statue à l'image du dieu entrevu et reconnu sous l'apparence humaine ; l'aimé, qui n'en était que le motif, est transfiguré dans cet *agalma* qui sollicite en retour sa propre métamorphose.

> [Les amoureux] sont possédés par le dieu et lui empruntent son comportement et son activité, pour autant qu'il est possible à un homme d'avoir part à la divinité. Ce résultat, bien entendu, c'est au bien-aimé qu'ils en attribuent le mérite [...] Quand ils l'ont trouvé, imitant alors eux-mêmes le dieu, ils conseillent et disciplinent leur bien-aimé, pour l'amener à se conformer à la conduite et à la nature du dieu dans la mesure de ses capacités. Nulle jalousie, nulle mesquinerie malveillante non plus à l'égard du garçon qu'ils aiment ; bien au contraire, ils font porter tous leurs efforts à l'amener à ressembler le plus possible en tout et pour tout à eux-mêmes et au dieu qu'ils honorent (252-253).

Ce texte remarquable distingue le véritable amour de trois de ses simulacres. Il répond d'abord aux deux premiers discours qui décrivaient la possessivité jalouse de l'amoureux ; cet amoureux était un malade brutal, au plus loin de cet amour dont Socrate fait désormais l'éloge et qui conduit au divin. Le véritable amoureux encourage l'aimé à lui ressembler, non pour en faire sa propriété et s'en réserver l'usufruit, mais pour l'aider à ressembler, à travers lui, au dieu qui l'inspire. La beauté humaine est la marque de cette participation, l'amoureux l'a déjà reconnue en voyant en l'aimé un *agalma* ; continuant à le sculpter, il l'encourage donc à accomplir son identité. Le registre n'est plus celui de l'avoir mais celui du devenir. L'amour n'est

1. Le substantif *agalma* a pour belle origine le verbe *agallein* qui signifie à la voix active : parer, honorer, et à la voix moyenne *agallomai* : se glorifier, se réjouir.

pas non plus dans le face-à-face de deux êtres, ce serait un deuxième simulacre. Un tel face-à-face est toujours susceptible de se régler sur des rapports de pouvoir, gain décrit par Lysias ou troc d'Alcibiade. Ici, on ne prend pas sur l'autre ce que l'on gagne ; au contraire, la mutation commune est couronnée par une récompense partagée : « la loi veut [...] qu'ils mènent une existence lumineuse, qu'ils soient heureux de faire ce voyage l'un en compagnie de l'autre, et qu'ensemble, parce qu'ils s'aiment, ils reçoivent des ailes, quand celles-ci seront données (256de). » Enfin, la dualité des amants ne se dépasse pas non plus dans la fusion d'une unité retrouvée qui mettrait fin à tout désir, comme le proposait Aristophane, ce serait un troisième simulacre. L'amour véritable est une quête continue de ce que l'on pressent ; on se modèle d'abord dans le sens de ce que l'on croit être l'aimé et, à travers lui, le dieu ; puis on modèle l'aimé pour qu'il se conforme aussi au dieu. Cette tension vers le tiers évite la fascination séductrice et l'osmose stérilisante. L'être aimé n'est ni objet ni « déclencheur » occasionnel, mais sujet d'un devenir singulier et commun dans le partage d'une même exigence constructive. Cette exigence précède, accompagne et dessine tout à la fois le but de ce devenir. On reconnaît les difficultés temporelles notées à propos d'Ion et des Corybantes. Il faut avoir mis le pied dans l'harmonie pour entrer en transe mais aussi être en sommeil pour faire place à la parole poétique. Le rapt de l'inspiration exige l'un et l'autre. De même, le ravissement de la contemplation amoureuse est une conflagration de l'être qui renvoie à la recherche confuse qui la précède (l'amoureux a cherché la figure de l'aimé sur ce modèle entrevu dont il garde le poignant désir) et à la recherche à venir qu'il ouvre et contribue à propager.

La transitivité poétique annonce en mineur la propagation amoureuse. Le rhapsode est le maillon d'une chaîne et aimante à son tour. L'amour est radieux et ses rayons se réfléchissent à l'entour.

> Quand l'amoureux persévère dans cette conduite et qu'il approche le bien-aimé [...], le flot jaillissant dont j'ai parlé et que Zeus appela « désir » (*himeros*) quand il aimait Ganymède, se porte en

> abondance vers l'amoureux ; une part pénètre en lui, et, lorsqu'il est rempli, le reste coule au-dehors. Et, de même qu'un souffle ou un son, renvoyés par des objets lisses et solides, reviennent à leur point de départ, ainsi le flot de la beauté revient vers le beau garçon en passant par ses yeux, lieu de passage naturel vers l'âme. Il y parvient, la remplit, et dégage les passages par où jaillissent les ailes, qu'il fait pousser ; et c'est au tour de l'âme du bien-aimé d'être remplie d'amour. Le voilà qui aime, mais il est bien en peine de dire quoi. Il ne comprend pas ce qu'il éprouve et ne peut pas en rendre raison non plus. Comme quelqu'un qui a éprouvé une ophtalmie de quelqu'un d'autre, il ne peut effectivement déterminer la cause de son émoi, et il oublie qu'il se voit lui-même dans son amoureux comme dans un miroir.[...] il éprouve le « contre amour », image réfléchie de l'amour (*eidôlon*) (255b-e).

La surabondance de l'*himeros* submerge tout sur son passage – y compris le roi des dieux, ravisseur parce que ravi. Il coule à profusion. La demande d'Agathon de transfuser la sagesse d'un contenant à l'autre était bien égoïste : remplir l'un, c'était vider l'autre. A l'inverse, le flux amoureux circule avec prodigalité ; il réchauffe l'un et, pour cela même, l'autre dans un mouvement réflexif qui n'est ni calculé ni réfléchi. L'aimé, envahi par ce flot, éprouve à son tour le « contre amour » par extraordinaire contagion ophtalmique.

La métaphore intrigue pourtant dans la mesure où elle reprend le modèle médical de cette maladie humaine dont il fallait se démarquer. La maladie dans les précédents discours excusait le dérèglement de l'excès égoïste. Ici, elle souligne inversement la nécessité du partage amoureux ; pas plus qu'on n'échappe à la contagion, on ne peut échapper au « contre amour ». Elle en définit aussi le sens, ce n'est pas un contre don. Les précédents discours discutaient des « placements » amoureux, or on n'aime pas comme on calcule, on aime sans pouvoir en rendre raison, dit avec force le texte : le miroir du « contre amour » réfléchit le rayonnement mais n'est pas réflexion intellectuelle. On n'aime pas pour être aimé et, si l'on est aimé en retour, c'est que celui que l'on aime se reconnaît tel qu'il s'espérait dans le regard qui l'honore et contribue à le sculpter. Décrire le « contre amour » comme une ophtalmie contagieuse, c'est indiquer que les deux amants souffrent du même délicieux mal offert par les dieux : la repousse des ailes. Ce qu'ils « attrapent » dans cette contagion, c'est la même manière de voir qui les transforme et les modèle. Dès lors la dimension alternative (*anterôs*) doit être comprise non comme une rivalité mais comme une émulation réciproque, ils épousent la même exigence. Ici se trouve d'ailleurs la limite de la métaphore car ce mal bénéfique ne les affecte pas du dehors comme le ferait un virus, ils se contaminent mutuellement pour mieux épouser cette exigence. Davantage, la contagion ne doit rien à la rencontre fortuite d'un microbe mais tout à la « persévérance » de l'amoureux. Persévérance indispensable. Ce qui revient à l'aimé est sa propre force, réfléchie par l'amant, modifiée par l'*agalma* construit. Ce pour quoi cette maladie-ci ne veut ni guérir ni se résorber temporellement, alors que celle-là quittait des patients guéris et inconstants. L'ophtalmie, à l'inverse, n'est pas une parenthèse que l'on puisse clore, elle est construite en amont et modifie à tout jamais le regard en aval, elle ouvre à un devenir décisif.

Ces deux maladies, humaine et divine, s'opposent donc de manière cohérente. L'une décrit l'extériorité d'une affection passagère, l'autre l'inconfort intérieur, nécessaire et fécond d'un avènement. L'ophtalmie répond à sa manière à la physiologie amoureuse précédemment décrite : picotement et gonflements des gencives, démangeaison des ailes, douleurs de l'enfantement. Que la folie divine se décrive dans cette faiblesse physique invite à nuancer au moins la conception radicalement transcendante d'un ciel platonicien, on y reviendra. Pour l'instant, notons encore que les deux types de maladies s'opposent comme les deux types de ravissement décrits dans le dialogue. La fausse transe corybantique que mimait Socrate devant Phèdre était due à un *pharmakon*, causalité humaine, effets précaires. Le ravissement amoureux conduit au divin et à soi, médiation rédemptrice qu'il faut savoir épanouir. Maladies ou ravissements sont susceptibles de gradation. Les premiers niveaux relèvent de la rivalité des séductions, de l'avidité des possessions ; les seconds sollicitent le partage d'un transport commun vers le divin. Tiers salvateur et dynamisant qui se devine, plus qu'il ne s'appréhende, dans une opacité parfois angoissante.

Car la réflexion n'est qu'optique : l'amoureux est comparé à un « objet lisse et solide » qui renvoie l'*himeros* vers l'aimé, mais ce mouvement ne se vit pas réflexivement. La métaphore insiste au contraire sur l'aspect impénétrable de cette surface réfléchissante et sur le désarroi du nouvel amoureux qui « ne comprend pas ce qu'il éprouve et ne peut pas en rendre raison non plus ». A défaut, il le nomme « amitié, *philia* » – le terme indique la réciprocité de l'affection mais masque la tension vers l'altérité et l'élan vers un devenir fécond qui sont constitutifs de l'amour. L'aimé ne les reconnaît pas dans cette image réfléchie (*eidôlon*). Peut-être le fera-t-il ultérieurement, mais rien ne permet encore d'en préjuger. Pour le moment, l'opacité du miroir et le désarroi réflexif vont de pair. Puisque le miroir est lisse, on ne peut rien y lire ; puisque l'on est pris par le flux, on ne peut le comprendre. Pas plus que le rhapsode ne pouvait voir le dieu qui l'aimantait à travers le poète qui l'inspirait, l'aimé ne peut voir le dieu dans la figurine sculptée par son amoureux. *L'agalma* est un vecteur, on l'a dit, médiateur lui aussi entre ce que l'on voit immédiatement et ce que l'on devine dans ce que l'on voit. La cause réelle demeure énigmatique pour celui qui en ressent pourtant les effets, et le sculpteur, lui-même inspiré, ne connaît pas la forme que découvre son travail.

Cette impossible réflexion sur ce que l'on éprouve est une donnée majeure du ravissement qui se vit dans l'épreuve brutale d'un rapt provoqué par quelque puissance extérieure. Cette discontinuité, ce surgissement instantané et cette extériorité d'une cause assignable sont les caractères descriptifs de cette violence étrange et déroutante.

Ils ne doivent pas masquer la continuité d'un travail intérieur, d'autant que le père est singulièrement absent des métaphores de l'engendrement. Dans le procès irréfléchi et naturellement nécessaire de la réflexion optique, les amants s'aident mutuellement à fortifier leurs ailes, engendrement réciproque ; la dénomination de « contre » amour élude toute causalité extérieure. Cela rejoint l'absence du géniteur dans une mise en scène où les rôles sont pourtant distribués par Platon : l'interlocuteur ou l'amoureux en « parturient » et Socrate en maïeuticien. On est alors tenté de s'orienter vers l'idée d'une germination intérieure, ce que suggèrent la pousse des ailes, la percée des dents. Pourtant, l'engendrement ne peut se réduire à un autoprocessus dont l'aimé ne serait qu'une cause occasionnelle, on s'en est expliqué.

Il faut donc aller plus loin et prendre appui sur cette imitation productive que la sculpture de l'*agalma* réalise, révèle et renforce. On insiste habituellement sur la méfiance de Platon envers l'imitation (*mimêsis*), y compris dans le *Phèdre* – dans la hiérarchie des sorts prévus par Adrastée, ceux qui s'adonnent à l'imitation sont relégués à de tristes places. Mais le texte affirme aussi que l'âme doit chercher à ressembler au dieu pour accéder à la meilleure vision. L'imitation est donc dynamisante et motrice. Initialement nécessaire, elle est requise tout au long du procès amoureux comme on l'a vu, l'amant cherche constamment « à imiter autant qu'il le peut, le dieu dont il a suivi le chœur » ; il choisit l'aimé susceptible de lui ressembler et lui édifie cet *agalma*, pour l'y conformer et par là l'amener à se modeler sur le dieu qui l'inspire. Tension mimétique et constructive qui arrache les deux amants à leur singularité égoïste pour les conduire vers ce tiers qui les anime. L'habituelle condamnation de la mimésis reproductive n'interdit pas la valorisation ici d'une mimésis productive.

Dans cette perspective, la cause réellement motrice n'est ni extérieure ni strictement intérieure. De même, ce qui s'engendre dans l'amour n'est ni ce qui était contenu potentiellement dans l'amoureux seul (parthénogenèse) ni ce que l'aimé lui aurait seul donné (procréation). C'est l'imitation qui est féconde. Elle implique l'intériorisation admirative d'un modèle extérieur et la volonté de produire extérieurement ce que l'on s'est ainsi approprié, mêlant sans cesse l'activité et la passivité, l'extériorité et l'intériorité. Elle conjugue le sentiment de la révélation et la réalité de la construction, la discontinuité de la dépossession et la continuité du travail. Elle transmue la reproduction en création. Se dessine alors cette voie d'accès vers le sublime que célébrera ultérieurement Longin, réhabilitant « l'imitation [qui] n'est pas un vol ; mais [...] est comme l'empreinte de beaux caractères, de belles œuvres d'art, ou d'objets bien ouvragés[1] ».

---

1. *Du Sublime*, XIII, 4, trad. J. Pigeaud (1991). Pour une étude approfon-

Cette empreinte est accueil, admiration, émulation. On peut appliquer une telle formulation ici et la prolonger. L'admiration est vouée à ce que l'on choisit en l'autre, cette part divine qu'il recèle. Tout à la fois fécondité et engendrement, elle aide à mettre au jour ce que le sujet porte en lui, sans pour autant l'avoir conçu, sans non plus qu'un autre l'ait conçu pour lui ou en lui. Cet effort intime et singulier ne va pas sans douleur. Cela explique donc l'absence du géniteur, tout en préservant la présence d'un « parturient » et d'un thérapeute adjuvant (maïeuticien ou aimé).

Demeurent deux questions liées. La première porte sur la place du philosophe dans cet amour décrit. Si l'amour est la meilleure des folies comment peut-il en rendre compte ? Est-il lui-même dans cet amour, en ce cas il ne peut qu'être à son tour surface réfléchissante pour le propre travail de son interlocuteur ? Ou est-il capable de tenir un discours lucide qui montre l'essence de l'amour et en rende raison ? Et que vaut ce discours si le procès mimétique de l'amour est seul capable d'engendrer cette transformation féconde ? La seconde question porte sur l'écriture de cette description. Dans cet engendrement qui se passe d'origine assignée, quelle est la fonction de l'écriture, quelle est la place de celui qui décrit, écrit, signe et se propose comme auteur ? La composition du dialogue par Platon pose exactement ces deux questions.

De la folie divine à l'écriture humaine : filiations et mystères

Socrate termine sa palinodie en demandant à Eros de ne pas lui retirer la science de l'amour qu'il lui a accordée et d'être « prisé par les beaux garçons ». Il demande donc de la philosophie et de l'amour. Derrière la drôlerie de la revendication, se dessine une sagesse compatible avec l'inspiration et, dans la

die du texte de Longin (tant en lui-même que dans son impact ultérieur) et des déplacements opérés vis-à-vis de la tradition platonicienne, *cf.* le beau livre de B. Saint Girons : *Fiat lux* (1993), notamment p. 309 *et sq.* Sur l'imitation positive, *cf.* aussi *Protagoras* de Platon (326a).

modestie de la prière, une pique contre la vanité de Lysias qui imposait sa propre définition de l'amour. Phèdre décèle immédiatement l'accusation et en ajoute une autre, celle d'être « logographe ». La prétention de laisser derrière soi des écrits signés paraît vaniteuse et condamnable. Pour autant, toute écriture n'est pas rejetée par Socrate – ce serait sous la plume de Platon un étrange déni. « Il n'y a en soi, rien de laid à écrire des discours (...) Mais là où réside la laideur, c'est, j'imagine, dans le fait de parler et d'écrire d'une façon qui n'est pas belle, c'est-à-dire vilainement et mal » (258cd). Les deux premiers discours viennent d'en donner l'exemple en se donnant une définition qui convenait au dessein poursuivi et en inversant l'ordre logique de la pensée. Socrate, parlant sous le « capuchon » des influences circonstancielles puis à visage découvert en assumant sa palinodie, est passé de cette vilaine manière à une autre.

Or, pour réfléchir à cette juste manière de procéder, Platon propose deux mythes originaux, les seuls qui le soient si l'on en croit les commentateurs[1]. Cette singularité attire la vigilance. Elle est au moins l'indice que Platon se pose réflexivement la question de sa propre attitude. La suite du *Phèdre* peut donc se lire comme le prolongement platonicien de l'interrogation socratique. Socrate a incarné la belle manière de parler ; il l'exemplifie encore sous la plume de Platon qui s'interroge à son tour sur la belle manière d'écrire. Comment l'écriture peut-elle échapper à la prétention narcissique ? Comment peut-elle ne pas s'arroger la paternité du vrai ? Ne risque-t-elle pas d'exténuer la quête qu'elle fige dans son atemporelle matérialité, cercueil plombé de la parole vive, mauvais silène qui emprisonne l'*agalma* qu'il renferme ? Il faut retirer les « capuches » de l'inauthenticité et ne jamais confondre la pensée et son simulacre. Le trompe-l'œil fait croire à la présence de ce qui est absent. Exacte inversion du ravissement qui, sous l'absence apparente, cache une dense présence – Socrate à Potidée paraît s'être absenté alors qu'il n'a jamais été aussi concentré et présent à ses pensées. Il y a une belle et une mau-

1. *Cf.* notamment P. Frutiger (1930), L. Robin (1938), J. Derrida (1972).

vaise manière de parler parce qu'il y a une belle et mauvaise manière d'être présent à ce que l'on recherche ; l'attention de l'orateur et de l'écrivain doit porter sur cette modalité responsable de la présence.

Le mythe des cigales rappelle opportunément la dimension mortelle de l'absence à soi. S'oubliant elles-mêmes dans le plaisir de l'écoute, elles ont négligé de boire et de manger jusqu'à trépasser. Depuis, elles ne cessent de chanter et d'enchanter, traitant d'esclaves et de moutons ceux qui se reposent nonchalamment auprès d'elles « par paresse d'esprit ».

> Si, au contraire, elles nous voient converser et rester insensibles à leurs enchantements, alors que notre esquif passe devant elles comme devant des Sirènes, alors, parce qu'elles seront contentes de nous, elles nous accorderont sans doute le privilège que les dieux leur permettent d'accorder aux hommes (259a).

Ce privilège est de signaler aux Muses les hommes qui les honorent ici-bas afin qu'ils soient inspirés en retour. Cette chaîne des honneurs n'est pas sans rappeler celle de l'aimantation. Pour autant, les cigales ne sont pas de simples maillons, elles mettent à l'épreuve l'auditeur qui doit résister à leur envoûtement pour mériter leur intervention ; on se rappelle que Diotime mettait en garde contre le risque de regarder celui qu'on aime au point de cesser de boire et de manger et d'éviter ainsi l'inconfort de l'enfantement. A cet éblouissement stérile, s'oppose ici l'inspiration méritée par maîtrise, parallèle au don d'amour qui récompense l'effort soutenu du cocher. On retrouve l'apparente circularité temporelle et causale déjà analysée. Si les cigales sont des maillons, c'est moins par leur docilité que parce qu'elles sont puissances intermédiaires entre un degré d'enchantement, dangereux si l'on s'y abandonne trop vite, et une inspiration conquise. Ce degré leur a cependant procuré le pouvoir de discriminer ceux qui seront dignes de leur intercession auprès des Muses parce qu'ils persistent à converser sans faiblir et sans perdre leur lucidité. Elles ont donc un rôle ambivalent, de Sirènes mais encore de *daimôn*, rôle à son tour double : apotropaïque (elles interdisent qu'on s'abandonne au charme de leurs chants et au sommeil qui guette) et protropaïque (elles incitent à converser en composant un discours selon les articulations dialectiques du vrai). Le *daimôn* obligeait Socrate à assumer sa responsabilité. Les cigales permettent à celui qui rédige ce mythe, Platon, de réfléchir à la sienne propre : comment parler dans l'écho d'un chant supérieur ? « Il se peut aussi que ce soient les interprètes des Muses, les cigales, elles qui chantent au-dessus de nos têtes, qui nous aient insufflé ce privilège », propose Platon (262d). Socrate, qui s'est laissé condamner à mort plutôt que de détourner les yeux de la beauté de la vérité, est-il cette cigale jugeant l'écrivain ? Ecrit-il sous sa dictée, dans le privilège redoutable de ce souffle, dans l'espoir d'être à sa hauteur mais aussi d'y résister ? Hypothèse extrême. Sans aller plus loin, on notera que cette invention singulière pose de manière insistante la question de la responsabilité de la parole.

Le second mythe prolonge cette réflexion en la centrant explicitement sur l'écriture. Theuth triomphe en présentant sa découverte au roi Thamous : « De la science et de la mémoire le remède a été trouvé. » Mais le roi le détrompe : l'écriture aggrave les maux qu'elle prétend guérir.

> En effet, cet art produira l'oubli dans l'âme de ceux qui l'auront appris, parce qu'ils cesseront d'exercer leur mémoire ; mettant, en effet, leur confiance dans l'écrit, c'est du dehors, grâce à des empreintes étrangères, et non du dedans, grâce à eux-mêmes qu'ils feront acte de remémoration ; ce n'est donc pas de la mémoire mais de la science que tu as trouvé le remède. Quant à la science, c'en est la semblance que tu procures à tes disciples, non la réalité (274a).

Jacques Derrida a analysé de manière décisive cette ambivalence du *pharmakon*, remède et poison[1]. Le travail vivant de la mémoire s'oppose à l'extériorité d'une assurance morte, l'activité de la quête à l'information figée qui n'est plus qu'un « semblant de science », un dépôt de savoir réifié. Par son inertie muette, l'écriture est comparable à la peinture (le terme grec *graphein* est commun aux deux activités) qui donne

1. « La Pharmacie de Platon » (1972).

l'illusion de la vie mais est incapable de répondre aux questions. A ces défauts, s'ajoutent l'indifférence de l'écrit aux interlocuteurs et son incapacité à se défendre seul – Il « a toujours besoin du secours de son père ». A ce simulacre (*eidôlon*), s'oppose le vrai discours : « Celui qui, transmettant un savoir, s'écrit dans l'âme de l'homme qui apprend, celui qui est capable de se défendre tout seul, celui qui sait devant qui il faut parler et devant qui il faut se taire »(276a). L'écrit est un pauvre résidu, l'orphelin d'un père absent ; la pensée, elle, est vivante A l'extériorité de l'origine défaillante (le père) supplée l'engendrement intérieur ; à la déficience de la réponse et de l'adresse, la responsabilité. Le vrai discours est animé au sens propre, doté de son propre mouvement, il « s'écrit dans l'âme ». A l'inverse, l'image écrite est statique comme une peinture, aussi peu autonome que le simulacre d'Hélène à Troie, aussi dangereuse dans son immobile silence.

Pourtant Hélène n'est pas coupable, la palinodie de Stésichore a rétabli son innocence et désigné d'autres coupables : ceux qui se laissent prendre au trompe-l'œil de l'*eidôlon*. L'écriture n'est pas plus coupable qu'Hélène, l'est en revanche le lecteur qui se laisse fasciner par l'illusion d'une présence vivante, l'est encore le logographe peu scrupuleux qui ne songe qu'à sa signature. C'est aussi futile que de planter « en plein été des jardins d'Adonis pour le plaisir de voir ces jardins devenir superbes en huit jours » (276b). Gloriole illusoire : ces jardins miniatures, confectionnés dans un tesson ou une corbeille et confiés à la mer lors des Adonies, meurent aussitôt. Ils sont aussi magnifiques qu'éphémères, artifices sans devenir propre, jetés dans un autre élément, ballottés par le hasard des flots, privés de l'assistance de leur agriculteur, stériles. L'écriture ne garantit pas plus la permanence du savoir que les corbeilles n'assurent la survie des jardinets. Pour que vivent les promesses potentielles, il faut le discernement du bon agriculteur, le choix du sol adéquat, la patience dans l'attente[1]. Alors les plants arrivent à maturité et fructifient. A l'inertie d'un dépôt extérieur s'oppose la temporalité ouverte du devenir qui transforme en

1. Sur ces jardins improductifs et sur la nécessaire patience, *cf.* M. Détienne (1972).

retour celui qui l'accueille et le pousse à chercher à son tour un naturel fécond pour semer. L'écriture peut alors être le vecteur de cette générosité communicative, mais nul ne doit oublier qu'elle n'en est qu'un vecteur. Elle n'est que le « rejeton et frère » de ce mouvement du savoir dont la finalité n'est ni d'asseoir la prétention égoïste des uns, ni de couvrir extérieurement un support inerte, mais de s'épanouir et de fructifier dans les natures « tendres et vierges », disponibles et capables de cet accueil.

La quête amoureuse transportait les amants vers un dépassement commun, la recherche du vrai mobilise le philosophe en devenir. Dans les deux cas, s'éprouvent le même renoncement à la possession jalouse, le même arrachement à soi dans la découverte d'une germination intérieure, la même dépossession apparente de la maîtrise dans l'inéluctabilité de cette croissance, la même incertitude sur l'origine de ce qui advient, la même dimension du partage.

Ce partage souligne à nouveau l'absence plusieurs fois notée du père. Jacques Derrida met en lumière les enjeux pour Platon de cette conception d'un écrit orphelin. Platon est-il l'orphelin de Socrate ? Faut-il accepter la mort du père, pour écrire soi-même ? L'écriture suppose-t-elle un parricide ? On doit répondre à ses interrogations dans une perspective élargie, afin de prendre en compte cette double absence paternelle : l'absence de répondant d'un discours écrit mais encore l'absence du géniteur dans l'enfantement. Platon préfère à la figure du géniteur, celle de l'agriculteur médiateur : il plante des semences qui ont leur propre dynamique, et dépendent du lieu où elles se trouvent. Mentionner un père serait donner toute-puissance à un donateur. Or ce qui est transmis, ce qui féconde, n'est pas une propriété arrêtée mais un mouvement ; ce qui se donne l'est dans la surabondance du cadeau reçu. Le rhapsode n'aimante que parce qu'il est aimanté, l'amoureux est l'ébloui récipiendaire du flux qu'il renvoie parce qu'il en est comblé, le philosophe est maïeuticien qui confesse qu'il ne sait rien.

Le discours est orphelin, certes, mais celui qui l'en accuse a tort de le lui reprocher. Car le discours ne doit rien attendre d'un père putatif, ce serait s'en remettre à une autorité extérieure, donc arbitraire, alors qu'il est un être vivant capable de se légitimer seul et d'engendrer d'autres discours. Voilà la seule noble manière de discourir :

> Quand, usant de la dialectique et prenant l'âme qui est faite pour cela, on y plante et on y sème des discours qui transmettent la science, des discours qui peuvent se tirer d'affaire tout seuls et tirer d'affaire celui qui les a plantés, des discours qui ne sont pas stériles, mais qui ont en eux une semence d'où viendront d'autres discours qui, poussant en d'autres naturels, seront en mesure de toujours assurer à cette semence l'immortalité et de donner à celui qui en est le dépositaire le plus haut degré de bonheur que puisse atteindre un homme (276e-277a).

La prétention de paternité doit s'effacer devant la fécondité du discours lui-même. La revendication narcissique de l'auteur est précaire et fallacieuse, la seule immortalité est celle de l'engendrement continu du savoir, celle qui repose sur la transmission. Le refus d'assigner une paternité permet donc dans le même temps d'assumer une filiation. L'écriture peut en être l'outil, à condition que l'on ne se laisse pas fasciner par l'inscription gravée. Si Platon peut écrire un discours, c'est parce qu'il s'est antérieurement écrit en lui. Il dépose dans les dialogues écrits les semences qu'un autre a déposées en lui. Cet autre l'était à son tour d'un autre, méditant l'interdit d'une voix démonique ou réitérant la palinodie de Stésichore. Filiation que manifeste l'écriture platonicienne, assurant l'immortalité de la semence philosophique.

N'être que le récipiendaire d'un mouvement, le vecteur d'un héritage, oblige à la modestie. Socrate rappelle sans cesse qu'il n'est que le dépositaire d'un savoir qui le transcende. A Phèdre qui le félicite de son récit du mythe de Theuth, il rappelle vertement que l'on ne doit se soucier ni de l'auteur ni de la provenance du discours mais de sa seule vérité. Peu importe d'où vient le vrai, s'il est vrai. Tous ceux qui prétendent juger autrement sont dans le pré-jugé, jugeant sur la foi de l'autorité reconnue, avant de juger sur la légitimité du propos. Ils se targuent d'une compétence particulière, celle dont se vantait Ion. Ils se conduisent vis-à-vis du savoir comme des gestionnaires de bien, tel cet aimé, décrit par Lysias, qui voulait placer avantageusement sa beauté. La posture de paternité est encore orgueil de possesseur. Toute l'attitude de Socrate la refuse.

> J'ai dans le cœur, divin Phèdre, une espèce de plénitude, et j'éprouve le sentiment d'être en état de dire beaucoup d'autres choses qui, en comparaison, ne seraient pas inférieures à celles qui viennent d'être dites. Or je sais bien, en tout cas, qu'aucune de ces idées ne vient de moi, car je suis conscient de mon ignorance. Reste donc, je suppose, cette explication : par les oreilles, je me suis quelque part rempli à des sources étrangères, à la façon d'une cruche. Mais ma paresse d'esprit m'empêche encore une fois de me rappeler comment et de qui j'ai appris ces choses-là (235cd).

Savoureuse traduction. Outre la drôlerie pour le lecteur contemporain d'entendre Socrate se définir comme « une vraie cruche » *aggeios*, l'image est celle d'un prodigue contenant susceptible de réconforter l'assoiffé. Mais le second sens du terme grec (vaisseau, veine, artère) importe aussi : il souligne la circulation vitale d'un flux sans la réduire à un simple transvasement de récipient, ce que Socrate reprochait précisément à Agathon. Le philosophe se détache ainsi de toute prétention d'autorité, seule importe « cette espèce de plénitude » dont la source n'est pas nécessairement consciente. Ce Marsyas, qui enchante chacun de ses seuls discours, est lui-même « empli par les oreilles ». Cette modestie ne se réduit ni à une feinte verbale ni à une excuse facile, même si Socrate allègue sa paresse pour refuser de répondre aux questions de Phèdre, elle se conjugue avec la responsabilité, elle l'exige même. Se reconnaître comme le dépositaire d'un savoir en devenir suppose une attention extrême au soin des sols fertiles (savoir à qui s'adresser et comment), à la maturation des semences, au mouvement de germination. Il faut accueillir les bonnes semences en éliminant les mauvaises, maintenir vivantes les meilleures, les faire fructifier en soi. Ce travail actif de réception, ce travail intérieur de réélaboration, ce travail créateur de l'appropriation a déjà été analysé dans la tension constructive d'une mimésis admirative. Activité dans la passivité, intériorisation de l'extériorité, présence responsable dans le défaut d'autorité. L'origine s'efface dans le mouvement de filiation qui l'immortalise, l'engendrement se continue par-delà la discontinuité des dépositaires.

Une telle perspective explique à la fois le discrédit de l'écriture par Platon et sa nécessaire réhabilitation. On peut défendre l'écriture si on la considère comme une médiation dans la continuité d'un savoir. On doit en revanche se garder de lui attribuer une impossible autonomie ou d'en mésuser comme le logographe mobilisant pour sa seule vanité ce qui n'est que le vecteur d'une transmission. L'auteur doit s'effacer devant le propos qu'il sert. Là est son sérieux et sa responsabilité : non dans une bavarde prétention narcissique ou dans une revendication de paternité mais dans la conscience de servir le vrai et de respecter ses articulations naturelles. Lysias inversait l'ordre de la « démonstration » en commençant par une définition pipée pour servir ses propres visées ; à l'inverse, le dialecticien suit pas à pas « ces divisions et rassemblements qui permettent de parler et de penser » parce qu'il en est amoureux.

Cet amour que revendique l'orateur Socrate, justifie « l'écrivain » Platon. De l'oral à l'écrit, ce sont les mêmes exigences. L'effacement correspond à cette modestie qui implique à la fois le refus des compétences acquises et l'accueil des procédés étranges ou déroutants qui mènent au savoir. Peu importe comment on atteint le vrai, il vaut en lui-même et par lui-même. Le philosophe s'autorise à penser et écrire dans le détour d'un jeu, dans le bonheur d'une atopie heuristique.

> Je ne sais comment, alors que nous dépeignions la passion amoureuse, nous avons probablement atteint d'un côté quelque vérité, tout en nous fourvoyant de l'autre peut-être : composant avec ce mélange un discours qui n'était pas totalement dépourvu de force persuasive, nous avons fabriqué, par manière de jeu, un hymne qui racontait un mythe plein de convenance et de retenue, en l'honneur de ton maître et du mien [...] : Eros (265bc).

Le sérieux du discours n'est pas invalidé par la forme qu'il emprunte, fût-ce celle d'un « hymne qui raconte un mythe ». Dans le prélude du dialogue, Socrate semble congédier les mythes ; c'est moins eux qu'il repousse de fait, que les doctes qui veulent tout ramener à la vraisemblance d'une explication.

Il refuse leur « science grossière » – « il y faut [...] trop de labeur et l'on n'y trouve pas le bonheur » –, non les mythes. On devine qu'il en attend autre chose et plus qu'un simple moyen d'exposition pédagogique : le bonheur de penser autrement, de soupçonner d'autres vérités. Comment s'expliquer sinon, non seulement la présence du mythe de l'attelage ailé, mais encore l'invention du mythe des cigales et de l'écriture ? Le mythe excède les limites humaines du vraisemblable et permet par cela même d'être un vecteur du vrai dont se saisit le philosophe. Se moquer de l'autorité vaniteuse des savants, de leur compétence parcellaire et dogmatique, pour se définir « cruche emplie par les oreilles », c'est dans le même mouvement préférer le bonheur à l'apparence de la maîtrise et accueillir la fertilité d'une pensée déroutante. Aussi extraordinaires soient les voies empruntées, elle ne sera jugée qu'à sa force féconde.

Le *Phèdre* a justement déployé la positivité de cette heureuse folie, infiniment supérieure à la peureuse assurance du bon sens. L'élan poétique surpasse toute technique et le devin l'emporte sur l'interprète. L'amour est un cadeau des dieux et le philosophe est amoureux. Pour avoir des ailes, il faut avoir su perdre la tête.

> Aussi est-il juste assurément que seule ait des ailes la pensée du philosophe, car les réalités auxquelles elle ne cesse, dans la mesure de ses forces, de s'attacher par le souvenir, ce sont justement celles qui, parce qu'il s'y attache, font qu'un dieu est un dieu. Et bien sûr, l'homme, qui fait un usage correct de ce genre de remémoration, est le seul qui puisse, parce qu'il est toujours initié aux mystères parfaits, devenir vraiment parfait. Mais comme il s'est détaché de ce à quoi tiennent les hommes et qu'il s'attache à ce qui est divin, la foule le prend à partie en disant qu'il a perdu la tête, alors qu'il est possédé par un dieu, ce dont ne se rend pas compte la foule (249c-250a).

Voilà l'autre dimension de la modestie socratique : reconnaître la transcendance des mystères. Le philosophe, qui cherche à rendre raison de toute chose, ne peut rendre raison de son propre transport. Possédé et divinement fou, il n'est pas le père de son propos.

Qu'ils parlent de l'amour ou de l'écriture, les deux versants du dialogue magnifient donc de la même manière cette ignorance salvatrice, cet accueil de la transcendance du vrai. Ils précisent aussi son statut philosophique. Le poète et l'amoureux passent pour fous et sont incapables de lucidité sur ce qui leur arrive. L'amoureux sait pourtant ce qu'il ressent mais ne le comprend pas vraiment, ébloui par son aimé, lequel dans la contagion ophtalmique attrape « la même maladie » et n'y voit pas plus clair. Le philosophe aussi est « fou »; il conserve cependant le privilège d'une responsabilité dont on a voulu montrer la complexité, puisqu'elle repose sur l'humble effacement devant le mouvement du vrai. Le philosophe est donc celui qui, comme penseur, comme orateur et comme « écrivain » cherche constamment à réfléchir sa propre irréflexion. Cette définition aide à établir, si ce n'est une limite, du moins une gradation entre le poète et le philosophe, et une nuance importante entre les différents amoureux. Ce que les autres vivent comme maladie contagieuse, attraction aimantée, tour à tour cause et effet d'une réflexion sur laquelle ils n'ont guère prise, le philosophe seul s'emploie à le penser et à le servir. Les autres cherchent à expliquer et justifier leurs troubles par l'attribution d'une causalité extérieure, le philosophe seul ne renonce pas à réfléchir ou à assumer sa responsabilité. Il se tient dans une vigilante présence à l'écoute de son démon ou concentré dans l'extase méditative; il maintient cette exigence, tout en reconnaissant ses limites constitutives.

Est-ce pour cela qu'il renonce à sa propre fécondité et se dit accoucheur? On connaît la définition du *Théétète :* « Le dieu me force à pratiquer l'accouchement, tandis qu'il m'a empêché de procréer. Ainsi donc, je ne suis précisément savant en rien; chez moi, il ne s'est fait non plus aucune découverte, de nature à être un rejeton de mon âme à moi[1]. » La paternité est refusée par la modestie socratique au bénéfice de l'accouchement des autres et, par Platon, au bénéfice d'une filiation revendiquée.

L'origine de l'engendrement est sans cesse masquée ou déniée. Socrate n'est jamais celui que l'on croit, Silène ou Mar-

1. 150c-d, trad. L. Robin, *id.* pour la citation suivante.

syas, amant mais aimé, laid mais merveilleux ; ce n'est jamais lui qui parle, mais Diotime ou Stésichore. Par ailleurs, jeu, mythe, folie, emprise ou faveur divine sont autant d'étranges brèches qui contribuent à occulter le début de la pensée. Elles la situent dans une surprenante épreuve, nébuleuse irréfléchie d'une rupture et d'un nouveau départ. Épreuve de la discontinuité. Pourtant, le maïeuticien dit des pensées (qu'il met au monde et reçoit pour viables) qu'elles viennent des « parturients » seuls : « C'est de leur propre fonds qu'ils ont personnellement fait nombre de belles découvertes, par eux-mêmes enfantées. Leur accouchement à la vérité, il est l'œuvre du dieu et la mienne. » Le dieu paraît donc à son tour la simple cause adjuvante d'un accouchement qui doit tout au travail intérieur. La plus belle des folies divines est la folie érotique ; or selon Diotime, Eros n'est surtout pas un dieu, mais un démon, un intermédiaire entre les humains et le divin. La continuité est essentielle même si elle procède par brisures apparentes. Il s'agit bien d'un engendrement, mais il ne va pas sans violence ; il s'agit bien d'une chaîne mais l'aimantation nécessite la vigilance constante du récipiendaire ; il s'agit bien d'un flux mais il ne se propage que dans la douloureuse attention qui maintient en éveil, dans l'inconfort du bourgeonnement des ailes, dans l'arrachement extatique au monde ordinaire. Croire que la simple contiguïté des convives à un banquet peut suffire, c'est être encore loin de cette épreuve féconde. Cet engendrement se vit dans l'irruption violente de la possession, dans l'épreuve fulgurante d'un « coup de foudre », dans l'intrusion d'une voix démonique, dans la catalepsie d'une méditation. Épreuves du rapt, du ravissement.

Ces épreuves, variées mais redondantes, n'ont-elles pas une fonction ? Le ravissement n'est-il pas la seule manière de se « figurer » cette filiation sans géniteur ? Le vivre, la seule manière de prendre une place dans cette filiation et de s'autoriser à penser ? Parce qu'il arrache le sujet à lui-même, à son identité construite, aux stabilités d'un narcissisme confortable, il l'oblige à s'interroger réflexivement sur ce qui le bouleverse, à accueillir ce qui germe en lui, à le reconnaître. Parce qu'il subvertit les repères habituels, transcende les compétences acquises, il interdit tout refuge dans un argument d'autorité, tout retour à des propos connus. Parce qu'il métamorphose le sujet en l'entraînant dans un transport et une quête, il l'oblige à assumer un rôle actif dans une filiation. Expérience de l'inouï, brèche terrassante, exigence urgente, le ravissement affranchit la parole du disciple menacé de mutisme par respect filial. Il ouvre la possibilité d'une fidélité non reproductive, d'une mimésis constructive. Dans la révélation d'une discontinuité, se libère le travail actif d'une continuité admirative.

Ces contradictions se vivent et se disent dans cette figure, elle-même contradictoire, du ravissement : mélange de possession et d'extase, de dépossession et d'enthousiasme, de perte et de plénitude, d'enchantement mortifère et d'inspiration féconde. Le ravissement, parce qu'il rassemble ces contradictions, autorise le sujet à parler en son nom, sous l'œil vigilant et bienveillant de cigales que l'on honore et dépasse en les célébrant.

– II –

LE PHILOSOPHE À L'ÉPREUVE DU RAVISSEMENT

> « Je n'hésiterai pas pour ma part, à nommer "philosophe", d'où qu'il vienne, quiconque entreprend de briser l'effet de "retranchement", quiconque articule ses questions sur la demande qui surgit du fond de l'état de dépossession, quiconque en un mot ne se satisfait pas, quel que soit le discours entendu, de la référence que ce discours institue en ses articulations canoniques. Persisterait alors et serait philosophe en ce monde séparé celui qui, méthodique et sans pitié, profanant les discours reçus, briserait, fût-ce en un seul lieu, l'unité pesante de ce qui sépare et exclut. »
>
> Jean-Toussaint DESANTI[1].

1. *Le Philosophe et les pouvoirs*, Paris, Calmann-Lévy, 1976, p. 72.

1. Plaidoyer pour un ravissement philosophique

Le parcours effectué ne prétend pas à l'exhaustivité, mais veut mettre en lumière une complexité cohérente à partir de quelques motifs saillants. Comment penser le ravissement à partir d'eux ? Comment concilier l'exigence philosophique de lucidité réflexive et ces épreuves de l'aimantation poétique, de l'irruption démonique, de la catalepsie méditative, de la folie amoureuse ?

Au cœur des figures

Toutes ces figures mettent en œuvre les mêmes tensions notionnelles (absence et présence ; possession et dépossession ; activité et passivité ; intériorité et extériorité) et posent aussi, dans des formulations parfois contradictoires, les questions de la temporalité et de la continuité ou discontinuité de ce qui s'éprouve. Ce qui se vit comme une rupture radicale se révèle préparé en amont par une quête antérieure qui lui donne tout son sens. L'abandon des maîtrises acquises inaugure un transport vers une vérité supérieure. La dépossession est délivrance et engendrement dans un éblouissement qui occulte l'origine. Le ravissement fertile est une « poïétique » de l'être dans tous les sens du mot grec. *Poiêsis* désigne d'abord l'action de créer, de produire ainsi que la création légale par adoption, l'adoption donc ; dans un second sens, la fabrication ; dans un troisième enfin, la composition d'œuvres poétiques. Or, le ravissement ouvre un devenir singulier, est l'espérance d'une naissance; nul ne peut revendiquer la paternité de l'enfant à venir, le ravi l'adopte seulement, ébloui. Le poète accueille le dieu qui parle en lui, Socrate apprend tout de Diotime, notamment que l'amour est « poïésie » (*Ban.* 205bc). Dans un mouvement rétrospectif, le discours vrai défend son auteur, le poème réussi désigne son créateur, l'aimé n'est devenu « aimable » qu'en se conformant à l'*agalma* que lui sculptait son amoureux[1]. L'apparente circularité temporelle traduit une dynamique qu'aucune assignation d'autorité ne peut figer. La tension poïétique se propage et se partage. Générosité féconde.

Quelles que soient ses figures, le ravissement semble ainsi toujours à l'origine de ce qu'il suppose. Il suppose un abandon qu'il motive aussi en révélant au sujet sa propre quête. Il est tout à la fois cause et conséquence, moment d'un devenir qui le précède et qu'il annonce. Cette médiation vécue dans la brutalité d'une reconnaissance indécise, on l'appelle « folie » sans savoir où elle conduit Le ravissement vient dénommer cette tension contradictoire qui est aussi un double passage. Chacun s'y fait passeur, maillon d'une chaîne aimantée, taon piqué qui pique à son tour, semeur des semences reçues. Mais le passage est aussi dans la métamorphose intérieure, dans le mouvement qui arrache à une identité et entraîne vers une autre à conquérir. L'attelage ailé emporte, l'aimantation déplace. Les figures sont ici plus adéquates que les termes qui expriment la mue sans dire combien ce devenir exigeant oblige chacun à conquérir sa plénitude. L'atopie fructueuse n'est pas une fuite dans l'extériorité, l'altérité n'est pas un emprunt rassurant pour colmater le vide d'une identité paresseuse. N'est aimanté que le rhapsode susceptible de l'être par ses dispositions propres. On dirige seul l'attelage qui emporte vers la vision espérée. Le *daimôn* socratique n'interrompt les discours de circonstance que pour faire place à une parole responsablc.

Les différences entre ces figures, aussi importantes soient-elles, s'expliquent à partir de la bipolarité conceptuelle qui les organise. A un pôle, le rhapsode inspiré semble incarner la passivité d'un instrument mobilisé par une puissance divine; ce

1. Le verbe *poieô* s'emploie aussi pour la fabrication d'une statue.

n'est qu'une apparence qui dessine en creux son envers complémentaire : la puissance intérieure d'une concentration qui arrache Socrate au monde humain. Inspiration divine, suspension extraordinaire de l'extase, merveille terrassante du choc amoureux : dans tous ces cas, la révélation est celle d'une attente ignorée, mais selon les cas se dessine une dimension plus transcendante (*daimôn*) ou plus immanente (les « catalepsies » du *Banquet* ou encore ce vieux bougon de l'*Hippias)*. Chaque figure propose donc une couleur dominante et appelle sa complémentaire. On doit les apprécier dans la configuration qu'elles dessinent.

La « meilleure des folies » y occupe une place centrale[1] où s'équilibrent les couleurs car l'amour démonique relie les êtres et les contraires, il brise les résistances, jette hors de soi et ouvre une brèche dans le sensible pour s'élancer vers l'intelligible. Mais ce chemin (*poros*) se vit dans le dénuement du désarroi (*penia*) : la liberté inédite s'entrevoit dans l'apparente dépendance, une impérieuse invite transcende l'immanence du quotidien. Encore faut-il être à la hauteur de cette invite, accepter la violence bouleversante du désir sans chercher à en guérir, comprendre qu'il est à la fois pudeur et effroi et ne pas réduire l'être aimé à une conquête ou un bien consommable. Eros oblige l'amant à un travail actif d'admiration constructive et y engage l'aimé à son tour dans une tension mimétique partagée.

L'amour repousse ainsi aux marges du dessin les contre-figures possibles du ravissement, les maladies trop humaines des séductions et des drogues. Du centre aux marges, le dégradé des nuances est subtil, toujours proportionnel à l'engagement intime dans l'épreuve. Le ravissement ne se réduit ni à la possession, ni à l'enthousiasme, ni à l'inspiration, degrés irréfléchis qui en esquissent la figure. L'expérience amoureuse, faite de degrés ascendants, est encore ici médiatrice puisqu'elle permet de comprendre la progression des marges au centre.

Quelle est alors la place de la philosophie dans cette configuration ? Socrate se tient au centre des figures et de

1. Comme dans le *Banquet*, entre les deux mentions des « extases » du philosophe.

l'amour, aimé parce qu'amant du vrai, démon lui-même soumis à l'exigence de son propre démon. Le poète s'efface devant le dieu qui l'inspire, l'amoureux devant l'*agalma* de l'aimé, le philosophe devant le discours qui s'écrit en lui. La philosophie s'enracine donc dans ce ravissement qui occulte l'origine. Par ailleurs, le ravissement n'est pas simple expérience inaugurale, il cristallise les instants décisifs de la recherche. Socrate à Potidée s'élève peu à peu hors du sensible dans la concentration d'une quête du vrai, tel le véritable amoureux que décrit Diotime. Au sommet de la gradation amoureuse, se tient donc le *philo-sophe*, animé par l'ardent désir de sagesse. Cœur rayonnant de la configuration.

Un ravissement philosophique ?

On se heurte alors à une objection de taille : la philosophie ne saurait se réduire ni au ravissement ni au délire d'un esprit possédé. Fût-il le plus merveilleux des dons divins, l'amour ne serait, au mieux, qu'un auxiliaire de la philosophie et jamais plus. Il est *mania*, folie, et ne peut donc ni s'accompagner de science, ni s'expliquer, ni se transmettre. Aussi volatile que l'opinion droite, fugueuse prête à s'enfuir tant qu'on ne l'a pas solidement liée par le raisonnement causal (*Mén.* 97), il doit être discipliné dans une ascension empirique qui laisse enfin place à la méthode dialectique.

L'objection est rude mais ne convainc pas totalement. Car Alcibiade amoureux dit parler sous l'emprise de la *mania* philosophique et décrit Socrate sous les traits d'Eros. Le philosophe lui-même a un étrange rapport au savoir et l'aveu répété de son dénuement n'est pas une excuse rhétorique, mais un refus de la posture de maîtrise, une quête interrogative des voies fécondes aussi inhabituelles soient-elles – double héritage de *Penia* et de *Poros*. En prêtant attention à l'intrusion en lui d'une voix démonique, il accueille un arrachement salvateur, il le sollicite par la méditation « cataleptique », expérience reconduite d'auto-ravissement hors du monde. Il le crée en suscitant « à domicile » les incessantes remontrances d'un « vieux bougon ». Et cela, parce qu'il désire plus que tout ce mouvement qui le transporte hors de lui-même vers le vrai. Amoureux à en mourir.

Pourtant, objectera-t-on encore, dans la seconde partie du *Phèdre*, on ne parle plus de folie mais de l'art des enchaînements. Cet ordre est-il une hiérarchie qui condamnerait l'amour à n'être que l'auxiliaire inférieur du mouvement vers le vrai ? Faut-il le dépasser pour reconquérir par la dialectique une maîtrise qui assure la transmission du savoir ? La question est d'autant plus délicate que cette seconde partie s'interroge précisément sur la fiabilité de l'écriture et donc sur la propre posture de Platon qui compose le dialogue. Dans cette perspective, l'ordre d'exposition serait l'indice d'une réponse. Socrate est au cœur des dialogues platoniciens en offrant des figures de ce qu'il éprouve (*daimôn*, *erôs*) et en faisant partager sa transe à ceux qui l'entourent. Mais, comme l'amour, il ne retient rien, n'enseigne rien et reste insaisissable. Vraie « cruche », méduse, taon, vipère, il faut prendre le détour des images pour le décrire car il est lui-même une figure dans la quête heuristique du vrai. Platon la dessine et l'accomplit dans son écriture qui reprend les semences déposées pour qu'elles germent et fructifient. Il faut se garder de somnoler dans l'enchantement des cigales et convertir le ravissement en discours maîtrisé.

Il y aurait donc deux moments de la philosophie : celui de la quête éperdue du vrai, celui de la constitution d'un savoir réflexif. La première objection garde donc une part de validité parce qu'elle met l'accent sur ce second moment, nécessaire lui aussi. Pour autant, rien ne permet d'affirmer qu'ils soient hiérarchiquement incarnés par les deux philosophes. Si Platon a le dernier mot, cela n'indique ni que ce soit le meilleur, ni que l'auteur des dialogues représente ce seul moment, ni même que cette distinction des penseurs soit une séparation tranchée entre deux versants distincts de la démarche philosophique. On ne peut réduire Socrate à une attitude unique, il est sans cesse dédoublé : questionneur incessant persécuté par un vieux bougon, silène et *agalma*, muet devant Diotime et discourant devant Phèdre. La même réserve s'impose pour Platon qui le fait certes parler, mais qui invente aussi deux mythes pour introduire sa propre défense d'un discours organisé. Il n'est donc guère aisé de départager le propos maîtrisé de la folie amoureuse. Socrate se dit d'ailleurs « amoureux des discours », « des divisions et des rassemblements qui [me] permettent de parler et de penser » (*Phèdre*, 228c et 266b). Il n'est pas seul à être ravi et, dans des termes très proches des siens, Platon décrit l'illumination soudaine de la connaissance en insistant sur le fait qu'elle ne saurait se réduire aux propositions écrites.

> Ce n'est pas un savoir qui, à l'exemple des autres, puisse aucunement se formuler en propositions; mais résultat de l'établissement d'un commerce répété avec ce qui est la matière même de ce savoir, résultat d'une existence qu'on partage avec elle, soudainement, comme s'allume une lumière lorsque bondit la flamme, ce savoir se produit dans l'âme, et désormais, il s'y nourrit tout seul lui-même[1].

Ce résultat, mérité et soudain, rappelle la brusque révélation qui couronne la progressive initiation amoureuse dans le *Banquet* (le même adverbe, *exaiphnês,* désigne dans les deux textes la même rupture temporelle). Ce savoir qui se « nourrit tout seul » rappelle aussi l'effacement de l'origine analysée dans le *Phèdre*. « Commerce répété » d'un sujet avec l'objet qu'il vise et qui l'éclaire en retour, mouvement d'engendrement, engagement vital, la philosophie est l'effort continu d'un sujet pour qu'advienne l'illumination subite qui le transfigure. Elle est ici auto-ravissement.

Cette étrange définition de la philosophie interdit de scinder trop vite les moments en réduisant l'expérience socratique du ravissement à un moment inaugural de la démarche de rationalité, d'autant que Platon fait ici de l'illumination le résultat de la quête. Réciproquement, le savoir ravit celui qui s'est forgé philosophe dans ce « commerce répété ». Le ravissement philosophique n'est donc pas seulement folie et délire, il se mérite et ne peut être tenu pour une pré-philosophie, une irrationnelle aînée qu'il faudrait dépasser. Le philosophe se constitue dans un dialogue perpétuel avec cette modalité étrange du rapport au savoir : Socrate comme Platon et comme d'autres encore, Rousseau par exemple :

1. *Lettre* VII, 341c-d, trad. L. Robin.

> Si jamais quelque chose a ressemblé à une inspiration subite, c'est le mouvement qui se fit en moi à cette lecture[1] : tout à coup je me sens l'esprit ébloui de mille lumières, des foules d'idées vives s'y présentèrent à la fois avec une force et une confusion qui me jeta dans un trouble inexprimable ; je sens ma tête prise par un étourdissement semblable à l'ivresse.

Inspiration, ivresse, trouble. On retrouve ici l'illumination de la connaissance et la vie propre d'une pensée qui s'écrit d'elle-même. Elle ne résulte ni de la lucidité d'un savoir maîtrisé, ni du somnambulisme d'une transe éphémère qui priverait l'individu de ses capacités. En effet, non seulement le trouble est immédiatement fécond – en une demi-heure est composée la prosopopée de Fabricius –, mais le travail amorcé se continue et se développe en discours organisé. Plus encore, l'illumination modifie à tout jamais celui qui l'éprouve et qui « à l'instant de cette lecture, [vit] un autre univers et [devint] un autre homme ». Cette mutation décisive l'engage à écrire ce premier *Discours* et à soutenir un véritable combat philosophique. Quoi qu'il en dise lui-même, l'illumination n'est ni « heureux hasard », ni « instant d'égarement », ni simple origine, mais la reconnaissance intense et essentielle d'une aspiration exigeante et durable (elle « se soutint dans mon cœur, durant plus de quatre ou cinq ans à un aussi haut degré peut-être qu'elle ait jamais été dans le cœur d'aucun autre homme »).

Juste avant la prosopopée de Fabricius, Rousseau fait parler Socrate, lui qui est le plus sage, comme le proclame l'oracle de Delphes, parce qu'il a conscience de sa propre ignorance et méprise toute autorité fallacieuse. Par cette référence, l'écrivain reconnaît à son tour que la démarche de rationalité se fonde et se constitue sur une opacité. La Pythie formule énigmatiquement une exigence à laquelle Socrate se conformera fidèlement, dût-il en mourir. Car l'oracle est à l'origine de la recherche qui le mène à accepter la tâche assignée par le dieu et à dénoncer les

---

1. C'est le sujet de concours proposé par l'Académie de Dijon ; il amènera Rousseau à composer le *Discours sur les sciences et les arts*. Les citations proviennent de la *Lettre* du 12 janvier 1762 à M. de Malesherbes *(Cor., Œuvres complètes*, 1886) et des *Confessions*, Livre VIII.

contradictions de ses interlocuteurs, ce qui suscite l'agressivité. Pour autant, cette référence n'oblige pas à ancrer la pratique philosophique dans la religion. Certes, l'oracle est parole divine, mais le divin n'est peut-être qu'une manière de figurer la force impérieuse d'un appel invincible, d'occulter l'origine d'une révélation qui fait basculer une existence. Entre l'énigme de la Pythie et la maxime de Delphes (« Connais-toi toi-même »), entre deux oracles, le philosophe cherche la voie de la rationalité. Etonnement, illumination ou révélation, quelle que soit la forme que prenne l'arrachement au cours ordinaire des choses, la tension vers la maîtrise philosophique comporte toujours une part réfractaire à l'exposition réfléchie.

D'inévitables interrogations en découlent. Comment admettre cette expérience intime de dépossession dans une démarche qui se veut universelle et responsable, cette passivité dans la volonté de maîtrise ? Celui qui s'efforce d'être lucide peut-il admettre cette illumination paradoxale qui constitue un point aveugle pour la réflexion ? Cet irréfléchi stimulant est présent dans toutes les figures analysées du ravissement : du rhapsode, ignorant ce qui lui arrive, à la contagion ophtalmique des amants, jusqu'à l'extrême de la figure démonique, signal impérieux qui anticipe le remords et appelle la palinodie réparatrice. Comment le conjuguer avec l'exigence philosophique ? Il ne faut pas réduire ces difficultés mais admettre plutôt que la philosophie se constitue dans cette confrontation avec ses propres ravissements, elle lutte toujours intimement avec cette part d'ombre et se définit dans cette lutte – que le philosophe en témoigne dans sa vie propre ou dans l'inquiétude du questionnement, ou encore qu'il s'efforce de l'endiguer dans la solidité conceptuelle des discours, dans la maîtrise des systèmes. On aurait donc tort d'opposer trop vite un type de philosophie à un autre, un philosophe à un autre. Quel que soit le moyen, le *poros*, le philosophe cherche la manière féconde d'affronter cet abîme qui le constitue et le motive. Platon, de peur que son « âme ne devienne totalement aveugle », veut se « réfugier du côté des raisonnements[1] ». S'il s'engage dans la voie de

1. *Phédon*, 99e, trad. M. Dixsaut (1991).

l'exposition dialectique, dans l'analyse réfléchie des notions, ce n'est pas par mépris de l'aveuglement, mais pour en avoir compris le risque.

> Grâce aux frottements mutuels de chacun de ces éléments l'un contre l'autre : noms, définitions, perceptions visuelles et sensations diverses, en mettant, quand nous les contrôlons, de la bienveillance dans ce contrôle et en nous abstenant de mêler à nos questions et à nos réponses aucun sentiment de malveillance, c'est à grand-peine, dis-je, que, sur chacun de ces éléments, sera venue briller la lumière de la sagesse et de l'intelligence, d'une intelligence dont la tension sera aussi grande que cela est compatible avec les facultés humaines (*Lettre* VII, 344b).

Disposition obstinée, généreuse et bienveillante, pour soutenir le mouvement du vrai, effacement attentif devant le « frottement » des éléments du savoir, telle est la patience philosophique. Sa récompense est la réception lumineuse de la connaissance. Voilà pourquoi la philosophie ne saurait se confondre avec une compétence professionnelle et la possession de réponses dogmatiques. L'ignorance socratique s'oppose à l'assurance des sophistes pour qui le savoir est un avoir, procurant le désirable pouvoir de la maîtrise. Au centre de la configuration du ravissement, dans l'amoureuse inquiétude de la sagesse, la philosophie est vacillement de l'être, recherche d'un devenir, atopie poïétique. Dans la gratitude des semences recueillies, elle se soucie seulement d'engendrer à son tour. Dans l'étroite proximité de la poésie et dans l'élan du désir, elle déploie sa tension rationnelle pour interroger les folies, sa discursivité pour affronter la fascination des mythes et la séduction des Sirènes. Elle avoue l'ignorance et défend la fragile vivacité d'un savoir toujours susceptible d'être remis en question. La belle linéarité de l'exposition est soumise au hoquet de l'interlocuteur, la tranquille certitude à la morsure de la vipère. La réflexivité est un effort constamment attentif qui ne peut vaincre tous les aveuglements. Le ravissement est le double obscur et éblouissant de son exigence, son compagnon et son envers.

Voilà pourquoi il faut aussi l'interroger philosophiquement.

Non pour le maîtriser et en rendre raison dans un discours où le philosophe triomphant aurait le dernier mot, arraisonnant sa folie. Il ne le peut, sans parler d'autre chose. Mais bien au contraire, pour épanouir ses virtualités, s'exposer à cette épreuve, y comprendre son propre dénuement, y remettre en question ses quelques certitudes, s'y défaire de ses positions narcissiques de « penseur », tout en assumant sa responsabilité. Il faut donc parler sous l'œil attentif des cigales et, dans la stridulation de leur chant, sans céder à la somnolence ou à la fascination, prendre la parole pour rendre hommage à l'éblouissement philosophique, non à tel ou tel philosophe.

Le risque est d'être à son tour aveuglé, les yeux braqués sur l'impossible. Le refuge indiqué est celui des notions, refuge productif qui permet « [d']examiner la vérité des êtres » en considérant leurs images, moyen terme nécessaire (*Phédon*, 100). Le mot image (*eikôn*) peut stigmatiser une apparence sensible ou, lorsqu'il est appliqué à ce type d'image qu'est le raisonnement, se prêter à la valorisation d'un support nécessaire de la pensée. Elle est une modalité d'appréhension, suggère Platon. Le philosophe, prenant appui sur elle, s'élance vers la contemplation de l'insaisissable. Cet élan (*hormê*) dénonce le stable confort d'un abri méthodologique et rappelle l'élan généreux du savoir qui transportait l'amoureux et le rendait fécond. La médiation n'est pas une faiblesse, l'image n'est pas déficiente. Certaines images peuvent même engendrer le mouvement du savoir. A l'exemple de la lyre qui évoque l'aimé absent (*id.* 73 *sq.*), elles peuvent susciter à la fois le manque d'une présence et réveiller le désir amoureux que le temps avait engourdi ; stimulantes par leur dissemblance même, elles ne se résorbent pas dans un rôle d'adjuvant pédagogique. Il faut aussi valoriser ces discours « imagés », ces voies heuristiques dont on s'enchante encore et toujours, cette « manière de jeu » par laquelle Socrate proposait à Phèdre un hymne qui racontait un mythe, l'invitant ainsi à l'atopie des détours.

Si la philosophie est à l'épreuve du ravissement, elle ne peut jalonner sa route de refuges où s'abriter pour repartir sauve et inchangée. La métaphore du refuge reste trop extérieure. Chaque médiation est un risque et une chance pour la philosophie qui se fait inventive en entrelaçant concepts et figures pour approcher ce qui lui importe. Aussi faut-il interroger plus attentivement ce détour dans le détour qui se dessine du discours à l'image.

2. La figure, art de penser

Diverses figures ont permis d'approcher l'expérience de ce dessaisissement irréductible au concept. Approcher et non maîtriser, figurer et non formuler. L'ordre discursif requiert stabilité et univocité, c'est sa force. La figure, en revanche, est souvent équivoque ; pire, elle se prête avec docilité à des lectures incompatibles, se déforme ou échappe, fuyante anamorphose ou bouquet d'images, une figure appelle une autre qui se complète d'une troisième...

Cette faiblesse est richesse. Elle dépossède des certitudes, fait vaciller les évidences, évoque ainsi quelque chose de la dépossession inhérente à Eros et suggère la conflagration vive du ravissement que la linéarité du discursif condamnerait. Opposer force et faiblesse serait demeurer en deçà. L'entrelacement paraît plus fécond, plus digne de Platon qui fait l'éloge d'un art royal du tissage, plus fidèle au fils de *Poros*, l'astucieux (*porimos)* Eros qui tresse toujours quelques ruses. La figure déconcertante se faufile dans le discours entre les mailles des notions et vise la vérité, sans certitude de l'atteindre avec le seul espoir de cheminer vers elle. C'est l'attente d'Alcibiade qui y recourt pour décrire Socrate. Recours et détour fragile car la médiation peut s'opacifier et faire écran. Comment tisser la rigueur conceptuelle et l'équivocité des images pour penser ? Quelles images mobiliser ?

Le tissage dissocie et associe, « tordant chaque fil de la chaîne mais aussi de la trame[1] ». Cette torsion assure la recti-

1. *Pol.*, 282-283, trad. L. Robin.

tude de la chaîne mais se fait plus lâche pour la trame afin de permettre l'enlacement. La solidité du vêtement tient à ces jeux de torsions séparés et cumulés. L'image peut aussi aider à forger une pensée souple et résistante à la fois. Tisser exige encore de trier et sélectionner les fils que l'on nouera entre eux selon leur consistance et leur couleur. Pour constituer la trame de la pensée, il faudra de même distinguer la juste qualité des images, l'apprécier relativement au projet et relativement à la chaîne afin qu'elle se marie heureusement à elle sans la masquer. Les couleurs les plus éclatantes ou les plus attendues ne seront pas nécessairement les plus adéquates. On écartera donc momentanément le célèbre tableau de la *République* (VII), qui montre les étapes de la constitution du savoir. Le prisonnier délivré de la caverne progresse en accoutumant son regard à des images successives : les ombres puis les réalités du monde sensible se révèlent être, à leur tour, images des ombres et réalités du monde intelligible. Ce sont autant de médiations heuristiques que l'aspirant au savoir dépassera une à une en y reconnaissant des reflets illusionnants ou des voiles imparfaits dont il doit se délivrer. Ici au contraire, il faut approcher par et dans les figures ce qui résiste à la pensée, en sélectionnant les images favorables, en rejetant celles qui constitueraient des obstacles ou d'imparfaites médiations.

Parmi les images, certaines sont trop ambivalentes ou dangereuses, à l'instar du simulacre d'Hélène capable de déclencher la guerre. Sans aller jusqu'à pareil extrême, l'*eidôlon* est en général un double ; ou il flotte dans nos rêves en occasionnant leurre et tromperie, ou c'est le fantôme d'une âme errante, ou encore un reflet dans nos pupilles[1] produisant des effets, le contre-amour par exemple, qui restent potentiellement suspects. Car la présence de l'*eidôlon* n'est jamais celle de la réalité. Aussi convient-il de s'en méfier parce que l'illusion risque de détourner du vrai et de ramener au fond de la caverne.

En creux, se dessine pourtant la confiance possible dans une autre image (*eikôn*) qui ne se donnerait pas pour une réalité

1. *Cf. Rép.* VII, 516a, IX, 586c ; *Phédon*, 81 ; *Alc.* 132e. 133a. Voir aussi J.-P. Vernant (1965, t. II), et Ch. Mugler (1964).

mais pour une réplique fidèle, et serait construite dans une juste imitation, non de l'apparence, mais de l'essence qui l'anime (*eidos*). Platon revalorise cette image et l'art dont elle relève (*eikastikê technê*) au détriment de l'image fallacieuse qui ne respecte pas les justes proportions et donne l'illusion du réel (*phantastikê technê*)[1]. Mais cette image-là n'est encore qu'une réplique ; elle re-présente, reste seconde et encore extérieure au modèle. Pire, aussi fidèle soit l'imitation, elle n'a de valeur que par son partiel échec puisqu'elle sera d'autant plus fiable qu'elle donnera moins l'illusion de l'apparence.

Devant la résignation de cette triste médiation, s'impose le recours à ces images très particulières qui, loin d'être des trompe-l'œil, sont l'abri précieux d'une réelle présence ; images étranges que l'on honore et respecte, devant lesquelles l'amoureux se prosterne, se modèle et modèle celui qu'il aime. Elles ne proposent ni apparence mensongère ni réplique probe, mais un curieux écart ou une surprise étonnante. Elles sollicitent un devenir. Leur étrangeté se marie heureusement à l'atopie du philosophe, qui met en échec la description et oblige Alcibiade à peindre Socrate en silène. Ce silène, loin d'être muet comme l'écriture ou la peinture, loin de se dérober comme l'*eidôlon*, s'ouvre et laisse entrevoir un trésor insoupçonné : l'*agalma*. Le recours a alors quelque chance d'être fructueux.

L'*agalma*, un paradigme des figures du ravissement

L'*agalma* est au cœur des images, au cœur des discours, au cœur des figures examinées. C'est assez pour souhaiter relire dans cette perspective le texte du *Banquet* qui compare les propos de Socrate à des silènes qui abritent « le plus grand nombre possible d'*agalmata* de vertu avec le plus large champ d'application ». Entrer dans le discours et ouvrir les silènes, c'est faire un même mouvement, du plus extérieur au plus intérieur, du plus apparent au plus réel, du plus anecdotique au plus essentiel ; mouvement de découverte et d'appropriation

1. *Cf. Rép.* X, 595 *sq.* ; *Soph.* 236 *sq.* et 266 *sq.*

sans possession, mouvement sans borne visible. Le discours s'écrit de lui-même, l'*agalma* contenu n'est ni une image fixe ni un objet, mais une liaison dynamique entre l'humain et le divin, « la source perpétuelle d'un événement auquel la divinité est censée prendre part autant que l'homme[1] ». Une fois ouvert, le discours socratique est bien cette source perpétuelle : il se démultiplie, les images prolifèrent et chacune se déploie à nouveau dans des applications plurielles. Jaillissement indéfini du sens. Jubilation d'une quête du vrai qui s'approfondit sans fin. Le ravissement occulte l'origine, l'*agalma* occulte le terme dans la même impossible résolution causale. Parce qu'il est mobile et vivant, présence et non simple représentation, parce qu'il témoigne du divin mais l'invoque aussi, parce qu'il est au-delà du vécu spontané et sollicite une quête tout en forgeant un modèle sur lequel mobiliser l'espérance, parce qu'il met en œuvre dédoublement et transitivité, il paraît bien exemplaire des figures du ravissement.

On peut craindre ce faisant que le sens de la « figure » ne se restreigne à la seule acception visuelle d'une figurine sculptée. La figure sollicite cette dimension, ce qui n'implique pas qu'elle s'y limite. Dans son essai *Figura*[2], Erich Auerbach établit que le premier sens de la figure est celui d'une forme plastique et que ce sens fluctue entre simulacre et vérité, entre modèle et copie ; il se cristallise nettement, au premier siècle, dans le concept de figure rhétorique et devient enfin, chez les Pères de l'Eglise, celui d'une préfiguration qui contient à la fois l'événement historique et l'annonce de ce qui le transcende. Dans ce mouvement vivant du sens, la figure efface sans cesse son origine, mais sous ces formes plurielles, elle tend toujours vers une unité : elle propose des modèles à remplir et la visée d'une réalité transcendante.

On peut donc légitimement faire de l'*agalma* la « figure » des figures. Forme plastique intermédiaire entre la fixité trompeuse de la peinture et la vérité de la connaissance vivante, elle est un

1. Karl Kerényi, « *Agalma, eikon, eidolon* » in *Archivio di Filosofia*, 1962.
2. 1944. Toutes les citations qui suivent en proviennent dans la trad. de M.A. Bernier (1993).

moment du devenir du savoir. Figurine des dieux, elle est l'impossible copie de l'infigurable et aussi le modèle sur lequel se règle l'amoureuse admiration mimétique. Copie et modèle, effet et cause, but et origine. On pourrait même y trouver toute l'ampleur sémantique décrite par Auerbach. Car l'*agalma* est aussi au cœur des discours philosophiques, caché sous les propos grotesques de Socrate. Enfin, Socrate lui-même n'est-il pas triplement « figure » pour Platon ? Figure remarquable de son discours, figure sur laquelle se moule son propre discours, figure historique qui appelle une réalisation dans sa propre existence philosophique. Les discours socratiques contiendraient la figure d'une sagesse qui s'accomplirait en Platon, ce mouvement infini se traduirait alors par l'effacement progressif de Socrate dans l'écriture platonicienne[1]. Le conditionnel reste nécessaire car l'annonce contenue dans la *figura* prend pour les Pères de l'Eglise la dimension, ici anachronique, d'une « prophétie en acte ». Sans aller plus loin donc, on notera seulement que le sens initialement plastique de la « figure » n'exclut pas d'autres acceptions, ce qui justifie le privilège de l'*agalma* dans ce travail. Cette figure concentre en elle toutes les tensions relevées sans pour autant les réduire, elle mêle toutes ces dimensions dans une torsion souple et lâche à la fois, celle de la trame recherchée.

Figurer c'est établir une relation entre deux événements qui ne sont reliés ni temporellement ni causalement, dit encore Auerbach. C'est le cas des figures de l'aimantation, de la catalepsie, du *daimôn*, d'Eros, de Socrate en silène, elles s'enlacent dans une configuration signifiante qui permet de saisir l'insaisissable. Mobile et centrée à la fois, elle propose cette circularité logique et temporelle qui irrite le discursif. Une et plurielle, elle rend cohérente la tension dense des contradictions rassemblées. En elle, s'équilibrent la finesse du trait et l'opacité qui le rend signifiant, la luminosité de l'or et l'ombre qui le porte. Elle réfléchit l'irréflexif.

1. Ce n'est qu'une proposition. Les commentateurs divergent sur le sens de cet effacement socratique. Certains y voient, non la marque d'une fidélité intériorisée, mais celle d'un progressif remaniement de l'héritage socratique, voire d'un changement brutal de direction dans la pensée platonicienne.

Encore faut-il savoir regarder la figure pour reconnaître ses virtualités. Devant Socrate en arrêt à Potidée, les soldats curieux en restent à ce qu'ils voient : un corps déserté. Leur curiosité est l'envers du mystère qu'ils ignorent. Il faut s'approcher et ouvrir le silène pour découvrir le trésor qu'il renferme. Le mouvement d'approche devient alors appropriation et la découverte se fait co-création, sculpture amoureuse. La reconnaissance du trésor émerveille celui qui l'a pourtant mérité en le dégageant de sa gangue. Ce mouvement de reconnaissance a sa propre dynamique et appelle d'autres découvertes. La figurine en renferme d'autres, l'*agalma* entrevu est un moment d'un voir actif et progressif. La figure est d'ailleurs médiatrice entre deux aveuglements : le premier précède la recherche, le second résulte de sa récompense éblouissante. Le soldat ne voit rien, qui ne perçoit qu'une extravagance extérieure. L'initié, lui, est au-delà du voir – ce qu'indique la parenté des verbes grecs : *muô* (se tenir les yeux fermés) et *mueô* (être initié)[1]. On repense alors au prisonnier de la caverne, ébloui à sa sortie par la lumière de la réalité et à nouveau aveuglé en redescendant parmi les ombres. Quand on voit « une âme se troubler et être impuissante à considérer quelque chose, on ne se mettra pas à rire sans réflexion mais on examinera si c'est le défaut d'accoutumance qui l'obscurcit parce qu'elle vient d'une existence plus lumineuse ou bien si, allant d'une ignorance plus grande vers une plus grande luminosité, elle a été remplie d'éblouissement, par l'excès même de la clarté[2] ». Faute de cette distinction, la confusion est cruelle voire mortelle pour celui qui paraît mal voir.

> En quittant ces divines contemplations pour en venir à celles qui sont humaines, il fait triste figure et [...] est visiblement ridicule, lorsque avec sa vue encore trouble et avant qu'il ne se soit suffisamment accoutumé à l'obscurité présente, il est contraint dans les tribunaux [...] de disputer à propos des ombres de la Justice, ou bien à propos des figurines [*agalmata*] dont ce sont les ombres. (*Rép.* VII, 517d).

Cet homme pourrait bien être Socrate se défendant devant les

1. *Cf.* P. Chantraine (1968), E. Wind (1958).
2. *Rép.* VII, 518a-b, trad. L. Robin.

tribunaux athéniens. C'est la seule occurrence de l'*agalma* dans le récit de la caverne et cette présence du divin dans le monde humain y prend toute sa valeur, elle soulage la vue du prisonnier récemment délivré qui peut s'exercer sur elle pour progresser ; à l'inverse, lors de son retour au monde, elle représente encore le lieu d'un espoir de dialogue entre l'ébloui et celui qui ne devine rien. Pourtant Socrate sera condamné à mort, Platon et le lecteur le savent. Centrale, la figure a donc une fonction ambivalente : médiatrice, elle apprend à voir ce qu'elle cache et invite à son propre dépassement dans la présence du sens, mais elle n'est pas encore suffisamment médiatrice pour celui qui ne se déciderait pas à ouvrir le silène ; elle est impuissante à sauver le philosophe de l'arrogante ignorance de ses juges. Conclusion étrange, doublement insatisfaisante – qu'elle redonne un peu vite le dernier mot à la philosophie ou fasse de la figure une pauvre coupable (par défaut) de la mort du philosophe.

Aussi faut-il poursuivre l'analyse, d'autant que cette éventuelle conclusion ne s'appliquerait qu'à la vision. Qu'en est-il des figures littéraires, sonores et musicales ? Peut-on d'ailleurs toutes les assimiler à des figures ? En ce qui concerne les premières, on peut répondre affirmativement, le sens de *figura* s'est enrichi dans un perpétuel va-et-vient entre les domaines plastique et rhétorique ; par ailleurs toutes les figures rencontrées l'ont été dans l'œuvre de Platon et sont, en ce sens, toutes littéraires. Plus troublant reste le cas de la figure sonore ou musicale, même si elle se présente aussi dans une description littéraire.

Figure sonore, musicale ?

Erich Auerbach ne fait qu'évoquer cette possibilité mais, dans le texte platonicien, cette occurrence sonore de la figure occupe une place de choix : non seulement le *daimôn* est « une voix qui se fait entendre (*Apo.* 31d) », mais Socrate n'est pas comparé à n'importe quel satyre mais à l'aulète Marsyas. Pourquoi ce nouveau registre ?

La figure visuelle du silène invite à une progression du plus extérieur au plus intérieur, elle sollicite une découverte et suppose un effort personnel pour ouvrir la sculpture. En revanche, l'image musicale met l'accent sur la brusque emprise qui saisit l'auditeur. L'instant de l'écoute est fatal. Le chant des Sirènes conduit à la mort. Les cigales, ces autres Sirènes, oublient de vivre dans l'enchantement de ce qu'elles entendent. Les airs du satyre déclenchent une transe corybantique. L'effraction du son terrasse toute résistance, la mélodie enchanteresse se glisse au plus intime de chacun, à son corps défendant. Magique effet de l'audition « qui fait la souveraineté de la culture musicale : rien ne pénètre davantage au fond de l'âme que le rythme et l'harmonie, rien ne s'attache plus fortement à elle en apportant la beauté ; elle la rend belle, si du moins elle a été correctement pratiquée, car dans le cas contraire, c'est l'inverse » (*Rép.* III, 401-402). Le privilège se double d'une réserve explicite : nul intermédiaire ne peut préserver ou protéger d'une musique incorrecte. L'immédiateté de la musique s'oppose donc, pour le meilleur et pour le pire, à la progressivité du regard, à l'emboîtement de la figure plastique. Comparant Socrate à Marsyas, puis aux Sirènes devant lesquelles il cherche à fuir, Alcibiade ajoute à l'étrangeté du silène un redoutable pouvoir.

Pourtant cette immédiateté de l'audition ne suffit pas encore à décrire le véritable rapt que produit le discours socratique et son immédiateté foudroyante. La figure peut exprimer sans absurdité lexicale le redoublement de cette immédiateté en supprimant l'ultime médiation instrumentale :

> Mais, diras-tu, je ne joue pas d'aulos ! En vérité tu es un aulète infiniment plus extraordinaire que celui dont j'ai parlé ! Lui, c'était au moyen d'instruments qu'il charmait les hommes, grâce au talent qui procédait de sa bouche ; [...] Or, entre celui-ci et toi, toute la différence, c'est seulement que sans instruments, avec des paroles sans musique, tu produis ce même effet (*Ban.* 215bc).

L'image opère une véritable polyphonie sémantique où s'entrelacent différentes dimensions à peine suggérées. L'abolition de la médiation musicale est la plus explicite. Le discours philosophique se passe d'enjolivements musicaux ; discret rappel du désir, exprimé par les convives au début du *Banquet,* de se consacrer à la joute oratoire en renvoyant la joueuse d'aulos (176e). De manière plus implicite, résonne aussi la dimension culturelle de l'instrument auquel il faut résolument donner son nom. Car la trop habituelle traduction par « flûte » ne trahit pas seulement la réalité de l'aulos (souvent double, il est doté d'une anche que le souffle fait vibrer et d'un tuyau à perce cylindrique)[1], elle occulte surtout la distinction des registres musicaux. L'instrument à vent s'oppose aux instruments à cordes (la lyre ou la cithare par exemple), qu'elles soient frappées au moyen du plectre ou pincées. Et l'opposition renvoie alors à celle de Marsyas et d'Apollon. La légende rapporte en effet que le satyre aulète avait prétendu l'emporter sur la cithare du dieu ; vaincu, il fut écorché vif.

Replacée dans cette perspective, la figure est fort intrigante. Ce n'est plus l'abandon de l'aulos qui y est remarquable mais le fait même qu'Alcibiade ait pu le mettre dans la bouche du philosophe, fût-ce métaphoriquement. Car Socrate, instruit par l'oracle de Delphes, consacre toute son énergie à se faire l'instrument d'Apollon, dût-il en périr. Platon par ailleurs se méfie de la puissance ambivalente de la musique qui trop souvent prive de vigueur et résulte d'une pratique approximative. La méfiance s'accroît quand il s'agit de l'aulos dont le son, trop sensuel ou perçant, favorise les modes langoureux ou criards. En outre, il ajuste ses harmonies « non par mesure mais par conjecture empirique[2] » et dépend à la fois des variations du souffle et de la manière de placer ses doigts, c'est-à-dire de contingences corporelles. A l'inverse, les cordes donnent un son plus net, plus sec, et permettent un calcul rationnel des intervalles par longueur mesurée, une harmonie mathématique bien supérieure. La hiérarchie des modes, des jeux et des musiques implique celle des instruments : Alcibiade a refusé d'apprendre l'aulos pour lui préférer la cithare (*Alc.* 106e) et Platon condamne à son tour Marsyas (*Rép.* III, 399e). N'est-il pas dé-

1. *Cf. supra* I, 3. Sur tous ces points, je suis redevable au remarquable travail d'analyse et de reconstitution d'A. Bélis, et aux écrits de J. Chailley et G. Rouget.

2. *Philèbe*, 56a, trad. L. Robin.

routant alors que ce même Alcibiade se présente au banquet, soutenu par la joueuse d'aulos que les convives avaient renvoyée ? N'est-il pas plus déroutant encore que ce soit lui qui compare Socrate à Marsyas même s'il le dispense aussi vite d'aulos ? Il faudra y revenir.

Pour l'instant, une hypothèse s'impose : Apollon est déclaré vainqueur parce qu'il peut chanter tout en jouant, voire dans certaines versions, tout en renversant son instrument sans cesser d'y repérer les intervalles mathématiques. Double supériorité sur l'aulète qui ne peut ni renverser son instrument ni, bouche pleine, parler ou chanter. Or l'instrument est un moyen subordonné au chant : « rythme et harmonie sont un accompagnement pour les paroles, et non les paroles pour ceux-ci[1]. » Aussi faut-il proscrire l'aulos de la cité pour se consacrer à cette musique de la parole (*Rép.* III, 399d) et le retirer de la bouche de Socrate pour entendre son propos. De plus, une lecture plus précise du texte du *Banquet* met en évidence une deuxième éviction : celle de la musique même : « sans instruments, avec des paroles sans musique (*psilois logois*), tu produis ce même effet. » Le discours philosophique est deux fois immédiat, deux fois épuré, libéré une première fois de l'instrument qui niait la parole et une seconde fois, dans la parole même, de l'accompagnement musical. Le pouvoir d'une musique sans paroles est supplanté par celui d'une parole sans musique. Socrate sans aulos triomphe donc de Marsyas par la vertu même de la philosophie.

Sur le plan sonore, c'est l'équivalent du travail nécessaire pour ouvrir les anecdotes grotesques. Si l'adjectif *psilos* signifie le fait d'être dépouillé et, par extension pour la voix, le fait de se passer du chant, son sens premier est remarquable : être dégarni de cheveux ou de poils. Or, les textes grecs l'attestent, Marsyas était velu et hirsute ; et que sont ces récits bizarres d'ânes, de forgeron, de cordonnier dont se couvre le discours socratique ? « Les mots, les phrases dont s'enveloppent leur dehors comme de la peau d'un insolent satyre » (221de), une

1. *Rép.* III, 400d. *Cf.* aussi *Rép.* VII, 531a. Inverser cette relation c'est se conduire en « paysan », presque en animal (*Lois* II, 669).

simple « peau d'âne », le poil d'un Marsyas donc[1]. La statuette du silène et la musique du satyre ont la même fonction : envelopper un trésor qui doit se défaire de sa peau pour être vraiment perçu. La figure « musicale » sollicite la vision cruelle d'un Marsyas écorché. La violence subie et subite de l'emprise est donc corrélative de la faculté de réception du sujet mais aussi de sa préparation. On sait que la musique de Marsyas révèle à eux-mêmes « ceux qui ont besoin des Dieux comme de leurs initiations », elle constitue ce moment décisif entre le besoin en amont et l'initiation rendue possible en aval. Aussi violente que soit la dépossession, aussi intolérable que paraisse l'arrachement (fût-il l'arrachement sanguinolent de la peau de Marsyas), il est l'instant constitutif d'un devenir, la mort charnelle est métamorphose spirituelle.

Reste que la musique est sans doute plus éprouvante que la vision. On peut ignorer le trésor du silène, mais on pressent l'annonce d'une véritable mort à soi-même dans l'enchantement du satyre. Alcibiade ne s'y trompe pas, qui développe à loisir l'image du silène, mais fuit devant ce Marsyas-Sirène. Fuir, c'est déjà avoir reconnu le danger, ou le beau risque. Socrate le connaît. Confronté à l'irruption d'une voix, il reste et se révèle alors, arrachant lui-même le capuchon sous lequel avait été proféré le précédent discours. Le souffle qui l'anime n'a plus besoin d'emprunter le truchement d'instrument. On peut rejeter l'aulos pour entendre plus clairement la voix qui inspire.

La statuette représente le satyre, réciproquement la légende du second suggère que l'on ouvre la première pour y trouver l'*agalma*. La vision demande une conversion du regard – de l'extérieur visible à la reconquête d'une vision intellectuelle. Plus intérieure, la musique suggère que la conversion n'est pas celle d'un organe seul, mais une mue et un arrachement à l'identité passée. Cette mue n'est pas une violence arbitraire. La figure visuelle reprend alors l'avantage, en insistant sur son

1. La correspondance peut se poursuivre doublement, comme me l'a fait remarquer Annie Bélis que je remercie. On sait d'une part que les meilleurs *auloi* étaient taillés dans l'os des jambes d'âne, d'autre part que Midas (arbitre malheureux de la joute du satyre et du dieu) fut puni par des oreilles d'âne. Marsyas et Midas sont associés et souvent assimilés (notamment dans l'iconographie de la Renaissance, on y reviendra – *infra* III,1).

complément d'objet nécessaire, sur l'émergence d'une vérité qui reste irréductible au seul sujet, même si elle se trouve et se découvre dans le sujet ou dans cet *agalma* qu'honore et sculpte l'amoureux.

Les deux modalités de figures expriment la temporalité nécessaire d'une recherche sous l'évidence brutale de la discontinuité – que ce soit celle d'une révélation, d'une effraction, d'un arrachement, ou des trois entremêlés. L'apparente immédiateté de l'emprise auditive ne doit pas occulter cette temporalité qui n'est pas toujours explicite. Pourtant, lorsque Platon met en garde ses lecteurs contre les effets pervers des musiques lydiennes, c'est elle qu'il souligne :

> Si donc un homme permet à la musique de le ravir au son de l'aulos (*kataulein*) et de verser en son âme, par le canal des oreilles, ces harmonies molles et plaintives dont nous parlions tout à l'heure, s'il passe sa vie à fredonner, brillant de joie à la beauté du chant : tout d'abord il adoucit l'élément irascible de son âme, comme le feu amollit le fer, et le rend utile, d'inutile et de dur qu'il était auparavant ; mais s'il continue à se livrer au charme, son courage ne tarde pas à se dissoudre et à se fondre, jusqu'à se réduire à rien, à être excisé, comme un nerf de son âme (*Rép.* III, 411a).

Le texte rassemble dans une énigmatique densité ce qui importe. D'abord, le verbe *kataulein* condense le ravissement musical et l'instrument qui le procure – l'absence d'un équivalent français pour l'*aulos* de ce que signifie notre verbe « enchanter » témoigne assez du triomphe du chant sur l'instrument, du triomphe d'Apollon sur Marsyas. En outre, le rapt exige une « permission » donnée, ce qui indique un amont du ravissement. Ensuite, le texte accorde à la temporalité une fonction dynamique puis contre dynamique. Avec l'accoutumance du temps, le progrès devient inertie, le bienfait maléfice, et le riche devenir une perte totale. Mais le temps ne saurait être une excuse, celui qui est ravi par cette musique de l'aulos en est responsable ; non seulement il l'a « permis », mais il a persisté dans cette conduite en « continuant à se livrer au charme ». Par explicite volonté ou par abandon à l'habitude, la continuité est toujours à l'œuvre dans les métamorphoses du devenir. Le texte souligne enfin que le ravissement couvre deux expériences distinctes, la première n'est qu'une dangereuse ébauche de la seconde. Passer « sa vie à fredonner, brillant de joie à la beauté du chant », c'est devenir cigale. Parler dans la trop grande proximité du beau Phèdre, c'est le faire sous l'effet d'une drogue. Le plaisir trop immédiat peut être un premier moment vers une autre appréhension que rien ne garantit ; car il séduit, engourdit et l'on en devient vite dépendant par facilité. On ignorera à jamais alors le vertige ultérieur et la quête du tiers salvateur. Inversement, celui qui dépasse l'attrait de ce plaisir paresseux et de ces premiers éblouissements, celui qui ne fuit pas par crainte d'une vertigineuse dépossession peut y trouver sa pleine liberté dans une bascule décisive du temps où s'ouvre un devenir fécond. Si l'on résiste aux cigales, elles intercèdent auprès des Muses. L'*agalma,* dépouillé de sa peau de satyre, révèle son éclat divin ; l'aulète, démuni de son instrument puis dénudé, laisse entendre l'impérieuse voix du philosophe.

Une autre figure s'impose alors : la statue du dieu marin Glaucos que la mer et le temps ont rendue méconnaissable. « En le voyant actuellement, on aurait de la peine à voir encore sa primitive nature (*phusin*) ; des anciennes parties de son corps, les unes en effet ont été brisées, les autres se sont usées et ont été complètement endommagées par les vagues, tandis que d'autres corps sont venus s'y incruster, coquillages, algues, cailloux ; si bien qu'il ressemble à je ne sais quelle bête, plutôt qu'à ce qu'il était naturellement (*phusei*) (*Rep.* X, 611ce). » Le dieu est devenu bête difforme. Pour retrouver son visage premier, sa vraie nature (*phusis*), il faut « abattre tout autour d'elle ces cailloux, ces coquillages » qui ont « incrusté son contour ». Dépouiller la statue du dieu de ces incrustations, c'est ouvrir le silène pour voir l'*agalma.* Arracher un par un ces sédiments contingents et ces accidents d'un pâtir temporel, c'est aussi écorcher. Car la statue est bien celle de l'âme recouverte d'une peau « terreuse, grossière », charnelle.

> Sa vraie nature [de l'âme] il faut l'envisager, non pas une fois qu'elle a été abîmée du fait de l'association avec le corps et d'autres

maux encore, ainsi que maintenant nous l'envisageons ; mais une fois que cette nature s'est épurée, c'est dans un tel état qu'il faut, par le raisonnement, l'envisager à fond de la manière qui convient.

« Envisager à fond » la figure exige un mouvement conjoint d'approfondissement et d'arrachement. Ouvrir le silène et écorcher Marsyas, c'est une même opération. La figure condense ces mouvements et celui de la reconnaissance du sujet dans l'objet. En désincrustant la statue, chacun y reconnaît progressivement sa propre âme qui s'épure lentement dans ce regard attentif. Rendre son âme voyante, c'est « réfléchir à ce qu'elle [l'âme] deviendrait, en se donnant tout entière à ne point s'écarter d'un pareil objet, à se laisser emporter par cet élan hors de la mer où elle est maintenant plongée ». C'est se concentrer dans la tension d'un devenir pour s'abandonner à l'élan impétueux (*hormê*) qui emporte hors des repères communs, c'est se donner au ravissement ou se ravir soi-même en s'élançant hors du monde familier. Ces deux mouvements n'en font qu'un. L'élan intérieur vers l'extérieur est tout à la fois l'effort extérieur vers la reconquête de la nature intérieure. Magnifique programme qui demande qu'on lutte contre l'inertie des opacités réconfortantes, contre l'effet des habitudes acquises, contre la douceur des harmonies sensuelles, dans tous les cas, contre une torpeur redoutable. En effet, non seulement la torpeur occulte la primitive nature et la défigure mais elle modifie la vision. Ce qui est couverture aléatoire, déguisement d'emprunt, semble alors propriétés intrinsèques tandis que le plus intérieur est déformé et occulté.

Sommes-nous tous silènes, ignorant l'*agalma* que nous cachons ? Quel est ce dieu qui nous habite ? Sous le silène se découvre l'*agalma*, sous les incrustations de coquillages se laisse voir Glaucos, mais quelle voix s'élève hors de la dépouille charnelle de l'aulète ? Est-ce la voix du dieu ou celle d'une philosophie délivrée ? Quel écorchement faut-il vivre pour être inspiré ? Enfin, comment comprendre ces hésitations et contradictions potentielles entre le bel élan du ravissement et cette cruelle épreuve, entre l'extérieur et l'intérieur, entre l'immédiate emprise de la *mania* et l'épure volontaire du regard, entre la possession par le dieu qui saisit et la dépossession que l'on construit ?

Pour affronter ces questions, il faut revenir à ce satyre vaincu et son aulos, pour rappeler que c'est l'instrument dionysiaque par excellence. Or, des quatre formes de *mania* décrites dans le *Phèdre*, on ne s'est encore soucié que du cadeau d'Eros et Aphrodite : la *mania* érotique. Il est temps de s'occuper des dons des autres dieux, notamment Dionysos et Apollon, car entre eux se joue une bien étrange musique.

3. Envoûtement musical et musique philosophique

Suivre l'entrelacement des figures nécessite de se mettre à l'écoute avec patience et disponibilité car leur force suggestive ne se laisse heureusement pas réduire trop vite ; aussi faut-il les regarder encore pour entendre leurs énigmatiques propositions.

Ainsi en va-t-il de ces figures de silènes et de Marsyas. Silène, nom propre avant d'être le nom générique de ces boîtes sculptées, passe pour avoir été élevé par Dionysos ; Marsyas, le satyre, est écorché vif par Apollon. L'un est éventré, l'autre dépouillé afin que s'épanouisse la sagesse de Socrate. Or ce dernier déclare être l'instrument d'Apollon, il applique sa vie durant l'impératif delphique et se compare à l'heure du trépas aux cygnes apolliniens. La philosophie se réclamerait-elle d'Apollon contre Dionysos ? On voit l'enjeu de cette éventuelle conclusion. La victoire d'Apollon repousserait dans un passé primitif les transes dionysiaques et les possessions corybantiques, elle s'exprimerait dans l'ironie subtile qui remet à leur place les rhapsodes inspirés. Sous l'égide du dieu solaire et une fois sorti de sa gangue initiale, le philosophe serait glorieusement défini comme un être de clarté sans ombres suspectes, lucide et vigilant, maître de lui jusqu'à sa mort, indemne de tout ravissement.

Une telle interprétation a ses défenseurs, mais est trop univoque pour être acceptée. Sans compter le fait décisif que le dieu apollinien met également hors d'eux ceux qu'il inspire[1],

1. Comme le rappellent l'exemple de la Pythie delphique et l'analyse

qu'on ne peut donc le réduire à cette lucidité sereine et maîtrisée, plusieurs éléments peuvent étayer ce refus. D'abord Alcibiade est couronné des insignes dionysiaques lorsqu'il compare Socrate aux satyres, c'est pourtant la vérité qu'il recherche. Ensuite on se gardera d'oublier qu'il s'adresse « à tous ceux qui, comme lui, sont atteints du délire philosophique (*mania*) et des transports bachiques ». La philosophie est donc une *mania* qui s'accorde avec l'ivresse. Ce n'est qu'un propos d'ivrogne, objectera-t-on, et Socrate n'est jamais ivre ! Certes, mais cela constitue un troisième argument car ce n'est jamais pour avoir refusé de boire : il peut même boire plus que tous les autres. Enfin, si Platon souhaitait le doter des qualités apolliniennes à l'exclusion de celles de Dionysos, pourquoi commencer par lui prêter les traits d'un satyre, fût-ce pour arracher ce voile trompeur ? Pourquoi un voile et pourquoi celui-là ? Pourquoi cet instrument pour le lui ôter de la bouche ? La postérité reprendra cette image du sage se dépouillant de l'instrument superflu ; mais ce sera une lyre chez Plotin, une cithare chez saint Ambroise[1], et toute référence aux transes dionysiaques aura disparu. Cette singularité oblige à mieux comprendre ce que l'aulos représentait pour un lecteur grec.

L'inquiétante étrangeté de l'aulos

Athéna aurait « inventé » l'instrument pour simuler les sons qu'elle avait entendus s'échapper de la bouche des Gorgones. Funeste imitation : en jouant, elle se vit dans un fleuve, joues gonflées, visage déformé. Effrayée, elle jeta l'instrument dont Marsyas s'empara pour sa gloire d'abord puis sa perte.

On peut expliquer techniquement les joues distendues de la joueuse puisque, les peintures grecques en portent le témoignage, les aulètes pratiquaient sans doute une respiration circulaire qui permet de jouer sans reprendre souffle et sans

---

platonicienne des quatre formes de *mania* divine (*Phèdre*). *Cf.* également E. R Dodds (1959) et M. Détienne (1998).

1. Plotin, *Ennéades,* I, 4,16, 22, et saint Ambroise, *De Jacob* I, 8,39.

s'arrêter ; cela ne suffit pourtant pas à rendre raison de l'effroi que ressent la déesse de l'intelligence à la vue de ce visage qui ne lui appartient plus. Il est ensauvagé dans la fureur d'une transe car l'aulos est l'instrument de l'enthousiasme bachique ou des danses des Corybantes. Platon et bien d'autres auteurs grecs le notent répétitivement ; Aristote dit des mélodies d'Olympos (qui passait pour le disciple de Marsyas) qu'elles « rendent les âmes enthousiastes » et que « l'aulos a plutôt un caractère orgiastique »[1]. En conséquence, il l'exclut de l'éducation en s'appuyant sur la légende d'Athéna. Les tragiques soulignaient déjà l'emprise terrassante des instruments à vent ; « l'aigre chalumeau ajusté de cire » hypnotise Iô chez Eschyle[2] ; chez Euripide, le malheureux Héraclès est halluciné par l'aulos phrygien, lequel est mentionné à quatre reprises dans *Les Bacchantes.*

Dans sa légendaire invention, dans le stupéfiant retournement de l'imitation, dans la métamorphose du joueur, dans le bouleversement de l'auditeur, l'aulos est donc quadruplement instrument de l'étrangeté à soi-même ; pour le lecteur grec, il est l'instrument culturel de la possession par une puissance divine, le vecteur divin de l'enthousiasme. L'équivalence entre l'instrument et Dionysos n'étonne pas puisque ce dieu « est toujours un étranger, une forme à identifier, un visage à découvrir, un masque qui le dérobe autant qu'il le révèle[3] ». Et si de nombreux textes soulignent plutôt la liaison de l'instrument et du corybantisme, on peut accorder que le renouveau du dionysisme extatique, au milieu du Ve siècle avant Jésus-Christ, s'est manifesté dans une nébuleuse où se côtoyaient intimement, entre autres cultes, ceux de Dionysos et de Cybèle. Euripide associe explicitement Bacchants et Corybantes et Platon les unit sou-

1. Aristote, *Politique*, VIII, 5, 1340 et 1341 (trad. J. Tricot, 1977, modifiée ici pour conserver le terme d'*aulos*). Pour Platon *cf. Banquet*, on l'a vu, *cf.* aussi *Lois* 790d-791b. Sur ces points voir J.-P. Vernant (1985) et G. Rouget (1980).

2. Ici, l'instrument à vent est le *donax kêroplastos* (*Prométhée*, v. 574/575, Belles Lettres, 1941).

3. M. Détienne (1986, p. 21). *Cf.* aussi P. Boyancé (1937) et H. Jeanmaire (1949b et 1951).

vent, notamment dans le *Banquet*[1]. Il paraît en tout cas fort plausible que, par son étrangeté, par le son perçant, par la déformation inhumaine de la figure du joueur, cet aulos incarne jusqu'à l'identification l'enthousiasme sauvage des transes dionysiaques, leur déchaînement brutal, leurs métamorphoses et leurs masques.

Cette identification se trouve confirmée par l'insistante coloration phrygienne. Marsyas est phrygien. La Phrygie passait pour la patrie de Dionysos et Cybèle est une déesse phrygienne. Or l'instrument emblématique des transes est justement l'aulos phrygien – caractérisé par deux tuyaux asymétriques, l'un rectiligne, l'autre incurvé à son extrémité en forme de corne, et par un son particulièrement rauque et grave[2]. De plus, l'aulos, quel qu'il soit, est presque toujours associé au mode phrygien, lui-même associé au transport dionysiaque. Aristote l'atteste sans nuances :

> Tout transport dionysiaque et toute agitation analogue trouvent leur expression dans les *auloi* plus que dans tout autre instrument, et ces émotions reçoivent l'accompagnement mélodique qui leur convient dans le mode phrygien entre tous les modes. Le dithyrambe par exemple est, de l'avis de tous, un mètre phrygien (*Pol.* VIII, 1342b).

Le lecteur contemporain a sans doute du mal à se représenter l'importance de cette distinction grecque entre quatre « modes » –phrygien, dorien, lydien et ionien[3]. Les textes témoignent cependant de son importance. Dans la *République*, Platon répudie les harmonies plaintives et lascives des modes lydiens et ioniens. Il laisse dire à Lachès que le mode dorien est bien supérieur aux trois autres et est le seul « proprement grec » (*Lac.*

1. *Ban.* 215e ; *cf.* aussi *Phèdre* (228b, 234a) et *Ion* (533e, 534 b).
2. Sur l'aulos phrygien, voir Annie Bélis (1986 et 1993).
3. On peut discuter cette quadripartition et la traduction par « mode » (A. Bélis lui préfère le mot « trope » – in *Le Savoir grec,* 1996). Les musicologues en ont longuement débattu et en débattent encore. Ce n'est pas ici le lieu de le faire et j'en reste à la mention explicite chez Platon puis Aristote de ces quatre « modes » distincts, en donnant au terme « mode » le sens défini par J. Chailley (1979) : « l'échelle n'est que le catalogage des sons disponibles, le mode en est l'organisation structurée. »

188de), à l'inverse, le phrygien est perçu comme le non grec par excellence. Mode de l'altérité et de l'extraordinaire, il redouble le phénomène de transe puisque la conscience s'y croit possédée par une puissance extérieure.

L'étrangeté du visage reflété qui horrifie Athéna est celle de Dionysos, dieu des masques. Mais l'effroi tient aussi à l'effet fascinant et mortel d'un autre masque, celui de la Gorgone dont la déesse tentait d'imiter la voix. La proximité des deux masques suggère l'envers de l'ivresse, le versant dramatique des transes dionysiaques, l'ensauvagement des Ménades, le démembrement des corps déchiquetés, la frénésie fatale qui saisit les adeptes du dieu. Car le même et redoutable instrument envoûte le bacchant de Dionysos et celui qu'Euripide appelle le « bacchant d'Hadès[1] ». Égarement et morbide pétrification à la fois où se risque la mort, ainsi Agavé, dans un transport dionysiaque, déchire son propre fils Penthée qu'elle ne reconnaît plus. Instrument de transe et de possession, l'aulos est celui de la perte de raison, de la folie noire et destructrice. La légende l'indique implicitement puisque la déesse, prise à son propre jeu d'imitation, se métamorphose en masque de Gorgô, l'intelligence inventive cède la place à la panique, la parole aux stridulations effrayantes.

N'importe quel philosophe devrait donc se tenir loin des thiases dionysiaques et proscrire le mode phrygien.

Ce n'est pas le cas de Platon, tant s'en faut et Aristote l'accuse « de ne laisser subsister que le mode phrygien avec le dorien, et cela alors qu'il a rejeté l'aulos du nombre des instruments; car le mode phrygien exerce parmi les modes exactement la même influence que l'aulos parmi les instruments : l'un et l'autre sont orgiastiques et passionnels (*Pol.* VIII, 1342ab) ». Sa lecture est exacte. Certes, Socrate désapprouve l'usage de l'aulos en reprenant le jugement d'Apollon, il rejette les danses bachiques car « ce genre de danse ne sied pas à un état policé », il condamne très nettement les modes ioniens propres aux ivresses des banquets, les modes lydiens « nuisibles même à des femmes qui doivent être comme il faut, à plus forte

1. Euripide, *Héraclès furieux* et *Les Bacchantes.*

raison à des hommes ». Pourtant alors que son interlocuteur lui fait remarquer qu'il ne reste plus que le dorien et le phrygien, il dit n'y entendre rien mais demande que l'on conserve ces deux-là « l'un violent, l'autre libre, faits pour imiter le plus fidèlement la voix de ceux que le sort, ou maltraite, ou favorise, la voix des sages et celles des vaillants[1] ». Le choix du mode dorien est attendu, en revanche celui du phrygien laisse perplexe. L'incompétence alléguée ne peut en être la cause. D'abord, le lecteur des dialogues l'a trop souvent rencontrée pour ne pas y lire l'indice d'une complexité. Ensuite, Platon « était parfaitement versé dans la science musicale » comme le rappelle Plutarque[2], ce n'est donc « ni de son ignorance ni de son manque d'expérience en musique que procèdent ses condamnations mais du désir d'écarter de la cité idéale ce qui ne lui convenait pas ». Or, soucieux de défendre le philosophe, il fait à son tour l'éloge du mode dorien, mais passe sous silence ce choix du phrygien ; ce qui souligne négativement son incongruité.

Ce qui paraît condamnable ne cesse pourtant de se manifester dans les textes platoniciens et dans des lieux et des occurrences qui leur confèrent une étrange valeur. L'aulos décrié est mis dans la bouche du philosophe et, si l'on ne se décidait pas à prendre au sérieux la comparaison d'Alcibiade, on serait obligé d'accorder foi à celle que fait Socrate entre les Lois athéniennes et les *auloi* corybantiques (*Criton*). Les danses bachiques semblent désapprouvées, mais l'Etranger des *Lois* recommande (à la stupéfaction de son interlocuteur) que l'un des trois chœurs nécessaires à la cité soit consacré exclusivement à Dionysos et constitué de gens âgés que la boisson aura libérés d'une excessive retenue et qui dispenseront l'éducation musicale. Enfin la *mania* dionysiaque est un don divin parmi les quatre formes de *mania* divine, et *mainomenos* est l'une des épithètes habituelles de Dionysos. La singularité du jugement musical de Socrate, la répétition de l'incongru indiquent au moins que Pla-

---

1. *Rép.* III 399ac, pour les citations plus haut III, 398e, 399 de, 400 b ; *cf.* aussi *Lois,* VII, 815d. Pour les Grecs, le phrygien est le mode par excellence du dithyrambe, le dorien celui du péan ; l'opposition des modes recouperait donc aussi celle de Dionysos et d'Apollon.

2. Pseudo Plutarque, *De la Musique* (trad. par F. Lasserre, 1954).

ton ne condamne pas radicalement les Corybantes, les thiases bachiques et leur instrument.

Restent les apparentes contradictions. Comment penser à la fois le bénéfique cadeau d'une *mania* divine et la condamnation de ses manifestations et de ses instruments ? Comment démêler un propos si embarrassant ? En suivant toujours le fil de l'instrument. On rencontre alors une étrange réflexion sur la musique qui berce les enfants et met en transe les Corybantes :

> Le procédé que l'expérience a fait adopter aux nourrices et dont elles ont reconnu l'utilité pour leurs marmots, c'est aussi celui des femmes qui pratiquent la cure de la frénésie des Corybantes : effectivement, quand les mères ont quelque intention d'endormir des enfants qui ont le sommeil difficile, ce n'est pas la tranquillité qu'elles leur procurent, mais au contraire du branlement, puisqu'elles ne cessent de les secouer sur leurs avant-bras, et c'est à la place du silence, une mélopée quelconque : procédant ainsi sur les jeunes enfants à une sorte d'incantation (*kataulousi*) analogue à celle qui sert à guérir les transports bachiques, recourant à cette cure de branlement qui unit de la musique à un rythme de danse[1].

« L'incantation » ne relève pas du chant mais de l'aulos puisqu'il s'agit du verbe *kat-aulein;* il faut risquer le mot « d'enauloïsation » pour quitter le registre apollinien de la voix. L'instrument calme les enfants, soigne les transes corybantiques et bachiques (elles sont ici assimilées). Si un même traitement peut être appliqué aux uns et aux autres, c'est qu'ils souffrent du même mal : « De la frayeur, voilà ce qui, je pense, caractérise l'état d'esprit dans un cas comme dans l'autre, et ce qui cause des frayeurs, c'est une manière d'être défectueuse de l'âme » (790e). Le délirant hors de lui est semblable à l'enfant récalcitrant que l'angoisse jette dans des visions cauchemardesques. L'un et l'autre ne s'appartiennent plus, perdus dans les terreurs des hallucinations. La thérapie est la même : inverser le mouvement de la frayeur qui les disperse hors d'eux-mêmes :

> Quand donc à de tels états psychiques on imprime de l'extérieur une secousse, le mouvement imprimé de l'extérieur surmonte le mouvement intérieur, d'effroi chez les uns, de délire chez les autres :

1. *Lois*, VII 790de, trad. L. Robin.

> une fois qu'il l'a surmonté, produisant l'apparition d'une paisible bonace à la suite des pénibles battements dont sursautait le cœur de chacun, aux enfants il fait obtenir le sommeil, résultat bienvenu ; et, d'un autre côté, chez les Corybantes, sortant du sommeil où, avec le concours des dieux auxquels ils offrent chacun un sacrifice propitiatoire, les avaient plongés leurs danses et l'action des *auloi* (*auloumenous*), ce mouvement provoqué du dehors opère l'apparition d'une attitude mentale de bon sens à la place des dispositions délirantes (791a).

Par le mouvement dansé, par « l'enauloïsation », le possédé sort du sommeil métaphorique du délire et s'approprie la raison ; le vocabulaire suit exactement ce mouvement thérapeutique qui ramène l'esprit du Corybante de l'extérieur (*ek-phrôn*) à l'intérieur (*em-phrôn*). L'effroi l'éparpillait dans l'extériorité, le mouvement, imprimé de l'extérieur, lui permet de se rassembler. L'aulos l'a accompagné, mis en transe et guéri.

A l'envers du travail effectué jusqu'ici, ce texte souligne la dimension négative de la transe bachique ou corybantique qui a pour origine une disposition défectueuse de l'âme. Elle est un mal à guérir. Dans son effet premier, loin d'être ressentie comme un précieux cadeau divin, un don poétique ou une illumination philosophique, la dépossession est décrite comme disposition délirante et le sommeil de la raison comparé à la puérilité affolée de l'enfant qui s'arc-boute contre le sommeil. Pourtant, la comparaison paradoxale est un précieux indice : on se rappelle que le sommeil hébété du rhapsode est la condition de sa réceptivité poétique, comme la pétrification physique de Socrate à Potidée est condition de sa disponibilité méditative. Dans ces deux cas, le sommeil apparent est possibilité d'un éveil à autre chose qui importe infiniment plus. Or, dans un autre registre, le Corybante fait aussi du sommeil la condition d'un éveil désiré, celui où il aura la jouissance de l'esprit.

On pourrait croire que la possession n'est qu'une parenthèse « thérapeutique » qui résout une malencontreuse défectuosité. De fait, le vocabulaire de Platon insiste sur la ritualisation d'une pratique de guérison religieuse[1] (le verbe *teleô* qui décrit

1. *Cf.* P. Boyancé (1937), H. Jeanmaire (1951), E Moutsopoulos (1959).

l'action des nourrices a le sens d'exécuter, mais aussi d'accomplir une initiation religieuse), ce que suggère le *Phèdre* dans un passage difficile :

> Ces maladies et ces épreuves particulièrement pénibles, je veux parler de celles qui, conséquences d'antiques ressentiments divins, frappent certaines familles, la folie (*mania*), en apparaissant et en suscitant le don de prophétie chez les gens qu'il faut, a trouvé le moyen de les écarter, et cela par un recours à des prières aux dieux et à des rites. Par suite, par la pratique de rites de purification et d'initiation, elle a tiré d'affaire celui qu'elle touche pour le présent et pour l'avenir, car elle a trouvé, pour qui éprouve correctement (*orthôs*) folie et possession, le moyen de le délivrer de maux présents (244de).

La spécificité de la *mania* dionysiaque se confirme. Elle est la conséquence d'une antique faute qui rappelle la faiblesse des Corybantes. Les trois autres formes de *mania* supposent ou créent une apparente défaillance, en mettant l'individu hors de son bon sens, mais cette défaillance est l'heureuse condition du délire. Dans toutes ces formes, la passivité du sujet possédé est propice à l'irruption d'un nouveau possible, mais dans le cas de la *mania* dionysiaque, l'accent est mis, sur la possible responsabilité du sujet – qui doit pâtir, donc répondre soit de sa persistante puérilité, soit de l'antique faute commise par les siens. Cela expliquerait le subtil déséquilibre qui se produit plus loin dans le dialogue. Les quatre inspirations divines sont respectivement qualifiées de mantique, télestique, poétique et érotique. A la différence des autres, la *mania* télestique n'est pas définie par ce qu'elle procure mais par les rites d'initiation et les prières à observer strictement de manière à être « correctement (*orthôs*) » mis en transe et possédé. L'expression est paradoxale. Qu'est-ce qu'une folie menée avec rectitude et justesse ? Celui qui est capable d'accomplir correctement les rites et de respecter les étapes de la possession, est-il dépossédé ? Même si on dissocie les personnes mises en transe des devins qui les encadrent[1], un rôle important reste dévolu à l'activité rituelle de cet individu « possédé ». Diotime, décrivant

1. Selon la proposition de G. Rouget (1980).

les étapes de l'initiation amoureuse jusqu'à la révélation ultime, employait, par deux fois, le même adverbe (*orthôs*) et traçait de degrés en degrés la voie à suivre pour celui qui le désirerait activement. La *mania* télestique revendique dans son appellation même cette activité, les *teletai* sont « des rites dont l'essence est de contraindre plus ou moins la divinité[1] ».

On ne peut donc réduire à une simple parenthèse, fût-elle purificatrice, cette expérience de possession efficacement provoquée par l'impétrant, pas plus qu'on ne peut réduire l'aulos à un opérateur instrumental, déclenchant et résolvant la crise thérapeutique – ce que fera ultérieurement Aristote. La *mania* est un bienfait parce que l'individu l'a correctement sollicitée ; elle le guérit, parce qu'il a effectué les rites efficaces. Le texte des *Lois* prolonge ici celui du *Phèdre*. Le Bacchant, dépossédé de lui-même, l'est par ses propres soins. C'est lui qui recherche le concours des dieux et offre les sacrifices. Les danses et les *auloi* ne font qu'accompagner la mise en œuvre d'un projet de guérison. L'instrument n'est donc pas doté d'une puissance magique, mais seconde en tant qu'adjuvant efficace comme la nourrice aide l'enfant à conquérir sa stabilité intérieure.

Par ailleurs, rien n'indique que la conquête soit retour à un état initial. Dans le *Phèdre*, l'individu, alourdi par les fautes antérieurement commises, sollicite une liberté neuve. Dans les *Lois*, éparpillé au vent de ses terreurs, il passe par une mise en sommeil bénéfique et s'éveille à la raison. Tout le passage cité étant construit sur le balancement de l'extérieur et de l'intérieur, il ne faut sans doute pas traduire trop vite « *emphrôn* » par « bon sens » comme le veut l'habitude, mais comprendre littéralement « *em-phrôn* » : avoir en soi un principe de raison et de jugement. Quelque chose comme une autonomie de la pensée ; d'autant que le Corybante est comparé à l'enfant, ce que l'abondance de commentaires, soucieux des détails proprement religieux, risque d'occulter. Or l'enfant est un adulte en devenir qui, son enfance durant, est remis aux mains d'autorités extérieures ; conquérir son être adulte, n'est-ce pas devenir apte à penser et juger par soi-même ? Passer de l'extériorité à soi-

1. P. Boyancé (1937, p. 48).

même, à l'unité intérieure ? Là comme ici, les expériences de ravissement hors de soi sont des moments décisifs dans un devenir poïétique, elles occultent l'origine pour libérer l'avenir.

Le Corybante n'est pas n'importe quel enfant et la comparaison n'est pas une assimilation. L'un doit être endormi, l'autre éveillé. L'enfant récalcitrant lutte contre le sommeil, effrayé par les cauchemars possibles, craignant plus que tout la perte de ses repères, l'abandon à l'inconnu. Voilà pourquoi une nourrice ou une mère se tient à ses côtés pour le bercer jusqu'à l'endormissement. Le Corybante est aussi affolé, mais il pressent et désire le bienfait de cet abandon et a été quérir une aide, un thiase avec ses rites et ses sacrifices, pour le seconder. Il a déjà pris conscience de son état défectueux et cherche à le dépasser. En quête de guérison, il est prêt à affronter les sombres visions du délire. Il attend et espère, sans pouvoir encore la connaître, cette dépossession qui lui permettra de surmonter sa propre déperdition. L'enfant, qui ne sait pas à quel point il ne s'appartient pas lui-même, croit se perdre dans le sommeil ; le Corybante, insatisfait d'une vie qu'il sait émiettée et fragile, ose risquer de se perdre pour se conquérir. Celui-là se croit actif dans le refus, les cris et les colères, celui-ci est actif dans la passivité apparente de la transe. On trouve souvent dans le vocabulaire grec et platonicien des termes indiquant que l'on « fait » le Corybante ou le bacchant (le participe présent des verbes étant préféré aux substantifs), ce qui indique ce travail souterrain, cette continuité tissée par l'effort de la disponibilité, alors même que s'affirme la perte de l'individualité sous l'emprise exclusive du dieu et de la *mania*.

L'inquiétante atopie socratique

Il devient maintenant possible d'expliquer les apparentes contradictions rencontrées qui reposaient sur la relation de Socrate aux transes dionysiaques. L'enfant doit être apaisé pour dormir et grandir, le Corybante mis en transe pour être délivré. Nourrice ou thiase, l'un et l'autre ont besoin de cette aide extérieure et de l'aulos, puisque leurs faiblesses les rendent incapables de s'appartenir spontanément. Dans cette perspective, Socrate n'est-il pas le meilleur aulète puisqu'il apporte cette aide ?

Il endort Agathon et Aristophane à la fin du *Banquet* et Platon emploie le même verbe que celui des nourrices (*katakomizein*), il « enauloïse » Alcibiade dont le cœur bat « plus fort que celui des Corybantes en délire », il l'oblige à reconnaître son éparpillement et à avouer qu'il « continue de n'avoir point souci de [lui-même] ». Platon est même un peu cruel de lui prêter la comparaison de Socrate en Marsyas car Alcibiade a refusé non seulement de jouer de l'aulos mais encore d'écouter l'aulos socratique. Perdu dans les mirages des reconnaissances extérieures, il pressent la conversion radicale qu'exige le philosophe aulète, mais la refuse, têtu, puéril et affolé. Socrate, lui, ne craint pas d'être Marsyas ; nourrice ou pédagogue, il ne cesse de jouer de son aulos philosophique pour aider ses auditeurs à risquer l'abandon des certitudes, à dépasser la peur du sommeil et de l'hébétude, à vaincre leurs paniques.

Dans cette optique, la singulière question du mode phrygien prend une autre résonance. S'il est méprisé par Lachès mais réintroduit par Socrate, le plus ignorant des deux n'est pas celui qui le dit. Le philosophe ne précise pas la répartition des deux modes qu'il conserve, mais à relire attentivement l'ensemble du passage (*Rep.* III, 399), on est frappé de cet équilibre entre violence et volonté, vaillance et sagesse, courage et acceptation des épreuves. La musique exhorte à la fermeté devant ce qui advient de l'extérieur (que l'on en soit heureux ou malheureux) et préserve le calme intérieur. Comme celle des nourrices et des rites corybantiques, elle aide l'individu à opérer ce propre mouvement en lui. L'exception du jugement socratique sur les modes musicaux, loin d'être arbitraire, relève donc d'un projet philosophique cohérent. Le mode phrygien est le mode de l'enthousiasme ; il peut ainsi apprendre à conquérir l'équilibre dans le déséquilibre et guider vers la sérénité. Lachès ne sait pas définir le courage – le dialogue avec lui est aporétique –, mais croit connaître la musique ; Socrate affirme son ignorance mais est attentif aux mélodies encourageantes, à leur vertu potentielle.

Dans la même perspective, le bestiaire des comparaisons devient un hommage au dieu qui préside à l'inversion des valeurs de l'humanité et de l'animalité – sous le règne de Dionysos, les bêtes fauves s'adoucissent et les êtres civilisés deviennent des animaux féroces. Il peut se lire comme une variation mélodique brodée sur le *leitmotiv* que joue le philosophe aulète. Socrate plonge l'auditeur dans un sommeil narcotique et c'est à une raie torpille (*narkê*) que le compare Ménon : « Tu sais bien que, chaque fois qu'on s'approche d'une telle raie et qu'on la touche, on se trouve plongé, à cause d'elle, dans un état de torpeur (*narkan*) ! Or j'ai l'impression que tu m'as bel et bien mis dans un tel état. Car c'est vrai, je suis tout engourdi, dans mon âme comme dans ma bouche, et je ne sais que te répondre[1]. » L'enfant en lui proteste contre cette narcose, exprimée de manière redoublée (par le nom du poisson et par le verbe), mais l'homme qu'il est, bien éveillé par-delà l'engourdissement, en admet la positivité pour son esclave, à son tour « torpillé ».

> En l'amenant à éprouver de l'embarras (*aporein*) et en le mettant, comme la raie torpille dans cet état (*narkan*), lui avons-nous causé du tort ? [...] Nous lui avons bien été utiles, semble-t-il, pour qu'il découvre ce qu'il en est. En effet, maintenant, il pourrait en fait, parce qu'il ne sait pas, se mettre à chercher avec plaisir, tandis que tout à l'heure, c'est avec facilité devant beaucoup de gens et un bon nombre de fois, qu'il croyait s'exprimer correctement sur la duplication du carré.

L'engourdissement résulte de la perte des connaissances extérieures, aporie fructueuse qui éveille le désir d'un savoir intérieur. Socrate est donc « endormeur » et éveilleur, torpille et taon qui énerve les Athéniens. Le terme employé, *muôps,* désigne à la fois « l'aiguillon » et « le taon » qui est aussi nommé : *oïstros,* terme technique lié à l'accès de *mania* et à la transe[2]. Le taon semble l'équivalent, dans le registre animalier, de l'aulos, y compris en ce qu'il annonce une mise à mort, en l'occurrence

1. *Ménon*, 80ab, puis 84, trad. M. Canto (1991).
2. H. Jeanmaire (1951). Eschyle donne ce nom au taon qui harcèle Iô, au point qu'elle est qualifiée par le nom adjectivé de l'animal. Euripide décrit Dionysos lançant « le taon de la folie qui frappe de délire ».

celle de Socrate : « Il est fort possible cependant que, contrariés comme des gens qu'un taon réveille alors qu'ils sont assoupis et qui donnent une tape, vous me fassiez périr inconsidérément en vous rangeant à l'avis d'Anytos » (*Apo.* 31a). Alcibiade se contentait de fuir ce Marsyas qui lui faisait honte mais les Athéniens, tirés du confort de l'assoupissement, le condamneront à boire la ciguë. L'accusation portée par le tribunal est celle d'impiété, elle prend une autre ampleur si elle est portée contre Socrate non seulement parce qu'il écoute son *daimôn*, mais parce qu'il est lui-même perçu comme démonique, *oïstros* qui met en transe. Est-ce par souci de se défendre de l'accusation qu'il n'utilise pas lui-même ce terme technique et préfère se qualifier du terme plus neutre de *muôps* ? Du moins, cela ne désarme guère ses adversaires qui jugent ce taon comme un sorcier qui « enauloïse » ; et de fait, le terme de sorcier revient à maintes reprises sous la plume de Platon souvent associé à celui d'incantateur (*epôdos* celui qui chante des paroles magiques pour guérir).

Socrate est atopique et brouille les repères là encore. Aux cultes des dieux réguliers, aux rites reconnus si ce n'est toujours admis, il substitue un autre travail et l'espérance d'une autre délivrance, philosophique – c'est peut-être la plus légitime raison du glissement de termes pour décrire le taon. Il se réclame d'Apollon, mais s'incarne dans l'animal qui déclenche les transes de la folie. Marsyas singulier, il abandonne l'aulos pour « enchanter » par ses incantations. Étrange à ses concitoyens, il revêt des figures étrangères à l'humain (taon, vipère, torpille) ; tel Dionysos, il emprunte divers masques (peau de Silène, vieux bougon) tout en se comparant au cygne apollinien. Les dieux ne seraient-ils à leur tour que les figures métaphoriques de ce que le philosophe veut faire comprendre ? Les lectures traditionnelles, soucieuses de recueillir des informations ethnologiques ou religieuses à partir du texte platonicien, risquent de mésestimer la dimension proprement philosophique de l'emploi de ces qualificatifs. Car dans cette atopie socratique, dans les contradictions apparentes des qualificatifs, un projet cohérent se dessine.

Ménon, engourdi par la torpille, se défend en contre-accusant : « Tu m'ensorcelles, tu me drogues, je suis, c'est bien simple la proie de tes enchantements et me voilà plein d'embarras *aporias* »(80a). L'aporie résulte d'une triple action : ensorceler *goêteuein*, droguer *pharmattein*, enchanter *katepadein* (pour un Grec de l'époque classique, ces trois verbes connotent les rites dionysiaques et orphiques). Elle culmine dans une incantation que Ménon précise d'un adverbe : *atechnôs*. Or le même mot caractérise la manière dont les nourrices « enauloïsent » les nourrissons et dont les Corybantes sont mis en transe. On le traduit en général par son sens dérivé « simplement, absolument », mais il désigne d'abord ce qui est *a-technôs :* littéralement « sans artifice », « sans technique ».

Que peut signifier cette précision par défaut ?

Historiquement, Platon prend peut-être ainsi soin de distinguer la pratique socratique des pratiques religieuses structurées par les rites de purification des religions susnommées – en se gardant aussi d'employer le terme *oïstros* trop fortement connoté. Ne figeons pas trop vite en termes religieux, à l'instar d'une lecture néoplatonicienne, cette incantation hors des rites et des thiases, hors des « Eglises ».

Ensuite ce refus de la *technê* peut être un écho de son insuffisance reconnue devant la puissance de la *mania* (surtout poétique). On ne peut revendiquer la maîtrise alors qu'on est jeté hors de soi par l'inspiration. Il faut plutôt se rendre disponible pour se faire l'humble dépositaire d'une parole attendue. Ce refus rejoint celui d'un savoir qui ne serait qu'avoir et pouvoir, compétence vaniteuse doublée d'autorité. Il est assez cohérent avec ce que l'on connaît de Socrate, cette « cruche » emplie « par les oreilles », qui dit n'être qu'amoureux et fait l'éloge de la patience du jardinier recueillant des semences fécondes.

Si l'on accepte ces deux premiers arguments, on comprend que le refus se double d'une exigence : accueillir l'étrangeté, s'abandonner à l'inconnu. Contrairement à l'enfant qui résiste et à Alcibiade qui s'enfuit, il faut accepter le sommeil et la transe bachique. La tragédie des *Bacchantes* le dit clairement, Penthée est trop arrogant ; campé sur une étroite et défensive rationalité, il accuse son propre père et Tirésias d'avoir perdu l'esprit et refuse d'accueillir Dionysos qu'il traite d'étranger, de sorcier et d'enchanteur (*xenos, goês, epôdos*), trois qualificatifs qui soulignent l'altérité angoissante – les deux derniers sont ceux dont on accuse souvent l'atopique Socrate. C'est pourtant Penthée qui « en raisonnant déraisonne ». Son bon sens l'empoisonne et le conduit à une folie bien pire que la *mania* divine. La suite de la pièce et la vengeance du dieu le montrent assez. Car Dionysos, pour les Grecs, représente l'étranger et exige le rituel de l'hospitalité, du *xenismos*[1], que Penthée lui refuse. Il est puni en proportion exacte de sa suffisance. Tout ce qu'il a rejeté lui sera cruellement imposé, dans un véritable viol de personnalité où l'altérité refoulée fait retour et se venge. Il tient les femmes pour méprisables et lascives, il devra endosser leur robe et mimer leur conduite ; il se moque de celui qui a « toujours des choses étranges à dire », il suivra aveuglément ses conseils. La *mania* est cadeau ou châtiment, guérison ou folie mortifère, mais ce n'est pas effet du hasard qu'elle soit l'une ou l'autre. La passivité apparente de la possession appelle une acceptation antérieure. La discontinuité du rapt, la profondeur du délire, la grandeur de l'inspiration occultent sans l'effacer le travail continu de dépossession que le sujet a préalablement mis en œuvre sur lui-même. Le sommeil narcotique de l'aporie résulte du dialogue mené pas à pas, il se mérite. A ce prix seul il est fécond.

C'est un troisième argument pour soutenir que l'incantation socratique est « sans technique ». La technique désigne, outre la possession de savoirs, l'assurance de leur réussite. Or les incantations socratiques n'ensorcellent que celui qui veut les écouter, elles n'ont aucune efficacité sur le tribunal athénien et l'aulos socratique ne peut guérir celui qui fuit. La possession est donc au plus haut point singulière, singulière expérience mais aussi réponse adressée singulièrement à une demande formulée explicitement (dans l'offre de sacrifices et dans les rites), ou implicitement voire inconsciemment (dans l'abandon progressif des réponses toutes faites). La tradition le confirme : Ariane, exilée par amour, délaissée sur un rivage étranger, a tout abandonné jusqu'à l'espoir. A ce désespoir répond le rapt salvateur

1. *Cf.* M. Détienne (1977).

du Dieu. Dionysos est la cause d'une folie dont il délivre ceux qui l'acceptent, mais le présomptueux qui repousse les manifestations divines est déchiqueté ou se mutile. Le trop orgueilleux Attis, cruellement égaré par Cybèle, perd sa virilité. Cet autre, soucieux de conquérir un bien supérieur en s'assurant les faveurs du dieu, risque un terrible démenti. Croire maîtriser l'immaîtrisable est folle outrecuidance. Nul rite ne permet de s'assurer, nul groupe de se protéger. Penthée croit ruser et « faire la bacchante ». Il y trouvera une mort atroce dans la robe de celles qu'il méprise. Lui, si sûr d'être seul à posséder toute sa tête, sera décapité et cette tête si précieuse sera brandie à la pointe du thyrse de sa mère ! La monstrueuse démesure de la scène éclaire en retour le texte du *Phèdre*, il y a une possession juste et une autre effarante ; pour que la possession soit droitement éprouvée, pour être correctement (*orthôs*) mis en transe et possédé, il ne suffit pas de singer les rites. L'activité requise est plus essentielle, il faut reconnaître et assumer la faute commise, être désireux d'accueillir une délivrance, se rendre humblement disponible. Celui qui ne s'engage pas réellement dans une quête peut bien simuler tous les signes de la transe, accomplir éventuellement tous les procédés propitiatoires, il reste au mieux stérile.

Dans un registre plus humain, on a vu Socrate refuser ce mime artificieux – que ce soit la demande d'Agathon de « transvasement de sagesse » ou le partage de l'enthousiasme de Phèdre. Dans les deux cas, il affirme la singularité du ravissement philosophique. « Faire le Corybante » n'est pas l'être et il y aurait là un second sens très polémique de l'expression car « des porteurs de thyrse, oui, il y en a beaucoup, mais les Bacchants sont rares[1] ». La contagion, que l'on dirait aujourd'hui hystérique, d'une émotion de groupe est au plus loin de la recherche intérieure. La transe collective et ses débordements répondent certes à une défaillance et à une angoisse, mais interdisent toute interrogation en l'occultant d'emblée par une réponse prédessinée dans l'imitation des autres. Or Platon rejette tout à la fois une telle imitation, les manifestations grégaires et

1. *Phédon* 69 cd, trad. M. Dixsaut (1991).

sectaires, et l'abus de ceux qui les organisent[1]. Inversement, il valorise une autre imitation, créative, intériorisée, celle qui unit dans la tension admirative les amoureux transformés. Et il dessine inlassablement des figures de dépossession singulières et fructueuses qui requièrent un réel courage, parce qu'elles se donnent comme des épreuves sans aucune garantie.

Il y a là une ultime raison pour penser que Socrate enchante « sans technique ». La possession peut bien être droite parce que l'individu s'y engage tout entier et se rend disponible, elle ne saurait résulter de la technique qui se définit comme moyen efficace pour atteindre par des règles codifiées un but fixé. Or ici le but ne peut être fixé à l'avance, celui qui n'est pas possédé ne peut se représenter ce que sera l'éventuelle possession. Dans un autre registre, si l'aporie est l'expérience narcotique d'un dénuement et si elle n'est pas feinte, rien n'indique alors qu'il y ait une issue et il faut une belle persévérance pour s'y soumettre. Pour créer une telle narcose, le dialogue que mène l'enchanteur ne peut qu'être sans technique, ce qui le distinguera toujours de celui des sophistes.

Enchanteur plutôt que « techno-crate », accoucheur plutôt que possesseur, Socrate est à la fois la nourrice qui assiste Ménon pour le conduire dans le sommeil des réponses toutes faites, et l'aulos susceptible de l'aider à s'éveiller. Aussi personnelle soit l'expérience, elle se vit dans un horizon d'échange, d'aide et de partage possible, dans le dialogue, et cela parce qu'il y a précisément dia-logue, et non renvoi d'échos affolés ou mime itératif des compétences extérieures.

Il ne paraît donc pas illogique que Platon accepte le mode phrygien et fasse de Socrate un joueur d'aulos ou un auditeur subjugué par les *auloi* corybantiques. Le *Criton* peut se lire tout entier à la lumière de cette nouvelle perspective. Ne pouvant supporter l'imminente mise à mort de Socrate, le protagoniste éponyme court le voir en prison pour lui proposer de s'enfuir. Il est stupéfait de le trouver en plein sommeil et le contemple lon-

---

1. *Cf.* notamment la description acide des « quêteurs charlatans », *Rép.* II, 364bc.

guement. Le calme abandon du philosophe contraste avec sa vaine agitation et sa sollicitude intempestive ; il devrait lui enseigner la voie de la concentration intérieure et non celle de la fuite dans l'extériorité (celle de sa propre dispersion dans les soucis, ou celle de l'exil géographique qu'il propose), mais Criton ne démord pas de sa proposition. Pour tenter de le convaincre, Socrate fait intervenir les Lois dans une prosopopée célèbre qu'il conclut sur ces mots (54d) : « Voilà sache le bien, mon cher ami Criton, ce que moi je crois entendre à l'instar des Corybantes qui croient entendre des *auloi* ; et, en moi, le son de ces paroles bourdonne et m'empêche d'en entendre d'autres. »

Si l'on prend au sérieux la métaphore – et l'on doit le faire –, Socrate est à la fois aulète et auditeur : aulète par amitié parce qu'il a tenté d'adoucir la peine de son ami en faisant parler les Lois, mais aussi auditeur car le son de l'aulos le rend sourd aux amicales pressions et préserve sa sérénité contre la part d'enfance et la peur latente. « Je ne céderai pas, quand bien même la puissance du grand nombre tenterait de nous terrifier, comme on le fait en menaçant les enfants du croque-mitaine, en nous mettant devant les yeux incarcérations, condamnations à mort et confiscations des biens (46c). » Pour résister à ces paniques puériles, pour affermir sa décision intérieure, il « s'enauloïse » lui-même et s'hallucine auditivement. Il est auditeur sans être vraiment dupe du fait qu'il est l'aulète, il lui suffit de « croire » entendre les Lois pour provoquer cette nécessaire surdité et préserver son courage. Il ne dénie pas la peur possible, il tâche de s'en guérir, au plus loin de la suffisance de Penthée. Ici encore l'air ne met en transe que celui à qui il révèle son besoin de l'entendre. Et Socrate en a besoin.

Criton, lui, l'a-t-il vraiment entendu ? Il ne réplique plus, c'est vrai, et respecte le refus définitif de son compagnon. Mais on le retrouve dans le *Phédon* semblable à lui-même, pathétiquement affecté, éploré à contretemps, tandis que Simmias et Cébès, interlocuteurs plus pénétrants, ont davantage conscience d'être démunis devant la peur que suscite la mort de leur ami.

> Vous paraissez craindre, d'une crainte enfantine, que le vent n'aille tout de bon éparpiller l'âme et la disperser au moment où elle

> sort du corps (...) Cébès approuva en riant ; « Très bien, Socrate, dit-il, considère nous comme des gens peureux, et tâche de nous persuader ; ou plutôt, considère que ce n'est pas nous qui avons peur, mais que peut-être, à l'intérieur de nous aussi, il y a comme un enfant qu'effraient ces sortes de choses ; et c'est lui que tu dois essayer de persuader pour l'empêcher d'avoir peur de la mort comme d'un croque-mitaine (77de).

C'est encore le croque-mitaine et la peur enfantine qui entravent la sérénité et la frayeur résulte toujours d'une mauvaise compréhension. Simmias et Cébès redoutent que l'âme ne se perde en sortant du corps qui l'abritait, alors que l'âme ne risque de se perdre que parce qu'elle est liée au corps et à ses sollicitations. Qu'on se la figure terreuse et alourdie ou encore marine et noyée, elle est, telle la statue de Glaucos, rendue méconnaissable par mille débris extérieurs (79-83). Parce qu'elle ignore sa propre unité et sa propre identité, elle appréhende la séparation qui la rendrait à elle-même. Cercle vicieux de la peur, confusion des valeurs : l'âme effrayée s'accroche au corps qui la morcelle. Aussi faut-il inverser le mouvement de panique qui provoque une fuite hors de soi, pour apporter, de l'extérieur, l'aide appropriée. Pour calmer les battements affolés du cœur des enfants, les mères les bercent ; pour calmer la folie corybantique, il faut une transe correctement menée. Pour affermir son courage, Socrate « s'enauloïse ». Et pour répondre à l'enfant qui subsiste en ses interlocuteurs, il leur propose une incantation : « Ce dont il a besoin cet enfant [...], c'est d'une incantation quotidienne (*epadein*) jusqu'à ce qu'enfin sa peur soit exorcisée (*exepasêtai*) »(77e). Le redoublement des deux verbes grecs de même racine exprime la nécessaire répétition de ce recours.

L'aulos a cédé la place aux incantations de l'enchanteur. Est-ce un simple glissement métaphorique ? Ce serait trop vite conclure, on doit plutôt chercher l'enjeu de ce déplacement. Les termes ont une forte connotation et Platon les emploie en toute conscience ; pour déployer l'interprétation qui se profile, on risquera donc des néologismes afin de mieux souligner leur présence dans les mots composés (enauloïser *kataulein* ; pratiquer des incantations *epadein* ; incantateur *epôdos* ; apaiser par des incantations *exepadein*).

De l'aulos corybantique à l'incantation philosophique

Socrate n'est pas dupe de sa propre comparaison entre les Lois et l'aulos corybantique ; elles ne peuvent jouer d'un instrument qui interdit la parole. Comparer leur prosopopée à l'aulos corybantique n'est donc qu'un moyen d'affermir son courage et surtout de mettre un terme définitif aux pressions de Criton. Le philosophe lui parle comme à un gamin qu'il faut rassurer par l'emprunt d'images frappantes, assourdissantes au sens propre. C'est un geste de sollicitude mais aussi l'aveu implicite de l'échec qui sera reconnu dans le *Phédon* :

> Non, je n'arrive pas à persuader Criton, mes amis, que moi, je suis ce Socrate qui dialogue avec vous à cet instant, et qui essaie d'assigner à chacun de ses énoncés la place requise par l'ordre du discours. Il s'imagine que moi, je suis celui qu'il verra dans peu de temps, ce cadavre, et alors il demande comment m'ensevelir, moi. Quant à tout ce que j'ai bien pu faire comme discours, et depuis un bon moment [...] tout cela est pour lui, je crois, paroles en l'air, une histoire que je vous racontais pour vous consoler, vous et moi en même temps (115cd).

Comme le ferait une nourrice, Socrate berce de son aulos un interlocuteur affolé par son imagination. Il l'apaise sans le persuader car Criton n'entend que des « paroles en l'air », de purs sons, de simples notes d'aulos, et le contenu du propos lui reste inaudible.

Tout autre est le cas de Simmias et Cébès qui s'efforcent de conquérir leur propre sérénité devant la mort. Ils demandent de l'aide et pressent Socrate de questions. Ce n'est ni pour le pousser à fuir ni pour être consolés, mais pour réfléchir avec lui et cheminer vers la vérité par-delà leurs frayeurs. Ils se montrent très sensibles « à chacun de ses énoncés », à « l'ordre du discours » et veulent « travailler plus à fond le raisonnement » (77d). Pourtant en eux, en dépit d'eux, résistent l'enfant et la crainte de la dispersion dans l'extériorité ; le philosophe leur propose alors cette incantation quotidienne et l'exigence de réitération montre que leurs craintes ne sont ni futiles ni faciles à « exorciser » ; il leur témoigne ainsi son estime et sa confiance en leur persévérance à venir. Par ce caractère répété et ordinaire, l'incantation diffère de l'aulos qui annonce brutalement des transes extraordinaires, d'autant qu'elle ne nécessite aucune médiation instrumentale.

Or, lutter contre la crainte de la mort, c'est apprendre à se délier des chaînes du monde sensible et des médiations extérieures, à se rassembler pour conquérir une unité intérieure. Devant des interlocuteurs exigeants, il n'y a plus lieu de recourir à l'instrument et Socrate enauloïse sans aulos. Sa parole sans musique, dénudée (*psilos logos*), est plus adéquate pour affronter ce dénuement suprême de l'abandon du corps [1]. En cet instant décisif de l'écorchement et devant la crainte de la mort, s'il est une « parole en l'air », c'est bien « l'air » d'aulos, musique « à vent » que la brise disperse au sortir de l'instrument. En revanche, la parole nue est reprise, méditée jour après jour dans un travail d'intériorisation réflexive.

Toute médiation n'est pas abolie, objectera-t-on, et l'incantation requiert un « incantateur ». « Où donc, Socrate [...] ironsnous prendre un exorciste (*epôdos)* compétent en ce genre de pratiques, puisque toi [...] tu nous abandonnes ? » s'inquiète d'ailleurs Cébès. Il y a en Grèce et ailleurs bien des personnes de valeur, lui répond Socrate, et

> Il faut, pour découvrir l'exorciste en question, les soumettre à un examen, sans épargner ni vos efforts ni votre argent, dans l'idée qu'il ne saurait y avoir dépense plus opportune. Mais cette recherche, vous devrez aussi vous y soumettre mutuellement car, c'est fort probable, vous trouverez difficilement des gens plus aptes que vous-mêmes à remplir ce rôle (78a).

Nul n'est indispensable pour celui qui cherche par lui-même. Socrate disparu, d'autres et ses disciples eux-mêmes le remplaceront. On peut être son propre incantateur, à condition

---

1. Platon emploie le même adjectif pour décrire l'âme privée du corps : *psilê sômatos psuchê* (*Lois*, 899a).

de mettre tout en œuvre pour accéder au vrai. Il s'agit de juger par soi-même, de ne se fier à aucune autorité établie, de se concentrer et de se rassembler. L'incantation, ainsi pratiquée, est parole philosophique. *Le Charmide* proposait déjà une définition de ces incantations par lesquelles on soigne l'âme en la rendant sage (175a), Socrate se référait alors à l'intervention et à l'autorité d'un médecin thrace pour convaincre un adolescent et amorcer une recherche. Au moment de quitter Simmias et Cébès, il veut au contraire les persuader de leur autonomie et les convaincre que tout philosophe, pratiquant sur lui-même ce travail réflexif, est susceptible d'être « incantateur[1] ». L'incantation quotidienne opère par la parole nue et répétée de quiconque cherche ardemment la sagesse, *philo-sophe*.

La dernière médiation extérieure s'abolit donc dans la pratique de la philosophie et l'aulos cède la place à l'incantation. Cela ne contredit pas sa valeur, mais indique son registre propre dans la gamme des figures musicales. Instrument d'étrangeté, il subjugue et tient sous son emprise celui que la frayeur aliénait. Mais celui qui chemine consciemment vers le vrai et affronte avec lucidité ses propres peurs peut s'en passer pour recourir à la voix seule. L'enfant craintif requiert le bercement de sa nourrice, l'être affolé est mis en transe par l'aulos, mais l'un apprendra la gymnastique et intériorisera les mouvements bénéfiques, l'autre la patiente incantation qui le délivre de sa peur. Le philosophe trouve en lui les principes de la sérénité.

Gardons-nous cependant de deux confusions dommageables.

La première opposerait avec brutalité aulos et incantation dans une hiérarchie de valeur. Or, chez le plus sage, sommeille encore l'enfant qu'il était et même Socrate recourt à l'aulos. Les deux figures se complètent et s'adressent à deux aspects de soi-même. Celle de l'aulos insiste sur l'extériorité factuelle du mal dont on souffre, enfance ou héritage, et sur l'extériorité de l'instrument qui permet de le dépasser. Celle de l'incantation souligne à l'inverse que le remède est potentiellement en cha-

1. Il faut donc préférer ce pénible néologisme aux traductions habituelles : soit par « exorciste » (lequel est extérieur au patient et au mal qui l'habite, et ce serait faux sens ici), soit par « enchanteur », terme qui suggère des sortilèges artificieux.

cun. Il n'y a aucune contradiction entre les deux puisque chacun est seul responsable de son mal. Celui qui a peur est encore prisonnier de son corps, mais :

> Ce qu'il y a de plus terrible dans cet emprisonnement, c'est qu'il est l'œuvre de l'appétit, de sorte que c'est l'enchaîné lui-même qui coopère de la manière la plus efficace à parfaire son état d'enchaîné.[...] Ceux qui aiment à apprendre savent bien que, au moment où la philosophie a pris possession de leur âme (*paralabousa*), elle se trouvait dans l'état que j'ai dit ; aussi la philosophie lui adresse-t-elle des paroles qui la calment (*paramutheitai*), et elle entreprend de la délier (82-83).

Dans un magnifique raccourci, la formule socratique condense les deux figures et efface toute opposition. La philosophie prend possession de l'enchaîné pour le délivrer. Elle provoque donc l'effet bénéfique de l'aulos, tout en procédant par de simples paroles incantatoires. La possession est un accueil (*paralambanein* signifie à la fois « prendre en charge » et « accueillir »). L'extérieur se mêle nécessairement à l'intérieur puisque, faute de repères, on confond le corps et cette âme que la philosophie doit délier. Se laisser posséder par la philosophie, c'est accepter de s'élancer au-delà de « la mer agitée » des sensations où l'on prend pour un visage l'agglomérat de coquillages qui défigure le dieu marin. Et dans cette acceptation, il ne s'agit plus seulement de dépasser l'effroi mais de se jeter « à corps perdu » dans l'élan de ce que l'on pressent par-delà la peur : tension impérieuse, abandon actif.

La deuxième confusion, plus insidieuse, serait d'assimiler l'incantation et la philosophie. Si paroles et incantations s'entrelacent, toute parole n'est pas incantatoire, le propos de Socrate ne l'est pas toujours et l'on doit distinguer les deux. Il faut donc préciser davantage la particularité de cette parole incantatoire : elle indique comment affronter avec dignité une inquiétude qu'elle ne supprime pas. Dans le *Phédon*, les positions habituelles des interlocuteurs sont inversées : Socrate ne questionne plus comme à l'accoutumée, il tente de répondre aux interrogations pressantes de Simmias et Cébès, mais ses arguments s'interrompent et laissent place à l'espérance :

> Le prix à remporter est beau et l'espérance est noble. Certes, prétendre à toute force qu'il en va exactement comme je viens de le dire, cela ne convient pas à un homme qui a quelque intelligence. Mais qu'il en aille ainsi, ou à peu près ainsi, de nos âmes et de leurs séjours – si du moins l'âme est vraiment une chose immortelle – voilà au contraire, me semble-t-il, ce qu'il convient de soutenir, voilà le risque que doit courir celui qui croit qu'il en est ainsi. Car c'est un risque qui vaut la peine d'être couru (*kalos kindunos*). Et tout cela, il faut en faire pour soi-même comme une incantation (*epadein*) – c'est bien pourquoi d'ailleurs, depuis un bon moment, je n'en finis pas avec ce mythe (114cd).

Dans l'ouverture de ce beau risque se trouve l'exacte place de l'incantation. Elle se substitue à l'argumentation rationnelle devant l'indécidable question de l'immortalité de l'âme. Confronté à cette interrogation cruciale, le philosophe ne prétend pas répondre, mais il peut soutenir une espérance et prendre le risque d'y croire. Car aussi beau soit-il, c'est un risque ; le prendre, c'est affronter la peur de la mort, de l'inconnu et de l'incertitude. L'incantation permet de le courir et de se réassurer soi-même dans ce vertige. Elle est donc une auto-incantation intimement personnelle, car nul ne peut assumer ce risque à la place d'un autre. Elle est aussi nécessairement sans technique. Devant la mort, il n'y a aucune recette et aucune garantie d'un résultat. Il faut avoir l'audace d'accepter la croyance, c'est-à-dire à la fois ce qu'elle propose et cette modalité dérangeante du rapport au vrai. L'incantation rompt avec la triomphante rationalité. Elle n'est pourtant pas irrationnelle, Platon précise même qu'elle est « ce qui convient » lorsque la rationalité avoue ses propres limites. S'entêter à prouver ce qui ne peut l'être, c'est témoigner à la fois de lâcheté et de bêtise. « Cela ne convient pas à un homme qui a quelque intelligence », il doit, à l'inverse, accepter d'être dépossédé de ses certitudes devant ce qu'il ne peut démontrer.

La dépossession, menée par l'incantation, est alors susceptible de persuader et de calmer (*paramutheitai*), c'est l'œuvre même de la philosophie qui emprunte ici la voix de ces paroles singulières : les incantations et les mythes (*muthoi*). Ils sont une manière heuristique d'appréhender ce que l'on ne peut maîtriser rationnellement, bien plus qu'une illustration pédagogique, qu'un adjuvant psychologique ou un supplément nécessaire de la persuasion[1]. La philosophie dépouille de tout ce qui est extérieur : parures du corps et tours rhétoriques. Il faut s'écorcher les doigts et le regard pour retirer les coquillages qui défigurent Glaucos. Il faut écorcher le silène. Alors, nu, on accède à la simplicité essentielle. La dépossession délie et délivre. Elle conduit à ce qui importe, que l'on pressent et espère sans aucune certitude.

Voilà pourquoi, à l'heure de sa mort, Socrate recourt au mythe et à l'incantation, ce n'est pas la défaillance d'un philosophe anxieux mais la juste prise en compte de l'épreuve et du risque. Les termes de « philosophe », « philosophie » et « philosopher » reviennent avec une insistance notable dans le *Phédon*[2], comme si la tension philosophique culminait dans ce risque, dans cette atopie du rationnel devant l'épreuve de la mort. L'interrogation initiale de Socrate, sur le sens à donner au retour du rêve qui le hante, prend en conséquence une autre dimension. Ce n'est pas un simple prologue pour introduire un sombre propos. Cela ressemblerait peu à l'écriture platonicienne et l'anecdote est trop énigmatique.

Inaltéré malgré de légères variantes visuelles, le songe familier ordonne de faire œuvre, de composer de la musique[3] (*mousikên poiei kai ergazou*). Socrate s'est toujours efforcé d'obéir, mais redouble d'efforts avant de mourir tant la réitération de l'injonction le trouble. Ne s'y est-il pas conformé, en composant ce qu'il pensait être la « musique la plus haute », c'est-à-dire la philosophie ? Fallait-il composer une « musique populaire » (61a) ? Pour plus de sûreté et s'assurer qu'il honore l'impératif divin, le philosophe a décidé de composer désormais ce qu'on appelle ordinairement « musique », hymne et chant

1. Sur tous ces points, *cf.* P. Boyancé (1937), L. Brisson (1995) et J.-F. Mattéi (1996) ; *cf.* encore E. Cassirer (« Eidos et eidolon », *Œuvres* XII, tr. fr. 1995).

2. Comme le remarque M. Dixsaut (1985).

3. On sait que le terme désigne en grec l'art des Muses – qu'il ne faut pas réduire à la seule musique même si celle-ci en fait incontestablement partie.

versifié. Ce portrait de Socrate en versificateur est un étrange début pour exposer les réflexions du philosophe au moment de mourir. Les commentateurs notent souvent l'équivoque de cette interrogation sur les desseins du dieu, mais il faudrait aussi parler de cette manière fort peu socratique de se rassurer en parant à toute éventualité. Se protéger en versifiant un peu, à tout hasard, pour le cas où tel serait le souhait du dieu, est-ce vraiment faire preuve de cette sérénité que tous reconnaissent à Socrate ? Et, à l'heure ultime, décide-t-il vraiment de renoncer à la philosophie ? Ces questions invitent à proposer une interprétation qui résolve ces contradictions apparentes.

La musique la plus haute (*megistê mousikê*) ne s'oppose peut-être pas à la musique populaire (*dêmôdês mousikê*), cela rendrait boiteuse la comparaison qui n'accorde le superlatif qu'au premier adjectif. L'adjectif *dêmôdês* qualifie ce qui est « vulgaire », « populaire », « commun », mais aussi « donné à tous ». Or qu'y a-t-il de plus communément partagé que la nécessité de mourir ? On peut donc se demander s'il ne s'agit pas de continuer à composer la musique la plus haute au moment même où se joue le plus banal : l'épreuve de la mort. Pour bien composer, ne faut-il pas avoir compris et réalisé l'harmonie entre le corps et l'âme, et l'harmonie entre les composantes de l'âme elle-même ? N'est-ce pas l'objet même du travail philosophique ? Rassembler son âme et la délier du corps. N'est-ce pas aussi ce qui permet d'accepter la mort ? Il faut convertir la banalité en musique, non pour afficher une singularité vaniteuse, il ne s'agit pas « d'inventer des histoires », mais de prendre ce que l'on a « sous la main » (61b), fût-ce sa propre mort à l'instant ultime. A partir de ce thème si peu original, il faut mettre toute sa dignité à composer l'harmonie la plus haute et « parmi les harmonies concertantes, la plus belle et la plus haute est celle qui consiste en la plus haute sagesse, celle à laquelle participe l'homme qui vit d'une manière raisonnable » (*Lois* III, 689d). Au moment de mourir, il faut continuer à pratiquer la plus haute des musiques, celle d'une vie sage, et versifier du mieux que l'on peut en proposant sa propre version de ce qui advient à tous.

Pratiquer cet art n'est pas incompatible avec celui d'accoucher les autres – Socrate versifie d'ailleurs l'œuvre d'Esope. D'autant que la maïeutique procède par médicaments et incantations (*Théé.* 149cd). L'incantation stimule, accompagne et opère le passage du fœtus au vivant ou du fœtus au mort. Elle a sa place dans l'entre-deux de la vie et de la mort. Du reste, elle relève d'un pouvoir démonique, dit Diotime, et le démon est capable de manifester la présence du dieu dans les songes et d'agir par des sacrifices, des initiations (*teletas*), des incantations (*epôdas*), par tout ce qui est divination et sorcellerie (*goêteian*) (*Ban.* 202-203). Les dialogues sont d'une belle cohérence puisque le songe obsédant revient au moment de la mort imminente de Socrate et précède le recours aux incantations.

Reste cette curieuse injonction (faire œuvre) pour quelqu'un qui a mis toute son ambition à délivrer la pensée des autres. Le *daimôn* de Socrate intervenait surtout pour le retenir d'agir, ce songe démonique en est le pendant positif, il lui indique ce qu'il doit encore faire : s'élancer vers le dieu, se rendre lui-même plus démonique encore. C'est sa propre âme qu'il doit délier, c'est d'elle qu'il doit accoucher ; toujours maïeuticien, il l'est de lui-même. Il ne revendique aucun autre rôle. Il a le pouvoir de faciliter par sa conduite cette délivrance mais n'a pas d'autorité sur sa propre destinée. Il n'est que son propre accoucheur. Voilà pourquoi il ne peut être auteur au moment de sa mort, tout en étant le seul compositeur de la manière de mourir. Voilà pourquoi il use des incantations, parce qu'elles accompagnent les moments décisifs dont l'issue est incertaine et qu'elles annoncent une métamorphose irréversible. Voilà pourquoi il compose un hymne à Apollon, parce qu'il dédie sa propre mort, et l'espérance d'une autre vie, à ce dieu dont les flèches ne manquent jamais leur but, qui devine et purifie, à ce dieu musicien[1]. Voilà pourquoi enfin le dialogue tout entier est placé sous le signe d'Apollon et de sa musique.

Il s'agit bien en effet de composer la plus grande musique dans tous les sens possibles de l'adjectif (*megistê*). C'est d'abord la plus haute : une musique d'harmonie philosophique

1. *Crat.* 405a *sq.* ; M. Dixsaut insiste à juste titre sur l'étroite corrélation des quatre pouvoirs apolliniens et sur la présence de ces quatre aspects dans le *Phédon* : le Socrate qui va mourir est aussi devin, médecin et musicien (1985).

qui engage la vie même de celui qui la compose. C'est aussi la plus belle : semblable à celle que font entendre les cygnes mourants, « tout à la joie d'aller retrouver le dieu qu'ils servent » (85a). C'est enfin peut-être celle qui représente au mieux la quintessence du musical, s'il est vrai que la musique n'est pas le langage, qu'elle n'explicite pas des significations, mais enauloïse, enchante et exulte de l'ineffable qu'elle suggère. Une telle musique déploie, au-delà des fragilités humaines, la plénitude d'une promesse qu'il nous appartient de deviner et d'accomplir ; elle illumine l'aube d'une naissance incertaine.

De l'aulos à l'incantation, de Dionysos à Apollon, les figures de la possession et de la dépossession se complètent sans se contredire. Les unes, celles de l'aulos et de Dionysos, insistent sur la frayeur de l'altérité, sur le vertige qui saisit, sur le rapt impérieux, elles soulignent la discontinuité apparente de ce moment où bascule un destin, pour son bonheur ou sa perte. Les autres, celles de l'incantation et d'Apollon, accentuent la dimension intérieure d'une quête, la tension vers une espérance, la continuité d'une composition par-delà la peur. Établir une hiérarchie entre ces figures arrêterait et stabiliserait faussement le sens mobile d'une métamorphose. Il vaut mieux comprendre que les unes et les autres s'accordent sur l'abandon des repères habituels, sur l'incertitude du devenir. Toutes aident à penser et à affronter le risque ; or philosopher, c'est accepter de se risquer. Loin d'être des ornements décoratifs ou des détails pittoresques, ces figures dessinent ainsi une exigence proprement philosophique : convertir l'extériorité en intériorité, la fausse liberté en véritable libération, l'identité d'emprunt en autonomie. N'est-ce pas l'espérance même du ravissement ? Convertir la dépossession en conquête et la possession en délivrance, convertir la perte en promesse et la panique en joie. On se gardera donc de cristalliser trop vite l'exigence dans les brillantes arêtes des oppositions conceptuelles, comme l'on se gardera de figer les figures en les réifiant en significations abstraites ou en documents d'ethnologie. La boîte de silène nous a appris la patience du dévoilement récompensée par la découverte de l'*agalma* – trésor qui mobilise à son tour d'autres quêtes. On doit donc s'interdire de rompre le mouvement de la métaphorisation en isolant les figures pour les enserrer dans des significations univoques ; il faut continuer à les interroger dans leur configuration qui importe bien davantage que l'élément séparé. Alors seulement comprend-on que l'aulos et l'incantation ne s'opposent pas mais se complètent, comme Dionysos et Apollon[1], comme la raison et la folie, comme la vie et la mort. Dans cette configuration se nouent les contraires apparents en une conversion qui opère et requiert un rapt hors de nos habitudes logiques.

---

1. *Cf.* M. Détienne (1998) et encore E.R. Dodds (1959) et L. Gernet (1968).

4. La conversion des valeurs

Au terme de cette seconde partie, il est temps de tresser les fils de l'investigation en tirant les conséquences des choix effectués qui ne sont pas sans risque méthodologiquement et heuristiquement.

Le choix des figures risque d'induire un bégaiement descriptif dans le cas d'une trop grande ressemblance des figures entre elles ou, à l'inverse, un morcellement notionnel dans celui d'une trop grande dissemblance. Le ravissement viendrait alors dénommer toutes sortes d'expériences dans une approximation dommageable. La priorité donnée à la configuration sur la figure isolée offre une garantie contre ce double écueil, puisque le rapprochement des figures esquisse des lignes de force semblables par-delà les dissemblances. Que les figures soient visuelles ou auditives, qu'elles insistent sur l'agitation convulsive de la transe ou l'immobilité extatique de la contemplation, qu'elles décrivent l'état poétique ou amoureux, qu'elles relèvent d'un dieu ou d'un travail intérieur, elles expriment toutes la même énigmatique tension entre le continu et le discontinu, l'extérieur et l'intérieur, l'actif et le passif, la servitude et la délivrance. Leur rapprochement dessine donc le cœur notionnel du ravissement.

Mais il faut encore se soucier de ne pas prélever arbitrairement dans l'œuvre de Platon ce qui servirait le dessin. Aussi a-t-on insisté sur la mise en scène chaque fois particulière de la figure dans les dialogues – il n'est pas indifférent que ce soit Alcibiade qui peigne Socrate en Marsyas, que ce soit à Criton que s'adresse l'aulos des Lois, que Cébès et Simmias soient encouragés à pratiquer une incantation quotidienne, que Socrate cherche à composer la plus haute musique. Pour autant, la précision risque d'émietter la recherche, il faut donc chercher à nouveau les traits communs au ravissement en montrant la complémentarité à la fois des configurations contextuelles et des figures.

La notion de conversion est susceptible de lier et d'articuler ces deux niveaux. Elle est présente dans tous les récits étudiés : que ce soit la conversion du rhapsode prétentieux en poète inspiré, celle de la lourdeur terrestre en vol amoureux ou du geste habituel en suspens cataleptique, qu'elle s'explique par l'aimantation, la réminiscence ou la survenue d'un *daimôn*, ou qu'elle culmine dans l'imminence ultime de la mort. Sur un autre plan, toutes ces figures contiennent une tension contradictoire entre des pôles logiques opposés qui ne cessent de se convertir l'un en l'autre. La conversion logique rejoint ainsi les conversions décrites où le docile instrument devient créateur, l'ignorant philosophe. Cette notion peut donc aider à préciser ce qui rassemble les expériences du ravissement et leurs implications.

De la conversion du regard à la métamorphose de l'être

Dans les textes platoniciens, la conversion la plus explicite est sans doute celle du regard. On se rappelle les soldats à Potidée observant sans comprendre un Socrate qui ne voit plus que l'idée poursuivie. Cette poursuite même indique que la conversion, aussi radicale soit-elle, n'est pas le « troc » d'un regard sensible pour un regard intelligible. Elle suppose deux autres conversions, suscitées l'une par le désarroi (conversion du regard habituel en aveuglement), l'autre par l'éblouissement (conversion de l'aveuglement en lumière). La philosophie se déploie pour convertir ce premier aveuglement en illumination. L'instantanéité du ravissement ne doit pas occulter le travail inquiet qui le prépare car la conversion est la récompense espérée du « commerce répété » avec la matière du savoir. Elle couronne un engagement personnel.

Elle est donc nécessairement intime et ne peut être l'objet de transactions mondaines comme l'espérait Agathon, car il ne s'agit pas d'échanger quelque chose mais de se convertir. La conversion du regard est conversion philosophique.

> La culture n'est point ce que certains, qui font profession de la donner, disent qu'elle est. Ils prétendent, si je ne me trompe, que dans une âme au-dedans de laquelle n'est pas le savoir, eux, ils l'y déposent, comme si en des yeux aveugles ils déposaient la vision [...] Or [...] au-dedans de son âme chacun possède la puissance du savoir, ainsi que l'organe au moyen duquel chacun acquiert l'instruction ; et [...] pareil à un regard supposé incapable, autrement qu'avec le corps tout entier, d'évoluer de ce qui est obscur vers ce qui est lumineux, de même c'est avec l'âme tout entière que doit s'opérer, à partir de ce qui devient, la conversion de cet organe, jusqu'au moment où il sera enfin capable, dirigé vers le réel, de soutenir la contemplation de ce qu'il y a dans le réel de plus lumineux[1].

Le réveil des facultés oubliées requiert une longue lutte de l'âme contre l'aveuglement créé par les miroitements du sensible, jusqu'à ce qu'elle soit « enfin capable » d'être réceptive. Cela demande un abandon préalable des repères habituels jusqu'à l'éblouissement de la vision conquise.

La conversion du regard est donc à la fois temporelle – le suspens d'un moment arrêté laisse jaillir l'élan décisif, l'effort se concrétise dans l'illumination – et une conversion de l'être même. Elle est aussi la conversion d'une fascination spontanée pour l'extériorité en déploiement productif d'une intériorité assumée. Elle est encore conversion des certitudes en aveu d'ignorance fertile. Le vocabulaire platonicien permet de suivre ce mouvement qui est une progressive initiation Les termes indiquant la prise et la maîtrise qu'opère un sujet (*lambanein, echein*) cèdent la place à ceux qui soulignent sa possession dans un balancement constant entre l'extérieur et l'intérieur et dans une alternance de préfixes marquant le fait d'être jeté hors de

---

1. *Rép.* VII, 518b-e, et aussi 521c : « Ce ne doit pas ressembler au retournement de la coquille (*peristrophê*). Mais c'est une conversion de l'âme (*periagôgê*) passant d'une sorte de jour nocturne au jour authentique et qui est la voie pour monter au réel, voie dont nous dirons précisément qu'elle est philosophie véritable », trad. L. Robin.

soi (*ekphrôn, ekplêttein, ekbakcheuein*) ou pénétré de la présence divine (*entheos, enthousiastikos).* Le regard n'est pas une « prise » sur les choses, il nous jette hors de nous au plus près d'elles[1], mais il nous emplit et nous nourrit aussi des réalités contemplées. Il nous modèle en retour. Ainsi la statue marine qu'il faut épurer des débris incrustés, délivre dans sa lente métamorphose une vision et une âme neuves, l'une par l'autre et l'autre par l'une, « chaque âme est et devient ce qu'elle regarde » dira Plotin[2]. Il est donc décisif de savoir ce que l'on regarde et de savoir regarder afin d'accomplir cette conversion du regard. Le ravissement en est la conséquence et la cause à la fois. Il en résulte et l'occulte dans son impérieux surgissement, tout en l'accomplissant dans l'exigence qu'il ouvre. Il opère ainsi lui-même une conversion des valeurs et dans le même temps permet de la nommer ; le terme exprime en effet ce qui s'y éprouve et souligne combien cette conversion du regard est une conversion de l'être, exigeante et risquée.

Car le philosophe, qui paraît ridicule lorsqu'il redescend parmi les ombres de la caverne, peut être mis à mort. Le ravissement condamne-t-il à l'incompréhension ? La question s'impose avec une vigueur perturbante, d'autant qu'elle en entraîne d'autres. Si le ravi ne peut se faire entendre, ce travail conserve-t-il un sens ? Si le ravissement est une active conversion du regard, n'en sommes-nous pas les spectateurs stupides ? Et si celui que nous regardons s'y est métamorphosé, ne sommes-nous pas le soldat de Potidée ébahi devant un corps déserté ?

Autant d'interrogations centrales qui tiennent à la question du partage du ravissement. Or, aussi singulière soit l'épreuve, aussi radicale soit la solitude, le ravissement n'est pas autarcique. L'altérité se manifeste, on l'a vu, dans les interventions démoniques, dans l'emprise de la possession divine, et plus encore peut-être dans la tension amoureuse vers l'autre qui réalise au plus haut degré cette conversion. L'amoureux cesse brusquement de prêter son regard aux séductions du monde sensible

1. Si l'on autorise cette anticipation des analyses de l'intentionnalité.
2. *Ennéades* IV, 3, 8, 15 (trad. E. Bréhier, Les Belles Lettres).

pour le consacrer au seul aimé dans une vision qui s'intériorise progressivement tandis que croissent les ailes de l'envol. L'autre est bien présent dans cette mutation qu'il provoque, davantage encore, il est à son tour converti puisque l'aimé contracte la « maladie ophtalmique » du contre-amour. Le ravissement peut ainsi se propager dans une heureuse contagion.

Si l'émerveillement amoureux est communicatif, ce n'est pas par vanité narcissique mais par la force attractive de l'idéalisation, par le désir de se modeler sur une figure admirable; qu'on la pressente chez celui que l'on aime ou que l'on aime celui qui a la puissance de la sculpter, on aime dans la tension admirative d'une construction mimétique qui convertit le regard en création partagée. L'*agalma* en est le cœur rayonnant. En lui, l'humaine apparence se convertit en potentialité divine, le donné factuel en devenir, la passivité apparente de l'amoureux en activité créative et l'objet aimé s'y découvre sujet.

La figure est ici l'exact contraire d'un ornement gracieux; elle a une formidable efficacité. Pivot décisif de la conversion amoureuse, elle rend possible le partage du ravissement. La densité de sa présence imaginaire, sa malléabilité plastique en font le vivant foyer de la relation. L'*agalma* s'introduit en tiers dans le face-à-face amoureux, interdit la complaisance des jeux de miroir et brise l'illusion de la fusion au profit d'une quête diligente dans l'appel impérieux d'une transcendance. Il symbolise l'exigence d'un regard épuré qui lui donne visibilité en dépassant les incrustations anecdotiques et les apparences sensibles. Ce travail de vision est un authentique travail de conversion, l'âme se sculpte en s'épurant; arracher la peau du satyre, c'est se mettre à nu. En ce sens, la conversion sera toujours intérieure, singulière, voire douloureusement solitaire.

Au regard qui dénude ce qu'il considère, correspond la parole nue (*psilos*) de celui qui abandonne tout artifice : parole humble où le « prendre » cède la place à la recherche attentive.

> Si l'homme qui m'interroge est un de ces savants qui se battent à coups d'arguments et font de tout entretien un concours et un combat, je lui répliquerai : « j'ai donné ma réponse. Si j'ai tort, c'est à toi d'assumer la discussion et de réfuter (*lambanein logon*). » mais

> quand ce sont des amis, comme toi et moi maintenant, qui souhaitent s'entretenir l'un avec l'autre *(dialegesthai)*, il faut répondre avec une plus grande douceur et en se conformant davantage aux règles de l'entretien (*dialektikôteron) (Mén.* 75cd).

Le discours se construit aussi dans le partage. L'humilité philosophique s'oppose à la sophistique, la dialectique aux positions de pouvoir personnel. Elle n'exclut ni l'espérance du dialogue ni la douceur de l'amitié. Et si l'interlocuteur n'est ni un ami ni « en humeur de causer », on lui propose des figures médiatrices. Entre l'aveuglement du prisonnier et l'aveuglement de celui qui redescend dans la caverne, les *agalmata* offrent le fragile espoir d'une compréhension improbable. Car le prisonnier enchaîné ne voit que des ombres, l'âme terreuse que les simulacres des choses (*eidôla*). Le philosophe, qui dénonce l'illusion, dérange et risque la mort. Il ne suffit pas d'inciter à découvrir les figures si l'âme alourdie ne veut pas s'élancer hors du corps qui l'aveugle.

Comment lutter contre cette inertie ? Quelle parole peut ébranler et mouvoir ? L'amour est chance inestimable ; la souffrance du désir bouscule toute prudence ; l'amoureux s'est déjà élancé et craint seulement d'être privé de ce qu'il a entrevu, qu'il s'applique à voir et mériter. Le ravissement seul est susceptible de transcender la panique. Dans l'atome d'éternité qu'il ouvre, il devient indifférent d'être mortel. Mais tous ne bénéficient pas de cette *mania* divine. L'indication permet cependant de reformuler ainsi les questions : quelle parole sait ravir et convertir ? La parole rationnelle démonstrative ne convaincra que ceux qui sont déjà convertis, et encore ne pourra-t-elle toujours le faire car toute démonstration devient inopportune devant la peur récurrente que l'âme ne se disperse dans la mort, il faut alors risquer. Pour autant, ce qui n'est plus strictement rationnel n'est pas encore l'irrationnel, et l'on ne renonce pas à l'espoir de cheminer vers le vrai. Bien des siècles plus tard, dans un autre registre, Pascal ne fera-t-il pas un constat du même ordre lorsqu'il cherchera à persuader de l'urgence d'un pari[1] ?

---

1. « S'il ne fallait rien faire que pour le certain on ne devrait rien faire pour la religion, car elle n'est pas certaine. » (*Pensées* 577, *Œ.c.*, présentation de

Socrate ne prétend pas convaincre ceux qui ne le veulent pas mais n'abandonne ni la parole ni l'espoir du dialogue : il veut lui donner une autre dimension que le chapitre précédent permet de préciser. Pour bercer les peurs puériles et ravir les âmes faibles, la parole doit se faire mélodie d'aulos. Elle doit se faire incantation pour encourager le risque du dénuement ; elle doit se faire chant pour glorifier ce qui s'annonce. De telles paroles subjuguent l'interlocuteur pour peu qu'il ait alors le courage d'entendre, elles laissent entrevoir des *agalmata* pour qui a la patience de les découvrir. D'où vient leur emprise ? Sûrement pas du seul Socrate ; le discours se développe de lui-même, être vivant sans géniteur, on l'a vu. Socrate ne « prend » pas la parole dans cette conversion intime qui le bouleverse, il laisse couler en lui une parole libre qu'il dit souvent inspirée.

Inspiration, *epipnoia*, tel est le mot qui qualifie et unit les quatre formes de *mania*. Or, dans le vocabulaire employé pour les décrire, il est le seul à dépasser les oppositions rencontrées, l'inspiration défait les limites entre l'extérieur et l'intérieur, le passif et l'actif ; en elle, celui qui est dans son bon sens (*emphrôn*) est jeté hors de lui (*ekphrôn*), l'enthousiaste (*entheos*) est dépossédé (*ekplêttein*), celui qui est stérile devient créateur. Le mot même dit la conversion des couples conceptuels.

Ainsi la parole de Socrate convertit parce qu'elle est inspirée, ce qui était singulier devient partageable par la médiation d'une parole que l'auditeur intériorise à son tour. La propagation de la conversion est celle de la chaîne de l'aimantation qui transforme de proche en proche chaque pièce de métal inerte en vecteur d'attraction. L'auditeur voit de l'or sous le cuivre et Socrate peut quitter Cébès, persuadé qu'il saura à son tour produire des incantations efficaces.

L. Lafuma, 1963.) Il conviendrait de développer longuement ce qui sépare de la démarche philosophique de Socrate, la quête janséniste de Pascal tendue vers le mystère de la foi. Mais, dans cette perspective radicalement autre, Pascal fait lui aussi l'épreuve des limites de la raison (*P.* 406 et 170) tout en reconnaissant « [qu']il n'y a rien de si conforme à la raison que ce désaveu de la raison » (*P.* 182 et 188).

L'inspiration, conversion du souffle

Non seulement le terme d'*epipnoia* opère une conversion mais il permet de la préciser. Il dérive en effet du verbe souffler (*pneô*). Or, la plus grande des peurs est celle d'expirer dans un ultime souffle (*pneuma*). L'étymologie jette donc une troublante lumière sur ce souffle inspiré qui convertit la crainte de la mort en promesse d'immortalité.

Simmias et Cébès redoutent que l'âme ne s'évanouisse « comme un souffle », ou « comme une fumée qu'un souffle disperse ». Dans ces deux images, le souffle apparaît fugace, volatile et à l'image d'une âme précaire que la mort dissipe. Or l'âme ne se disloque que si elle se complaît dans les liens du corps et les appâts pluriels du sensible, leur répond Socrate. Il faut à l'inverse qu'elle retrouve son unité dans la faculté de se concentrer et de raisonner.

> L'âme raisonne le plus parfaitement quand ne viennent la perturber ni audition, ni vision, ni douleur, ni plaisir aucun ; quand au contraire elle se concentre le plus possible en elle-même et envoie poliment promener le corps ; quand rompant autant qu'elle en est capable toute association comme tout contact avec lui, elle aspire à ce qui est (*Phédon* 65c).

Cette conversion du désir libère l'âme du corps dans les limites du possible – la réserve est exprimée à maintes reprises. Est philosophe celui qui s'exerce et se prépare à mener à son point ultime cette répudiation, celui qui « délie son âme, autant qu'il le peut, de toute association avec le corps, d'une façon qui le distingue de tous les autres hommes » (64e). On en connaît le résultat spectaculaire : Socrate immobile sous le soleil de Potidée, dans un ravissement extatique qui le distingue effectivement de tous les autres. Il faut aussi reconnaître l'effort de concentration qui le construit. La déliaison résulte d'un véritable travail sur soi et procure des contemplations extatiques, des sommes visités de songes divinatoires, une mort sereine enfin[1] – heureux rapts dans les trois cas, qui procèdent d'un amont qu'ils occultent : l'exercice d'une volonté tenace.

On sait que les pythagoriciens s'efforçaient d'obtenir une telle déliaison, l'âme était pour eux une force vitale diffuse qu'il s'agissait de rassembler et de concentrer par des exercices de tenue du souffle à partir du diaphragme, *prapides* – le terme désigne aussi au sens figuré : la pensée, la réflexion. Si l'on en croit les témoignages, certains d'entre eux obtenaient ainsi des états extatiques et pouvaient rester inanimés, « sans souffle » *apnous*, des journées entières. Platon fait-il allusion à ces pratiques[2] ? On pourrait en effet penser que de tels exercices constituent une réponse à l'angoisse du souffle évanescent. Accéder à la concentration et maîtriser son souffle seraient les deux aspects complémentaires, intellectuel et physique, de la même exigence (se rendre indépendant du corps) et de la même limite (« autant que possible »), ce qui demande une conversion maîtrisée de l'usage de ce corps. Les exercices pythagoriciens permettraient ainsi de « dresser » le corps au sens figuré et propre pour accéder, par lui et au-delà de lui, aux extases cataleptiques – le verbe *histêmi,* qui signifie « se tenir droit, debout », vient préciser à quatre reprises l'attitude de Socrate à Potidée.

Pour autant, on ne saurait en conclure que la philosophie est une discipline chamanique. On a indiqué que le travail philosophique ne pouvait se réduire à une technique, fût-elle pythagoricienne. Ce serait encore conférer une maîtrise à celui qui s'en dépouille en laissant avec reconnaissance la philosophie s'emparer de lui et le délier. Le philosophe ne renie ni l'enthousiasme du poète ni la transe du possédé et se met comme eux à la disposition de la puissance qui le meut ; l'éventuelle extase résulte d'une concentration de tout son être tendu vers ce qui le rassemble ; il ne s'agit pas du voyage mantique qu'effectue le chamane en quittant son corps[3].

---

1. Sur le sommeil, les songes et la mort, *cf.* M. Massin (in *Critique*, 1997).
2. Sur cette question, *cf.* M. Détienne (1963), L. Gernet (1968), J.-P. Vernant (1959 et 1965).
3. E.R. Dodds insiste sur la distinction entre chamanisme et possession (1965). A mon sens, l'originalité du texte platonicien est d'aider à penser l'un

On se contentera donc de supposer que Platon utilise la référence pythagoricienne comme celle des Corybantes et des instruments dionysiaques : parce qu'elle est culturellement partagée et peut constituer ainsi une figure qui évoque, sans se confondre avec elle, l'expérience insolite qu'il tente de suggérer. Cette figure ne doit pas être lue isolément – on y verrait alors un acte d'allégeance à la tradition ou une preuve de l'adhésion de Platon à tel ou tel ensemble de croyances. Elle ne devient signifiante qu'à l'intérieur de la configuration qui la sertit. Or les dialogues platoniciens esquissent une telle configuration.

En effet, l'aulos exige une maîtrise conséquente du souffle : on a vu que les aulètes pratiquaient une respiration circulaire qui gonflait leurs joues jusqu'à la difformité[1]. Une telle technique de jeu repose sur la régulation de l'inspiration et de l'expiration, sur la conversion de l'une en l'autre, et peut s'interpréter comme une figure complémentaire des exercices pythagoriciens. Car la mélodie d'aulos est un souffle d'air délié autant qu'il se peut du corps qui le produit ; pas totalement délié cependant puisque l'instrument demeure une médiation nécessaire qui donne ampleur et continuité à la mélodie. L'air unifie les transes corybantiques, rassemble par-delà le morcellement dionysiaque ; l'instrument informe le souffle inspiré, conduit une expiration maîtrisée. Mais comme pour les exercices pythagoriciens, la maîtrise et la technique, si elles existent, ne sont que des recours préalables, des exercices propédeutiques. Au même titre, les *teletai* ne sont que les rites propitiatoires d'une possession correctement menée. Pour aller plus loin dans la déliaison, il faudra renoncer aux médiations et prendre le risque d'expirer lorsque le souffle ne sera plus guidé, façonné et rassemblé par une matière corporelle. Jeter l'instrument c'est affronter ce risque d'une voix évanescente, de la dispersion et de la mort. Les disciples, consternés devant l'imminence de

---

et l'autre, et la conversion possible de l'un en l'autre.

1. La difformité est contenue et la technique améliorée par la *phorbéia* (large bande de cuir qui laissait seulement passer les deux anches de l'aulos double, passait devant la bouche du musicien et enserrait ses joues, soulageant ainsi la tension musculaire et permettant un jeu continu et puissant), *cf.* Annie Bélis, « La phorbéia » (1986 b).

celle de Socrate, craignent la disparition d'un être et d'une présence mais tout autant d'une voix. « Quel incantateur nous restera ? » demande Cébès et la question porte sur la présence, la mémoire, la transmission. Le texte platonicien répond sans varier : le discours vivant s'écrit de lui-même dans l'esprit qui l'accueille, dit le *Phèdre* ; l'incantation se développe d'elle-même dans l'esprit qui s'épure et aspire à la philosophie, dit le *Phédon* ; dans le dernier souffle se déploie le plus beau des chants, la promesse magnifique de l'inouï.

Ce qui se transmet n'est pas une possession stable et assurée, un bien acquis ou une autorité reconnue qu'il faudrait célébrer. Ne se transmet que ce qui coule en soi pourvu qu'on se soit rendu disponible. Ne se partage que ce qui coule hors de soi dans la générosité comblée de l'accueil. L'inspiration est expiration, l'expiration est inspiration parce qu'il n'y a plus ni dehors ni dedans pour un être traversé de part en part. Jeter l'instrument suppose déjà le renoncement à la prise et à la possession, ce dénuement de l'être est une condition préalable non encore suffisante. Il faut aller plus loin, renoncer à son nom et à son identité au profit de ce qui nous meut : ce souffle, ce *pneuma* qui circule de l'un à l'autre et que nul ne peut prétendre posséder en propre.

Dans *l'Apologie,* Socrate ne se définit que par le service du dieu, qu'il entend mener jusqu'à son dernier souffle (*heôsper an empneô*). Et, dans le *Phédon*, au moment de composer la plus haute musique, il versifie Esope et laisse surtout exulter le souffle qui l'emplit (*em-pneô*) pour chanter comme le cygne consacré à Apollon. L'aulète qu'il était jette l'instrument pour se faire lui-même instrument du dieu, vecteur de ce souffle qu'il inspire et qui l'inspire. Les deux sens n'en font plus qu'un dans cette fusion des opposés – l'extérieur est l'essentiel, la servitude est libération. L'ambivalence trop oubliée du terme français est significative : « l'inspiration » indique à la fois l'activité « d'inspirer » et la passivité « d'être inspiré »[1]. Là où nous

1. « Ce qu'on appelle inspiration devrait être pris à la lettre : il y a vraiment inspiration et expiration de l'Etre, respiration dans l'Etre, action et passion si peu discernables qu'on ne sait plus qui voit et qui est vu », Merleau-Ponty, *L'Œil et l'Esprit.*

dissocions trop vite les deux acceptions, l'*epipnoia* est indissociablement fécondité passive et réceptivité créative.

Ainsi Socrate s'emplit par les oreilles et laisse chanter l'espérance qui l'anime. L'inspiration philosophique témoigne de la même fluidité que l'inspiration poétique : « Lorsque le poète est installé *(kathizêtai)* sur le trépied de la Muse, il n'est plus maître de son esprit (*ouk emphrôn),* mais à la façon d'une source, il laisse librement couler ce qui afflue » (*Lois* IV,719c). Cette heureuse fluidité ne doit pas faire illusion : le poète s'est installé de lui-même sur le trépied des Muses – le grec emploie la voie moyenne. Ce qui jaillit résulte d'un effort d'arrachement à soi-même. On se sculpte et s'abandonne à la fois comme dans le partage amoureux. Une véritable violence est à l'œuvre, l'inspiré est traversé, les devins et les poètes ne parlent que « grâce au souffle du dieu (*epipnous*) qui les possède » (*Mén.* 99d). Mais le rapt de l'inspiration ne saisit que celui qui s'est préparé activement au ravissement. Que l'inspiré s'installe sur le trépied des Muses, qu'il se soit mis en transe par les *teletai* appropriés, qu'il l'ait fait avec toute l'authenticité requise (*orthôs)*, qu'il ait affronté la peur par les *auloi*, qu'il se soit encouragé lui-même par des incantations, dans tous ces cas, il s'est risqué de plus en plus loin dans une humilité de plus en plus exigeante, jusqu'à abandonner toute ambition narcissique, toute prétention sophistique, toute maîtrise technique, jusqu'à s'abandonner lui-même dans l'aspiration à un autre devenir.

Selon Diotime, l'amour va dans la même journée de la mort à la vie et réciproquement. Cela indique l'angoissant corrélat de cette circulation. Pour inspirer, il faut avoir vidé ses poumons. Le corporel figure le spirituel : la vive inspiration n'advient que par l'expiration qui la précède et la sollicite. Le cygne mourant célèbre une espérance inouïe. Le ravissement est la respiration éblouie de qui croyait périr. Il est une conversion où la perte est un cadeau et le deuil une chance inédite, mais le don y est aussi un arrachement, la félicité une inquiétude. Horace presse de questions angoissées le dieu qui l'inspire et le ravit vers l'inconnu :

1. Titien, *Le supplice de Marsyas*
Kromeriz

2. Michel-Ange, *Bacchus*
Florence, Bargello

3. D'après Michel-Ange, *Ganymède*
Cambridge, Fogg Art Museum

4. Le Corrège, *Le Rapt de Ganymède*
Vienne, Kunsthistorisches Museum

5. Le Corrège, *Io*
Vienne, Kunsthistorisches Museum

6. Raphaël, *Sainte-Cécile*
Bologne, Pinacoteca Nazionale

7. Raphaël, *La Transfiguration*
Rome, Vatican

8. Michel-Ange, *Le Jugement dernier*
Rome, Vatican, Chapelle Sixtine

> Où me ravis-tu (*rapis*), Bacchus, tout rempli de toi ? Vers quels bois, quels antres suis-je mené dans l'élan d'une inspiration neuve [1] ?

La conversion créatrice, l'admiration

Cette *epipnoia,* au risque de l'expiration, témoigne d'une conversion radicale et décisive où toute l'activité tend à la disponibilité et où la passivité est féconde. Rapt créateur. La formule ne doit pourtant pas masquer une question centrale : comment concilier l'arrachement à soi et la création de soi, le refus d'être auteur et la construction d'une œuvre ? L'analyse attentive de la conversion permet ici encore d'esquisser les réponses.

On doit d'abord se garder de comprendre cette création dans un anachronique romantisme comme l'œuvre d'un créateur. L'inspiration implique à l'inverse la mort narcissique de l'individu dans la réception de ce qui le transcende et dont il se fait l'humble vecteur. La figure de l'aimantation équilibre celle du philosophe maïeuticien. Il n'y a pas de créateur mais un être traversé, arraché à lui-même dans la violence d'un rapt : figure de l'expiration ; un être infiniment reconnaissant du dénuement qui le comble : chant du cygne ; un être enfin qui peine et se violente lui-même pour parvenir à ce dépassement : figures de torpille, de taon, figure de l'aporie.

Ici encore l'entrecroisement complexe et indéfini des figures est le plus précieux recours pour penser le ravissement. Et ce, d'autant que les figures platoniciennes se convertissent à leur tour en d'autres. La chaîne du rhapsode se prolonge, les maillons s'aimantent, les textes se répondent de proche en proche ou de loin en loin. On est alors saisi par la prodigieuse contraction du propos de Rimbaud qui paraît jaillir de cette lignée souterraine et rassembler dans une formulation neuve cette énergie propagée :

---

1. Je dois ce rapprochement à J.-P. Brisson (1988-2) qui traduit ainsi ces vers (*Carm.* III. XXV).

> Car JE est un autre. Si le cuivre s'éveille clairon, il n'y a rien de sa faute. Cela m'est évident ; j'assiste à l'éclosion de ma pensée ; je la regarde, je l'écoute : je lance un coup d'archet : la symphonie fait son remuement dans les profondeurs, ou vient d'un bond sur la scène[1].

L'éveil brusque, l'alchimie des matériaux n'évoquent-ils pas de manière troublante l'aimantation décrite par Ion ? L'accueil attentif de l'altérité qui déchire l'individu et le transforme en clairon semble l'écho de la volonté socratique d'être l'instrument du dieu. Dans un autre contexte, ne s'agit-il pas pour le poète de composer la plus haute musique dans l'accueil du souffle qui le traverse ? L'inspiration n'exclut pas le travail : travail de réflexion sur ce qui éclôt, travail de conversion de la vision et de l'être. « Le poète se fait voyant par un long, immense et raisonné dérèglement de tous les sens », tâche obstinée qui métamorphose le sujet sans qu'il s'absente jamais de lui-même – le « je » ne cesse de s'affirmer dans ce qui lui advient et qu'il éprouve dans des « souffrances énormes ». Accouchement volontaire d'une identité neuve, transport poétique dont le terme est indécidable :

> Car il arrive à l'inconnu ! Puisqu'il a cultivé son âme, déjà riche, plus qu'aucun ! Il arrive à l'inconnu, et quand, affolé, il finirait par perdre l'intelligence de ses visions, il les a vues ! Qu'il crève dans son bondissement par les choses inouïes et innommables : viendront d'autres horribles travailleurs ; ils commenceront par les horizons où l'autre s'est affaissé.

Toutes les dimensions déjà analysées sont ici condensées. Une exigence opiniâtre sous-tend la discontinuité de l'inspiration, exigence non d'avoir un « don » ou quelque faculté supplémentaire mais de « se faire » dans un devenir poïétique qui engage l'être dans sa totalité et l'expose nu et désarmé. Car « se faire » est aussi se défaire dans un « dérèglement raisonné » et construit, dans une conversion de la vision et de l'intelligence

---

1. *Lettre* à Paul Demeny, 15 mai 1871 (*Œuvres complètes*, 1963). Les citations suivantes proviennent de cette lettre et de celle à Georges Izambard, 13 mai 1871.

qui renonce à « ergoter », abandonne toute règle, *a fortiori* toute technique, affronte tous les risques de la folie et de la mort. Dans cette conversion, l'être ne s'appartient plus, il est « dans son bondissement », au-delà de lui-même, tendu vers ce qu'il pressent et porte. Aussi ne s'agit-il aucunement d'être auteur, revendication encombrante d'une « intelligence borgnesse », le poète est transcendé par une quête que d'autres reprendront après lui.

Dans sa solitaire violence, le ravissement déploie l'horizon d'une transmission où s'efface l'origine première au profit du vecteur (clairon, maïeuticien, jardinier) qui le propage. Ion ne sait expliquer ce qui lui advient et aimante à son tour ; le cuivre ne sait pourquoi il s'éveille clairon, mais la symphonie qui « vient d'un bond sur scène » éveillera d'autres poètes. Aussi ce « bond » de Platon à Rimbaud est légitime, malgré les vingt-trois siècles et les différences considérables qui les séparent et même si Rimbaud ne se réfère ni explicitement ni consciemment à Platon. « La symphonie fait son remuement dans les profondeurs », les figures s'appellent et s'aimantent elles aussi.

D'ailleurs n'est-ce pas le propre des figures rencontrées de propager à leur tour ce ravissement qu'elles dessinent ? Ce serait une autre manière de répondre aux questions évoquées plus haut en soulignant une création continuée par-delà les individualités.

A ce titre encore, la figure de l'*agalma* est capitale. Présence glorieuse du dieu, source de joie pour qui la contemple, elle appelle à une conversion, l'opère même dans les rites d'initiation (*telestikê*). Les impétrants attachaient sur leur personne des images propitiatoires qui les mettaient en transe ; ils procédaient, selon Proclus, à des incantations pour que le dieu vienne animer les *agalmata*[1]. La figure convertit donc l'absence en présence. L'interpréter, à l'instar des écoles néoplatoniciennes, comme une « incarnation » de la présence divine dans la coque vide de l'idole, ne satisfait pas. Ce serait dissocier trop vite ce qui s'enchevêtre. Hormis les rites et prières qui ne seraient alors

1. Sur ce point encore je suis redevable aux travaux d'E.R. Dodds, H. Jeanmaire et P. Boyancé.

qu'une cause occasionnelle, toute l'action serait divine et l'humain serait le récepteur, comblé mais passif, de la grâce qu'il reçoit. Or l'*agalma* est une présence ardemment désirée et invoquée dans une quête active et intérieure. Plotin développera explicitement cette dimension :

> Reviens en toi-même et regarde ; si tu ne vois pas encore la beauté en toi, fais comme le sculpteur d'une statue (*poiêtês agalmatos*) qui doit devenir belle, il enlève une partie, il gratte, il polit, il essuie jusqu'à ce qu'il fasse apparaître un beau visage dans la statue (*agalmati*) ; comme lui, enlève le superflu, redresse ce qui est oblique, nettoie ce qui est sombre pour le rendre brillant, et ne cesse pas de sculpter ta propre statue (*agalma*)[1].

Création continuée où l'être s'informe et se forme, se modèle et se reconnaît[2]. Le terme d'*agalma,* trois fois répété ici, désigne aussi chez Plotin les sanctuaires et les statues des dieux érigés pour « retenir [l'âme universelle], en construisant un objet disposé à subir son influence et à en recevoir la participation »[3]. L'image efficace capte un pouvoir qu'elle sollicite. Se construire comme un *agalma* c'est donc solliciter plus intimement encore cette participation en supprimant une médiation extérieure. Dans cette ligne interprétative, l'*agalma* est indissociablement le modèle, l'opérateur et le résultat d'une conversion incessante. Il ne s'agit plus d'attendre respectueusement que le dieu s'incarne dans un objet, ni de vénérer cet objet divinisé, mais de se façonner activement. Le vibrant accueil de l'âme plotinienne rend inane la rassurante ordonnance des couples conceptuels : l'individu, qui se dit et se croit passif, s'est « arraché soi-même en haut »(V, 3, 4) vers le divin. Ecartelé entre le deuil d'une identité et l'espoir d'une autre, inerte dans une vive attente, il se rend sourd à tout pour se sculpter en écou-

1. *Enn.* I, 6, 9, j'insère, dans la traduction de Bréhier, une suggestion de P. Hadot, préférable parce que plus précise : « jusqu'à ce qu'il fasse apparaître un beau visage dans la statue. »

2. *Id.*, IV,7, 10 ; la référence à Platon est claire, l'âme redécouvre par la réflexion sur elle ces *agalmata* pleins de rouille, abîmés par le temps ; nettoyés ils se révèlent en or, terme par lequel Alcibiade qualifiait le discours de Socrate.

3. *Id.*, IV, 3, 10 et 11 et aussi V, 1, 6 et 8, 5.

tant ce qu'il désire (IV,1,12) – à l'instar de Socrate, assourdi par l'aulos des Lois et attentif à la voix impérieuse de son *daimôn*. L'*agalma* ne représente pas une réalité préexistante ; il la suscite. Celui qui le découvre doit la réaliser.

Il n'y a pas donc pas de créateur mais une folle admiration : une admiration réceptive qui se nourrit de ce qu'elle contemple, une admiration généreuse qui rend l'invisible visible, une admiration productive qui transforme celui qui la ressent. L'admiration convertit à son tour la docilité de l'imitation en exigence stimulante. On a déjà montré qu'une force mimétique meut l'amour – voulant ressembler au dieu qu'elle a suivi, l'âme « tombe » amoureuse de celui qui ressemble à ce qu'elle a entrevu ; par son amour, elle le conduit vers plus de ressemblance encore. On doit aller plus loin, non seulement l'imitation bouleverse l'être même qui l'éprouve, car il y a là une épreuve, mais elle enfante d'autres trésors dans l'élan inspiré du ravissement.

Enfantement, l'image platonicienne est adéquate car la mimésis admirative n'est jamais stérile copie. Se contenter d'une copie, c'est croire posséder quelque chose dans sa duplication extérieure. C'est toujours un leurre. Une telle imitation n'aboutit pas et défigure ce qu'elle saisit : simulacre vide. Elle défigure aussi celui qui croit s'en servir, qu'elle le conduise à sa perte (Athéna croyant imiter le son des Gorgones, plus dramatiquement Penthée croyant pouvoir imiter les Bacchantes) ou à sa dissolution. Le caméléon se confond avec ce qui l'entoure, l'impétrant, appliqué à « faire le corybante », se fond dans un comportement collectif. Imiter « hystériquement » la dépossession, c'est éviter l'épreuve d'une remise en question singulière, c'est attendre dans une transe hypnotique une réponse délivrée par une autorité reconnue, au lieu d'affronter la quête angoissante de sa propre création. La condamnation de cette plate mimésis explique la complexité du propos platonicien sur les rites de possession, Socrate refuse les gesticulations ordonnées par un groupe, réglées par des rites, il leur préfère l'actif travail solitaire qui dépouille l'individu de toutes techniques et le dépossède de tout ce qu'il imitait précédemment (attitudes sociales et intellectuelles attendues). L'individu s'éprouve lui-même en éprouvant par cette mise à nu les valeurs qui le gouvernent intimement et essentiellement. Le dénuement se convertit alors en plénitude, la perte en reconnaissance. Et l'individu peut laisser s'épanouir le souffle qui l'emplit pour devenir à son tour incantateur dans l'imitation constructive de ce qu'il admire.

Car l'impérieux saisissement de l'admiration exige en réponse une imitation singulière. Ce que l'on admire, on le fait sien pour en être digne et le susciter à son tour. Accueil éperdu où se convertissent altérité et identité, où se féconde un devenir. Enfantement et non reproduction de clones. Création et non reproduction. Ce qui se manifeste dans l'extériorité se révèle si intime que l'être en est bouleversé et se découvre radicalement autre. L'objet et le sujet se mêlent, on ne sait qui imite et qui est imité. L'amoureux sculpte une statue de l'aimé que l'aimé imite. Accomplissement réciproque[1] où l'origine s'efface, où se brouille la causalité, où s'inverse l'avant et l'après.

Baudelaire décrit cette expérience d'élection rétrospective, de reconnaissance anticipative :

> Savez-vous pourquoi j'ai si patiemment traduit Poe ? Parce qu'il me ressemblait. La première fois que j'ai ouvert un livre de lui, j'ai vu avec épouvante et ravissement non seulement des sujets rêvés par moi, mais des phrases pensées par moi et imitées par lui, vingt ans auparavant[2].

Le choc brutal d'une découverte de soi par l'autre, en l'autre, sidère. Les identités y chavirent. La proximité épouvante et ravit parce qu'on y naît à soi-même. La *Biographie* rédigée par Asselineau atteste ce bouleversement qu'un chapitre entier décrit. « Dès les premières lectures, il s'enflamma d'admiration pour ce génie inconnu qui affinait au sien par tant de rapports. J'ai peu vu de possessions aussi complètes, aussi rapides, aussi absolues[3]. » Pour le proche témoin, l'admiration est une totale et brutale possession qui monopolise toute l'activité et la

---

1. J'emprunte la formule à Ch. Genin (1982).
2. *Lettre à Théophile Thoré* du 20/06/1864 (*Correspondance* II, 1973).
3. Crepet et Pichois (1953, p. 93). *Id.* pour la citation suivante.

conscience du poète. Tel le rhapsode brusquement aimanté, il s'éveille au nom de l'auteur découvert et consacre toute son énergie à se documenter sur lui, à se perfectionner en anglais pour le servir exclusivement – « Illuminé par cette révélation d'un génie singulier, Baudelaire se mit à parler de Poe aux gens et aux murailles. »

Le terme de « possession » qualifie de l'extérieur ce que le poète vit de l'intérieur comme « commotion singulière[1] », et n'est pas vraiment adéquat car c'est lui-même que Baudelaire découvre en 1846 dans les fragments de Poe. Aussi emploie-t-il le terme « d'enthousiasme » qui rassemble dans l'intimité de l'élan qui le jette vers l'écrivain à la fois l'affinité troublante (« une incroyable sympathie » écrit-il à sa mère), « l'ardeur » et « une très extraordinaire surexcitation ». La passivité d'une possession apparente est en fait une « longue patience »[2] pour celui qui veut être à la hauteur de cet éblouissement soudain. Dans une révélation inopinée, Baudelaire découvre la sourde gestation en lui de ce qu'il ignorait encore. Mais ce n'est encore qu'une origine ; l'admiration demande davantage et convertit la fulgurante évidence en endurance dans le labeur.

Parler de « méthode » de travail serait au moins paradoxal, mais on peut noter que cette dynamique dans la quête n'est pas unique. Le poète manifeste envers Wagner un enthousiasme du même ordre, « une révélation », une reconnaissance elle aussi rétrospective, enfin une même ardeur dans l'appropriation constructive de ce vers quoi il tend. La musique du compositeur lui semble être la sienne parce qu'elle le rappelle à lui-même et, il se dit destiné à l'aimer parce qu'il se destine lui-même à l'ambition qu'elle lui révèle (« Une fois encore, Monsieur, je vous remercie ; vous m'avez rappelé à moi-même et au grand, dans de mauvaises heures[3] »).

Le travail incessant délivre une promesse au-delà de l'accueil. Aussi n'est-ce ni hasard, ni contradiction si Baudelaire admire plus que tout, chez l'écrivain qui l'inspire, le labeur

1. *Lettre* à Armand Fraisse, 18/02/1860, *C.* I, *Id.* pour la citation suivante.
2. *Lettre* à sa mère, *C.* I, p. 191-192, puis à Armand Fraisse (18/02/1860).
3. *Lettre* à Wagner du 17 février 1860 et *Richard Wagner et Tannhäuser à Paris*, 1861 (*Œuvres complètes* II, 1452-1453 et 779-815).

et la maîtrise qui convertissent l'inspiration en œuvre en la soumettant « à la méthode, à l'analyse la plus sévère » :

> Autant certains écrivains affectent l'abandon, visant au chef-d'œuvre les yeux fermés, pleins de confiance dans le désordre, et attendant que les caractères jetés au plafond retombent en poème sur le parquet, autant Edgar Poe – l'un des hommes les plus inspirés que je connaisse– a mis d'affectation à cacher la spontanéité, à simuler le sang-froid et la délibération. « Je crois pouvoir me vanter – dit-il avec un orgueil amusant et que je ne trouve pas de mauvais goût–, qu'aucun point de ma composition n'a été abandonné au hasard, et que l'œuvre entière a marché pas à pas vers son but avec la précision et la logique rigoureuse d'un problème mathématique. »

« Possédé » par Poe, il vante pourtant sa délibération affectée et la logique interne de son œuvre ; enthousiasmé, il loue son sang-froid et sa rigueur précise. Dans le moment même où l'admiration le transporte, il reconnaît ce qu'il désire devenir. Traduisant cette « poésie profonde et plaintive, ouvragée néanmoins, transparente et correcte comme un bijou de cristal », luttant pied à pied avec « son admirable style pur et bizarre »[1], il découvre et affine ses propres qualités d'écriture. C'est donc en toute bonne foi qu'il récuse l'accusation d'imiter l'écrivain américain : il ne saurait imiter ce que Poe imitait par avance chez lui. La mimésis baudelairienne ne copie rien, elle traduit[2] et accomplit, puisque « manier savamment une langue, c'est pratiquer une espèce de sorcellerie incantatoire[3] ». Le ravissement admiratif transforme donc ici aussi celui qui l'éprouve en incantateur.

Il se vit en outre dans une ardente jubilation, au plus loin du spleen qui hante le poète. Pour qui confesse avoir senti tout enfant « deux sentiments contradictoires, l'horreur de la vie et l'extase de la vie[4] », pour qui incite à « [s']enivrer sans trêve[5] »,

---

1. *Edgar Poe sa vie et ses œuvres* et *Notes nouvelles sur Edgar Poe*, *Œ.* II.
2. Il est le « très orgueilleux traducteur de Poe » (*C.* I, 416).
3. *Œ.* II, 118. Ce n'est sans doute pas un hasard si cette formule (répétée dans les *Journaux intimes*) est ici employée dans une étude sur Gautier qui débute par un aveu d'admiration.
4. *Œ.* I, 701.
5. *Œ.* I, 337.

l'admiration n'est-elle pas la faculté extatique qui offre une noble ivresse ? Un passage des *Salons* de 1859 le laisse penser :

> Or notre public, qui est singulièrement impuissant à sentir le bonheur de la rêverie ou de l'admiration (signe des petites âmes), veut être étonné par des moyens étrangers à l'art, et ses artistes obéissants se conforment à son goût ; ils veulent le frapper, le surprendre, le stupéfier par des stratagèmes indignes, parce qu'ils le savent incapable de s'extasier devant la tactique naturelle de l'art véritable[1].

A la bassesse d'un public de « petites âmes » répond l'art qui se prostitue[2] pour stupéfier dans une servile obéissance. A ces stratagèmes extérieurs, Baudelaire oppose la puissance intérieure de la rêverie, la reconnaissance intime que procure l'admiration, mouvement naturel qui lie les âmes d'élection. Cet autre étonnement ne doit rien à des « moyens étrangers à l'art », il s'agit au contraire de « curiosités esthétiques ». Veut-il se prémunir des séductions de stupéfiants « paradis artificiels » par la quête d'une filiation et d'une communauté artistique ? On peut au moins penser que l'enthousiasme est une voie alternative à cette mélancolie qui domine nombre de textes baudelairiens. Jean Starobinski a montré la puissante conjonction des thèmes de la mélancolie et du miroir : « devenir miroir, c'est se réduire à n'être que surface réfléchissante ; la conscience muée en miroir éprouve la réflexion sur le mode passif[3]. » La traduction de Poe ne serait-elle pas une active riposte à la pétrification du miroir qui guette le poète penché sur sa mémoire ? Car dans le ravissement de l'admiration, le poète « enflammé », « illuminé », n'est ni la surface réfléchissante qui délivrerait un simulacre stérile ni, fusionnellement, l'objet contemplé. L'enthousiasme témoigne pour Baudelaire d'une « aspiration humaine vers une beauté supérieure[4] », aspiration qui interdit de coïncider avec son objet mais aussi de le contempler dans la froide maîtrise réflexive ; aussi distingue-t-il cette excitation de l'âme « de la vérité qui est la pâture de la raison ». Le ra-

---

1. *Œ.* II, 616.
2. « Qu'est-ce que l'art ? Prostitution », *Œ.* I, 649.
3. 1989, p. 35.
4. *Notes nouvelles sur Edgar Poe* (*Œ.* II), *id.* pour la citation suivante.

vissement épouvante, et dans l'épouvante se disent l'écart, la tension, l'impossible conscience paroxystique d'une identité autre, ou d'une altérité identique. L'admiration exige alors cette « longue patience » qui convertit l'avant et l'après, la cause et l'effet, et se nourrit de ce qu'elle traduit en s'y créant. Mais une telle transmutation résulte d'un intense labeur, indispensable. Les *Journaux intimes* ne cessent de témoigner de cette obsédante préoccupation; il faut travailler, faute de quoi le ravissement n'est qu'un vertige hystérique où l'on sent « le vent de l'aile de l'imbécillité[1] ». Baudelaire, « amoureux de cartes et d'estampes », boit « comme une meute, l'écho lointain d'un livre » et « mûri par [ces] sonnets, préparé par [ces] stances »[2] écrit à son tour.

L'admiration est créative, l'amoureux, le poète en font l'épreuve. L'être cherche à se modeler sur l'image de ce qu'il admire; il réalise ainsi la figure contemplée, mais lui donne aussi une neuve réalité, accomplissant ce qu'il a reconnu sien dans l'élan poïétique de l'enthousiasme. L'écriture du *Phédon* n'accomplit-elle pas ainsi la mort de Socrate ? La figure admirable engendre une œuvre. A l'image des *agalmata* socratiques, Platon sculpte ses dialogues avec des prologues apparemment anecdotiques, des conclusions déroutantes; silènes à interroger sous lesquels se tient la fluide mobilité du sens. A la modestie de la maïeutique socratique, répond celle du jardinier d'écriture qui recueille précieusement les semences du discours – cet être vivant qui se déploie et respire dans l'expiration de l'un, dans l'inspiration de l'autre. Le cygne exulte dans un ultime chant, imploration ardente, promesse sans certitude; celui qui l'entend se fait à son tour chanteur. La création est inspiration, « l'auteur » s'est démis de toute autorité pour l'accueillir. Dante s'abandonne au souffle qui le traversera, prêt à mourir pour naître poète.

1. *Œ.* I, p. 668.

2. Respectivement : *Le Voyage*, *Poème* à Sainte-Beuve et *La Voix* (*Œ.* I, p. 129, 206-207 et 170).

Ô bon Apollon, pour ce dernier labeur,
fais de moi le vase de ta valeur,
Comme tu veux pour donner ton laurier bien-
aimé/.../
Entre dans ma poitrine et souffle, toi,
comme quand tu as tiré Marsyas
hors de la gaine de ses membres [1].

Il se dispose à périr dans la fulguration de la possession, mais fait vivre ceux qu'il admire et son attente est pleine, tout habitée de figures imitées. Erich Auerbach a montré[2] que prévalent dans la *Divine Comédie* des formes figuratives qui déterminent toute la structure du poème : Caton d'Utique mourant pour préserver une liberté politique est la préfiguration de la liberté chrétienne de l'âme, Virgile est à la fois la figure du guide et du poète que l'écriture de l'œuvre accomplira. On peut suggérer à sa suite que Marsyas, écorché vif par Apollon, figure ce que Socrate reprend et accomplit dans sa propre expérience, qu'accomplira à son tour l'écriture de Platon, qu'accomplira encore Dante « vase » d'Apollon. La chaîne de l'aimantation est celle de la mimétique créatrice. Le divin lui-même n'est sans doute qu'une manière de dénommer la puissance qui jette chacun hors de lui-même dans un ravissement qui le dépossède et occulte l'origine dans une transmission mémoriale. « Ô divine vertu, si tu te prêtes à moi assez pour que je montre l'ombre du règne heureux inscrite dans ma tête », poursuit le poète (I, 22-24). Dans l'arrachement s'exprime ce qui est inscrit au plus profond de l'être, ce qui suppose corrélativement que soit extirpé ce qui empêche l'accueil. Du peintre, Cézanne dira que « toute sa volonté doit être de silence. Il doit faire taire en lui toutes les voix des préjugés, oublier, oublier, faire silence, être un écho parfait. Alors, sur sa plaque sensible, tout le paysage s'inscrira ». Le silence est un faire, l'oubli une violence désirée et la toile résulte d'une ascèse construite par la méditation de ceux que l'on admire. « Cette plaque sensible, des bains savants l'ont amenée au point de réceptivité où elle peut s'imprégner de l'image

1. Le *Paradis* I, 13-21, trad. J. Risset (1992 rééd.).
2. 1944 (chap. IV) et 1946.

consciencieuse des choses. Un long travail, la méditation, l'étude des souffrances et des joies, la vie l'ont préparée. Une méditation constante des maîtres... [1]. » Ce travail de dénuement et de réflexion convertit l'extériorité en intimité, la passivité de l'impression en création picturale, la continuité de l'effort et l'étude du passé en jaillissement neuf. Dante invoque la transcendance d'un dieu et se dit passif, Cézanne l'immanence de « bains » répétés et recherchés. Ce ne sont pas des différences négligeables, mais j'incline à y voir des accents différents pour décrire leurs communes attentes : aller jusqu'au bout de soi, fût-ce jusqu'à l'anéantissement, dans l'espérance anxieuse d'une réception féconde, donner voix à ce qui s'inscrit en eux, transcrire ce qui les meut. Le dieu n'accomplit-il pas ce que le bain révèle, ne sont-ils pas l'un et l'autre la figure de cette conversion temporelle où se réalise et advient ce qui préexiste, ne sont-ils pas l'un et l'autre le nom d'une origine obscure, voire occultée ?

Dans cette perspective, l'inspiration créatrice ne se réduit ni à la dictée d'une voix transcendante ni à l'expression d'une personnalité d'exception, pas plus qu'elle ne résulte seulement d'un terrain physiologique[2] ou d'un labeur acharné. Elle est le nom donné à ce mixte démonique qui unit le transcendant et l'immanent, le spirituel et le corporel, l'extérieur et l'intérieur. La tension mimétique de l'admiration est une libre respiration qui convertit l'un en l'autre. Par elle, la spontanéité du désir échappe à son idiotie singulière et se réfléchit dans une culture ; la mobilité versatile du mélancolique se nourrit de figures imitées et Baudelaire solitaire converse avec ses modèles aimés. *Le Cygne*[3], poème de la mélancolie et de l'exil, s'ouvre par une dé-

1. J'emprunte ces citations au livre de J. Gasquet, *Cézanne*, 1926.
2. Le fameux *Problème* XXX, attribué à Aristote, substitue à la théorie de « l'inspiration », une étude des déterminations physiologiques ; le mélancolique devient l'homme de génie, ce qui suppose qu'on lie la bile noire qui, échauffée, pousse à sortir de soi et la propension à imiter favorisée par cette mobilité ; cette liaison explique la créativité. L'étude du modèle aristotélicien déborde ici notre propos, mais son influence a été telle qu'il est difficile de ne pas l'évoquer.
3. *Les Fleurs du mal*. Mon analyse doit beaucoup à celle de J. Starobinski (1989).

dicace à Victor Hugo, illustre exilé ; dans les trois dernières strophes, il évoque d'autres exilés et en appelle « à bien d'autres encor ! » L'élan de « la mémoire fertile » brise la disjonction des lieux et des époques, réunit les isolés : « Ainsi dans la forêt où mon esprit s'exile/Un vieux Souvenir sonne à plein souffle du cor. » La mobilité de la pensée transcende la nostalgie pétrifiante du passé (« et mes chers souvenirs sont plus lourds que des rocs »). Dans l'invocation admirative des absents, la pierre se fait son, le *roc cor* et « le tombeau vide » s'emplit du « plein souffle » d'une respiration continuée par-delà les siècles, dans ces variations inspirées sur le souffle et le cygne.

La question de l'originalité qui obsède notre modernité peut alors se formuler autrement. L'œuvre créée n'est jamais radicalement neuve, pas plus que l'individualité créatrice n'est absolument unique. Ce qui est créé n'est ni totalement inédit ni la plate réplique duplicative d'un modèle. A l'inverse le créateur ne plagie jamais rien ni personne et Baudelaire a raison de défendre vigoureusement Manet des accusations de pastiche tout en se défendant dans le même moment d'imiter Poe. L'un n'a jamais vu les œuvres qu'il est censé plagier et l'autre a traduit l'auteur qu'on l'accuse d'imiter, mais tous deux sont des vecteurs aimantés, instruments du souffle transmis qu'inspirent – qui inspire – d'autres créateurs à venir. La création est une longue chaîne[1]. Les œuvres, comme les maillons, se ressemblent mutuellement par la force magnétique qui les transcende, mais chacune a une place spécifique et invente une nouvelle dimension.

En occultant le travail souterrain de cette admiration constructive, l'inspiration convertit le poids d'un passé en avenir fécond, l'autorité d'une tradition en liberté créatrice[2]. Semblable conversion temporelle est au cœur des ravissements déjà décrits. Qu'on s'élance éperdu d'amour vers une vision ou

1. Van Gogh exprime aussi le sentiment de n'être qu' « un anneau dans la chaîne des artistes », *Lettres à son frère Théo*, mai 1888 (et 28 janvier 89 « Nous ne sommes que des anneaux dans la chaîne »).

2. Notre époque contribue à cette occultation en exaltant le génie rimbaldien, quitte à développer une figure caricaturale du poète « ravi » hors du monde et des règles sociales.

qu'on s'éveille rhapsode au sortir d'un sommeil hébété, on quitte son passé. Que ce soit dans une mue violente à l'image de Marsyas écorché, ou dans un travail d'ascèse volontaire à l'image de la mort de Socrate, chacun abandonne dans une radicale conversion ce qu'il avait. Il se dépouille de la peau d'une identité faite d'avoirs passés – expériences, maîtres, repères extérieurs et précaires. Pourtant tout le passé ne s'abolit pas dans cette métamorphose et l'oubli requis n'est pas paresse psychologique mais effort actif d'accueil dans l'épure. Les algues déposées par le temps masquent le visage de Glaucos, le sculpteur tenace dégage la statue devinée, le jardinier retire les mauvaises herbes pour que viennent à maturité les plants pressentis. Ainsi en va-t-il du passé collecté dont on se défait pour recueillir l'essentiel et lui permettre de croître. Le silence et l'oubli diligents sont corrélatifs d'une active sédimentation. L'individu ne se définit plus par une mémoire étroitement singulière, mais se construit dans le travail souterrain d'une réception mémoriale[1]. La méditation admirative en est le vecteur qui transforme la référence extérieure en substance vive d'un devenir à réaliser. Il n'y a plus de disciple mais un être aimanté. Voilà pourquoi Ion n'a ni savoir ni mémoire, il déclame, inspiré ; au sortir du sommeil, le passé est devenu présence impérieuse. La *mania* abolit les limites temporelles. La transe permet de surmonter les défaillances anciennes, l'aède chante le passé, le devin prédit l'avenir, l'amoureux se construit dans l'ardente nostalgie de ce qu'il aperçut, et le philosophe recueille les semences du vrai dans l'espérance d'une floraison qui révélera la germination souterraine. Conversion étonnante où le devenir est une réminiscence, le passé une préfiguration riche de possibles. La concentration de l'âme permet l'extase méditative, elle est aussi, pour les pythagoriciens, un exercice de mémoire qui assure l'immortalité. Dans l'intensité du ravissement se déploie un instant suspendu qui contredit et transcende l'irréversible flux temporel. Cause et effet, avant et après se confondent, l'origine s'efface et Baudelaire ravi, tra-

---

1. J.-P. Vernant note la corrélation de la présence directe du passé dans la révélation de l'inspiration et le travail obstiné de préparation portant sur une tradition poétique conservée de génération en génération (1959). Ajoutons que *Mnêmosunê* est pour Hésiode et Homère la mère des Muses.

duit Poe parce qu'il a découvert celui qui l'imitait par anticipation.

Que ce soit pour réciter Homère, pour construire l'*agalma* qui sommeille en soi ou accomplir l'inspiration à laquelle on se consacre, le ravissement est une conversion où l'individu singulier devient maillon d'une chaîne, où la discontinuité des instants assure la continuité d'une médiation, où la création s'épanouit dans la méditation admirative des Anciens, où l'acteur se fait récepteur et le récepteur « auteur » dépossédé.

« Se faire voyant » c'est accepter de perdre la vue[1], de dérégler tous ses sens, d'être un vecteur pour ainsi faire voir à son tour, en transcrivant ce qui s'inscrit en soi. Il faut pour cela s'être rendu disponible pour produire ce dont on s'imprègne, avoir oublié pour laisser germer, avoir expiré pour être inspiré. Respiration vitale d'une création continuée par-delà les siècles. La figure aide non seulement à penser cette conversion des valeurs mais encore à la faire partager, à la réaliser, elle aimante les aspirations des philosophes et des amoureux, des poètes et des peintres. Dans ses accomplissements multiples, elle propage le ravissement par-delà les genres et les disciplines, d'autant que le ravissement unit plus qu'il ne distingue ceux qui l'éprouvent dans la fulguration d'un instant intensément construit, même si chacun le vit à sa manière. Le philosophe est donc lui aussi à l'épreuve du ravissement, à l'épreuve de son amont angoissant lorsqu'il abandonne toute certitude préalable pour s'exposer dans la quête du vrai, à l'épreuve de son aval éblouissant s'il l'atteint. La figure ne contredit pas le projet rationnel, elle n'est pas non plus l'ornement délassant ou l'accessoire pédagogique, bien au contraire elle participe elle-même de l'abandon des certitudes, du risque encouru, de l'inventive métamorphose exigée. Bien plus, l'*agalma* philosophique donne vie à son tour comme le dit Plutarque :

> Le discours philosophique « n'est pas la sculpture » ; celle-ci façonne « des statues (*agalmata*) qui se dressent immobiles sur leur

---

1. Aède et devin partagent ce « privilège qu'ils ont du payer au prix de leurs yeux. Aveugles à la lumière, ils voient l'invisible » J.-P. Vernant (*id.*).

piédestal », comme dit Pindare. Lui, ce qu'il touche, il veut lui communiquer activité, efficacité, vitalité ; il inspire le désir d'agir, les jugements générateurs d'actes utiles, de beaux idéaux, un noble orgueil, une grandeur d'âme assortie de douceur et de simplicité[1].

La télestique s'accomplit et la statue s'anime. Il n'est pas nécessaire de penser qu'un dieu extérieur y descend. L'inspiration est celle de la pensée. Le discours philosophique est force d'attraction, il aimante et façonne celui qui produira à son tour des *agalmata* mobiles et vivants. L'origine importe infiniment moins que la féconde transmission.

Aussi, pour ne pas trahir cette tension admirative, est-il temps de me défaire à mon tour de toute autorité, fût-ce celle de Platon, de m'élancer hors des textes qui m'inspirèrent et de suivre la libre respiration d'un discours vivant par-delà les siècles et les genres dans la germination de ses semences, guidée par l'accomplissement des figures dans leurs variations mimétiques et leurs traductions inventives.

1. Plutarque, *Traité 49*, 776 cd, trad. M. Cuvigny, 1984.

– III –

LE RAVISSEMENT À L'ÉPREUVE DE SES FIGURES

« La réception toujours est lourde d'avenir,
et la contemplation grosse d'une tâche. »

Jean-Louis CHRÉTIEN[1].

Dans la magnifique contraction du propos rimbaldien analysé plus haut, le cœur du ravissement se trouve exprimé dans une haute condensation qui le porte jusqu'à l'incandescence. La formulation, pour n'être pas conceptuelle, n'en est pas moins précise et fulgurante. Comme est fulgurante l'évidence d'y trouver ce qui importe. La logique historique n'importe guère devant l'impérieuse ressemblance ou s'efface devant l'urgence du « bondissement par les choses inouïes et innommables ». Cet effacement ordonne une démarche particulière car il faut ici aussi bondir vers ce qui s'entrevoit, pour être au plus près du ravissement, de cet éblouissement inespéré qui jaillit de la continuité. Comment sinon espérer mettre au jour la cohérence et la force dynamique d'une notion qui comporte en son centre vif le risque et le dénuement ? En guise de boussole, je m'armerai d'une remarque méthodologique de Jean Starobinski :

> Pour arbitraire qu'elle soit, toute mise en série, où des textes se succèdent en réponse à une question, commande dans son prolon-

1. *L'Effroi du beau*, Paris, Cerf, 1987, p. 89.

> gement la relecture d'autres parties d'une même œuvre, ou d'autres œuvres où s'éveilleront des échos qui sans cela n'auraient pas été perçus, ce sont des constructions de la critique, et tout aussi bien des cheminements secrets mais objectifs de l'œuvre [1].

Transposée de la critique de l'œuvre à l'élucidation d'une notion, cette remarque permet de concilier la réalité du cheminement et le mystère du secret, l'objectivité de ce qui est découvert et l'écoute subjective des échos qui s'éveillent. Elle définit aussi implicitement le critère d'une cohérence interne à toute démarche : suivre le fil conducteur d'une question justifie les mises en séries ordonnées. Elle propose enfin dans son registre de suivre le fil d'une aimantation, elle aussi subjective (la chaîne des lectures en écho que mène le critique) et objective : d'un texte à l'autre une même question se découvre, une obsession récurrente se propage dont chaque texte devient un nouveau maillon. Ainsi s'organise secrètement l'œuvre, s'épanouit la notion.

Cheminement secret voire inconscient, aimantation, chaîne inventive et créatrice, autant d'éléments déjà analysés au cœur du ravissement. Poète, rhapsode, spectateur, peintre, ces maillons singuliers et spécifiques se nouent les uns aux autres dans la force suggestive d'une parole incantatoire, dans la puissance rayonnante d'une image.

L'image du silène est au centre d'une telle chaîne aimantée, aussi faut-il en suivre maintenant les échos picturaux. D'autant qu'elle insiste tragiquement sur la mise à mort et paraît contredire l'exultation bienheureuse que l'on s'attendrait plus spontanément à voir sur les traits d'un être ravi.

1. 1989, p. 79.

1. Figures de silène et troublants supplices

Créations et interprétations

Raphaël peint Marsyas et Apollon sur un panneau d'angle oblong de la Chambre de la Signature, entre les médaillons au plafond de la Poésie et de la Théologie, et entre les grands tableaux des deux murs, *le Parnasse* et *la Dispute,* où Dante se trouve deux fois représenté, ce qui est d'autant plus remarquable qu'il est le seul à figurer à deux reprises dans le cycle entier de la pièce[1]. Encadrée par ces deux citations, la scène mythologique prend toute sa valeur. Peut-on rêver en effet hommage plus explicite au premier chant du *Paradis* et témoignage plus suggestif de la puissance d'une figure ? Aimanté par le poète, le peintre opère à son tour une active découverte de ce qui demeurait caché sous la peau du satyre. Dante, inspiré par l'image, en appelait à l'inspiration divine. Raphaël, peignant le triomphe d'Apollon[2], en appelle à la présence inspirée du poète pour signer son œuvre picturale.

Face à face, le dieu et le satyre se regardent par-delà les éphèbes qui s'apprêtent à torturer l'un et couronner l'autre. Pas

---

1. Dans le *Parnasse*, en compagnie d'Homère et de Virgile, et dans la *Dispute*, parmi les disciples de saint Thomas et de saint Bonaventure.

2. Sur le panneau d'angle, mais aussi, au centre de la composition du *Parnasse*, en le plaçant au point de fuite du regard et en en faisant une figure sculptée dans une niche architecturale de *l'Ecole d'Athènes.*

tout à fait entre eux, plus près du second, dans la partie droite du panneau qui acquiert ainsi une densité dramatique, le visage tourné vers le premier, ils attendent ses instructions. Assis légèrement en contrebas dans un espace plus aéré, celui-ci ordonne d'un geste l'exécution que dément l'aménité de son visage. Troublante composition dissymétrique où se suspend le temps, où la défaite n'est pas encore accomplie, la victoire pas encore célébrée. De fait à bien y regarder, ni l'une ni l'autre ne le seront. Le mouvement apollinien convertit l'une en l'autre ; à l'aplomb du couteau posé sur la poitrine de Marsyas, la main divine redouble la menace mais son doigt levé invite le regard à s'en détourner pour rejoindre l'autre bras qui tient la promesse d'une couronne. Une guirlande ascensionnelle s'épanouit donc dans l'ordonnance des gestes et des regards, secondée discrètement par celle des tissus qui ceignent en l'unifiant le corps unique de ce couple gémellaire – recto verso d'un même mouvement de mort et de renaissance. La composition paraissait d'abord rythmée par le contraste entre l'espace libre de gauche et l'espace oppressé de droite, l'horizontalité du regard apollinien et la verticalité du corps du satyre ; au-delà de ce rythme, l'œuvre respire par cette spirale des bras qui convertit les contradictoires dans le temps arrêté d'une extase créatrice. Composition singulière et neuve d'une histoire antique que chaque créateur s'approprie selon sa propre nécessité.

Du défi du présomptueux satyre, de la vengeance du dieu cruel, le Pérugin ne peint qu'un moment d'une douceur étrange[1]. Marsyas humble, appliqué, joue assis devant Apollon debout qui le contemple pensif. La lyre, reléguée à l'arrière-plan, attire le regard vers l'infini du paysage ; par contraste avec ces lointains déployés et les proportions de l'instrument, la flûte paraît aussi frêle que le satyre modeste. On fait silence pour l'entendre[2]. Pourtant les oiseaux qui descendent vers lui, vers la gauche (sinistre présage ?), brisent cet instant de calme éternité ; le dieu va bientôt se prononcer, Marsyas sera vaincu. Est-ce cependant si sûr ? Dans une toile où la verticalité est quadru-

1. *Apollon et Marsyas* (0,39 x 0,29 m), 1495, Louvre.
2. Sur ce silence pictural, *cf.* J.-L. Chrétien (1997).

plement affirmée (par le corps d'Apollon, par la lyre, par les tours du château et les arbres), dans une œuvre où tout conspire à maintenir l'ordre divin, leurs vols dessinent des obliques, le corps de Marsyas un léger arrondi et une jambe du dieu solaire est même fléchie.

Cet impondérable glissement dans la stabilité est plus sensible encore par la comparaison anachronique avec deux autres toiles, l'une de Claude Lorrain, l'autre de Picasso. Dans le *Paysage pastoral au joueur de flûte*[1] du premier, un flûtiste vêtu – un berger – est assis sous la somptueuse frondaison de grands arbres, dans la même posture que le satyre à la gauche du tableau. Mais il n'y a pas de dieu pour le juger et toute la toile est baignée d'une lumineuse sérénité. Il joue sans vis-à-vis dans une rêveuse solitude, dans un ample paysage ouvert où se devinent les ondulations douces d'un bras de mer, d'un chemin qui s'élève en réplique, puis d'un autre encore en arrière-plan. Pourtant le regard qui les suit est conduit à une tour, puis à une construction, enfin au pied d'une montagne – trois verticales discrètement relayées sur la droite par un tronc d'arbre dénudé qui se dresse vers le ciel. Modeste rappel de la victoire du dieu ? Ne concluons pas trop vite ; au ciel justement, deux oiseaux montent vers la gauche et reconduisent le regard vers le calme balancement des feuillages sous lesquels se tient le berger. Équilibre heureux des courbes et des verticales. Dans cette délicieuse petite toile, il n'y a pas de triomphe. A moins que le flûtiste ne célèbre le sien dans sa paisible solitude – il est vêtu, les oiseaux s'élèvent, même le tronc dépouillé s'arrondit lui aussi dans l'enlacement des branchages qui le soutiennent. Est-ce trop vouloir prouver que d'inverser alors le sens de la comparaison constamment faite entre cette œuvre et le *Paysage fluvial avec le temple de la sibylle à Tivoli*[2] ? Les critiques soulignent la similitude de ces deux œuvres de jeunesse, fondée sur le personnage du flûtiste ; soit. Mais si l'on considère les deux œuvres dans leur globalité, elle contribue plutôt à les opposer. Dans celle-ci en effet, le berger est confronté à l'imposante présence du temple apollinien, aux verticales re-

1. Nancy (0,49 x 0,39 m), vers 1630.
2. Melbourne (0,37 x 0,52m), vraisemblablement peint entre 1630 et 1635.

doublées des colonnes, du rocher, des arbres. Elles dominent toute la partie droite du tableau et triomphent, semble-t-il, de la ténuité du son de la flûte. N'en décidons pas trop vite là non plus. Cette toile, comme la précédente, interdit une lecture univoque : le berger, que l'on croyait vaincu ou écrasé, joue pour un auditeur attentif à ses pieds – serait-ce Apollon qui, dans un subtil retournement, déserterait son temple partiellement en ruine ? Le grand charme des deux œuvres, notre plaisir de spectateur tiennent pour une bonne part à cette indécision riche de possibles. Elle réside dans la composition même, dans le dialogue des ondulations souples et de l'ordre vertical.

Inversement, cet ordre paraît massivement affirmé dans *La Flûte de Pan* de Picasso[1]. La toile est rigoureusement construite selon les horizontales de la mer, du ciel, de l'architecture, croisées avec les verticales, des murs et des pierres carrées. Sur fond de cette géométrie minérale et cosmique, la présence humaine – un homme debout et un flûtiste assis – paraît elle-même monumentale, colonnes verticales des corps striées par le bandeau des vêtements, architecture pétrifiée d'autant plus troublante qu'on y reconnaît aisément les attitudes de la toile de Pérugin. Ici aussi l'un des deux, le regard lointain, domine le joueur en contrebas qui témoigne de la même docilité appliquée. Pourtant les deux protagonistes ont inversé leurs places (Marsyas était à gauche d'Apollon, le joueur ici est à droite de l'homme debout) et les toiles offrent un fort contraste. Celle-là proposait dans une énigmatique douceur, la respiration d'un espace ouvert, perspective tout à la fois spatiale et temporelle où palpitait l'imminence d'une décision (soulignée par le vol des oiseaux). Tout paraît ici sidéré, immobile, les corps imposants, voire désincarnés dans leur plénitude lisse, emplissent presque totalement en hauteur et en largeur un espace qui délimite strictement des places. Ordonnance hiératique, définitive. Il n'y a plus de combat, tout est déjà joué, y compris dans la flûte de Pan qui remplace ici le frêle pipeau et redouble, par ses tuyaux verticaux assemblés horizontalement, l'écrasante géométrie. Est-ce pourtant une victoire ? Rien n'est moins sûr ! Le ciel en effet s'est vidé, s'y dessine seulement la tête du dieu, si c'en est

1. Huile sur toile (2,05 x 1,745 m), été 1923, Paris.

un. Or il n'a plus d'instrument. S'en est-il démis ? En a-t-il été dépouillé ? Son poing est en tout cas fermé et refuse de jouer. Enigmatique jumeau du flûtiste, l'homme se dresse devant la mer, se découpe dans la brèche de l'architecture ordonnée. Il nous ignore dans l'autarcie solitaire d'un regard absent qui force à sortir de la scène close, il paraît écouter au-delà des siècles « l'aigre chalumeau ajusté de cire qui sonne l'air qui hypnotise » décrit par Eschyle.

Dans la chaîne continuée des échos et rappels, la même scène se rejoue et se réinterprète, semblable et différente à chaque fois. D'œuvre en œuvre, la force d'une même interrogation semble aimanter chacun et le pousser à forger son propre maillon. Le musicien ou le philosophe opposait à la rigueur mathématique de l'ordre pythagoricien, le jeu sensuel et approximatif de la flûte ; chaque peintre reprend à son compte cette opposition dans la tension toujours singulière d'une composition ordonnée par le jeu subtil du géométrique et du courbe. Accentuant la gémellité ou la dissymétrie du couple de Marsyas et Apollon, il peint aussi l'écart ou l'accord avec ceux qui le précèdent ; soulignant l'humilité du joueur devant celui qui l'écoute attentivement, il rend hommage à l'inspiration héritée, tout en reconnaissant une ambitieuse rivalité. De là vient sans doute la qualité de présence très particulière de ces tableaux à la fois clos sur eux-mêmes – les personnages ne regardent jamais le spectateur – mais aussi, et paradoxalement, ouverts à l'interprétation, comme s'ils obligeaient le « voyeur » à rentrer dans les tours et détours de l'œuvre, à découvrir à son tour l'*agalma* caché sous la peau du satyre, à proposer une interprétation ; comme si, réciproquement, de l'intérieur de l'œuvre ils renvoyaient à un autre lieu, à d'autres présences qu'il nous faudrait découvrir, dont le peintre lui-même serait l'admiratif spectateur.

C'est cette impression même, ce soupçon, qui saisit avec une certaine violence le spectateur du tableau peint par le Titien *Cf. ill. 1* dans ses toutes dernières années[1]. Apparemment bien plus

1. *Le Supplice de Marsyas*, huile sur toile de 2,12 x 2,07 m (Kromeriz, République tchèque) datant sans doute des années 1570 à 1576.

fidèle au texte d'Ovide, il représente Marsyas, puni de sa démesure, pendu par les pieds et écorché vif. Pourtant, dans ce supplice, chaque élément paraît déni ou dérision. L'œuvre est structurée comme un retable pour célébrer en son centre ce martyre païen[1]. Les pieds du satyre ne sont tenus que par des « faveurs » nouées à l'arbre ; tête à l'envers, bras en couronne, il paraît poliment attendre que s'accomplisse le supplice. Inhabituel dans une telle composition, un roi (Midas ?[2]) le contemple mélancolique sans vouloir intervenir, tandis qu'un homme (Apollon ?) détourne le regard et joue, dans une étrange indifférence au drame ordonné. Seuls les bourreaux s'activent consciencieusement jusqu'à tenir un seau pour recueillir le sang versé. Zèle sarcastique ? Ces distorsions étranges n'invitent guère à rire en tout cas. Les pointes et l'éclat des lames zèbrent la turbulence des gestes et les teintes sombres de l'œuvre sont scandées par l'insistant rappel du supplice. Rouges sont les « faveurs » qui suspendent le satyre à l'arbre, rouge le sang qui coule le long de son bras, rouge la flaque sous sa tête que lape le petit chien, rouge la jambe de celui qui appuie le stylet sur sa gorge, rouges enfin les habits du joueur à gauche, du roi à droite. Le drapé de leurs vêtements encadre le tableau, entraînant le regard du spectateur dans la ronde sanguinolente des traces pourpres disposées tout autour de la scène. Pour échapper au vertige, le regard cherche alors à se fixer sur quelques détails précis dans cette toile de facture assez lâche. Une couronne soigneusement peinte, des lauriers qui ceignent un front. Mais ces détails font vaciller les identités. Que fait ici Midas dont les oreilles disparaissent ? Et ce premier suppliciant n'est-il pas plus sûrement Apollon couronné de sa fraîche victoire ? Mais qui est alors le joueur qui se dresse dans son dos ? Pourquoi cette duplication ? Pourquoi deux dieux, pourquoi deux bourreaux ?

Les duplications soulignent *a contrario* la tragique singularité de Marsyas, d'autant que la verticale de son corps tranche sur ce

---

1. Selon la remarque de D. Rosand (1993).

2. Selon la mythologie, le roi Midas avait été puni par Apollon dont il n'avait pas reconnu la victoire dans la compétition musicale avec Pan (Ovide, *Métamorphoses* XI). Le Titien contracterait donc les deux épisodes de combat d'Apollon et juxtaposerait les deux punitions (une telle contraction peut aussi justifier la présence de la flûte de Pan dans la toile de Picasso).

ténébreux grouillement. Aussi le regard se repose paradoxalement sur son supplice, sur son torse dénudé. Pause esthétique en violente contradiction avec la cruauté du contenu narratif. Cela ne peut être fortuit ; le spectateur, invité à cette pause par celle du roi pensif, devient face à la toile un autre Midas. Sa présence dans cette scène pourrait alors s'expliquer, surtout si l'on s'avise de la ressemblance du visage avec un autoportrait du peintre[1]. Ne se représente-t-il pas au cœur de son œuvre, acteur et spectateur à la fois, méditant sur la métamorphose du satyre ? Car il s'agit d'une métamorphose et non d'une mise à mort. Le bourreau au chapeau retire le long des jambes la peau velue d'une bête, tandis que le torse dénudé s'affirme résolument humain par contraste avec la fourrure blanche du petit chien. Ce que l'on arrache à Marsyas n'est pas tant sa peau qu'une sensualité grossière dont se désaltère encore l'animal. Aussi Apollon s'agenouille pour exercer délicatement une pression sur la poitrine du supplicié afin qu'expire cet ultime souffle qui vient mourir sur le rouge de ses lèvres, rouges comme la robe de l'inspiré qui lève son instrument dans l'axe de la flûte abandonnée. La respiration s'accomplit spatialement dans cette circulation du regard de bas en haut et de haut en bas, comme elle s'accomplit symboliquement dans cette duplication des personnages. On meurt à soi pour renaître. Le désordre énigmatique de la toile, l'incohérence choquante des attitudes pourraient n'être qu'une violence visuelle nécessaire pour amener au plus près de cette autre dimension de conversion et de rédemption, non sans humanité et compassion.

Ainsi s'expliquerait la présence du Titien en Midas sans oreilles, se dépouillant lui-même d'un mode d'audition inadéquat pour affiner son exigence et renaître à son tour transmué. Cependant l'œuvre ne porte aucun triomphalisme naïf et l'on peut aussi bien penser qu'au soir de sa vie, le peintre médite mélancolique sur les sacrifices consentis ou hésite anxieux devant la gravité ou le sens des sacrifices ultimes – l'écorchement n'est-il pas au centre de l'œuvre ? Les deux interprétations ne sont d'ailleurs pas nécessairement contradictoires. La force de la toile est dans cette tension entre les sens offerts et l'on ne

1. *Cf. Autoportrait* du Prado (et *Autoportrait* de Berlin).

saurait être tranchant là où la lame peinte reste en suspens. Aussi affirmera-t-on seulement, mais avec vigueur, que le choix du thème ne saurait tenir à un motif accidentel[1]. Réinterprétant la figure de Marsyas, le Titien réfléchit sa propre posture et s'interroge explicitement sur son art. Il fait plus encore dans le prodigieux tumulte de sa toile, dédoublant les personnages, il suspend tous nos repères et brouille les limites. Le spectateur est à l'intérieur de l'œuvre mais en est le créateur. Aussi cet autre spectateur en miroir devant la toile est suspendu, aimanté, à son tour interrogatif. Reflet inversé du roi pensif, n'est-il pas obligé de devenir lui aussi un chaînon nouveau dans l'interprétation, d'être à son tour créateur ?

Si la figure de Marsyas conduit chaque fois à la question de l'interprétation, il ne faut pas s'en étonner car de maillons en maillons, celle du silène est devenue un paradigme de l'interprétation : Alcibiade l'employait pour obliger son auditeur à dépasser les apparences, Platon pour obliger son lecteur à approfondir les anecdotes de ses dialogues, Pic de la Mirandole pour lutter contre les complaisances littéraires[2], Erasme pour inviter à pratiquer une inversion des valeurs ou à déceler « un trésor sous une vile écorce[3] » et Rabelais en fait le prélude nécessaire à la lecture de *Gargantua :*

> Il faut ouvrir le livre et soigneusement peser ce qui y est exposé. C'est alors que vous vous rendrez compte que l'ingrédient contenu dedans est de bien autre valeur que ne le promettait la boîte ; c'est-à-dire que les matières traitées ici ne sont pas aussi frivoles que, au-dessus, le titre le laissait présumer[4].

1. Les critiques soulignent volontiers le rôle possible d'un événement historique (Bragadin, défenseur de Famagouste, fut écorché vit par les Turcs le 17 août 1571 après la chute de la forteresse vénitienne).

2. *Lettre* à E. Barbaro du 3 juin 1485 : « Veux-tu que je te donne un modèle de notre discours ? Il est tout à fait pareil à celui des Silènes de notre Alcibiade. » Il faut, poursuit-il, opérer une conversion auditive pour ne plus entendre le Marsyas terrestre « mais Apollon le céleste moduler sur la cithare divine les hymnes de l'univers en harmonies ineffables », *Œ. philosophiques*, Paris, 1993.

3. *Eloge de la folie* et *Adage n° 2201* (*Œ. choisies,* trad. J. Chomarat, 1991).

4. *Gargantua, Prologue,* translation de G. Demerson, 1996 (*id.* pour les citations suivantes).

Les quatre pages du prologue sont rythmées par le rappel de l'opposition spatiale – dedans et dessus, intérieur et extérieur –, que l'acte d'une « lecture attentive », « [d']une réflexion assidue » doit dépasser pour ouvrir la boîte du livre. Plus encore, avec l'allègre diligence d'un chien, il faut « briser », « rompre l'os et sucer la substantifique moelle ». Le glissement d'une comparaison à l'autre souligne la violence de cette transgression qui est aussi bénéfique ingestion. Le livre nourrit le lecteur qui a su faire preuve de patience et de ténacité. L'apport extérieur devient substance intime – d'ailleurs, l'auteur s'approprie lui-même la comparaison d'Alcibiade.

On mesure la proximité mais aussi l'écart de ce prologue avec les variations picturales de Marsyas. Il s'arrête à cette heureuse transmutation d'une lecture superficielle en acte personnel d'interprétation. La seule violence exercée porte sur les apparences du livre. Le lecteur dans sa quête zélée met tout à l'épreuve mais n'y est pas mis lui-même – il s'y nourrit au contraire. L'auteur l'est moins encore qui connaît déjà le contenu qu'il veut délivrer et écrit un prologue pour guider une lecture bien conduite, donc « délicieuse ». Le travail d'interprétation est accompli par une intelligence spéculative qui tient à distance l'objet sur lequel elle réfléchit (ce qu'expriment bien les métaphores olfactives du prologue, « humer », « sentir ») jusqu'à ce qu'elle le fasse sien. Cette distance permet de porter un jugement, y compris celui de consommer l'objet. Aussi loin qu'aille la transgression des limites spatiales, elle ne remet pas fondamentalement en question l'identité du sujet (lecteur ou auteur) ; elle l'aide seulement à croître et s'épanouir. La toile du Titien subvertit bien plus radicalement les limites, le peintre est présent dans le drame et y assiste dans l'œuvre ; le spectateur, en vis-à-vis, est entraîné à son tour dans la ronde sanguinolente de son interrogation, dans le sombre tourbillon d'une incertaine rédemption. L'œuvre accomplit d'une certaine manière ce qu'elle représente, mettant au supplice la quiétude contemplative, écorchant la sensibilité, dépouillant des certitudes. Le peintre s'est exposé lui-même à cette épreuve en s'en faisant le spectateur. Pourtant dans cette exposition, reste une ultime distance : le Titien peint son autoportrait sur le visage du roi, non sur celui du supplicié.

La personnalisation de la figure

Cette ultime limite, Michel-Ange l'a franchie un quart de siècle auparavant, se peignant en supplicié, après avoir plus d'une fois figuré cet écorchement. Du *Bacchus* sculpté à la fresque de la chapelle Sixtine sans oublier les poèmes adressés à Cavalieri[1], de la jeunesse à la vieillesse, des arts plastiques aux arts poétiques, de la déclaration amoureuse au sentiment religieux, la réitération de la figure intrigue et ses variations donnent à penser.

Dans la sculpture de *Bacchus*[2], le dieu tient d'une main une
Cf. ill. 2 coupe (vraisemblablement restaurée) et de l'autre une peau d'animal d'où émerge une grappe de raisin. Caché dans son dos, un petit satyre s'en régale ; ses pieds de bouc enserrent la tête de la dépouille. D'un côté, la libation offerte par le dieu, de l'autre la cruauté d'une mise à mort. Les deux faces de la transe dionysiaque sont ici développées dans la triple dimension d'une sculpture, aussi échappe-t-on à la dualité d'une opposition figée. S'enroulant de l'un à l'autre, le satyre souligne l'ambivalence du groupe, sa bouche s'ouvre sur les fruits dans un sourire qui pourrait aussi bien être un rictus de souffrance – ce que confirmerait la rude torsion du visage. Sa tête est humaine comme l'est la stature du dieu tandis que ses cuisses velues prolongent la peau animale. L'écorchement n'étonne guère, associé à l'ivresse bachique, à sa force destructrice et créatrice, d'autant que la sculpture est pseudo-antique et que Michel-Ange y rivalise avec les maîtres anciens dans la facture et dans la thématique. Son œuvre paraît emblématique de la Renaissance, par la figuration du dieu païen et par le goût de

1. Il rencontre en 1532 ce jeune homme remarquable, au dire de ses contemporains, tant par sa beauté que par son esprit et ses manières. Michel-Ange lui a voué une ardente passion dont témoignent poèmes et dessins.

2. Cette sculpture, actuellement à Florence, a été réalisée pour le jardin de Jacopo Galli à Rome (vraisemblablement entre 1496 et 1498).

l'imitation qui suppose l'écart et l'appropriation créatrice, la distance et sa résorption. Le *Bacchus* montre formellement cette imitation tout en l'incarnant dans un thème de mort et de renaissance créatrice.

Ce n'est pas minorer l'acte créateur si l'on considère les facultés que requiert une imitation réussie, entre autres la pertinence et l'acuité de jugement, la puissance de sélection et d'exécution. Condivi, décrivant les méthodes de travail de son maître, le comparait aux abeilles qui, « butinant le miel des fleurs, l'emploient ensuite dans leurs œuvres » car, rapporte-t-il, Michel-Ange pour peindre une Vénus étudiait un grand nombre de femmes, prenant à chacune « celui de ses traits, qui était le plus parfait et le plus beau[1] ». L'artiste est une abeille qui fait son miel des beautés naturelles. Il s'en nourrit et les transcende. La comparaison souligne sa capacité de discernement et d'assimilation. Choisissant la jambe de l'une, le torse de l'autre, imitant cette courbe et ce galbe, il compose selon son exigence intérieure l'unité d'une beauté supérieure. L'intellect (*intelletto*), l'œil et la main concourent à l'œuvre ; la réalisation de l'idée intérieure (du *concetto*[2]) métamorphose les qualités adventices. On se rappelle que Platon décrivait les poètes, comme des abeilles butinant dans le vallon des Muses ; l'image prolongeait celles des bacchantes en transe puisant dans les fleuves de miel et de lait. La bacchante possédée boit à toutes les sources, le satyre grappille des grains, ressemblant plus qu'il n'y paraît au poète qui butine. L'un et l'autre sélectionnent ce qu'ils transmueront en création – miel ou nectar que la coupe renferme. Bacchus triomphe et le groupe sculpté déploie l'accomplissement de l'œuvre.

Le sculpteur ne butine pas les seules beautés naturelles (ici le délié d'un bras, là la majesté d'un port de tête), il fait également son miel des œuvres des autres, les sélectionne, et les imite dans des contrefaçons « si ressemblantes que nul ne s'en apercevait [...]. Comparées à l'original, on ne pouvait plus les en distinguer ». Plus qu'un talent mondain, c'est un processus créateur d'appropriation pour conquérir l'excellence désirée : « Il faisait

1. J'emprunte cette référence et sa traduction au livre d'A. Blunt (1940).
2. *Cf.* Panofsky, *Idéa*, Paris 1983.

ceci en sorte que, donnant les copies, il pouvait conserver pour lui-même les originaux, dont il admirait l'excellence artistique et qu'il souhaitait surpasser par les siens ; ainsi acquit-il une grande réputation. » Même si l'on suspecte les propos de Vasari[1], ils indiquent comment la bacchanale sculptée se fait écorchement. Michel-Ange ne donne aux naïfs que la peau morte des apparences copiées tandis qu'il se réserve l'original pour en extraire la quintessence en le regardant encore et encore. La confrontation aux maîtres anciens est un vrai labeur d'extraction. La rudesse de l'effort retire la substance enivrante pour ne laisser qu'une dépouille inerte. L'animal mort gît aux pieds du satyre qui mange les raisins dont le dieu tire le vin que sa main droite invite à boire. Cette peau qu'il tient de l'autre main pourrait être aussi la sienne. Pour imiter les Anciens, pour en tirer un suc substantiel, il faut non seulement apprendre à copier, à se vêtir des formes d'autrui pour trouver ce qui importe, mais encore se dépouiller du confort de sa « façon » et des prétentions narcissiques, se dénuder pour pouvoir endosser une autre peau. Le groupe sculpté illustre cette progressive métamorphose : extraire son buste d'une peau animale pour devenir satyre, puis ses jambes pour être pleinement humain ; aller du bestial au divin, du matériel au spirituel. Imiter dans la tension d'un mouvement admiratif exige ce double mouvement de mise à nu de soi-même et des autres.

Ce double mouvement peut encore s'inverser de manière platonisante lorsque l'on tire du sein des autres la ressemblance désirée. L'amoureux dressait un *agalma* de l'aimé, Michel-Ange sculpte le visage qu'il devine sous les multiples traits du caractère :

> Ainsi que dans la plume, ainsi que dedans l'encre/Gisent le style bas, le médiocre et le grand,/Et dans le marbre ainsi la forme riche ou vile/Selon que sait notre esprit l'en tirer ;
>
> Ainsi mon cher seigneur, dans votre sein,/Il est peut-être orgueil autant qu'humilité ;/Mais je n'en tire, moi, que ce qui me ressemble/Et me convient, mon visage le montre[2].

1. Vasari, *Vie de Michel-Ange Buonarroti,* t. 9, éd. fr. 1985.
2. *Sonnet* à Cavalieri vers 1534, XXVI, trad. M. Orcel (1993). Cette édi-

Le sculpteur extrait du marbre un noble dessin, l'élan amoureux isole ce qu'il aime de l'ensemble d'une personnalité. Dans l'un et l'autre cas, la taille découvre l'image admirable. Ce travail de mise à nu ne saurait se limiter à un objet extérieur à soi. Le sculpteur extirpe du bloc de matière l'idée qu'il a dégagée de son esprit[1]. L'amoureux retire de l'aimé la ressemblance qu'il souhaite se donner. On se dépouille des scories de sa propre identité, en mettant au jour la beauté de l'autre. Réciproquement, on se soumet humblement au geste de celui qu'on admire pour qu'il délivre une vive figure.

> De même, ô dame, que l'on sculpte en taillant/Dans une pierre alpestre et dure/Une vive figure,/Qui apparaît d'autant que la pierre s'effrite ;/Ainsi certains bienfaits/De cette âme qui tremble,/Le superflu de notre chair les cache/sous son écorce dure, inculte et crue./Seule toi donc tu peux/Tailler dans mon externe part,/Car je n'en ai pour moi ni force ni vouloir[2].

L'art et l'amour sont indissociables : aimer, c'est vouloir épanouir la beauté enfouie de l'autre, se transformer soi-même pour en être digne, accepter enfin d'être dépouillé du « superflu » et de « l'écorce » qui protégeaient. Celui qui est sculpté contribue en retour à sculpter son sculpteur dans un mouvement réciproque où s'échangent identités et rôles. Véritable art d'aimer.

> Je me suis bien plus cher que je n'en ai coutume ;/Avec toi dans le cœur, je vaux plus que moi-même :/C'est ainsi que la pierre, une fois qu'on la taille/A plus de prix que sa roche première[3].

Le ravissement amoureux subvertit toute limite : l'extérieur

---

tion servira ici de référence, mais le choix des poèmes y étant restreint, j'en mentionnerai d'autres lorsque ce sera nécessaire.

1. La *Lettre à Varchi* de 1549 définit la sculpture comme « celle que l'on exécute en taillant dans le bloc ». L'œuvre poétique reprend souvent cette caractérisation, associant le geste de la main à l'idée de l'intellect. *Cf.* Panofsky (*Idea*) et A. Blunt (1940).

2. *Madrigal* adressé à Vittoria Colonna, XLVI, vraisemblablement entre 1538 et 1542. Tout témoigne de l'intense admiration qu'il porta à cette pieuse veuve.

3. *Sonnet* XXVIII à Cavalieri, composé vers 1534.

dont on a extrait le cœur devient à son tour présence intime et impérieuse, l'image travaillée taille son auteur en retour. Pourtant le poète, décrivant cette atteinte violente et vitale (« Je suis une cible/Marquée par ton visage »), hésite encore à dire cette fusion des identités, cette métamorphose créatrice. Aussi dans la suite du sonnet, développe-t-il les métaphores du sceau (*stampa*) des armes et sortilèges « qui font s'évanouir devant lui les dangers ». L'identité propre paraît préservée et même fortifiée par ce port précieux, le poète peut s'élancer glorieux dans le tournoi amoureux.

Cette gloire est pourtant déchirée d'inquiétude. Car la manifeste beauté de l'autre oblige à en être digne. Aimer, c'est alors s'écorcher ou accepter de l'être. Cet écorchement ne se réduit pas au seul sens, pourtant bien présent, d'une souffrance infligée[1]. Plus encore, il est au sens littéral un arrachement hors de soi. Des dessins offerts à Cavalieri en témoignent : *Ganymède* enlevé par l'aigle jupitérien (symbole assez transparent du désir homosexuel, mais aussi du rapt et de sa force impétueuse), le *Châtiment de Tityus* (lequel, tel Prométhée, fut torturé sans fin par un vautour vorace, image de l'arrachement de cette « écorce » protectrice) et enfin trois versions de la *Chute de Phaéton*[2]. Autant de variations sur la violence du ravissement amoureux qui tourmente et dépossède sans offrir aucune contrepartie. D'ailleurs, le poète confesse ne plus s'appartenir : « C'est en votre vouloir que seul est mon vouloir ;/En votre cœur, mes pensées se fabriquent,/Et mes paroles, les porte votre souffle[3]. »

Cf. ill. 3

Meurt à lui-même qui renaît sculpté en l'autre dans une véritable « forge » (*fanno)* amoureuse qui est à la fois désir de fusion, d'être forgé et exigence qu'expirent les aléas d'une existence passée afin que l'amoureux inspire le souffle aimé et une nouvelle vie. On retrouve toute la puissance suggestive de la fi-

1. *Sonnet* à Cavalieri, XXVI : « Qui mire la Beauté dans pareille souffrance,/Pour sûr il en retire amers tourments et deuils. »

2. Pour l'étude de ces cinq dessins (datant des années 1532-1533), *cf.* E. Panofsky (1939), A. Chastel (1959) et Ch. de Tolnay (1951). Pour une étude plus complète de la figure de Ganymède, *cf. infra.* III, 2 et IV, 3.

3. *Sonnet* à Cavalieri, XXVII, vers 1534.

gure de Marsyas : expiration, nouveau souffle, arrachement et dépossession en réponse au désir fou, à l'ambition effrénée d'être à l'égal du dieu adoré. La cruauté de l'écorchement exprime l'ivresse d'une reconnaissance hors de laquelle on ne souhaite plus vivre. Mais cette violente volonté d'abandon est aussi fougue oblative. Le supplice de Marsyas est sacrifice ardemment désiré et l'amoureux transi offre sa propre dépouille.

> Aux autres gracieux, sans pitié pour lui seul,/naît un vil ver, lequel, non sans peine et douleur,/revêt la main d'autrui de sa peau rejetée,/si bien que c'est sa mort qui lui donne le jour. De mon seigneur ainsi voudrais-je revêtir/la vivante enveloppe de la mienne morte (*mie morta spoglia)*/pour que, tel le serpent dépouillé sur le roc,/je puisse, fût-ce par la mort, changer d'état[1].

La triple répétition de la mort insiste sur le risque encouru dans la peine et la douleur, il n'importe guère pourtant car il est espérance d'aube et l'amoureux y aspire. Cependant, le conditionnel indique déjà le regret et le poème se poursuit par le constat d'une impossibilité : « Oh que n'ai-je la peau couverte de fourrure (*irsuta pelle)*/et propre par là même à lui faire une robe/qui jouirait du bonheur d'étreindre son beau sein/à toute heure du jour. »

Dans le contexte romain de la haute Renaissance, dans un goût néo-antique, le *Bacchus* proposait une énigme ludique dans la tension de contradictoires différés. Le triomphe du dieu masquait son envers. Malgré la troisième dimension du groupe sculpté, les deux faces ne pouvaient s'embrasser dans le même regard et restaient ordonnées dans l'extériorité d'une succession optimiste. Malgré l'ambivalent sourire du satyre, l'œuvre donnait à voir la naissance d'une création accomplie – de la juvénile espièglerie du faune piétinant l'animal à l'adulte beauté d'un Bacchus indolent. Et la peau écorchée gisait au sol, dominée par la plénitude physique du corps épanoui.

En quelques décennies[2], l'évocation plaisante a fait place à

---

1. *Sonnet* (sans doute) à Tommaso Cavalieri, XXXIX (trad. P. Leyris).
2. Les poèmes adressés à Cavalieri sont postérieurs au *Bacchus* d'une bonne trentaine d'années.

une exclamation désolée. L'extériorité dont jouait le sculpteur est tragiquement ressentie par le poète qui cherche en vain à l'abolir. La coupe de l'ivresse que brandissait le dieu est un feu intérieur qui consume l'amoureux. Bacchus se doublait d'un satyre piétinant sa peau animale, le poète assume l'intimité d'un sacrifice volontaire. La seule distance reste celle de la métaphore (« tel le serpent dépouillé sur le roc »). Mais cette distance, loin d'être voulue, témoigne de la douloureuse tension d'un amour qui veut être au-delà de l'amour physique sans pouvoir s'en détacher vraiment. Ce que le serpent accomplit dans l'innocence animale, l'homme ne peut le faire qui ne sait « changer d'état » et reste prisonnier de son imagination charnelle. Il faudrait être un dieu – sous la figure de l'aigle jupitérien, Buonarroti dessine le même ardent désir avec plus d'optimisme, couvrant de ses ailes Ganymède dans un enlacement où s'épousent les formes et s'enlève toute résistance : ravissement. Dans ses poèmes, son amour s'interdit cette triomphale variation ; il n'a plus la simple évidence du désir érotique et cette primitive bestialité doit être domptée ; elle revient pourtant dans ce vêtement de fourrure destiné à étreindre en permanence le corps aimé. Pourtant, même si le poète mourait à lui-même pour ceindre le corps aimé de sa propre peau, l'union ardemment désirée, loin d'être fusion, ne serait qu'un enveloppement. Extériorité d'autant plus pathétique que la *morta spoglia* n'embrasserait alors qu'une autre dépouille. Car le corps de Cavalieri, aussi beau soit-il, n'est, lui aussi, qu'une « prison d'argile[1] », un éphémère et précaire vêtement que l'on doit négliger pour atteindre son âme immortelle.

> Pour celui-là qui vit, je dis ; cela qui meurt/N'apaise le désir ; et l'éternel, ce semble,/Ne se réduit au temps, qui change notre poil (*ove altri cangia il pelo*).
>
> Ce sont les sens, vouloirs sans frein, et non l'amour/Qui tuent l'âme ; le nôtre ici rend les amis/Parfaits, mais mieux au ciel encore, après la mort[2].

1. *Sonnet* L, trad. P. Leyris.
2. *Sonnet* XXXVIII à Cavalieri, composé sans doute dans les années 1535-1541.

Cet amour tragiquement humain demande la mort pour s'accomplir[1]. Il faut non seulement mourir à soi-même mais encore mener l'aimé à sa propre mort. Car le rendre parfait c'est l'écorcher à son tour, le débarrasser de son « poil changeant », lui apprendre à rejeter sa parure futile. L'amour délivre l'âme de sa « prison d'argile », taille dans la chair et l'existence pour découvrir sous « l'écorce », l'*agalma* sculpté d'une vive présence divine. En termes platoniciens, Michel-Ange décrit cette délivrance dans un mimétisme poïétique et au prix d'un double écorchement. L'amour est un labeur, une torture et un art qui conduit à ressembler à Dieu.

> Mes yeux ne virent pas chose mortelle, lorsque/en les vôtres, si beaux, je trouvai toute paix,/Mais au tréfonds, qui hait le mal, Celui-là qui assaille d'amour mon âme, à Lui semblable
>
> Si elle n'était point égale à Dieu, créée,/Elle ne rechercherait que la beauté des formes,/Plaisante aux yeux ; mais la sachant trompeuse,/L'âme transcende d'elle en la Forme idéale[2].

De la représentation au martyre

Ce poème est écrit dans les années où Michel-Ange exécute le formidable *Jugement dernier*[3] sur le mur d'autel de la chapelle Sixtine. Transcendant « la beauté des formes plaisante aux yeux », la fresque exprime l'intensité de cette aspiration spirituelle qui ne cessera de grandir et infléchira progressivement la vie de Michel-Ange vers une ferveur religieuse croissante. *Cf. ill. 8*

La scène se déploie d'un angle à l'autre de l'édifice, incorpore les corniches architecturales et substitue ainsi au mur oriental qui clôt l'édifice, la présence imminente du *Jugement* ultime. Contrairement à nombre de figurations antérieures, Michel-Ange n'a pas choisi de peindre une représentation or-

---

1. *Sonnet* XIX à Cavalieri, composé en 1532, « Ce que sur tes beaux traits, j'apprends et je désire/Et les esprits humains le comprennent bien mal,/qui voudrait le savoir, il faut avant qu'il meure ».
2. *Sonnet* XXXVIII, et le *Sonnet* XXIV écrit (vraisemblablement pour Cavalieri) vers 1533.
3. La fresque a été réalisée de 1536 à 1541.

donnée spatialement du Christ en gloire trônant au-dessus des élus et des damnés, il n'a pas non plus clairement découpé la scène en zones horizontales nettement hiérarchisées et réparties symétriquement autour d'un axe central, stabilisant le sens et la destinée des uns et des autres. Tout à l'inverse (et dans un fort contraste avec les bandes ordonnées des tableaux et des tapisseries sur les autres murs), sa fresque montre les morts dans le saisissement de la résurrection. Animée d'un mouvement incessant, écartelée dans de tumultueuses psychomachies, parcourue de lignes dynamiques et parfois contradictoires qui orchestrent l'espérance extatique des uns, l'agitation frénétique des autres, elle rend palpable l'attente angoissée de tous. Les corps se pressent en vagues successives de plus en plus denses, des bords vers le centre, du bas vers le haut, attirés par la puissance solaire qui émane du Sauveur. La lumière qui le nimbe arrête les déplacements tout en soulignant le geste qui les ordonne. D'un bras levé vers la gauche, d'un autre baissé vers la droite, d'une souple torsion du buste, il appelle les élus et condamne les réprouvés. Mais Michel-Ange choisit de suspendre ce mouvement : Jésus n'est ni vraiment debout ni même assis comme le voulait la tradition – ce qui lui confère une remarquable force plastique et symbolique puisqu'il est, par cet arrêt, le centre rayonnant de houles tourbillonnantes.

Formant un triangle à ses pieds, deux saints se distinguent nettement ; Laurent et Barthélemy présentent les instruments de leur martyre, l'un le grill, l'autre le coutelas – aucun peintre n'avait encore placé ainsi Barthélemy dans l'immédiate proximité du Christ[1]. Ce couple inhabituel s'explique : l'un et l'autre, mutilés dans leur chair, ressuscitent dans l'intégrité de leur corps spirituel et témoignent ici de la Résurrection au-delà de cette mutilation[2]. Mais l'explication, aussi centrale soit-elle, ne suffit pas à expliquer la prééminence du nouveau venu. Laurent se tient ployé sous la Vierge dans une attitude respectueuse et

1. On trouve une représentation de Laurent et Etienne dans le *Jugement dernier* de Cavallini (1290 Rome), mais ces saints sont à gauche sous les trompettes divines et non aux pieds du Christ.

2. En outre, la chapelle Sixtine est dédiée à la Vierge et les jours fériés consacrés aux deux saints (9 et 24 août) encadrent la fête de l'Assomption. *Cf.* L. Partridge (*Michel-Ange*, Paris, 1997).

son corps est contracté dans la diagonale dessinée par l'échelle du grill. A l'inverse, Barthélemy occupe une place plus imposante que ses gestes agrandissent encore : tourné vers la gauche, il tend le couteau du supplice tandis qu'il laisse pendre à droite sa peau écorchée. Son corps solide est prolongé verticalement par la flasque dépouille qui attire inévitablement le regard. Elle constitue un fort contrepoint visuel qui souligne par contrariété la puissance régénératrice du *Jugement dernier*. Privée d'âme, désertée par le spirituel, la peau n'est qu'une loque difforme et inerte, ce qui est très fidèle au texte de saint Paul[1]. A l'énergie du geste de Barthélemy, à son corps massif et vigoureux, répond cette lamentable défroque.

Or sur cette unique représentation de la chair animale on peut reconnaître l'autoportrait du peintre. Signature singulière. Devant l'audace de cette exhibition macabre, le spectateur, un peu stupéfait, hésite entre des interprétations plausibles mais contradictoires. Michel-Ange place-t-il son âme et l'œuvre réalisée sous le patronage intercesseur du martyr ? En ce cas, pourquoi une telle mise en évidence presque en plein centre ? Une place latérale n'aurait-elle pas mieux convenu pour signer ou pour se figurer dans l'humble espérance de rédemption ? Les commentateurs soulignent à loisir le dégoût de l'artiste pour son corps vieillissant et supposent que l'autoportrait en témoignerait. Comment expliquer alors cette ostentation ? N'est-ce pas au contraire le comble de l'orgueil ? Le saint ne lâche pas sa dépouille tandis qu'il brandit, presque menaçant, le couteau du supplice et, dans son dos, on croit reconnaître l'Urbino qui assista Michel-Ange[2]. Est-ce pour mieux plaider sa cause et son travail ? Mais comment concilier le plaidoyer et cette peau fripée ? Pourquoi surtout cette funeste verticalité de la défroque dont les bras et les jambes désignent, à l'aplomb de la barque de Charon, le voyage vers les feux de l'Enfer ? Enfin, pourquoi mêler cette iconographie païenne à l'ardeur chrétienne ? Cela suscita de vives attaques ultérieures, notamment de Gilio da Fabriano[3] qui s'indigne de la présence en un tel lieu de Charon

1. I, *Cor.* 15.
2. L'Urbino, Francesco di Bernardino d'Amadore, fut actif de 1530 à la mort de Michel-Ange en 1555. Il resta 26 ans à son service.
3. *Due dialogi.* Camerino, 1564. *Cf.* A. Blunt (1940) et A. Chastel (1978).

et Minos. Pour lui, même l'autorité de Dante[1] ne saurait diminuer l'outrage qu'une telle figuration inflige à l'art chrétien. Il reproche également à la représentation du Christ debout de trahir le sens littéral selon lequel il devrait être assis sur son trône de gloire. Or Michel-Ange effectue un autre écart vis-à-vis de la tradition picturale en lui donnant un visage juvénile, imberbe, solaire, inspiré de *l'Apollon* du Belvédère[2].

Cela oblige à réinterpréter le sens de la dépouille : au pied de ce nouvel Apollon nimbé de lumière, se rejoue l'écorchement de Marsyas. C'est d'ailleurs l'un des motifs de l'aigre protestation de l'Arétin qui stigmatise dans cette évocation du satyre un détestable raffinement de l'art cryptique[3]. Pourtant, ni le seul plaisir élitiste de l'allusion voilée, ni le seul humour macabre ou le goût de la bizarrerie, ni même encore le désir de stimuler la curiosité ne sauraient suffire à expliquer l'introduction originale de Barthélemy, sa mise en évidence insistante dans la composition, sa personnalisation enfin. Toutes trois prennent en revanche un autre sens dans la superposition imagée du martyr et du satyre écorché.

Faut-il d'ailleurs parler de superposition ? Il serait plus juste de parler de tension pathétique. En effet, le prétentieux Marsyas est puni d'avoir voulu rivaliser avec le dieu païen tandis que le saint, par son martyre, épouse la souffrance christique. Si Apollon supplicie, le Christ est Rédempteur. L'un ôte la vie et écorche le corps, l'autre donne une vie céleste et crée un corps spirituel. Marsyas expire pour avoir joué de la flûte, les morts ressuscitent au son de la trompette. Aussi Jésus paraît l'exact envers d'Apollon : « En un instant, en un clin d'œil, au son de la trompette finale, car elle sonnera, la trompette, et les morts ressusciteront incorruptibles, et nous, nous serons transformés.

1. Dante décrit en effet Charon et Minos (*Enfer*, III, 109-120 & V, 4-12).
2. La statue était déjà à l'époque dans la collection d'antiquités papale.
3. Dans une lettre de 1538, l'Arétin s'en prend à ce *Marzias sensa pelle* et en 1545, il attaquera avec une grande virulence *le Jugement dernier*. Certains croient voir l'Arétin dans le visage de Barthélemy. Michel-Ange rendrait-il ironiquement hommage à son persécuteur satirique ? On ne peut exclure cette causticité, mais l'hommage ne paraît guère compatible avec son caractère ombrageux et ses refus de collaborer avec lui.

Il faut, en effet que cet être corruptible revête l'incorruptibilité, que cet être mortel revête l'immortalité » (I *Cor.*, 15). Ces différences soulignent l'axe qui les départage : dans les deux cas, il s'agit d'un redoutable jugement qui décide ou non de la mort, de la vie, de la survie. Or c'est ce moment que peint la fresque tout entière et non l'assurance de la réponse. Les âmes sont prises dans une gigantesque psychomachie où s'affrontent les opposés : ici des bras se tendent, des mains se lèvent vers l'espérance de la Résurrection, là des poings angéliques s'abattent sur les corps pécheurs que d'avides démons agrippent. Au centre, le Christ ordonne ce tumulte d'un geste que le peintre saisit inaccompli. Parce que son mouvement est encore en suspens, les regards convergent vers Jésus, l'implorent ou l'interpellent et, à ses pieds, Barthélemy tenant sa dépouille rappelle au spectateur que le Seigneur seul peut châtier ou sauver. Loin d'être une préciosité pour lettrés, l'innovation iconographique accentue l'intense angoisse du verdict.

Cela n'épuise encore ni la richesse thématique de ce Marsyas en martyr ni sa place dans la composition. Assis sur un nuage aux pieds de Jésus, il est nettement détaché d'un autre groupe (en léger contrebas, à droite de sa dépouille). On y reconnaît aisément les martyrs qui retournent les instruments de leur tourment vers les damnés comme autant d'accusations, autant de variations aussi sur le thème d'une souffrance légitimée parce qu'elle imite celle du Christ qui mourut pour eux sur la croix. D'ailleurs, prolongeant les flèches de Sébastien, à l'extrême droite de la fresque, la croix monumentale du bon larron les domine. Appuyée sur la corniche du mur nord, elle contribue puissamment à faire jaillir la scène du cadre de l'architecture et impose ainsi avec vigueur le thème de l'imitation ; d'autant que le larron ressemble au Christ par son visage, sa stature et le mouvement de son bras. Imitant le sacrifice du Seigneur, Barthélemy est un nouveau Marsyas, lequel mourut pour imiter une musique surnaturelle.

L'ambivalence du personnage mythologique indique alors au spectateur le sacrifice de soi à accomplir, tout en le mettant peut-être en garde contre les dangers d'une imitation présomptueuse ou d'une gloire coupable tirée de souffrances trop humaines. D'un côté en effet, le saint prolonge à l'horizontale le groupe des martyrs et la croix dressée. Mais de l'autre et à la verticale, sa dépouille tend les mains vers la barque de Charon et la damnation. Dans ce lugubre geste, elle attire le regard vers le mouvement en écho du groupe qui descend de haut en bas : contractée sur elle-même, crispée dans l'hébétude de l'angoisse, une âme pécheresse est entraînée vers les enfers par un serpent et deux démons. Ils semblent parodier les anges soutenant la colonne peinte de la lunette droite et peuvent ainsi suggérer l'outrecuidance d'une imitation de Jésus[1], ou la complaisance douteuse dans de vains tourments.

A bien regarder cette âme, on peut risquer une hypothèse. Car ce repli sur soi, cette main gauche qui soutient le visage, cet effroi halluciné, cet abattement dessinent la figure du mélancolique[2]. Or c'est ainsi, la joue sur le poing, perdu dans ses pensées, que le peintre a été représenté par Raphaël quelques décennies plus tôt dans *l'Ecole d'Athènes*[3] et la correspondance de Michel-Ange témoigne de « ce grand tourment » dont il se plaint fréquemment, de sa persistance (voire de son aggravation). Entre temps et éternité, entre exultation et désespoir, entre affirmation de soi et doute, le mélancolique se déchire et oscille d'un extrême à l'autre dans un dérèglement du désir qui le rend tour à tour accablé et créatif. La mobilité maladive de son imagination engendre des êtres fictionnels d'une force prodigieuse et, dans cet excès violent, dans ce transport créatif, le mélancolique risque de se croire l'égal de Dieu. La peinture de l'âme damnée ne dénonce-t-elle pas cette monstrueuse rivalité mimétique ? Echo vertical de la peau de Marsyas, elle renverrait le peintre à sa propre prétention peccamineuse. Ce serait bien conforme à la complexe psychologie de Michel-Ange. « Sans doute admet-il la fécondité de l'humeur noire (au point d'écrire,

1. On trouve cette hypothèse dans le commentaire de L. Partridge (*Michel-Ange,* 1997).

2. La magistrale analyse de R. Klibansky *(et al.)* a établi que cette attitude relevait « d'une tradition picturale plusieurs fois millénaire » illustrant la fatigue, le chagrin ou la méditation (*Saturne et la mélancolie*, 1964). *Cf.* aussi A. Chastel (1978). Elle est évoquée au chant VII (vers 107-108) du *Purgatoire* de Dante.

3. La fresque a été réalisée en 1509-1511.

dans son sonnet *Ogni van chiuso*, que "l'ombre seule fait pousser l'homme") mais il n'en méconnaît pas les périls. Mélancolique ou se disant tel, loin de se complaire dans son état, il en éprouve des remords[1]. »

La fresque ne présente-t-elle pas la pathétique mise en forme de ces remords ? A l'appui d'une réponse positive, plusieurs éléments semblent ici converger. Ficin soignait sa propre mélancolie par la cithare, instrument apollinien par excellence : peindre l'aulète écorché au pied d'un Apollon christique, n'est-ce pas implorer une guérison, une délivrance ? En guise de contre-épreuve, on pourrait alors regarder le *Triomphe de Pan*[2] de Luca Signorelli pour y voir Pan délaissant la flûte et, à la gauche du tableau, une jeune nymphe dans une pose typiquement mélancolique. L'opposition sémantique des instruments est opérante ici et, par un autre contraste, ce tableau éclaire encore la chute du mélancolique : car Pan incarne le cycle infini des générations et des désirs incessants, ils paraissent vains au regard de la mort éternelle ou de la rédemption dont décide ce Jugement dernier. Par ailleurs, la mélancolie avait été associée à la thématique de la Chute. Hildegarde de Bingen, par exemple, décrit cette humeur « tenace et [qui] s'étire en longueur comme de la gomme[3] ». La lugubre dépouille illustre à la fois cet étirement et cette chute verticale. L'œil écarquillé sur une atroce terreur dit assez la destination de ce mouvement redoublé. Redoutable mise en garde pour le spectateur. Il faut abandonner cette « gomme tenace » avant qu'elle ne déforme la vie et se dépouiller de cette « prison d'argile » avant qu'elle n'entraîne l'individu ou ne l'enferme dans une perverse excitation – la complaisance passive du mélancolique enlacé par

1. Y. Hersant, « Le Marteau de Michel-Ange », 1997. Selon une suggestion dont je le remercie, on peut remarquer que l'âme mélancolique se cache ici un œil – un comble pour un peintre – ce qui appuie l'hypothèse du remords.

2. Le tableau (autrefois à Berlin, Kaiser Friedrich Museum, détruit en 1945) fut exécuté pour Laurent de Médicis (vers 1490, à l'époque où ce dernier accueillait Michel-Ange). *Cf.* A. Chastel (1959 et 1978).

3. *Causae et curae* (*cf.* Klibansky *et al.*, 1964). Que Michel-Ange n'ait sans doute pas eu de connaissance directe de ce texte, n'empêche pas une influence indirecte. Cela confirme en tout cas que la dépression mélancolique se traduit par une fascination pour l'informe et le ténébreux .

deux démons et un serpent vert renverrait à la jouissance de Minos enlacé par les anneaux d'un serpent lubrique. Il faut se dépouiller du corps avant que ne domine l'autodélectation morbide, qui réduit l'art à la vanité d'une inspiration physiologique[1] et gonfle d'un orgueil insensé l'artiste qui se croit « créateur ». Quelques années plus tard, dans un poème d'une crudité âpre et grinçante[2], Michel-Ange clamera à la fois l'horreur de ce corps où il se dit « reclus de même que la moelle/dans son écorce » et la complaisance mélancolique « *la mia allegrezz' è la maninconia* ». Ici, écartelé entre cette imitation satanique et le modèle d'une noble imitation, l'artiste souffre le martyre.

Dans cette perspective, l'autoportrait sur la dépouille prend un sens poignant. Loin d'être une burlesque plaisanterie ou une fine allusion codée, il transcrit la culpabilité intérieure du peintre, son interrogation anxieuse et son ardente aspiration. Entre cette chair dont il se défait et le groupe des martyrs, Barthélemy se sacrifie dans l'attente de l'aide divine. Reniant la ténébreuse puissance du mélancolique, ne sollicite-t-il pas la résurrection de son inspiration ? Songe-t-il à l'invocation implorante d'Apollon, au début du *Paradis* de Dante qu'il connaît si bien et admire tant[3] ? Apollon est ici le Christ rédempteur qui insuffle une nouvelle vie, à l'heure décisive du Jugement dernier. Pour étayer cette interprétation, on peut remarquer que les instruments de supplice sont dirigés différemment. Ceux des autres martyrs le sont vers les persécuteurs damnés, celui de Barthélemy l'est vers Jésus. Or Michel-Ange conçoit son art comme un travail de taille qui dégage l'image spirituelle du bloc de marbre et délivre la beauté immortelle de la grossière peau des apparences physiques. C'est ce que fait ici le peintre martyr[4]. Au pied du Christ, il a retiré

1. Il faut, ici encore, rappeler l'influence des *Problemata* d'Aristote (*cf. supra*, II 4).

2. *Poème* LXXXIX composé vraisemblablement entre 1548 et 1550.

3. *Cf.* Sonnet LXXVI (M. Orcel) et sonnet LXIV (P. Leyris). A. Chastel souligne que Michel-Ange (ce *Dante scultore)* était reconnu comme un véritable expert en études dantesques.

4. Certes, l'autoportrait est peint sur la dépouille, non sur le martyr ; mais,

« l'écorce » des êtres et place son travail sous le prisme du regard divin.

Il se tient légèrement ployé dans le prolongement de la force surnaturelle qu'irradie le corps christique comme s'il souhaitait qu'elle se propage à son couteau. A-t-on assez remarqué que l'angle de son bras levé réplique en mineur celui de Jésus ? Le geste exécute la divine volonté. Michel-Ange décrit dans un *Sonnet* cette duplication docile des gestes et des outils :

> Si mon rude marteau tire du dur rocher/telle ou telle forme humaine, c'est du ministre/qui le tient en main et la guide et l'accompagne/qu'il reçoit son élan, c'est autrui qui le mène./
> Mais celui-là du Ciel, c'est par Sa vertu propre/qu'Il embellit le monde et S'embellit lui-même/et comme nul marteau n'est sans marteau forgé/de ce vivant Modèle tout autre procède[1].

Chaîne aimantée qui fait du « créateur » l'obéissant marteau du Créateur. Le couteau taille et la fresque se peint dans la propagation d'une inspiration qui découvre dans les chairs une puissance spirituelle. Blotti contre son épaule, tendu vers le mystère de cette transmutation, l'Urbino assiste le peintre. Qu'il s'agisse de peinture, non de sculpture, ne constitue pas une objection. Sculptures, peintures et poèmes répondent à la même exigence : par un violent travail, arracher la forme idéale du matériau où elle sommeille inerte. La peinture de la Chapelle en témoigne dans son évolution même ; de la voûte au mur, Michel-Ange a délaissé les majestueuses et sereines formes des corps pour peindre la tension mystique des craintes et des élans. Et c'est peut-être aussi cette peau des beautés sensibles trop immédiates qu'il offre pour que le Sauveur la rédime.

L'offrande résulte d'une quête personnelle et intime qui ne se réduit ni à un art, ni même à la sphère artistique. Les poèmes amoureux manifestent la même aimantation dans un mimétisme créatif. L'amant ne s'estime que s'il est forgé, taillé, marqué par

---

à considérer l'unité du groupe, on peut penser qu'il s'agit d'une même personne (Michel-Ange, barbu comme le martyr, s'est peint glabre et *pelare* signifie à la fois raser et dépecer).

1. *Sonnet* XVI, trad. P. Leyris qui remarque que l'image de la forge divine et du marteau pourrait venir de Dante (*Paradis*, II, 127-132), ce qui renforcerait encore la référence.

l'aimé dans une véritable renaissance amoureuse qui est aussi résurrection spirituelle. Car dans le désir de ce dénuement, il reconnaît en son amant l'image d'une beauté immortelle et, sous son sceau, se divinise à son tour. En témoigne le très étrange dernier tercet du poème qui décrit cette métamorphose : « Je prévaux sur les flammes et les ondes ;/Par ce signe je rends la lumière aux aveugles,/Et ma salive a pouvoir d'assainir tout poison[1]. » Il serait presque diabolique si le poète n'insistait à l'envi sur la terrible souffrance et le fréquent échec de cette mue. « Le vil ver » ne sait pas (ne peut pas) toujours se défaire de sa peau. L'aimé est alors le marteau supérieur qui délivre celui qui reste prisonnier de « son écorce dure, inculte et crue » et n'a « ni force ni vouloir », implorant l'assistance de son « seul recours ici-bas ». La docilité de l'outil n'est qu'apparente, elle résulte du martyre enduré. L'heureuse réciprocité amoureuse est une aide salvatrice. Mais si l'aimé n'est plus ou si l'amour est lui-même suspecté, comment endurer la douleur du supplice et entreprendre cette métamorphose rédemptrice ?

Aux glorieux vers du *Sonnet* XXVIII, vibrant d'une triomphale assurance, s'oppose alors un pathétique désarroi : « Il n'est rien de plus bas, de plus vil sur la terre/Que cela que, sans Toi, je me sens être et suis ;/Aussi débile et las, mon pauvre souffle/Demande-t-il pardon au plus haut des Désirs[2]. » De l'érotisme à l'amour mystique, le vocabulaire est le même[3] et ce n'est pas hasard. L'homme s'avançait invincible parce qu'il portait en son cœur l'empreinte de l'aimé ; privé de ce sceau, il n'est qu'une loque méprisable qui implore l'assistance divine :

> Mon cher Seigneur, c'est toi seul que j'appelle et invoque contre mon tourment inutile et aveugle. Toi seul peux renouveler en moi et hors de moi les désirs, la sagesse et la valeur rare et paresseuse. Amour, tu remis autrefois mon âme immortelle au temps, et tu l'enfermas dans cette dépouille faible et lasse, en lui assignant un

1. *Sonnet* XXVIII.
2. *Sonnet* LXXXIV, adressé à Vasari en 1555.
3. Dans le registre plastique aussi, on peut voir une continuité entre le geste de Zeus foudroyant le char de Phaéton, sur la première version, et celui de Jésus ici.

cruel destin. Que puis-je faire pour vivre autrement ? Sans toi, Seigneur, tout bien me manque. Changer mon sort est en ton seul pouvoir[1].

Agenouillé au pied de Dieu, Barthélemy espère quitter définitivement cette « dépouille faible et lasse ». Si, contrairement aux autres, il ne tourne pas vers les damnés l'instrument du supplice, c'est que ce supplice est une délivrance pour laquelle il demande instamment l'aide de Dieu ; il tend son couteau vers Jésus pour témoigner de ce désir mais aussi de son impuissance tragique. Mais l'interprétation est rétrospective, objectera-t-on, car les textes cités sont postérieurs à la fresque. A considérer la récurrence de ces thèmes dans l'œuvre de Michel-Ange et leur vertigineuse dramatisation au cours de sa vie, l'objection cède la place à une nécessaire nuance. La peinture préfigure une intuition de plus en plus présente. Elle formule dans une densité implicite ce que l'écriture ultérieure déploiera explicitement. La lugubre peau fripée trouvera un écho dans ce dégoût, manifesté par le poète pour son corps vieillissant, que l'on ne peut imputer aux seuls effets de l'âge ; car, dans la plénitude de la passion amoureuse, il souhaitait déjà abandonner cette *morta spoglia* et, dans un *Madrigal* contemporain du *Jugement dernier*, demandait que son âme tremblante sous « l'écorce » soit délivrée du superflu de chair. Cet effroi de l'âme, cette palpitante espérance d'une renaissance spirituelle, la totalité du mur de la Chapelle les figure. Aussi semble-t-il cohérent d'expliquer ainsi la place centrale et la forte personnalisation du martyr chrétien qui la concrétise visiblement.

Il offre tout à la fois son couteau à Jésus pour qu'il l'aide à se défaire de sa « carcasse épuisée » et cette même carcasse prête à chuter dans la barque infernale. Le couteau salvateur libère l'âme qui prie pour son incertaine rédemption :

> Déchargé d'une lourde, importune dépouille,/Mon cher Seigneur, et détaché du monde,/Comme fragile nef, vers Toi, las, je me tourne,/Havre suave après l'horrible orage./.../

---

1. Trad. A. Blunt (1940, p. 131).

Que tes yeux saints, que tes chastes oreilles/Ne jugent pas selon justice mon passé ;/Que ne se tende pas vers moi ton bras sévère [1].

Par cet autoportrait, par cet abandon, le peintre implore « prompt secours et [...] pardon plénier ». Si le martyr chrétien tourne son visage en direction de Jésus, il semble qu'il regarde Jean-Baptiste qui ramène à deux mains sur lui une *irsuta pelle*. N'évoque-t-il pas de manière très personnelle l'espérance de cette renaissance que le baptême symbolise ? Transmuant les termes même du désir érotique – mourir pour changer d'état, pour ceindre le corps aimé de sa peau couverte de fourrure – l'élan mystique souhaite quitter une peau corporelle pour renaître par le baptême dans la résurrection d'une chair spirituelle. Le dernier tercet du *Sonnet* LXXXVI[2] célèbre ainsi le Christ : « Au ténébreux royaume, il arracha nos Pères,/Il submergea les mauvais anges dans le deuil ;/Et l'homme seul jouit, rené dans le baptême. »

Dans ce transfert du registre érotique au registre religieux se creuse l'anxiété. L'amoureux désirait l'impossible, mais l'écart de la métaphore pouvait encore l'exprimer et le circonscrire. Le chrétien se tient tremblant devant le mystère transcendant de la Grâce. On ne peut pas douter de la piété de Michel-Ange, de sa ferveur croissante. On le sait très proche des partisans d'une réforme interne de l'Eglise romaine[3], aussi n'y a-t-il pas lieu de s'étonner que certains de ses poèmes paraissent faire prévaloir sur les œuvres terrestres cette dimension transcendante du « pardon plénier ». La fresque orchestre cette question cruciale pour l'époque : certaines âmes s'élèvent seules vers Dieu tandis que d'autres sont hissées en dépit de leur pesanteur par les anges qui les assistent. Il est sûr en tout cas que, pour Michel-Ange, l'interrogation répétée se mue en 1555 en un cri an-

1. *Sonnet* LXXXV probablement postérieur à 1555, mais l'autographe est sur un feuillet portant des esquisses que l'on peut dater de 1543, il est donc tentant de supposer que le *Sonnet* suit la composition de la fresque. *Id.* pour la citation suivante.

2. Ce serait l'un des derniers sonnets.

3. Il a pu entendre les sermons enflammés de Savonarole lors de sa jeunesse florentine et a dû fréquenter, en raison de son amitié pour Vittoria Colonna à partir de 1536, le cercle de Viterbe qui partageait une nouvelle conception du Salut.

goissé : « Tu ne fus point avare de ton sang,/Mais d'un tel don, quelle sera la clémence,/Si la clef de la foi ne nous ouvre le ciel[1] ? »

Le regard du martyr est une muette imploration à la fois pour l'œuvre peinte et pour le salut. Jésus seul peut renouveler « la valeur rare et paresseuse ». La partie gauche de la fresque développe explicitement la force de la prière qu'illustre notamment un groupe en ascension, à la hauteur des trompettistes au centre et du mélancolique à droite. Un ange accroupi hisse à l'aide d'une corde de rosaire deux âmes enroulées qui s'y agrippent. On ne trouve cette image dans aucun des jugements antérieurs et c'est donc une innovation du peintre. Cet effet plastique saisissant témoigne de l'énergie presque désespérée d'une nécessaire ardeur orante. Le deuxième quatrain du *Sonnet* précédemment cité paraît un fidèle écho de l'image, assombri cependant par l'abîme d'une culpabilité grandissante : « Ah, tends-moi donc, Seigneur cette chaîne/Qui tient à soi noués tous les présents du ciel ;/La foi, dis-je à quoi je m'agrippe et me pique ;/Je n'en ai, par ma faute, entière et pleine grâce. » Le marteau terrestre portait l'évidence de la fabrique divine, maillon heureux qui propageait une puissance surnaturelle. Le rosaire est une autre chaîne (*catena del la fede)* où se nouent les présents du ciel, mais il dépend de Dieu qu'elle soit ou non tendue, et de l'homme qu'il sache ou non la saisir. L'artiste taillait avec vigueur pour dégrossir le marbre lorsqu'il savait son marteau animé par la main céleste et devinait la vive image cachée. Faute de cette assurance, l'incertitude et le désarroi le gagnent. L'autoportrait fripé de l'écorché dit aussi cela. Non seulement il se dépouille pour être digne du Christ et lui offre son sacrifice, non seulement il lui demande humblement de diriger son couteau et de lui donner l'énergie nécessaire, mais il l'interroge, anxieux, sur la valeur de ses actes et de sa peinture. Les questions se sont substituées aux affirmations et se font de plus en plus pressantes et intimes.

Voilà pourquoi le saint exhibe sa peau avec cette insistance oblative. Voilà pourquoi il ne peut se contenter d'une place laté-

1. *Sonnet* LXXXIV, *id.* pour la citation suivante.

rale dans la fresque mais doit être au plus près du Christ, pour œuvrer dans le rayonnement de sa puissance, pour oser une noble imitation. En témoigne le geste similaire de son bras levé et plié. En témoigne également la conception même de l'œuvre comme un travail harassant qui conjugue la taille de la matière et l'épure de soi pour atteindre le but idéal ; « Songe-t-on à combien de sang cela coûte ? » écrit Michel-Ange sur un dessin – un crucifix offert dans le même temps à Vittoria Colonna[1]. Peindre, c'est réitérer pour soi et jusqu'à la plus vive souffrance le sacrifice divin. L'artiste, ôtant sa propre peau, rend hommage à cet autre silène que fut Jésus – c'est ainsi du moins que le décrit Erasme : « Est-ce que ce ne fut pas un merveilleux Silène que le Christ ? S'il est permis de parler de la sorte de celui que doivent imiter selon leurs moyens, pourquoi pas ?, chacun de ceux qui se glorifient du nom de Chrétien[2]. » Si le peintre se tient aux pieds du Seigneur, c'est donc pour « l'imiter selon ses moyens », au plus près de son rayonnement créateur, c'est donc aussi pour implorer son aide et lui soumettre sa conduite. Il n'y a qu'un Créateur, « vivant Modèle » duquel tout marteau procède, l'artiste est un simple médiateur qui s'oublie dans le labeur incessant où se forge un nouveau chaînon.

Orgueil et humilité, il n'y a pas à choisir. L'autoportrait est partagé entre les deux, comme le martyr est écartelé entre sa chair peccable et sa rédemption par le supplice, comme l'artiste est déchiré entre le plaisir de peindre des beautés visibles et son aspiration à l'invisible beauté. Cette dernière dimension rend l'autoportrait particulièrement émouvant. Le couteau levé devient une vibrante interrogation sur le sens ultime de l'art : ne faut-il pas vivre le martyre en abandonnant jusqu'à l'outil ? Dans les dernières années de sa vie, Michel-Ange esquisse une réponse positive à cette demande muette : « Et l'âme désormais, ni peindre ni sculpter/Ne me l'apaiseront ; tournée vers cet amour divin/Qui, pour nous recevoir, ouvrit en croix les bras[3]. »

---

1. 1536-1540, Londres. J'emprunte cette référence et la précieuse suggestion de l'artiste « en Christ re-crucifié » à Y. Hersant (*art. cit.* 1997).

2. *Op. cit.* Le texte ayant été maintes fois réédité depuis 1515, son influence, même indirecte, est probable.

3. *Sonnet* LXXXIII, calligraphié de la main de Michel-Ange sur une lettre à Vasari du 19. IX. 1554.

L'aveu ne saurait décider rétrospectivement du sens de la fresque, mais éclaire peut-être celui d'un sacrifice pressenti (à l'instar de Socrate, Marsyas sans aulos, qui accomplissait le dénuement du satyre en se dépouillant du dernier instrument...).

Les traducteurs des poèmes ont souligné « l'étroit catalogue des thèmes », « le petit nombre de symboles »[1] ; j'étendrai ce constat à toute l'œuvre puisque la figure de l'écorchement de Marsyas accompagne sa production et son existence entières. Loin de trahir une faiblesse, cette récurrence montre comment sa vie se construit et s'infléchit par la progressive élaboration d'obsessions centrales.

On est loin du *Bacchus* de jeunesse *(ill. 2)*. Dans le groupe sculpté, vie et mort se complétaient pour le plus grand triomphe du dieu de l'ivresse créatrice levant sa coupe devant le spectateur. Son juvénile corps restait inaltéré et masquait la funèbre dépouille. On a vu comment la tension lyrique des poèmes s'employait à défaire la rassurante extériorité de la sculpture, l'écorchement s'y intériorisait et concernait le vif de l'être. Le *Bacchus* proposait une image artistique, les poèmes un art de l'amour. Mais aussi loin qu'aillent le désir de tailler la figure aimée pour la sculpter et, réciproquement, le désir de se défaire de sa peau morte pour embrasser l'aimé, la poésie érotique ne peut totalement abolir cette relation spatiale d'extériorité ni transcender cette horizontalité. La fresque lui substitue l'axe vertical de la résurrection. Toutes les âmes sont ici des Marsyas puisqu'elles ressuscitent dans des corps spirituels. Barthélemy l'est par excellence parce qu'il est écorché dans sa chair, dans son art, dans son aspiration religieuse, dans la vertigineuse et éprouvante fusion de ces niveaux.

La figure s'est donc progressivement intériorisée pour coïncider avec toutes les dimensions de l'être et mettre à nu l'essentiel. A la distance mythologique introduite par l'Antiquité païenne, s'est substituée la métaphore animale (le serpent), végétale (l'écorce), ou minérale (le bloc de marbre, la pierre). La peinture rejette la peau du paganisme tandis que le serpent descend aux enfers, Marsyas est un martyr chrétien. Il n'y a plus

1. Selon les propos respectifs de M. Orcel et P. Leyris.

de métaphore mais un acte de foi et Michel-Ange signe son propre supplice. Cette signature sur l'autoportrait témoigne aussi de son exigence croissante vis-à-vis de sa création. Dans le dos du Bacchus, un petit faune grappillait les raisins comme l'artiste pouvait butiner les beautés. A cette récolte sur des matériaux extérieurs s'est substituée la conscience d'être soi-même le marteau d'une force supérieure. Devant l'angoisse de n'être pas encore assez docile, s'impose l'urgence de se défaire de sa vieille peau, voire de son art. Aux pieds de Jésus, l'artiste se tient dans l'offrande anxieuse de son œuvre (peau visuelle à dépouiller) et de lui-même (silène à ouvrir) pour exprimer la gloire du Dieu.

Aussi refusera-t-on résolument de voir dans cet autoportrait le témoignage de la prétention narcissique – et anachronique – d'un « créateur ». On refusera avec la même vigueur la mauvaise foi de l'Arétin qui feint de n'y voir qu'un déguisement pour lettrés. L'interprétation est pourtant séduisante qui redouble l'image d'une peau à ôter et reprend la tradition humaniste de la dissimulation du trésor caché sous le silène. Par avance elle aurait pu être défendue par Erasme, pour qui les « Saintes Lettres, elles aussi, ont leurs Silènes » et qui invitait à « briser la noix[1] » du texte littéral pour atteindre le sens sacré. Mais Michel-Ange ne saurait comparer son œuvre aux Saintes Lettres et semble fort éloigné du détachement tranquille qu'impliquerait une ruse herméneutique. Dans le labeur torturant de l'imitation christique, dans le sacrifice pressenti, c'est lui-même qu'il écorche.

Le glissement progressif de cette figure du Silène, du plus extérieur au plus intérieur, du plus accidentel au plus essentiel, est lié à l'implication croissante de l'artiste dans son art et modifie en retour la place du récepteur. La sculpture invitait à tourner autour de l'œuvre, la poésie était une ardente invite à aimer ; au centre ou presque de la fresque, l'autoportrait supplicié regarde le spectateur et l'interpelle. Rabelais couvrait de l'habit des « moqueries, pitreries et joyeuses menteries » le cœur de son ouvrage : « l'ingrédient contenu dedans. » Le lecteur devait

1. *Op. cit.*, p 411.

le flairer et rompre l'os, déceler sous la drôlerie le suc à butiner, dans l'optimisme heureux d'une lecture gourmande qui ne doute ni du miel ni de la moelle. Seule cette joyeuse certitude éveille l'appétit. Elle n'est plus de mise ici et toute certitude s'abolit devant l'imminence du Jugement dernier. Le peintre peut seulement œuvrer dans une tension orante, tremblant devant un verdict qu'il ne connaît pas. Aussi le silène de la fresque n'est ni un masque ni un déguisement. La peau est brandie et ne cache rien. Non qu'elle soit insignifiante, loin de là. Autour d'elle se déploient les significations. Latéralement, elle invite à suivre les diverses imitations des martyrs jusqu'à l'imposante croix sur la corniche droite. Verticalement, elle dirige le regard vers le bas (de ses bras pendants elle désigne l'enfer où chute le mélancolique) et compose le premier niveau d'une échelle ascensionnelle dont Barthélemy serait le second et Jésus l'ultime degré.

On ne peut réduire cet autoportrait où se nouent tant de possibles à un os qui contiendrait une moelle unique, ni briser comme une noix la magie des circulations du regard. L'œuvre s'ouvre d'interprétation en interprétation sans qu'aucune l'épuise, elle excède l'explicite d'une figuration. En exhibant sa peau, en tendant cette dépouille vide hors de son corps animé, Barthélemy ouvre un espace interprétatif – picturalement manifeste dans le ruban de ciel qui l'isole de la densité tumultueuse des groupes de corps. L'âme n'est pas dissimulée sous cette peau flasque, elle est déjà ailleurs dans le corps de celui qui la brandit, qui n'a de vérité à son tour que dans le Modèle divin qu'il cherche à accomplir et qui le domine. L'espace peint offre dans son entier la peau qu'il faut déchiffrer en la déployant dans le mouvement de la lecture et des interrogations, dans les chaînes signifiantes que créent les regards. L'autoportrait regarde le spectateur qui regarde celui qui la tend, lequel regarde lui-même vers Jésus qui ordonne de son geste l'ensemble du mouvement de la fresque et reconduit donc le regard à la totalité du mur. Tournoiement infini, vertige de l'interprétation. L'artiste se situe dans l'écho du geste divin et désigne ainsi le seul « Créateur » en lui offrant, anxieux, la peau de son travail; il se tient devant ce Juge ultime de la valeur de son art tout en proposant cette peau inanimée au spectateur, obligé à son tour de l'animer, d'accomplir ce don en suivant de figures en figures l'attente anxieuse qui le dynamise. Et Michel-Ange, se défaisant d'un illégitime statut de « créateur » au profit du Sauveur, instaure dans le même moment un processus herméneutique de reconnaissance dans le réseau des aimantations.

Ainsi l'écorchement réalise, sur le plan religieux mais aussi plastique, un dénuement de soi qui est tout à la fois une ouverture, un don et un accueil. Michel-Ange n'abandonne pas cette peau dont il se défait, il la met à la disposition de qui la voit. Ainsi en va-t-il de la fresque tout entière, composition dont le spectateur dispose dans un mimétisme du regard qui le dépouille à son tour de ses repères et de ses certitudes. L'*agalma* découvert n'est pas figé dans l'immobilité d'une vérité cryptée, pas plus qu'il n'est un objet révélé à contempler, il est l'horizon mobile d'une quête, le foyer de sens que découvre le sujet qui se constitue par là même. Entre objet et sujet, il projette une vivante présence.

Dans cette perspective enfin, se justifie le parti choisi ici d'approcher la notion de ravissement par cette figure insolite de la mort et du martyre – figure apparemment contraire à l'idée première que l'on se fait d'une telle notion. Pourquoi n'avoir pas préféré les fougueuses embrassades des élus comblés en haut à droite ? Pourquoi surtout n'avoir pas préféré la femme qui, en bas à l'extrême gauche de la fresque, monte au ciel dans la plénitude émerveillée de l'extase ? Elle s'élève irrésistiblement en se défaisant du blanc linceul qui lui ceint encore les pieds. Autour de son visage renversé, lèvres entrouvertes, yeux clos, les paumes s'épanouissent dans une action d'adoration et de grâces qui semble soutenir tout le groupe ascensionnel de gauche. Sa béatitude témoigne de la puissance de la rédemption et contribue à la force de la fresque. Bien des critiques, non des moindres, la tiennent pour « l'une des figures les plus belles et les plus significatives de l'ensemble[1] ». Pourtant elle paraît plus traditionnelle et moins troublante. La femme ferme les yeux et

1. A. Chastel (1959).

monte irrésistiblement dans l'éblouissante évidence de l'appel tandis que l'autoportrait, qui nous dévisage, incarne de pathétiques interrogations et s'ouvre à l'infini des interprétations. C'est lui qui arrache le spectateur à ses attentes et ses certitudes. C'est donc lui qui le ravit et l'oblige à voir la fresque entière comme la mise en forme extraordinaire de ce ravissement : ravissement des corps hors des linceuls, ravissement des âmes hors de leur destinée terrestre. La femme en extase y tient sa place, mais latérale. C'est un limpide contrepoint ; l'allégresse des embrassades en est un autre, jubilant ; la douceur de la Vierge blottie sous le bras de son fils un autre encore, miséricordieux. Ils permettent de mieux percevoir le thème central de la composition organisée tout entière sur le motif angoissant du dénuement devant l'inconnu, dans l'ouverture tremblante à l'inouï pressenti, dans l'effrayante exigence d'en être digne.

Déjà le traitement de l'espace peint fait vaciller les repères inscrits sur les autres murs par la succession ordonnée de tableaux encadrés, sous lesquels se disposent les tapisseries. Ce qui était représentation cadrée abolit ici ses contours, incorpore les corniches réelles pour devenir présence grandiose et terrible. Et la fresque à son tour orchestre cet ébranlement, dans la torrentueuse psychomachie, dans la véhémence des gestes suspendus. Des mains agrippent, d'autres repoussent, des corps s'élèvent aériens, d'autres tombent, les uns sont en lévitation, les autres hissés vers le haut, d'autres encore traînés vers le bas. On a beaucoup discuté de ces mouvements contradictoires et disputé de la prééminence des uns sur les autres. Certains commentateurs y voient la preuve de la sympathie de Michel-Ange pour le réformisme italien et l'efficace de la seule grâce divine ; d'autres soulignent à l'inverse le nécessaire concours des œuvres accomplies par les croyants. Mais c'est encore isoler, hiérarchiser les figures, défaire la formidable tension de leur coprésence tumultueuse[1]. C'est encore chercher à assigner un

1. Bien des commentateurs (A. Chastel, Ch. de Tolnay) montrent l'étonnante parenté formelle entre le *Jugement dernier* et la *Bataille de Cascina* (exécutée entre 1504 et 1505), mais ne soulignent pas assez qu'il s'agit d'une « bataille », ce qui éclaire le sens de cette mêlée grandiose. Devant l'imminence du verdict, l'âme doit encore combattre ; l'âme extatique, elle, est comblée, au-delà de la bataille. L'isoler de la fresque, c'est faire perdre à

sens, une interprétation, chercher en quelque sorte à « sucer la substantifique moelle ». La force de la fresque est au-delà de cette querelle ; elle n'illustre pas une prise de position théologique ni ne défend un dogme contre un autre, elle peint la cruciale épreuve, l'angoisse de l'indécidable.

Les corps ravis s'agglutinent en grappes compactes autour du dieu solaire, aimantés par le rayonnement divin qui les attire et les tient à distance dans un effroi sacré hors de toute certitude. Et si l'extase du corps rédimé est l'une des figures de ce tournoiement des corps, des postures et des croyances, c'est au même titre que son double négatif : l'inertie pesante, hallucinée, du corps mélancolique. Entre la gloire et l'horreur, aux pieds de Jésus, au centre de la constellation, dans l'abîme béant qu'ouvre l'imminence du verdict, Barthélemy tient l'unique chair peinte désincarnée et implore l'aide divine pour un ultime arrachement hors de ce corps.

Là est le ravissement, dans la conscience du plus grand risque, dans ce total dénuement et cette folle espérance. Remise en question absolue et vertigineuse qui implique tout l'être et n'épargne rien en lui – la vie de Michel-Ange en témoigne. Dans cet élan fougueux se mêlent indissociablement le religieux, l'érotique et l'esthétique. Cet élan est aussi un arrachement, un renoncement à soi, à son identité passée, voire à son art. La proximité de la mort le distingue de l'univocité comblée de l'extase, de la frénésie active de la transe. Dans la première, le corps ne s'appartient plus et s'ignore, déserté, immobile. Dans la transe, il s'agite, convulsif. Dans le ravissement, il meurt à lui-même et se tient dans la conscience de cet abandon et de cet écart, dans l'espérance d'une autre naissance. C'est l'admirable innovation de la fresque que de représenter Barthélemy avec et sans sa peau, dans la conscience du gouffre qui s'ouvre, dans l'ardent désir d'un au-delà.

---

l'ensemble cette puissance. C'est la limite de l'analyse intéressante de Ch. de Tolnay (1951).

2. Ecarts et variations

L'analyse des interprétations suggestives et significatives de la figure du silène permet de souligner la spécificité du ravissement : ébranlement intime et singulier où les identités vacillent, où la quiétude des réponses s'abolit, où l'individu meurt à ses certitudes et à son être passé. Dans la figure du martyr écorché se dessinent crûment la réalité de l'épreuve et sa radicalité. L'être ravi l'est d'abord à lui-même, arraché à ce qui le protégeait et le définissait, tiré hors de sa peau, exposé dans le plus grand dénuement, abandonnant toute puissance acquise, tout secours instrumental. Tout ravissement est donc un enlèvement, mais ne s'y réduit pas. Dans cet abîme ouvert, s'illumine l'espérance d'une renaissance, si impétueuse qu'elle entraîne l'individu dans l'exigence éperdue d'être digne de ce qu'il pressent. La méconnaître, c'est réduire le ravissement à la rudesse du rapt, le figer brutalement dans l'extériorité d'une violence. Mais cette exigence essentielle est à son tour impuissante à le cerner car le risque lui est consubstantiel, l'effroi l'habite. Faute de penser cette autre dimension, on émousse la complexité de la notion, sa difficulté conceptuelle, la tension extrême des contraires qu'elle rassemble dans une contraction fulgurante. Le ravissement s'affadit alors en se faisant charme.

Entre la joliesse des Grâces et la mâle gloire de victorieux ravisseurs palpite donc ce qui importe, mais les invites sont si séduisantes, les dénominations si suggestives, les figures si proches qu'il faut se garder constamment de cette double réduction. Aussi faut-il analyser les similitudes, les écarts et les variations de cette nouvelle constellation pour mieux appréhender ce qui distingue résolument l'expérience du ravissement de ses proches parentes.

Les trois Grâces

Dépeintes par les sources mythographiques comme des servantes ou suivantes de Vénus, elles incarnent à la Renaissance sa trinité divine en déployant la délicieuse spécification de ses caractères. Aglaé, Euphrosyne et Thalie sont ainsi « rebaptisées » pour personnifier les vertus de la déesse : Chasteté, Beauté, Volupté pour les uns ou, pour les ficiniens, Beauté, Amour et Volupté. Symbolisant la puissance vénusienne, elles exercent une indubitable attraction et d'abord sur les peintres et graveurs qui s'enchantent de cette possibilité de faire varier les points de vue sur le corps féminin.

Pour ne pas en rester à cette séduction, comprenons plutôt comment leur beauté sollicite notre conversion ravie. Car la beauté est un appel – par l'un des jeux de mots étymologiques qu'il affectionne, Marsile Ficin fait dériver le beau (*kallos*) du verbe appeler (*kalein*)[1]. Elle provoque ce *furor amatorius* susceptible d'arracher au monde sensible pour conduire vers Dieu, en faisant participer au flux spirituel continu qui procède du divin au monde et remonte du monde au divin. La beauté est une grâce donnée (au double sens esthétique et religieux), un charisme attractif.

> De ce fait, ce seul et même cercle qui va de Dieu au monde et du monde à Dieu porte trois noms : Beauté, en tant qu'il prend naissance et attire en Dieu, Amour en tant qu'il passe dans le monde et le ravit (*rapit*), Plaisir, en tant qu'il revient à son auteur et l'unit à son œuvre. Ainsi, né de la Beauté, l'amour s'achève en Plaisir (II, 2).

On reconnaît la ronde des Grâces, Pulchritudo, Amor et Voluptas, qui ornent la médaille de Pic de la Mirandole[2]. Elles

---

1. *Commentarium Marsilii Ficini florentini in convivium Platonis. De Amore*, V, 2 (trad. R. Marcel, 1956). Les citations à venir sont également tirées du *De Am.*

2. *Cf.* E. Panofsky (1939), A. Chastel (1954). E. Wind (1958) a montré le

incarnent manifestement pour l'Académie florentine (de Careggi, *charitum ager* « terre des Grâces » dit Ficin) les trois moments de ce *circuitus spiritualis* que décrit le *De Amore*. L'amour y occupe une place décisive, unissant les termes extrêmes. « Désir de jouir de la beauté », il est démonique dans la lignée platonicienne : il joint le céleste et le terrestre, circule de l'un à l'autre et est « le nœud éternel et la copule du monde (*copula mundi)* ». Il arrache au monde sensible dans un rapt (*raptio*) qui est le plus haut des délires (après les délires poétique, mystique, et prophétique). Car ce « *furor amatorius* » est puissance de cohésion et accomplit l'unité que préparaient les trois degrés précédents. « Le premier délire tempère les désaccords et les dissonances. Le second établit les parties équilibrées dans l'unité d'un tout. Le troisième met le tout au-dessus des parties et le quatrième le ramène à l'Unité, qui est au-dessus de l'essence et du tout » (VII, 15). Non seulement ce quatrième délire parfait la reconquête d'une âme tombée dans « la multiplicité des choses corporelles », mais il est l'indispensable fondement des autres :

> Nous n'arrivons à obtenir en effet ni le délire poétique, ni le délire mystique ni le délire prophétique sans une application sérieuse, une piété fervente, et sans rendre à la divinité un culte empressé. Or l'étude, la piété, le culte, est-ce autre chose que l'Amour ? Tous par conséquent dépendent de la puissance de l'Amour (*id.*).

Ainsi, la puissance éminente et irrésistible de l'amour « ne peut que ravir toutes choses vers la beauté et unir au beau ce qui n'en participe pas »(I, 3).

On retrouve dans la belle figuration des Grâces bien des traits examinés. Si le souple enlacement du groupe incarne ce « nœud perpétuel » et l'unité de la danse, chaque Grâce y a ses propres attributs, elle est un maillon spécifique dans cette ronde captieuse. Le spectateur s'émerveille des subtiles ornements de cette ligne mélodique – les peintres se plairont à la varier par la

---

programme ficinien de cette médaille réalisée par N. Fiorentino vers 1484-85, donc avant que Pic de la Mirandole ne manifeste vis-à-vis de Ficin une distance qui deviendra nette dissension, on y reviendra.

riche parure de l'une, le simple collier de l'autre, la pudique nudité de la troisième, ou encore la savante coiffure de la première, les sages bandeaux de la seconde et l'exubérante chevelure dénouée de la troisième. Leurs postures témoignent d'une continuité par-delà la différence des identités. Sur la médaille de Pic, une translation s'effectue de gauche à droite, de la première, souplement déhanchée vers l'extérieur, à la dernière, tournée dans une apparente symétrie vers la droite. Entre les deux, Amor remplit bien son rôle de *copula mundi*, tenant l'une, tenu par l'autre.

La ronde des Grâces reproduit donc la chaîne aimantée de l'inspiration poétique décrite par Platon ; et Ficin, aimanté lui-même par celui qu'il commente, utilise cette métaphore pour expliquer la fureur amoureuse embrasée par l'étincelle de beauté divine que reflète l'âme aimable. Le feu ou l'aimantation permettent la conjonction dynamique de deux matières en une troisième, ainsi l'amour participe de deux natures :

> La pierre magnétique transmet au fer en quelque sorte sa qualité qui, en le rendant semblable à l'aimant, le porte lui-même vers cette pierre. Or du fait qu'une telle inclination, née de la pierre, porte vers la pierre, on dit sans hésiter que cette inclination est pierreuse, mais en tant qu'elle réside dans le fer, on peut aussi bien la qualifier de ferreuse que pierreuse, car la matière du fer dans laquelle elle se trouve n'est plus matière pure, mais déjà formée par la qualité de la pierre ; ce pour quoi elle retient la propriété de l'une comme de l'autre (VI, 2).

L'enchaînement gracieux sur la médaille de Pic incarne l'évidence de cette transmission des qualités : Amor tient d'une main la beauté de sa compagne tandis que le bras de Volupté l'attire et l'incline à son tour. En retenant les propriétés de l'une et de l'autre, il peut triompher de la possible démesure de chacune. Contempler la seule beauté sans être vivifié par le désir d'en jouir serait l'excès du saturnien, Vénus l'équilibre. Inversement l'amour ne se confond pas avec la frénésie sensuelle et doit naître de la beauté – d'où la fréquente présence de Castitas qui garantit une pudique réserve.

Dans ce groupe des Grâces, l'aimantation n'est pas seulement conjonction, elle implique aussi une propagation dynamique.

Cette transitivité se dessine sur la médaille par une légère dissymétrie au profit de la droite – soulignée par les bras d'Amor et Voluptas, elles-mêmes appuyées sur leurs jambes droites, tandis que seule Pulchritudo l'est sur sa jambe gauche. La dissymétrie est plus manifeste encore dans un « repentir » du tableau de Raphaël[1]. La Grâce centrale touchait des deux mains les épaules de ses compagnes, elle tient désormais une pomme[2] de sa main droite, ce qui accentue l'asymétrie de son visage de profil. Elle anticipe ainsi le geste de Voluptas qui tient aussi une pomme et est parée plus qu'elle. Enfin, l'étendue d'eau derrière elles est également asymétrique et dirige le regard vers la droite – le lac s'arrête derrière Castitas mais se prolonge au-delà de Voluptas et du tableau. Ce «*pentimento*» fécond invite le spectateur à se saisir à son tour de cette pomme proposée et indique la propagation de l'aimantation.

Dans cette promesse en suspens, on retrouve le motif déjà analysé du don et du partage. Chrysippe d'une part, les épicuriens d'autre part associaient déjà les Grâces et la libéralité du don. Si leurs textes se sont perdus, demeure le *De Beneficiis* de Sénèque qui s'en inspire largement et fixe les traits distinctifs de la représentation : les bienfaits doivent être donnés, reçus et rendus (*gratias agere*), trois moments symbolisés par les trois sœurs. Elles sont jeunes parce que le bienfait ne vieillit pas, vierges parce qu'il est pur, vêtues de robes transparentes car il n'y a en lui ni honte ni gêne, ce pour quoi elles n'ont pas de ceinture.

> Pourquoi les mains sont-elles entrelacées en cette ronde qui revient sur elle-même ? Parce que le bienfait forme chaîne et, tout en passant de main en main ne laisse pas de revenir à son auteur, et que l'effet d'ensemble est détruit s'il y a quelque part solution de continuité, tandis que la chaîne est fort belle si elle n'est pas interrompue entre-temps et si elle perpétue la succession des rôles[3].

La qualité de la liaison fait donc la beauté de la danse et Sé-

---

1. *Les Trois Grâces*, 17 x 17 cm, v. 1505, Chantilly.
2. Les pommes d'or étaient consacrées à Vénus et sont souvent l'attribut des Grâces.
3. Trad. F. Préchac (*Sénèque,* 1993) ; I, III, 4.

nèque reprend la comparaison de Chrysippe avec le jeu de paume apprécié lorsqu'il se continue sans que la balle tombe – comme l'iconographie en témoigne, la pomme vénusienne est une autre balle. La continuité du mouvement l'emporte sur la singularité des identités. Ronde romaine des bienfaits, chaîne platonicienne de l'aimantation, le néoplatonisme florentin les condense dans une entité triple : l'émanation divine de la beauté, sa réception éblouie dans l'amour et son retour dans la plénitude de la Volupté. Les Grâces figurent les trois moments de ce *circuitus spiritualis* ininterrompu qui est tout à la fois l'infusion du divin dans le terrestre et l'aimantation du terrestre par le divin. *Emanatio – raptio – remeatio.* Entre les deux, le rapt est un cadeau, l'arrachement une cohésion, l'abandon un retour, la mort une vivification[1], le ravissement une conversion – Ficin use aussi des termes de *conversio* et *vivificatio*.

Il semble qu'on ne puisse souhaiter image plus riche du ravissement : essentiel et central, copule et nœud du monde, attraction aimantée qui se propage et se partage. Pour parfaire une telle représentation, il est même explicitement figuré comme une conversion : la Grâce médiatrice nous tourne le dos, abandonnant au spectateur les plaisirs sensibles. Irrésistiblement attirée par le désir de jouir de la beauté, de se faire volupté, elle quitte le monde physique pour rejoindre de toute son âme l'au-delà céleste. Il n'est donc guère étonnant qu'on y ait vu une manifestation réussie de la théorie néoplatonicienne des florentins, comme on pourrait y voir un exemple fructueux de la méthode ficinienne – « Je me suis efforcé de dépeindre, comme à mon habitude, avec des couleurs platoniciennes, l'image d'une belle pensée par la ressemblance d'un beau corps... », écrit Ficin dans une lettre de novembre 1480[2].

On peut pourtant soupçonner cette « peinture » de trahir son objet car ces personnifications sont trop jolies pour n'évoquer que l'explicite d'une représentation. L'image ne se réduit pas à illustrer, même lorsqu'elle prétend le faire ; elle porte d'autres potentialités qu'il faut maintenant examiner.

---

1. *De Am.* II, 8, p. 156. « Quiconque aime est mort à lui-même. »
2. Cette référence provient du livre de R. Court (1987).

Et de fait, à bien regarder ces Grâces, le doute s'insinue. La retenue de leurs gestes traduit la mesure plutôt que le bouleversement, leur modestie une calme certitude plutôt que le dénuement. Leur enlacement délicat est une ronde dansée plutôt qu'un arrachement. Leur aménité même fait de leur offrande une invite plutôt qu'un rapt. Les subtiles variations interprétatives des peintres et graveurs confirment ces écarts. Si, dans *Le Printemps* de Botticelli[1], le regard de l'une s'échappe hors du groupe en direction de Mercure qui lui-même regarde vers le ciel, les mains des trois Grâces forment une guirlande close et l'ensemble du tableau est soigneusement composé : autour de la figure centrale de Vénus, la triade de droite répond à celle de gauche qui, par le regard de Castitas, conduit à Mercure dont le bras désigne le ciel à gauche, amorçant une boucle qui ramène à Zéphyr qui en descend à l'extrême droite de la toile. Si, dans la médaille de Pic, Amor tient la place centrale, on est loin de sa fureur. Le transport reste circulaire et le don assuré du contre-don. Même lorsqu'une légère asymétrie travaille la représentation et esquisse une vectorisation comme dans le tableau de Raphaël, la droite s'enrichit de deux pommes offertes. Et la composition s'équilibre du déhanchement en écho des deux Grâces extrêmes. Le mouvement de leur compagne médiane les unit sans les confondre. Attitudes et visages les particularisent, enlacées elles demeurent identifiables. Aussi, plutôt que la bouleversante épreuve du ravissement, la triade semble figurer le calme d'une nécessaire réunion, l'harmonie dans l'heureuse conjonction des contraires.

Pourquoi opposer ravissement et harmonie, objectera-t-on alors ? Ficin ne définit-il pas l'amour (*raptio*) comme copule qui conjoint deux éléments distincts ? Ne définit-il pas aussi la Beauté comme « une grâce qui dans la plupart des cas naît avant tout de l'harmonieux équilibre de plusieurs éléments »(I, 4) ? Certes, mais l'embarras n'est pas dissipé pour autant. Car il est difficile de concilier cette définition de la beauté non seulement avec le propos soutenu ici, mais surtout avec celui de Ficin : il décrit la beauté comme une « étincelle » qui enflamme, un

1. *Le Printemps*, 203 x 214 cm, 1478, Florence.

« hameçon » qui accroche[1]; il lui donne une étymologie « provocante » (*kalein/kallos*), et la dote de la violence irrésistible du rapt. L'harmonie paraît contraire au *furor amatorius*, l'équilibre au déséquilibre, le calme de la conjonction au vertige de l'inconnu. Sur le plafond de la *Camera di san Paolo*, les Trois Grâces opposent la concorde à Bellone, déesse de la guerre. « De même que les Furies appellent à la discorde, les Grâces appellent à la concorde », dit Ficin[2]. Le Corrège va plus loin en faisant de cette opposition l'écho d'une autre : sur le côté nord, l'imperturbable Intégrité se dresse devant Pan délaissant sa flûte, accrochée derrière le tronc de l'arbre, pour la conque qui symbolise la panique qu'il peut provoquer. Or ces couples d'oppositions binaires (discorde et concorde, démesure et mesure, panique et maîtrise) amplifient le doute ressenti. Le ravissement, on l'a dit, se vit dans l'aveuglante conversion de contraires en fusion et non dans la limpide clarté de leur conjonction. Marsyas n'unit pas Dionysos et Apollon. Son écorchement n'a rien d'harmonieux. Son martyre n'est pas un aimable jeu de balle, de don et de contre-don. Sa mise à mort n'est pas une grâce offerte.

La contradiction des figures est une rude épreuve, susceptible d'invalider ce qui précède. Doit-on continuer à soutenir que le satyre supplicié figure la réalité du ravissement plus adéquatement que la trinité vénusienne ? Le peut-on seulement, et de quel droit, puisqu'une lecture scrupuleuse semble privilégier l'inverse ? Les Grâces allégorisées par Ficin représentent trois moments dont l'un est nommé explicitement « ravissement ». Les textes platoniciens ne faisaient qu'évoquer Marsyas, image presque aussi fugace que le son de l'aulos. Bien plus, le verbe *rapere,* employé si souvent par le Florentin, est la traduction littérale du verbe que l'on rencontre chez Proclus (*harpazein)* tandis que le mot de *conversio,* lui aussi fréquent, reprend celui

1. I, 4 et aussi *Théologie platonicienne* (trad. R. Marcel, 1964), t. II : « L'âme est embrasée de l'éclat divin qui brille dans un bel homme comme dans un miroir et [...] ayant été prise à son insu, comme par un hameçon (*clam raptum quasi hamo)* elle est soulevée au point de devenir Dieu. »

2. *Lettre à Pic de la Mirandole*, j'emprunte cette citation à l'analyse de Panofsky (1961).

d'épistrophê que l'on trouve abondamment chez Plotin et dans les écrits des premiers chrétiens. Or, ces termes n'appartiennent pas aux textes platoniciens analysés[1].

La difficulté ne doit pas surprendre – de crainte d'enserrer trop vite le ravissement dans un filet de concepts, on a en effet préféré la mouvante constellation des figures à la garantie du vocabulaire. Elle doit plutôt obliger à poursuivre. Or il se pourrait que l'opposition entre la délicieuse trinité féminine et l'écorchement de Marsyas confirme la démarche car, dans ses charmantes suggestions (et interprétations diverses), l'image des Grâces témoigne des ambiguïtés implicites d'une « théorie » du ravissement. Elle abrite l'ambivalence sans obliger à choisir. Elle propose une représentation du rapt amoureux, mais sa composition ordonnée plaide pour l'équilibre. La « conversion » maintient les opposés dans la quasi-gémellité d'une présence qui affirme l'identité. L'offre des pommes et la perpétuation légère de la danse triomphent du vertige et de la mort. L'absence au monde devient la réception d'un don, une séduisante captation de bienveillance exercée sur le spectateur par un nu de dos – promesse que comblent les deux sœurs de face.

Ce glissement rassurant, les textes ficiniens l'effectuent en assignant une place théorique à la mort. Si l'amoureux meurt à lui-même, c'est pour se regagner dans la réciprocité amoureuse en décuplant la mise initiale.

> Dans l'amour réciproque, il n'y a qu'une mort, mais deux résurrections, car celui qui aime meurt en lui-même une fois puisqu'il s'oublie, mais il ressuscite dans l'aimé, dès que l'aimé s'empare de lui dans une ardente pensée et il ressuscite de nouveau, lorsque dans l'aimé il se reconnaît et ne doute plus qu'il soit aimé. O heureuse mort que suivent deux vies ! O admirable échange (*mirum commercium)* dans lequel chacun se sacrifie à la place de l'autre, en

1. Platon n'utilise qu'une fois le terme *epistrophê* pour désigner le mouvement du fuseau de Clotho (*Rép.* X, 620). Pourtant la notion de conversion est bien présente et développée, mais les termes employés sont *peristrophê, periagôgê* (*Rép.* VII, 518 et 521) ou encore *metastrophê* (*Id.*, 525 et 532). Platon emploie aussi une constellation de termes suggérant le ravissement (*mania, ekphrôn, enthousiastikos, epipnoia)* que les deux premières parties de ce travail ont mis en évidence.

> possède un autre, et ne cesse point de se posséder soi-même ! O gain inestimable, quand deux êtres n'en font qu'un au point que chacun d'eux par un seul devient deux, et que, comme dédoublé, celui qui n'avait qu'une vie en a deux grâce à cette mort ! Car qui meurt une fois et ressuscite deux fois, pour une vie en acquiert deux, et pour lui-même qui est un, se retrouve deux (*De Am.* II,8).

On résiste mal à la jubilation de cette comptabilité étonnante. L'amour est un jeu de balle où les vies s'échangent et se multiplient comme les pommes aux mains des Grâces. Cette confiance comptable, l'ironie socratique l'avait stigmatisée par avance dans le troc d'Alcibiade et dans le premier discours du *Phèdre*. L'amoureux n'attend nul retour, l'abandon ne garantit nul gain, l'ivresse du ravissement est un sacrifice. Toute présomption de maîtrise est fautive et l'on ne peut parler d'amour que sous la dictée du dieu. De la démesure de la *mania,* ne demeurent chez Ficin que la réitération des exclamations et l'haletante scansion du passage.

Pourtant l'émerveillement professé devant cette duplication trahit *a contrario* une certaine suspicion qu'il faut s'employer à vaincre : « Je vous conseille et vous supplie de vous adonner de toutes vos forces à l'Amour, qui est une chose vraiment divine. Ne vous effrayez pas de ce qu'ils font dire à Platon à propos d'un certain amant. “Cet amant, dit-il, est une âme morte dans le corps d'un autre” »(II,8). La théorie doit remédier à la peur de se perdre, l'arithmétique garantir l'échange amoureux et la couronne finale des exclamations emporter la conviction. Beau développement rhétorique. On peut cependant l'estimer captieux, car ce merveilleux commerce n'existe que si l'amour est réciproque – modalité délicieuse mais à son tour incertaine.

> Il y a deux espèces d'Amour : l'un l'amour simple, l'autre l'amour réciproque. Il y a amour simple, quand l'aimé n'aime pas l'amant. Dans ce cas, l'amant est complètement mort, car, comme, nous l'avons démontré, il ne vit pas en lui-même et il ne vit pas dans l'aimé, puisque son amour est repoussé... L'amant qui n'est pas aimé est complètement mort, et il ne revivra jamais à moins que l'indignation ne le ressuscite (*id.*).

La question ne fait donc que se déplacer. Celui qui craint la mort osera-t-il aimer si la réciproque n'est pas garantie ? Mais n'aime-t-on que celui qui vous paiera en retour et dans cette assurance ? L'argumentation étouffe subtilement ces questions en substituant, implicitement puis explicitement, l'exigence de justice à l'emprise de la fureur amoureuse. Penser que l'indignation peut ressusciter l'amant malheureux, c'est estimer qu'il a été spolié de ses droits et peut les revendiquer, admettre donc que l'amour est une « restitution absolument équitable », voire une « vengeance très juste » pour « l'homicide » commis. « Voilà pourquoi en stricte justice quiconque est aimé doit aimer » *(id.)*.

Dans cette triomphale conclusion se perd peut-être la grâce, s'il est vrai qu'elle est comblante gratuité. La conclusion ficinienne est, en tout cas, éloignée de celle de Socrate qui dénonce tout « placement » amoureux. Cadeau offert par les dieux, il se donne à la cité. Ni aimable ni gracieux, mais aiguillonné par l'exigence qu'il pressent, il est un taon qui pique au lieu de réclamer des droits. Il en mourra.

Accuser le discours de Ficin de « trahison » n'aurait pourtant guère de sens. La défense alléguerait d'abord aisément qu'il commémore le *Banquet* en rapportant tous les propos tenus et que ce second discours, composé par le théologien Antonio, correspond à celui de Pausanias, non à celui de Socrate ou de Diotime[1]. Mais la fidélité eût été mieux prouvée si la théorie d'Antonio se donnait pour la proposition d'Alcibiade de troquer du cuivre contre de l'or et cette théorie du « droit à l'amour » n'est pas le propos d'un soupirant ivre, elle veut convaincre et non témoigner. En outre le commentaire de Ficin estompe les particularités des protagonistes, assimile leurs discours en les homogénéisant, produisant ainsi un nouveau texte : le *De Amore*. Trahison donc ? Non, car il y a une deuxième raison de refuser ce terme : il relève justement du registre affectif et judiciaire ici dénoncé, de l'indignation devant ce qui n'est pas restitué, il s'agirait en ce cas d'une sorte d'homicide intellectuel – révélant d'ailleurs une inversion intéressante, l'aimé peut

1. Le prologue explique factuellement cette répartition. Il y aurait beaucoup à dire sur ce tirage au sort des rôles et sur les glissements dans l'apparente « reprise » du texte ; deux sont notables et susceptibles de confirmer notre propos : Diotime disparaît ainsi que l'image du silène.

aussi être tué par un amour possessif qui prend sa vie. Accuser Ficin de « trahison » témoignerait en troisième lieu d'une incompréhension de l'attitude de la Renaissance qui puise une liberté neuve dans les auteurs antiques rassemblés et utilisés par-delà leurs différences. Ficin exerce ce syncrétisme sur le *Banquet* en gommant, dans le plaisir d'une unanime célébration, ce qui peut séparer le rhéteur du philosophe, le médecin de la prêtresse, le poète tragique du poète comique – il pousse ce syncrétisme à l'extrême dans l'écriture d'une « Théologie platonicienne ». Enfin, admettre une telle accusation serait renier ce qu'on a voulu mettre en valeur : la fécondité des interprétations, la dynamique chaîne des mimétismes créateurs, l'occultation de l'origine et l'appropriation créative. Délivrer des brevets d'orthodoxie platonicienne serait contradictoire avec la patience et la modestie attentive du jardinier.

Il faut plutôt comprendre ce qui se joue dans le déplacement. Devant la peur de mourir, le discours veut rassurer par des calculs et des garanties juridiques. La théorie veut maîtriser ce qui effraie. Le *furor amatorius* se mue en jeu de balle réglé, le moment d'abandon est serti dans la charmante ronde du don et du contre-don, le gouffre vertigineux du possible se métamorphose en paisible harmonie, la panique du rapt en certitude de la vivification. Les Grâces figurent donc non l'épreuve du ravissement, mais une pensée sur le ravissement qui le norme et lui donne sens – dans les deux acceptions du terme, en lui donnant une fonction et une signification, en en faisant un moment dans un parcours nécessaire. L'harmonie aimable de l'image tient à la certitude de ce devenir dominé et réfléchi par un système. La Beauté émane de Dieu, enflamme d'Amour, s'accomplit en Plaisir en revenant à Dieu. Le cercle cosmique[1] est une chaîne ininterrompue de don où le ravissement est une copule et où le manque est résorbé par la certitude du retour. Le désir qu'engendre la beauté est déjà tourné vers la Volupté qui l'accomplit.

1. *Kosmos* désigne à la fois l'ordre et l'univers et encore « la décoration », « l'ornement ». Se mêlent donc les dimensions esthétique, rationnelle et cosmique à proprement parler.

> Pour nous résumer, nous célébrerons donc trois bienfaits de l'Amour, à savoir qu'il nous ramène au Ciel en nous rendant notre intégrité, alors que nous avions été autrefois divisés, qu'il donne à chacun sa place et fait que tous sont satisfaits de la part qui leur échoit, enfin qu'en éliminant tout dégoût, il allume sans cesse en notre âme, par son amour, un plaisir pour ainsi dire toujours nouveau et la rend bienheureuse grâce à cette jouissance exquise et douce (IV,6).

On ne reconnaît guère la brutalité du rapt, les douleurs de la pousse des ailes, le violent écartèlement qui retient l'amoureux entre désir et pudeur craintive, l'amour qui dépense sans compter, le ravissement qui arrache aux identités assignées, la *mania* qui est maladie, fût-elle divine. Bien au contraire, cet amour-là unifie, remet en place, rend la santé donc et purge l'organisme. De quelle démesure ? De cette humeur noire mélancolique que connaît si bien le médecin Ficin[1]. Aussi, pour que l'amour soit thérapeutique, lui prête-t-il à la fois l'irrésistible puissance de la *mania* divine (capable d'arracher à la fascination du morbide et de l'informe) et la jouissance qui l'accomplit.

L'ambivalence de la théorie s'explique alors. Il faut en effet conserver la dimension décisive d'une conversion mais faire en sorte que rien ne puisse réellement s'y décider puisqu'il s'agit d'une étape nécessaire dans un cercle préalablement dessiné. Ré-novation, re-naissance, plutôt que transformation. Le surgissement inédit du ravissement doit être aussi, et contradictoirement, une simple copule qui conjoint deux moments successifs. L'irrésistible attraction qui bouleverse l'être et défait l'identité n'est plus que la juxtaposition de deux « propriétés ». L'irréversibilité de l'instant est niée par la réversibilité de la justice ; le dynamisme contredit par le perpétuel retour du même. Les Grâces en témoignent délicieusement, les peintres aussi qui hésitent entre la symétrie et la dissymétrie, la clôture et l'ouverture, la pose et la danse, l'identité et le plaisir des différences.

Cette ambivalence sollicite aussi un remaniement des no-

---

1. Selon Ficin, la *mania* platonicienne et l'enthousiasme représentaient le salut pour le mélancolique torturé (Chastel, 1954).

tions. Le vertige de l'abandon devient promesse certaine. « Les beaux poèmes sont des présents célestes[1] », récompenses de la confiance accordée. Loin de se perdre, l'inspiré « se confie à cette inspiration » et s'accroche à « la chaîne d'or qu'Homère a vue suspendue au ciel et descendant jusqu'à la terre, qui permet aux hommes qui la saisissent de s'élever jusqu'au ciel ». Il s'en empare plus qu'il n'en est l'instrument. Et l'épreuve du ravissement devient à son tour un instrument théorique.

Elle sollicite enfin un remaniement des auteurs. Platon, aussi nécessaire soit-il, ne saurait suffire. Dieu est l'indispensable fondement de ce *circuitus spiritualis*, un Dieu nécessairement bon : c'est la seule qualité susceptible de se déployer dans la générosité du don, tout en revenant sur elle-même, dans son épanouissement en Volupté. La Bonté garantit la réciprocité amoureuse, la cohésion du monde et la continuité du flux qui unit Dieu au monde et le monde à Dieu[2], Dans cette optique, la *mania* divine devient l'ordonnance de l'harmonie universelle, ordonnance rédigée et prescrite par Ficin qui est à la fois médecin, théologien et « père de la famille platonicienne ». A partir de cette référence dont il est nourri, il forge sa propre théorie défensive et thérapeutique. Aussi cette « paternité » est-elle à son tour ambivalente. Sous la bannière d'une commémoration du *Banquet*, s'affirme moins la filiation que la fondation d'une nouvelle famille. Platon lui fournit les couleurs et les motifs, mais avec eux Ficin compose une œuvre de mesure et d'harmonie qui exalte l'ordre et la réciprocité. Enchâssé dans le discours qui lui assigne une place et une fonction (aussi centrales soient-elles), une finalité (aussi éminente soit-elle), le ravissement n'est plus qu'une copule nécessaire dans un mouvement logique, un terme syntaxique et non une réalité subversive. Ce qui ne va peut-être pas sans d'inconscients repen-

---

1. *Théol. plat.*, t. II. *Id.* pour les citations suivantes.

2. Ce nécessaire recours à la bonté divine peut faire penser à Descartes. Aussi différents que soient les époques, les contextes et les objets (l'amour d'un côté, la connaissance de l'autre), la continuité doit être assurée, et l'est, par le recours à la transcendance de la bonté divine qui légitime la croyance thérapeutique de Ficin, la chaîne des raisons démonstratives de Descartes. On sait combien un tel recours a paru condamnable à Pascal (*P.* 298) ; le *De Amore* suscita en son temps la vive réplique de Pic de la Mirandole, *cf. infra*.

tirs; en témoignerait l'insolite substitution d'une autre triade (Beauté, Délectation, Amour). Alors le ravissement amoureux devient le terme ultime d'un cercle qui ne peut plus se clore en plaisir, d'un don qui consume celui qu'il embrase.

> Au reste pour ne pas trop nous éloigner de notre sujet, concluons brièvement de ce que nous avons dit que la Beauté est une grâce vivace et spirituelle [...] et que cette grâce, par l'intermédiaire de la raison, de la vue, de l'ouïe, émeut et réjouit nos âmes et, en les réjouissant, les ravit et, en les ravissant, les enflamme d'un ardent amour (*delectando rapit, rapiendo ardenti inflammat amore)* (V, 6).

A l'exception de ce troublant glissement, la théorie a exténué ce qu'elle souhaitait maîtriser : l'effroi, le dénuement que provoque un amour irrésistible, total et sans retour garanti. Aussi peut-on rester admiratif et sceptique devant ce déploiement défensif et thérapeutique. Car l'amour incessamment célébré s'est enfui comme le vagabond qu'il est, qu'on ne saurait stabiliser ni circonscrire, pas plus qu'il ne sait prouver ses « droits » ni réclamer justice; il n'échange rien, il a l'indigence de sa générosité car il prodigue irréversiblement, comme le dira Jankélévitch :

> En tant qu'il se porte vers l'autre spontanément, se perd en l'autre extatiquement, s'oublie lui-même miraculeusement, l'Amour désintéressé est, comme le courage, une manière d'honorer l'irréversible et d'abonder dans le sens de la futurition; non pas courageusement comme un adversaire qui affronte son adversaire, mais généreusement et amoureusement comme le moi qui va au-devant de la deuxième personne. Faudra-t-il opposer l'irréversibilité aimante à la justice[1] ?

Oui, il le faut et plus encore si cet amour unit l'homme au divin. N'est-il pas absurde et outrecuidant de postuler alors la réciprocité d'un tel amour? Pic de la Mirandole pose et résout vigoureusement la question, en accusant Ficin de « confusion totale [qui] a fini par altérer ensuite tout ce qu'il dit de l'amour[2] ». Entre autres erreurs, il ne sait pas distinguer cet

---

1. 1974 a.
2. Première version du *Commento sopra una canzone d'amore composta*

amour de l'amitié humaine, ni comprendre que la Félicité véritable exige d'abord que l'on se perde en Dieu. En 1486, s'éloignant du « père de la famille platonicienne », Pic renomme les Grâces « Jeunesse, Splendeur et Joie », ou encore « Beauté, Intellect et Volonté ». Toutes trois en fidèles servantes spécifient la Beauté idéale de Vénus qui dompte et tempère Mars. L'harmonie est toujours liée à une juste proportion mais la dimension belliqueuse s'affirme. La beauté est *concordia discors,* tension polémique dans la variété et non simple coexistence de propriétés. Déjà la médaille proposait une dissymétrie susceptible de contredire la clôture de la danse. Désormais elle s'accuse nettement : les deux dernières Grâces ont « le visage tourné de l'autre côté, comme des personnes qui repartiraient, parce qu'on dit que les choses viennent des Dieux jusqu'à nous et que nous retournons aux Dieux ». Est-ce vraiment un retour ? Elles amorcent le mouvement sans le garantir car c'est une résolution volontaire, non une solution circulaire ; aussi la ronde s'entrouvre : « Les deux autres propriétés de la beauté idéale sont d'illuminer l'intelligence et d'ébranler sa volonté vers le désir de soi en emplissant celle-ci d'une joie qui, lorsqu'elle est possédée est ineffable. » L'accent porte sur l'ébranlement, sur la rupture, sur la mise en œuvre de la volonté, sur l'attention et le désir, sur le manque plutôt que sur l'éventuelle possession. La Joie ineffable n'est qu'un possible dont on ne peut décider et, si la figure du cercle est conservée, elle ne convient plus qu'aux « substances immortelles », aux « natures angéliques et rationnelles ».

Moins paradoxalement qu'il n'y paraît, Pic de la Mirandole est plus proche de ce qu'il semble rejeter en se séparant d'une doctrine explicite du ravissement et en contestant l'application au divin de l'amour platonicien. On peut donc supposer qu'il dénonce moins l'emprise de la *mania* platonicienne que sa théorisation optimiste par Ficin. Car le ravissement n'est pas une médiation nécessaire et heureuse, si l'on en croit le *Commento*, mais une conversion radicale, insolite, précieuse et

---

da Gerolamo Benivieni. J'emprunte cette citation et sa traduction à E. Wind, (1958, p. 80). Les citations suivantes proviennent du *Commento,* II (trad. fr. 1991).

fulgurante qui ne va pas sans effroi : la vision éblouissante se double d'une perte et d'un aveuglement, l'amour est une mort. A la même époque d'ailleurs, dans le *De Dignitate homini*, cet auteur « caméléon » transforme la référence en modèle dynamique :

> Qui ne voudrait être inspiré de ces fureurs socratiques que chante Platon dans le *Phèdre* au point de fuir en toute hâte ce monde-ci, qui est plongé dans le mal, pour s'élever à vive allure, en actionnant ses ailes et ses pieds, vers la Jérusalem céleste ? Laissons-nous entraîner par les fureurs socratiques qui nous mènent hors de la pensée au point de mener la pensée et nous-mêmes jusqu'en Dieu[1].

Le ravissement est bien là, dans cette hâte éperdue et cette fuite sans retour qui mènent l'être hors de lui dans un actif abandon. Car il y est passif, « entraîné », tout en coopérant de « ses ailes et ses pieds ». Cet extrême effort (Voluntas est la dernière des Grâces) requiert l'être dans sa totalité afin qu'il évacue « le flux désirant des jouissances débordantes », qu'il coupe « le bout de [ses] ongles qui sont comme les saillies aiguës de la colère ». Ces saillies, la volonté ne les ignore pas mais les affronte. L'inspiration est conquise par un travail d'épure, l'harmonie résulte de la tension domptée dans la *concordia discors*. Les qualités ne se succèdent pas dans une ronde. Les propriétés ne sont pas rassemblées dans l'extériorité d'une copule. Pour ceux qui sont « ravis au faîte de l'amour », les contraires se mêlent, se fondent et se convertissent l'un en l'autre. « Entraînés enfin comme de l'extérieur par l'amour ineffable, mis hors de nous-mêmes tels d'ardents Séraphins, remplis de divinité, nous ne serons plus nous-mêmes mais celui qui nous a créés. » L'être ne s'appartient plus, il est hors de lui et tout empli de Dieu, passif et actif, entraîné et fuyant, transporté par la fureur dans cette prodigieuse mobilité qui fait toute la dignité humaine et que le ravissement porte à son acmé.

La calme danse des Grâces oblitère la fuite, le transport, la vivacité de l'élan qui sont au cœur du ravissement ; elle souligne

1. *De la Dignité de l'homme*, trad. Y. Hersant (1993), *id.* pour les citations suivantes.

la continuité d'une chaîne mais masque ainsi la décisive discontinuité du saisissement. La conversion n'est qu'un terme médiateur dans une linéarité exposée dont le terme ultime indique le devenir. Les sœurs enlacées se ressemblent trop pour qu'advienne l'altérité bouleversante. La figure tout entière dément ainsi l'effroi. Pour ne pas le réduire trop vite, s'impose l'examen d'autres figures qui sont susceptibles d'exprimer le saisissement, l'irruption brutale, la violence d'un enlèvement.

Rapts, enlèvements et ravissement

Si l'on prend alors pour exemple les deux peintures de Poussin qui représentent l'enlèvement des Sabines[1], on est frappé du contraste avec la figure des Grâces. Ici dominent les mouvements désordonnés de la violence guerrière, là l'harmonie paisible de la trinité vénusienne. Ici on agrippe et arrache, là on danse. La torsion des corps s'oppose au souple enlacement des sœurs, l'effroi des visages à leur quiétude sereine. S'affirment en revanche le désordre et la panique devant l'inattendu qui bouleverse l'ordre établi.

On pourrait alors se croire plus proche du ravissement, d'autant que la trop rassurante ronde du don s'est disloquée et brisée. Loin de tenir une pomme ou de reposer sur l'épaule d'une compagne, les mains des Sabines s'ouvrent sur le vide du désespoir – qu'elles se tendent pour implorer une aide ou se détournent dans un ultime refus[2]. Pourtant à l'évidence, le rapt perpétré ne les « ravit » pas. Leurs visages détournés témoignent d'une aversion devant qui veut disposer d'elles et non d'une

---

1. Il a peint deux fois cette scène, une version (de 1633, 1634, 154 x 206 cm) est à New York et une autre vraisemblablement postérieure (de 1637 ?, 159 x 206 cm) au Louvre.

2. Ces mains ouvertes, ces paumes implorantes, sont un *topos* des représentations d'enlèvement ; *cf.* par exemple la sculpture de Giambologna (1583, Florence) ou encore celle du Bernin (1621-1622, *Pluton et Proserpine*, Rome) et encore chez Poussin lui-même le geste effrayé de la nymphe poursuivie (1637, *Pan et Syrinx*, Dresde, 106,5 x 82 cm).

conversion. Ils expriment la résistance devant l'inéluctable imposé et non l'abandon devant l'inconnu. Aussi malgré les différences manifestes, les deux figures se rejoignent dans le même écart. Il s'agit encore de s'assurer d'un gain, même s'il n'est ici question ni de donner ni de recevoir, encore moins de rendre, mais de capturer – les mains romaines tiennent fermement leurs proies récalcitrantes. Et dans cette avidité se dessine aussi la certitude d'un avenir. L'exogamie, fût-elle forcée, assure l'échange et fonde la cohésion sociale. Au-dessus de la mêlée se tient Romulus qui l'ordonne et décide du destin de Rome, peinte en arrière-plan. L'agitation frénétique de l'enlèvement trouve ainsi sa justification et son contrepoint dans la partie supérieure du tableau du Louvre où se dresse la géométrie disciplinée d'une architecture encore en chantier. L'instant du drame se résorbe dans la gloire éternelle de la ville. Les temporalités sont rassemblées dans l'unité du tableau. La décisive irruption de l'altérité se résout dans la génération à venir et fonde une continuité future. Les Sabines, devenues épouses et mères, s'interposeront entre les frères à qui elles furent enlevées et les époux qui les ravirent. Le rapt était la copule historique entre deux durées, elles seront les médiatrices humaines entre deux lignées. Romulus triomphera et le spectateur, qui domine la scène comme le font ses représentants dans le tableau du Louvre (deux personnages, au premier étage d'une demeure à droite, regardent l'affrontement), partage sa lucide maîtrise[1]. Cette contemplation distanciée peut seule unir le désordre humain du premier plan et l'ordonnance architecturale du second, mais elle est loin du ravissement.

Pour une raison opposée, la peinture de P.P. Rubens *L'Enlèvement (Raub) des Filles de Leucippe*[2] en éloigne tout autant. Elle montre avec trop d'insistance pour n'en être pas savoureuse la cambrure d'une des sœurs au premier plan, l'oriflamme rouge qui souligne l'entrejambe de l'autre; elle mêle trop bien la pâleur rosée des chairs féminines à la mate vi-

1. Plus même : le spectateur seul voit toutes les conséquences de la scène (*cf.* L. Marin, 1981). Par ailleurs, il se peut que Romulus soit lui-même mû par ce destin inéluctable qui l'éclaire; ce que l'irradiation du point de fuite du tableau du Louvre indiquerait, *cf.* M. Fumaroli, 1994.

2. 1618 (224 x 210,5 cm), Munich.

rilité des Dioscures, la tendresse vulnérable des corps dénudés et le tranchant des armures, les gestes implorants, les paumes ici aussi ouvertes des Leucippides et la fougue des chevaux que retient un Cupidon. Tant d'art dans l'enchevêtrement ne peut que séduire le regard, l'enlèvement devient occasion d'une « délicieuse exhibition de force et de violence[1] » et le spectateur se fait voyeur.

Entre maîtrise et délice se perd donc momentanément notre objet. Ne le déplorons pas puisque l'examen instruit, même s'il n'aide qu'à cerner négativement ce qui importe. Aussi n'est-il pas question de dénigrer la force propre de telle représentation des Grâces ou de telle peinture de rapt, encore moins de classer esthétiquement les œuvres en fonction de leur aptitude à évoquer le ravissement. On a refusé plus haut de décerner des brevets d'orthodoxie platonicienne et ce serait franche ineptie de reprocher à Poussin de ne pas peindre le ravissement (d'autant qu'il se propose un enlèvement), ou d'accuser Rubens de glisser du ravissement à une séduction picturale qui a bien du charme. On peut en revanche, légitimement contempler ces peintures pour préciser davantage les notions. En effet, si tout ravissement est un rapt – un arrachement à soi, un dénuement, une perte –, la réciproque n'est jamais sûre. Les corps en fuite, les mains implorantes le disent assez. Les « ravisseurs » prennent en voleurs et disposent par force de leurs victimes – ce que dit le terme allemand « *Raub* » qui signifie à la fois le rapt et la rapine, l'enlèvement et le pillage. L'appellation abusive de « ravissement » masque alors la brutalité égoïste que certains exercent vis-à-vis de ceux qu'ils prétendent ravir pour leur « bien » alors qu'ils se comportent en loups affamés qui raffolent des agneaux (comme l'écrit Platon dans *Phèdre*).

Pour autant le ravissement est une épreuve, violente elle aussi. L'individu est jeté hors de lui dans l'aimantation qui le dynamise, il est tiré hors de sa peau tel Marsyas, il souffre mille douleurs d'amour dans la repousse des ailes, il est harcelé par

1. C'est la définition que donne Lomazzo des *rapimenti* (*Traité de peinture*, L. VI, je dois cette référence à D. Arasse).

son *daimôn*, il est transpercé par l'inspiration divine. Il faut donc spécifier cette violence pour la distinguer de celle qu'exerce le seul rapt.

La différence la plus nette, sans préjuger d'autres encore, est que l'individu y consent. Si Alcibiade s'enfuit, Socrate se laisse arrêter par les avertissements de son *daimôn*, dût-il en mourir. Dante implore Apollon de le tirer « hors de la gaine de ses membres » pour l'inspirer. L'amoureux recherche la compagnie de celui qui l'embrase. Michel-Ange veut se défaire de la *morta spoglia* qui l'alourdit et, couteau levé, peint son propre martyre. Que la violence semble subie, qu'elle soit ardemment désirée ou activement construite, qu'elle semble brutale et inédite ou qu'elle aiguillonne dans la répétition d'un « signal divin », cela importe peu par rapport à cette reconnaissance essentielle. Aussi impérieuse et bouleversante soit l'épreuve, aussi vertigineux soit le désarroi, l'individu ne les esquive pas. On ne dispose pas de lui, il s'abandonne. Dans la stupeur ou l'effroi, il accueille ce qui le désarme. Dans l'éblouissement aveuglant d'un total dénuement où se devine une neuve liberté.

Ce premier critère implique le second. Car cette liberté, ce consentement, cet abandon s'opposent à la bipolarité que mettent en scène la plupart des représentations d'enlèvement où le ravisseur est le seul agent volontaire d'une violence subie par celui (celle) qu'il ravit – objet quasi passif dont la seule action est de se débattre. Le rapt sépare ainsi « ravisseur » et « ravissantes ». Aux uns la mâle visée d'une conquête et la glorieuse prise, aux autres cris et gémissements qui retardent seulement l'inéluctable fatalité. Les Sabines seront enlevées, les agneaux dévorés. La violence est proche du viol.

Pourtant cette bipolarité paraît suspecte. Faut-il en effet se saisir d'une proie ou lui faire rendre le larcin dont Ficin l'accuse ? « L'homicide amoureux » n'est-il pas la première violence ? L'exigence d'une justice comptable témoigne d'une réelle inquiétude qui ne se satisfait pas de la répartition première. Et le ravisseur, pourrait bien être là où on ne l'attendait pas. Les Dioscures, peints par Rubens, ne sont-ils pas enchaînés par le désir de s'emparer de ces chairs trop aimables ? C'est ce que semble dire le Cupidon qui tient la bride des chevaux à gauche et nous regarde en coin. N'en décidons pas, c'est la séduction du tableau, notons seulement combien cette bipolarité rassurante est ambiguë. Au point de contraindre certains des plus subtils analystes à la recréer lors même qu'ils la dénoncent. C'est ainsi qu'on peut lire ce propos de Roland Barthes :

> Curieux chassé-croisé : dans le mythe ancien, le ravisseur est actif, il veut saisir sa proie, il est sujet du rapt (dont l'objet est une Femme, comme chacun sait, toujours passive) ; dans le mythe moderne (celui de l'amour-passion), c'est le contraire : le ravisseur ne veut rien, ne fait rien ; il est immobile (comme une image), et c'est l'objet ravi qui est le vrai sujet du rapt ; *l'objet* de la capture devient le *sujet* de l'amour ; et le *sujet* de la conquête passe au rang *d'objet* aimé[1].

« Ce retournement singulier » intervertit les pôles et leurs attributions sans changer leurs définitions, le féminin représente toujours la passivité (« du modèle archaïque, subsiste cependant une trace publique : l'amoureux – celui qui a été ravi – est toujours implicitement féminisé »). Le clivage persiste, d'autant qu'il se redoublerait d'un autre, historique celui-ci, qui départagerait le mythe ancien et l'amour passion. Or ce second clivage est aussi suspect ; dans le *Phèdre* en effet, l'amoureux ne saisit pas sa proie mais s'effraie de sa propre impudeur. Il n'est pas davantage « englué, aplati, immobilisé, le nez collé à l'image » aimée, mais il sculpte l'*agalma* que reconnaîtra celui qu'il aime et qui lui permettra, par imitation, d'être le *sujet* poïétique de son propre devenir.

Que l'on oppose l'actif et le passif, celui qui veut et celui qui subit, la prise du vainqueur et la surprise de la victime, que l'on envisage un subtil calcul de don et de contre-don qui assure la juste vengeance d'un homicide, ou encore que l'on veuille expliquer la fascination hypnotique de l'image aimée, dans tous les cas s'impose trop vite l'assignation de places fixes. On laisse ainsi échapper la puissance particulière du ravissement qui bouleverse les oppositions attendues : la réceptivité est construite, la contemplation extatique est un résultat, l'activité est au cœur d'une passivité féconde, le sujet, traversé de part en part, est l'objet d'une épreuve. Semblable conversion ne conjoint pas

1. « Ravissement » (1977), *id.* pour les citations suivantes.

des identités stables; dans une contraction vertigineuse, elles s'embrasent et se consument. Le mouvement de l'aimantation transcende la différence des matériaux, unit la limaille et l'aimant. L'amoureux et l'aimé ne sont ni objets ni sujets mais traversés par le désir qui les meut. L'amour est une blessure, une « béance radicale (aux "racines" de l'être) qui n'arrive pas à se fermer, d'où le sujet s'écoule, se constituant comme sujet dans cet écoulement même » comme le note Barthes dans la suite de son analyse. Quoi qu'il en dise préalablement, la bipolarité est donc un leurre[1], l'hypnose à son tour une image figée qui masque la perte de l'identité propre, le devenir autre.

Encore faut-il ajouter avec force que cette béance se convertit, elle aussi, en surabondance. Entre l'amoureux et l'aimé se propage « le flot jaillissant [...] que Zeus appela *himeros* quand il aimait Ganymède ». Il les rassemble et les métamorphose dans l'avènement d'un inédit partagé. C'est lui seul qui agit comme le souligne la belle étymologie proposée dans le *Cratyle.*

> C'est bien à *himeros,* « l'amoureuse ardeur », qu'a valu sa dénomination le courant qui, avec le plus de force, entraîne l'âme ; à cause de « l'élan de son cours » (*hiemenos rhei)* et de « l'élan dont il tend vers les choses » *(ephiemenos)*, à cause de l'attraction forte que de la sorte il exerce en outre sur l'âme par la « poussée », de son cours (*rhoês),* c'est en somme l'ensemble de cette puissance qui lui a valu son nom de *himeros*[2].

Courant, élan, poussée, attraction, autant de termes qui qualifient l'irrésistible puissance de l'ardeur amoureuse capable d'entraîner la plus forte des âmes. Aussi n'est-ce sans doute pas pour sacrifier au plaisir de l'ornement mythologique que Zeus intervient dans le texte du *Phèdre*. N'est-il pas roi des Dieux, sujet actif par excellence qui exerce une domination superlative sur l'Olympe et les hommes ? Or il est arraché à sa souveraineté

---

1. L'effet d'un « après coup rationalisant » (*id.* § 7).
2. 419-420, trad. L. Robin (et l'Amour est nommé « *erôs*, parce qu'il vient du dehors "se couler dans l'âme" *(esrei)* et que le courant au lieu d'appartenir en propre au sujet, est importé en lui par le canal des yeux »). *Cf.* aussi *Phèdre* 251 bc.

par cet élan qui le soumet et qu'il nomme *himeros* parce qu'il en reconnaît l'indéniable attraction. Ganymède, simple mortel, ne saurait exercer un tel pouvoir sur le divin, il n'est donc ni le ravisseur ni l'acteur ; berger, il n'est pas davantage l'agneau que convoiterait un loup. Il est lui aussi soumis à ce flux qui se dégage de lui et lui revient par surabondance, l'emplissant à son tour dans le mouvement du contre-amour, désobstruant les orifices et libérant ses ailes.

Pourtant ce ne sont pas ces ailes-là qui l'emportent dans la légende mais celles de l'aigle divin qui fond sur lui, il faut donc examiner à son tour cette figure attendue du ravissement, symbole par excellence pour la Renaissance de la « fureur » et de la montée des âmes vers l'immortalité puisque le berger deviendra l'échanson du roi des dieux dans l'Olympe. La jeunesse du pâtre témoigne de l'innocence de son âme. Arrachée à l'affection de ses compagnons, elle représente pour les néoplatoniciens florentins l'intellect (*mens),* transporté par la contemplation, se défaisant de l'emprise de l'âme végétative et sensible. Ils allèguent alors une autre étymologie proposée par Xénophon pour lequel le nom même de « Ganymède » dériverait des mots grecs « se réjouir *ganusthai* » et « intelligence *mêdea* »[1].

Le Corrège paraît illustrer assez fidèlement cet envol de l'intellect allégé de ses désirs terrestres et charnels. Ganymède[2]
Cf. ill. 4
laisse au sol son chien qui tente encore de le suivre de son museau dressé ; il monte vers l'azur limpide, au-dessus des roches et des fleuves, des lointains bleutés. Tenu par les serres d'un aigle majestueux, suspendu à ses ailes, il est transporté hors de sa terrestre condition, est-il « réjoui », « ravi » ? On ne sait. S'abandonne-t-il ? Ce n'est pas sûr. Tandis que l'aigle l'emporte, il tourne vers nous son visage ; est-ce un dernier adieu ou un vif regret ? Se résout-il à céder à l'impérieuse volonté du dieu qui décide de lui ? Il serait alors le grand frère résigné du

1. Xénophon, *Symposium*, VIII, 30. C'est l'interprétation de Landino dans son *Commentaire* de Dante et, à sa suite, d'Alciati, Bocchi, Conti. Sur tous ces points, *cf.* Panofsky (1939). A. Chastel (1975) et J. Seznec (1980).
2. *Rapt de Ganymède,* 1531-1532 (163,5 x 70,5 cm), Vienne.

petit Ganymède peint par Rembrandt, un siècle plus tard[1] : affolé, impuissant, arraché du sol par un aigle immense il tourne aussi la tête vers nous ; sans conteste, le visage grimaçant de l'enfant en pleurs, l'intense frayeur dont témoigne son urine, son vêtement retroussé plaident pour la brutalité d'un rapt. N'allons pas plus loin dans la suggestion de cette possible parenté[2] et revenons à la toile du Corrège pour remarquer le fort contraste du noir plumage et du corps adolescent qui s'en détache avec netteté. Les identités restent délimitées et, même si Ganymède ceint de ses bras l'encolure royale, son visage se détourne de celui de l'oiseau qui le domine.

Le fait est plus remarquable encore si l'on compare cette toile à sa jumelle (par le format et les dimensions) conçue pour en être le pendant[3], qui représente un autre épisode des amours de Zeus. Le dieu se fait nuée pour étreindre la prêtresse Io. Nue, visage renversé, elle l'accueille et le retient de son bras gauche. A l'extériorité du rapt s'oppose l'union amoureuse, à la précision de l'aigle cette indécision nébuleuse. Hubert Damisch a montré que le nuage, dans l'histoire de la peinture, est simultanément « inducteur de représentation », « opérateur d'élévation » dans la composition, tout en manifestant thématiquement diverses formes d'ascension ou de transport extatiques dont « il est l'accompagnement obligé – sinon le moteur »[4]. Mais dans ce tableau précis, il prendrait selon lui « la valeur de *fétiche* au sens freudien, de substitut fantasmatique à l'objet réel du désir », valeur confirmée par un autre épisode mythologique où Zeus leurre Ixion en plaçant auprès de lui un nuage qui a la forme d'Héra dont le roi a précédemment tenté d'abuser. La jouissance d'Io ne trouvant à étreindre qu'une nuée serait ainsi « clairement dénoncée ». Est-ce si clair ? Je ne le crois pas car la

Cf. ill. 5

1. *L'Enlèvement de Ganymède,* 1635 (171x130 cm), Dresde.
2. Il faudrait nuancer car ce Ganymède « démythifié » tient à la main des cerises – symbole vraisemblable de Rédemption.
3. Par son thème, mais peut-être aussi par une analogie dans la gradation que propose la toile (*Io,* également à Vienne) : au premier plan l'animalité (le faon à droite qui se désaltère), puis l'humanité ravie par l'amour du dieu. Mais le faon est à peine visible tandis que le chien de Ganymède est très présent, de plus le divin est une nébulosité qui confond le jugement et enveloppe le corps nu sans le surplomber de sa hauteur.
4. (1972), *id.* pour les citations suivantes.

grise nébulosité brouille les certitudes et invite à reconsidérer cette interprétation stimulante dont l'auteur se démarque d'ailleurs lui-même[1]. Dans la nuée brumeuse, prend forme une main qui enlace Io et rend par contraste son corps plus blanc, son bras gauche plus ferme qui s'assure de l'étreinte. Son délicat profil rosé se détache du brouillard où se dessine un visage dans un baiser qu'elle reçoit comblée. Pour tromper Ixion, le leurre proposait un simulacre d'Héra, qu'étreignait le roi qui voulait la posséder. N'est leurré que celui qui veut jouir d'une proie. C'est ici l'inverse, le nuage ne représente rien, ne simule rien et ses indistincts contours ruinent l'idée même de possession. Il ne trompe que ceux qui sont hors de la présence aveuglante où se joue l'intime mystère. Pour les Grecs, on le sait, l'aveuglement est au centre du rite d'initiation, de l'amour aussi (« *Erôs* enveloppe votre tête, vos pensées comme d'une nuée, se répand autour de vous pour vous y cacher »); enfin la mort également encapuchonne l'homme « d'un sombre nuage et recouvre sa face d'un masque de ténèbres[2] ». Dans ces trois cas, la nuée marque le passage d'un état à un autre, d'un monde à un autre et l'aveuglement figure la conversion du regard que provoque le ravissement, l'éblouissement qui occulte les habituels repères, le vertige devant l'inconnu qui se devine à peine. Dans d'autres œuvres moins profanes du Corrège, on admet sans peine que le nuage révèle ce qu'il contribue à masquer. Pourquoi l'exclure ici ? Parce que le peintre ne pouvait connaître assez bien ce contexte grec ? Panofsky a pourtant établi l'étendue de la culture du Corrège ; en outre une connaissance, même diffuse du monde hellénique, aurait suffi ; enfin l'aveuglement de la *mania* divine a été décrit à peine un demi-siècle plus tôt par Pic de la Mirandole[3]. Plus vraisemblablement donc, l'exclusion tient à la trop forte prégnance érotique de la toile qui sollicite

---

1. « Elle procède d'une "logique étrangère à l'ordre pictural" [...] d'une interprétation psychologique dont la teinture prétendument psychanalytique ne saurait faire illusion. » *Id.*p. 40.

2. J.-P. Vernant (1989), *id.* pour la citation précédente. L'amour dissout non seulement les identités et les volontés mais aussi les contours mêmes de l'intégrité physique. Sur l'alliance de la nuée et de la nuit, *cf.* C. Ramnoux, 1959.

3. Il donne le triple exemple de Tirésias, d'Homère et de Paul (*Commentaire... op. cit.).*

imaginairement la réalité physique d'un partenaire ; faute de sa figuration précise, la nuée « est promue au statut d'objet fantasmatique du désir ». Cette dévalorisation témoigne de la méconnaissance de ce flux amoureux (*himeros*) qui transcende les amants eux-mêmes, les métamorphose et les unit – ainsi Pâris ne décrit pas la puissance d'Hélène mais celle d'Eros qui « jamais encore n'a à ce point enveloppé mes esprits[1] ». La nuée, qui enlace le blanc corps de la prêtresse mais aussi la main et le visage qui se tendent au plus près d'elle, figure peut-être cet enveloppement. Emportés par ce flux qui les arrache à eux-mêmes, les corps des amants perdent leur délimitation pour se fondre dans ce qui les absorbe et les emplit.

Ne tranchons pas entre ces interprétations. La condensation nébuleuse garde une ambiguïté troublante qu'on ne veut pas dissoudre. En tout état de cause, elle oppose sa brume à la netteté de l'œuvre gémellaire où Ganymède s'élève dans un ciel limpide. Elle mêle les corps et les contours tandis que l'aigle sépare. Faut-il y voir une gradation entre la confusion de l'amour charnel et la clarté distincte de la vision intellectuelle ? On ne peut l'exclure, mais on peut aussi penser que les deux tableaux se complètent dans leurs différences. L'un peint le saisissement, la fusion des identités, l'autre plus explicitement un départ et une ascension ; l'un la jouissance, l'autre l'arrachement. Nuée ou aigle contribuent à un transport (érotique ou céleste) qu'ils partagent et accompagnent. Dans les deux cas, il y a métamorphose et l'on pourrait alors soutenir que l'animal ou le nuage ne sont pas l'omnipotent Zeus qui ravit et abuse, mais l'émanation de son propre ravissement, l'incarnation de ce flux bouleversant qui transcende la limitation des identités et fait pousser les ailes[2].

Le *Ganymède* déjà évoqué, qu'offre Michel-Ange à Cavalieri, ne donne-t-il pas à voir semblable transport ? Loin d'incarner la toute-puissance divine qui fondrait sur un innocent, loin de figurer la radicale distinction du terrestre et du céleste, le dessin

Cf. ill. 3

1. *Iliade*, III, 442. J'emprunte la traduction à J.-P. Vernant (1989).
2. Cela concilierait l'interprétation néoplatonicienne de la Renaissance et le refus par Platon de la figure de l'aigle (absente dans *Phèdre*, légende « arrangeante » stigmatisée dans les *Lois*, I, 636).

montre deux corps embrassés. L'aigle ne surplombe pas le jeune homme qu'il tiendrait sous ses serres. Il ne domine pas celui qu'il enlace étroitement, il l'enveloppe de son corps, de sa propre tête en travers du buste aimé, de ses griffes enfin, dans une étreinte suggestive à laquelle s'abandonne le berger. Car c'est bien un abandon que dessine le donateur amoureux, aussi nuancerai-je ici l'analyse de Panofsky qui décrit Ganymède « dans un état de transe, privé de toute volonté ou pensée qui lui soit propre, réduit à l'immobilité passive par l'étreinte d'acier d'un aigle gigantesque, les bras dans l'attitude d'un homme évanoui, voire d'un cadavre[1] ». On ne peut décider aussi vite des rôles, tant l'homme et l'oiseau se mêlent et s'unissent. Ces deux bras passés autour de la divine encolure, cette main qui se confond avec les plumes, cette tête doucement inclinée, ces yeux mi-clos, cette esquisse de sourire ne sont guère cadavériques et témoignent plutôt d'un consentement comblé. Le mouvement même des jambes s'oppose à l'immobilité comme celui (plus léger) du buste, qui se tourne vers la tête de l'oiseau, s'oppose à la passivité. L'aigle, inclinant son cou pour le ployer sous le visage aimé, décide moins qu'il n'assiste. Ni gigantesque, ni implacable, submergé lui-même par l'amour qui le meut, il semble le double animalisé de cet amoureux, désireux de vêtir de sa *morta spoglia* celui qu'il enlève et au service duquel il se met. D'un tel amoureux, Cavalieri reçut aussi, entre autres cadeaux, trois dessins de *La chute de Phaéton*, expression du fort sentiment d'infériorité et d'humble adoration de Michel-Ange envers le jeune aristocrate – ses lettres en témoignent. Poèmes et dessins se répondent. L'envol heureux d'un amour comblé, le transport qu'il inaugure vers un céleste ailleurs sont violentes espérances, inséparables de l'effroi qu'expriment les sonnets et que dessine la dure chute du présomptueux Phaéton ou encore le supplice de *Tityus* – offert en même temps que le *Ganymède* et considéré comme son pendant. « Le Ganymède élevé aux cieux par les ailes d'un aigle symbolise l'extase de l'amour platonique, puissant jusqu'à l'annihilation, mais qui délivre l'âme de ses liens physiques et

1. (1939). L'original est aujourd'hui perdu, mais on en connaît des répliques assez fidèles.

l'emporte dans une sphère d'olympienne félicité. Tityus, torturé chez Hadès par un vautour, symbolise les tourments de la passion sensuelle qui réduit l'âme en esclavage et l'avilit encore en deçà de sa condition terrestre normale », écrit Panofsky que je rejoins ici[1], en notant pourtant que le vautour qui dévore le foie du malheureux coupable d'une tentative de viol ressemble bien étrangement à l'aigle. Troublante similitude qui confirme l'angoisse de Buonarroti d'être indigne de l'amour ressenti. Le vol est toujours susceptible de s'inverser. La violence de l'attraction peut dégénérer dans la brutalité du viol, le ravissement se révéler rapt odieux ou tragique présomption. Le bel abandon de la tête renversée de Ganymède et l'humilité de l'aigle préservent momentanément d'un tel risque. Mais rien n'est assuré. Contrairement à bien d'autres, Michel-Ange ne dessine ni sol terrestre ni terme céleste pour ce transport amoureux. L'aigle et le jeune homme sont en suspens dans l'instant éternisé de leur étreinte, hors du monde et hors d'eux-mêmes, dans l'active invention de leur avenir. Le transport est l'indécidable épreuve qui les unit dans le partage de ce désir.

On retrouve donc les deux critères précédemment établis (consentement actif, abolition des clivages et des polarités) ainsi qu'un troisième qui paraît s'imposer au même titre : l'appréhension d'un inconnu. Le ravissement arrache à la stabilité des certitudes, au confort des prévisions. Inversement, l'enlèvement des Sabines est légitimé à l'avance par la gloire immortelle de Rome esquissée à l'arrière-plan, l'issue visible ordonne la violence de ce qui reste un rapt. La violence du ravissement est tout autre : violence intime éprouvée devant le surgissement de l'inconnu entr'aperçu. Le sujet n'est ni indécis ni passif, il adhère de toutes ses forces à ce qui se profile, *agalma* qu'il faut encore découvrir ou nuée qu'il faut savoir percer dans un arrachement énigmatique à soi-même. Cette suspension volontaire, concentrée, extatique est une ardente quête. L'aigle et Ganymède volent de toute leur âme délivrée, même si nul ciel ne se

1. *Id.* Même s'il faut nuancer cette symbolisation comme le reconnaît l'auteur : « Les créations symboliques d'artistes de génie se laissent par malheur plus malaisément raccorder à quelque sujet défini que les inventions allégoriques d'artistes mineurs. » Un tel malheur est aussi un vrai bonheur.

dessine. L'arrêt cataleptique ou l'envol témoignent de la puissance de cet arrachement qui ne saurait être une fin, l'individu dût-il en mourir[1]. Le sujet, transporté et exalté, se confond avec ce qui l'enthousiasme et le dépossède à la fois.

Ici encore, les figures s'aimantent, s'appellent et se répondent. Par-delà les genres et les siècles, le poème de Goethe[2] exprime cette bouleversante confusion des contraires. La nature exerce une violence régénératrice, à l'embrasement des rayons d'un soleil matinal répond la fraîcheur des fleurs, le vent désaltère une poitrine brûlante. Ganymède, saisi par ce qui se presse sur son cœur (la formule « *drängen sich an mein Herz* » est employée à deux reprises), souhaite aussi étreindre[3]. Il est attiré hors de lui dans une imploration exaltée où le mien et le tien, l'intérieur et l'extérieur s'enlacent – « *an mein Herz* » alterne avec « *an deinem Busen »,* à l'appel « *Mir, mir!* » succède « *In eurem Schoße* » (« A moi ! à moi !/Sur votre sein »). Le vol est suspendu entre terre et ciel, un rossignol aimant – en guise d'aigle ? – appelle depuis la vallée. Le berger lui répond dans l'urgence d'un désir qui confirme la perte des repères (« *Ich komme, ich komme!/Wohin ? Ach, Wohin ?* Je viens, je viens, vers où, ah, vers où ? ») et l'entraîne plus haut, toujours plus haut (« *Hinauf! Hinauf strebt's* ») dans un vertige ascensionnel dont le glissement du vouvoiement au tutoiement et la dernière strophe donnent toute la mesure (*Abwärts*[...] *Aufwärts* – en bas, en haut »). Il est tout ensemble actif et saisi, embrassant et embrassé, ce qu'exprime la formidable contraction du quatrième vers avant la fin « *Umfangend umfangen!* ».

Schubert, interprétant le poème[4], accentue encore ce vertige en brisant la stabilité de la forme poétique gœthéenne – trois

1. Comme le disent les sonnets de G. Bruno, la crainte de la mort ne saurait retenir celui qui s'élance vers l'au-delà (*Fureurs héroïques,* I, Dial. III, le héros s'y ravit lui-même et déploie ses propres ailes pour s'élancer vers son désir).

2. *Ganymed*, daté vraisemblablement de 1774, publié en 1789. E. Cassirer (1927) rapproche les sonnets de Bruno de ces vers de Goethe, pourtant moins nettement orientés vers l'idée de la mort.

3. « Daß ich dich fassen möcht/In diesem Arm ! (puissé-je t'étreindre de ce bras.) »

4. Lied de mars 1817 (D. 544, N° 3, *Ganymed*, opus 19 dédié au poète).

strophes séparées par deux brefs distiques. Son Lied *durchkomponiert* déplace ces ultimes repères, leur substituant changements de rythme et de tonalité. En *la* bémol, dans une paisible marche, se chante d'abord un amour pour la nature au printemps qui fait peu à peu place, dans un graduel infléchissement des tonalités (*ut* bémol puis *sol* bémol), au léger déséquilibre rythmique (arpège descendant en triolet au piano, suivi d'une croche pointée, d'une double croche et d'une noire) qui englobe alors le distique et le début de la deuxième strophe. Après quelques mesures de transition, le *mi* majeur déplace sans y mettre fin ce déséquilibre de l'accompagnement (deux noires, un nouveau triolet qui arpège l'accord descendant, une croche et la suspension d'un demi-soupir). Puis le trille annonce le chant du rossignol. La scansion des accords à la basse crée une tension qui culmine avec les rapides croches piquées haletantes qui soutiennent l'impulsion du second distique et le début de la troisième strophe, tout en ruinant l'atmosphère élégiaque qui les précédait. Arrachement et conversion irréversibles auxquels *l'accelerando* et le *crescendo* donnent une portée inquiète, tandis que la ligne mélodique fléchit deux fois sur l'interrogation finale (*Wo-hin*, *mi ré*, *Wo-hin*, *ré do*) pour exprimer l'incertitude angoissée. Ici encore, elle n'est pas indécision. Cela serait contradictoire avec la répétition du verbe d'action (*Ich komme*) que confirment respectivement un soupir et demi et une demi-pause, contradictoire avec l'élan qui se propage au début de la strophe suivante pour indiquer la montée irrésistible de l'âme (du *forte* au *fortissimo*, du piqué au *staccato* pour le piano, pour le chant du *do* au *fa* de la tonalité), contradictoire enfin avec sa puissance insistante quasi obsessionnelle– Schubert n'hésite pas à modifier le texte de Goethe pour répéter cinq fois « *hinauf* – plus haut » » au lieu de deux. Le *fortissimo* cède et le rythme s'apaise pour que « les nuages s'inclinent devant l'amour plein de désir ». Mais ce désir réveille celui de Ganymède qui implore l'étreinte divine avec une fougueuse ardeur (*Mir ! Mir !*). A nouveau le rythme se fait pressant, plus heurté, le chant s'élève comme la prière jusqu'à ce sommet extatique du réciproque embrassement (*umfangend umfangen*) et toutes les tensions se résolvent dans le sein du dieu tandis que le chant et le piano se mêlent pour la première fois dans l'unisson d'une ligne mélodique.

Pourtant la reprise de cette fin de strophe et le redoublement, dans cette reprise même (double écart par rapport au poème), de l'invocation au Dieu d'amour universel, la duplication de l'impétueuse inquiétude et de son heureux épanouissement, ne trahissent-ils pas encore le tourment et l'élan de l'espérance ? Les six dernières mesures, égrenant avec retenue la montée des degrés d'un accord de septième, peuvent certes évoquer une sérénité acquise mais également un calme dépouillement ou encore une poignante nostalgie – le terme allemand « *Sehnsucht* » s'impose ici. Une telle *Sehnsucht* s'exprimerait dans le *ralentando* et le *diminuendo* final. En témoignerait peut-être aussi l'infléchissement mélodique de la cadence : avant sa résolution sur la tonique en *fa*, l'accord qui précède est légèrement altéré par la neuvième mineure du *ré* bémol pour la première exposition et la seconde introduit, après cette même altération, un nouvel accord qui, emplissant toute l'avant-dernière mesure, éternise momentanément la tension. Elle se résout cependant classiquement sur l'accord parfait de la tonalité. Mais elle le fait comme à regret, dans un murmure (le *pianissimo* va *diminuendo*), par une simple blanche où l'on est tenté d'entendre –dans la flexion d'un ton à la main droite – l'écho de celle qui accompagnait la question de Ganymède (*Wohin* ?). Et le point d'orgue est placé sur la demi-pause qui suspend la musique...

Sous l'apparence de la conclusion traditionnelle d'une cadence, le Lied s'achèverait ainsi sur l'interrogation et le silence qui la prolonge. Est-ce une invite à la communion, au partage de l'ineffable entrevu ou encore l'intuition que l'envol, l'élan ne peuvent s'arrêter et sont contradictoires avec la rassurante fin d'une conclusion ? On ne saurait en décider et ces quelques hypothèses cherchent seulement à témoigner de la grandeur de cette œuvre poignante qui fait entendre à la fois l'impérieuse nécessité d'un envol dynamique et la tendresse anxieuse d'un abandon consenti. Ganymède s'ouvre au monde autant qu'il désire être embrassé. Et cette ouverture, cette vulnérabilité défont toute clôture et rendent sans doute vaine toute conclusion.

Car le ravissement fait chavirer les fins, rend dérisoire tout terme prévisible. Il ne peut donc se conclure, si l'on admet en son cœur la reconnaissance éperdue d'un possible désiré, le saisissement intime qui dépossède et non l'acte de maîtrise qui saisit un objet. Ainsi Paul décrit la perte glorieuse d'avantages minables et « regarde tout comme déchets, afin de gagner le Christ ». Mais cette conversion du regard ne préjuge d'aucun pouvoir, elle n'inaugure aucune stabilité, bien au contraire.

> Je poursuis ma course pour tâcher de saisir, ayant été saisi moi-même par le Christ-Jésus. Non, frères, je ne me flatte point d'avoir déjà saisi ; je dis seulement ceci : oubliant le chemin parcouru, je vais droit de l'avant, tendu de tout mon être, et je cours vers le but en vue du prix que Dieu nous appelle à recevoir là-haut, dans le Christ-Jésus *(Phil.* III).

L'appréhension de l'inconnu, troisième critère de la violence de l'épreuve, se manifeste dans cette impossible clôture. L'être ravi est exposé, traversé. Il y a bien un « but », un « avant » mais Paul ne le connaît que par la violence d'une étreinte qui l'arrache à lui-même, par l'ardente nécessité de sa poursuite dans la crainte de n'en être pas digne. Tâche exigeante et urgente. Course vive où tout se quitte et s'oublie. Tension extrême qui mobilise l'être entier vers son devenir.

Ces quelques lignes pauliniennes décrivent sans doute mieux son ravissement que la figuration explicite qui en est souvent proposée où la signification se fige en manifeste théorique. Paul est le « héros » visionnaire, le type de l'inspiré pour une apologétique tout entière orientée vers les prodiges. Ficin écrit un *De Raptu Pauli* et ses amis le décrivent comme un nouveau Paul ravi aux cieux. Bien plus tard, le *Ravissement de saint Paul,* peint par Poussin, se trouvera commenté et décrit dans ses moindres détails par Charles Lebrun qui y voit un résumé de la doctrine de la Grâce. Selon lui, les trois anges représentent respectivement la grâce prévenante, concomitante et triomphante, chaque geste et couleur ont un sens symbolique et mystique ; enfin, conclut-il, ce tableau prouve que les artistes « ont une théologie muette et que par leurs figures ils font connaître les mystères les plus sacrés de notre religion ». Le ravissement n'est plus que la matière d'une démonstration maîtrisée, l'aliment d'un nécessaire catéchisme[1].

Il s'est exténué dans cette utilisation. Si le splendide tableau de Poussin ne doit évidemment pas être réduit à l'*ekphrasis* de Lebrun ou à une illustration, il demeure que le regard de l'ange inférieur, le doigt levé de l'ange supérieur, la lumière enfin qui zèbre le ciel, désignent nettement le terme du voyage et définissent ainsi son sens – direction et signification. La somptueuse luminosité des couleurs n'interdit ni la qualité des contours ni la précision des identités. Et dans cette épiphanie visuelle, le saint est appelé dans une élévation qui n'est pas métamorphose. Nulle trace ici de sa folle course, de l'effroi de la tâche entrevue. Une fois encore, le ravissement n'est pas là où le proposent dénominations ou titres – quelles que soient la force et la grandeur des œuvres qui l'invoquent. Et, pour mieux approcher ce saisissement intime, on préférera la figure d'un Paul terrassé, défait de sa superbe dans les peintures de sa conversion. Daniel Arasse[2] a montré l'importance, à partir des années 1530, de ce thème, porteur « de significations contemporaines entrecroisées ». Le maniérisme y triomphe dans une virtuosité qui n'a rien d'arbitraire parce qu'il est capable « dans l'exubérance démonstrative de son accumulation formelle » de concilier les inconciliables – honorer le nom des pontifes et souhaiter la conversion de leur adversaire Luther/Saül. On peut prolonger ici son propos car, dans cette condensation des contraires, se dit aussi quelque chose du ravissement, de l'effroi qui l'accompagne. Moins paradoxalement qu'il n'y paraît, la conversion jette à terre celui qu'elle élève. Dans le tumulte et le chaos, la peinture contracte l'aveuglement et l'éblouissement. Dans la composition de Taddeo Zuccaro[3], les bras des anges et de Dieu, tendus vers le sol, dessinent de terribles diagonales et verticales dont se protègent les dos ronds et les boucliers levés. A terre, Paul est étendu à l'horizontale – sa jambe levée témoigne du mouvement qui l'a désarçonné. Entre les deux, un ovale de ciel

1. On se gardera bien sûr de conclure qu'un tel catéchisme est celui de Poussin. L'analyse de Lebrun du tableau du Louvre (de 1649-1650, 148 x 120 cm) se trouve dans l'ouvrage d'A. Fontaine (1909).
2. 1997. *Id.* pour les citations à venir.
3. 1563 (Rome).

bleu unit la couleur de la tunique du saint au manteau divin tout en indiquant l'irréductible profondeur d'une béance et d'une distance. La chute aspire à l'élévation. Immobile et pétrifié, le saint s'élance.

Les variations et écarts ont donc instruit par différences et permis d'atteindre le cœur de ce qui importe car le saisissement est là, dans cette dense contraction, dans cette tension oxymorique, dans cet abandon qui est à la fois perte et accueil, mort et renaissance. Cet appel qui fige l'être dans l'audition stupéfaite, qui l'immobilise dans la concentration et le mobilise dans l'ardeur du consentement, ce dessaisissement qui saisit, cette dépossession qui enthousiasme, toutes les figures du ravissement analysées les partagent. Elles se distinguent ainsi de celles où se représentent la force imposée d'un rapt, la gloire victorieuse d'un enlèvement, le charme gracieux d'un échange, ou encore l'élévation triomphale d'un saint. Qu'on songe au prodigieux tumulte de la fresque de la Sixtine, au suspens troublant des écorchements de Marsyas, à Socrate debout dans l'entrée de ses hôtes refusant d'avancer ou arrêté par son *daimôn* au moment de franchir une rivière, qu'on songe au poète aimanté, à l'amoureux envol que Michel-Ange dessine et accompagne de ses contraires – chute et supplice –, qu'on entende chanter chez Schubert la dernière strophe du poème de Goethe dans le tournoiement en spirale de sa double répétition, qu'on écoute cette musique qui fait silence. On pourrait encore évoquer la belle Madeleine du *Noli me tangere* du Corrège[1], le Christ la repousse d'une main, l'attire de l'autre, lui impose l'arrêt, lui ordonne l'élan par la diagonale de son bras que le corps implorant de la pécheresse décline en écho à ses pieds, dans un troublant repentir où se mêlent encore lascivité et humilité. « Elle, qui, pour te suivre, Seigneur, s'assoit sur ses talons[2]. » Hors d'elle, tout entière dans le mouvement tendu de son cou, de son visage, elle est aspirée par la divine apparition.

---

1. Madrid, 130 x 103 cm (entre 1518 et 1524).
2. J'emprunte la formule à E. d'Ors, sans le suivre dans sa double proposition d'un éternel baroque et d'un éternel féminin (1935).

Le ravissement est dans la disponibilité terrassée à ce qui advient mais aussi dans l'effrayante incertitude d'en être digne, dans le mouvement effréné qu'elles inaugurent. L'arrachement au monde est un départ, l'arrêt une course, l'immobilité une poursuite concentrée. Mais dans tous les cas, que le peintre se tienne ramassé au pied du Christ (pour lui offrir son couteau et à nous sa dépouille) ou que le poète bondisse vers l'inconnu, l'ouverture est vulnérabilité où se profile une mort. « Qu'il crève dans son bondissement par les choses inouïes et innommables », disait Rimbaud du poète. Kafka lui répond par-delà les années qu'« écrire signifie s'ouvrir jusqu'à la démesure » et souligne la radicalité de l'épreuve :

> L'extrême ouverture où un être croit déjà se perdre dans les rapports humains [...], cette ouverture et ce don du cœur ne suffisent pas, et de loin, à l'écriture. Ce qui, de cette surface est repris en bas par l'écriture [...] n'est rien et s'effondre, à l'instant où un vrai sentiment vient ébranler ce sol situé au-dessus[1].

Dans cet ébranlement qui met à vif l'être, dans cet effondrement des assises où se défont les repères et les connivences affectives, il s'agit toujours de subvertir les surfaces, d'écorcher la clôture des épidermes, de supplicier la stabilité d'une identité. Il n'y a pas de ravissement sans cette perte de la mesure et de la maîtrise, sans ce vertige et ce désarroi dans la transgression des limites et l'ouverture qui déchire l'être. « Cruellement j'étire la déchirure, à ce moment j'atteins le point d'extase », note Bataille écrivant ce « *Supplice* »[2] qui fait de lui un nouveau Marsyas (« de tout mon cœur je veux être livré, je veux être nu[3] »), s'exerçant à cette « *expérience intérieure* » où se dissolvent sujet et objet dans des descriptions qui épousent les suggestions du poème de Goethe :

---

1. *Lettre* du 15 janvier 1913 à Felice, trad. M. Blanchot (1971).
2. C'est le titre de la deuxième partie de *L'Expérience intérieure :* « J'écrivis le Supplice où l'homme atteint l'extrême du possible » (1954). Citation précédente, *Le Coupable,* 1944.
3. *Coup.* (et aussi *Exp. Int.* « Nous ne sommes totalement mis à nu qu'en allant sans tricher à l'inconnu. »). *Id.* pour la citation suivante.

Je deviens fuite immense hors de moi, comme si ma vie s'écoulait en fleuves lents à travers l'encre du ciel. Je ne suis plus alors moi-même, mais ce qui est issu de moi atteint et enferme dans son étreinte une présence sans bornes, elle-même semblable à la perte de moi-même.

3. Refus et figures

> « J'étais en un tel ravissement
> si absorbé si transporté
> qu'est demeuré mon sentiment
> de tout sentir dépossédé
> ainsi que mon esprit doué
> d'un comprendre non comprenant
> toute science dépassant [1]. »

Tenter de percevoir le ravissement sans l'affadir, sans trahir sa démesure, sans minorer l'ampleur du vertige éprouvé, impose de ne pas se satisfaire des réponses attendues.

Lorsque la réponse accompagne l'épreuve, elle la résout par avance en la dissolvant. Parce qu'elle la légitime et l'explique, elle en ôte l'effroi et la transforme en « rite de passage » vers un terme donné, ou en accès maladif à résorber. Le sens proposé indique une direction et trace un chemin en amont, doigt d'ange qui montre le ciel, ou en aval, symptôme qui invite à chercher sa cause. Or le ravissement déroute, sidère comme le fait la torpille socratique. L'interlocuteur avoue l'aporie. C'est elle qui effraie et qu'il faut affronter sans se rassurer par de hâtifs diagnostics pathologiques ou des cérémonies organisées, sans chercher appui auprès d'un puissant thiase ou d'un philosophe incantateur – chacun l'est en puissance, rappelait Socrate à ses

1. Jean de la Croix, *Couplets faits sur une extase de très haute contemplation,* trad. fr. J. Ancet, 1997.

amis anxieux, les invitant à philosopher à leur tour, à se ravir eux-mêmes.

Le ravissement implique le vacillement, non la certitude de l'acquis. C'est encore une manière, par écarts et différences, de le distinguer. La quête de Bataille en témoigne, tout entière centrée sur l'exigence éperdue d'ouverture et le refus obstiné des quiétudes assurées.

> J'entends par *expérience intérieure* ce que d'habitude on nomme *expérience mystique* : les états d'extase, de ravissement, au moins d'émotion méditée. Mais je songe moins à l'expérience *confessionnelle*, à laquelle on a dû se tenir jusqu'ici, qu'à une expérience nue, libre d'attaches, même d'origine, à quelque confession que ce soit. C'est pourquoi je n'aime pas le mot *mystique*.
>
> Je n'aime pas non plus les définitions étroites. L'expérience intérieure répond à la nécessité où je suis – l'existence humaine avec moi – de mettre tout en cause (en question) sans repos admissible [...] les présuppositions dogmatiques ont donné des limites indues à l'expérience : celui qui sait déjà ne peut aller au-delà d'un horizon connu (*Exp. int*).

Si le ravissement est dans ce dénuement, s'il est dans le même temps ce double obscur et éblouissant de la pensée rationnelle décrit plus haut, on doit pour être fidèle à l'exigence philosophique s'interdire de l'emprisonner dans « un horizon connu ». Pourtant le plus souvent, on explique la discontinuité de l'épreuve et la passivité du sujet ravi, par l'irruption d'une transcendance. L'explication a le mérite de souligner la fulgurance de l'instant, tout en rassemblant l'extériorité d'une cause toute-puissante et la passivité éblouie du sujet. Mais elle a le défaut de les dissocier en deux pôles antagonistes et de nier ainsi la force troublante d'une épreuve qui résulte aussi d'une continuité, même si le sujet la vit comme une discontinuité. Cette explication doit donc être réinterrogée. En outre, elle assigne une cause, alors que le ravissement est opacité éblouissante qui occulte toute place d'autorité et ouvre la possibilité d'un devenir poïétique[1]. Enfin elle fixe un but au transport et ef-

1. Ainsi dans le poème de Goethe, Ganymède est bien ravi même s'il n'y a pas d'aigle

face ainsi la dimension vertigineuse de la quête. Elle risque donc de trahir triplement le ravissement en le réduisant à des manifestations plus facilement pensables, plus communément admises, plus souvent répertoriées : transe divine, extase religieuse, vision mystique.

La force des figures est de tenir à distance la puissance rassurante de cette explication, y compris dans la tension qu'elles font surgir à l'intérieur des textes. Les figures platoniciennes obligent, par exemple, à réexaminer les interprétations qui privilégient la transcendance des Idées. Sans contester dans le transport amoureux la place de la métempsycose et de la réminiscence, sans nier non plus le vocabulaire spécifique de l'initiation religieuse, on doit rappeler qu'Eros n'est surtout pas un dieu mais un démon, et signaler la force interrogative du mythe. L'amoureux s'élance vers la reconquête de sa vision, soit, mais le terme du voyage n'est pas donné, ni même le trajet. Saura-t-il résister à l'immédiate séduction ? Saura-t-il découvrir dans l'*agalma* qu'il sculpte ce vers quoi il tend douloureusement ? Saura-t-il faire partager cette recherche à celui qu'il aime ? L'accent est mis sur la tension inquiète. Sans contester non plus le discrédit qui affecte souvent le devenir dans les textes platoniciens, au profit de la stabilité éternelle des essences, on peut aussi souligner la faveur dont jouit le mouvement vivant des êtres, mouvement intérieur d'un devenir propre – celui des discours qui se développent, des vérités qui germent, des âmes qui s'élancent vers le vrai, mouvement de la fécondité et de la générosité dans le partage. L'amour est désir de possession éternelle, dit Diotime, mais elle le définit aussi vite comme engendrement dans la beauté. Sans contester enfin la dimension transcendante de la révélation éblouissante, on peut interroger son extériorité radicale et mettre l'accent sur le mouvement intérieur qui l'anticipe et l'accompagne.

Il convient donc de soupçonner la transcendance lorsqu'elle joue le rôle d'une réponse préfixée, lorsqu'elle stabilise trop vite dans la figure d'un dieu le mouvement qui convertit des pôles opposés, lorsqu'elle assigne trop sûrement dans un ciel, fût-il d'Idées, le terme d'un transport où s'appréhende l'inconnu, lorsqu'elle sépare trop aisément un départ terrestre d'une destination céleste et hiérarchise trop nettement l'inférieur et le supérieur. Europe, ravie par le taureau qui l'emporte en pleine mer, fait l'épreuve d'un autre transport, horizontal et non vertical. Figure troublante qui stimule le refus d'une réponse prématurée. Dans la belle toile du Titien[1], elle s'effraie et consent à la fois, enlaçant d'un bras le cou du divin animal, semblant protéger de l'autre son visage des flèches des Cupidons ; elle « manifeste la sorte d'extase qui sied à une jeune mortelle enlevée par un dieu[2] » en regardant vers le ciel dans une attitude semblable à celle de Danaé[3] d'autant qu'une même ombre s'étend sur leur visage. On songe aussi à la tendre Eve du Prado[4], son bras est levé vers le fruit déjà saisi ; dans ce geste, l'ombre de la faute s'inscrit sur son regard désirant, tandis qu'à portée de main est une rose trémière, symbole de Rédemption. Elle pourrait être la sœur de cette Europe qui regarde les Cupidons célestes dans une ombre qui couvre ou masque l'expression de son visage (peur et désir mêlés). Le geste de son bras est à son tour ambivalent : il la protège et ramène l'étoffe flottante, mais semble aussi rejoindre l'autre main pour couronner ce vainqueur qui l'enlève. Geste vif, où se suspend encore l'irrémédiable, où bascule déjà la stabilité d'un monde. Vers quel devenir ? La main d'Eve tient déjà la pomme, mais la rose s'épanouit. Le tableau ne limite pas la course du taureau et le regard doit abandonner la transparence du paysage marin qui ouvre une profondeur picturale, pour suivre le mouvement latéral de l'enlèvement[5]. Un monde se quitte, quelques menues silhouettes se dessinent encore sur le rivage ; on en pressent un

---

1. 1562 (185 x 205 cm, Boston).

2. Panofsky (1969). Il précise par ailleurs (1960) que dans *l'Ovide moralisé* Europe est interprétée comme l'âme humaine que le Christ-taureau enlève.

3. *Cf.* les deux représentations du Titien, celle de Naples (vers 1545, 120 x 172 cm) et celle de Madrid (1554, 129 x 180 cm).

4. Titien, *La Chute de l'homme* (240 x 186 cm, probablement achevé entre 1560 et 1570, Madrid).

5. Ce qui n'exclut pas non plus ce regard plus insidieux, appelé par la suggestion érotique de la pose d'Europe, il glisserait selon une diagonale ascendante qui le mènerait du petit Cupidon (voyeur ?), le long de l'oriflamme de la queue de l'animal, aux jambes entrouvertes de la belle et à ce corps qui s'abandonne. La profondeur marine soulignerait alors cette autre profondeur charnelle.

autre, territoire à fonder, à nommer. Mais dans ce moment pictural, le mouvement l'emporte et les diagonales s'imposent – celle de ce corps renversé (soulignée par le petit Cupidon marin) à laquelle répond en écho celle des regards qu'échangent Europe et les Cupidons célestes. Ces diagonales défont la stable hiérarchie de l'inférieur et du supérieur. La tête d'Europe est d'ailleurs au-dessus de la ligne d'horizon, au-dessus de celle du divin taureau, lequel dévisage le spectateur avec une mélancolique humanité qui fait douter de la claire ordonnance du terrestre et du céleste. Dans la figuration de cet enlèvement sont intimement tressés les fils de la transcendance et de l'immanence. Pour rivaliser avec la déesse Pallas, l'humaine Arachné commence par ce motif le splendide tissage qu'elle poursuit en déclinant d'autres métamorphoses de dieux qui engendrent des naissances à venir. Pallas ne supporte pas une telle vision et déchire « la toile où étaient, en couleurs vives, retracées les coupables aventures des dieux[1] ». On peut penser qu'elle accuse l'humaine fileuse de la même faute : transgresser les limites et les repères normés, en esquisser les fécondes conséquences. L'art d'Arachné enlace étroitement chaîne et trame dans un motif qui célèbre l'hybridation mouvante des identités, la divinisation de l'humain et l'humanité du divin.

Le ravissement ne peut donc se réduire à la toute-puissance d'une cause transcendante. Pour autant, les soupçons ne portent pas sur la dimension même de transcendance. Bien au contraire, elle est sans cesse à l'œuvre parce que le ravissement transcende nécessairement le cours ordinaire des choses et la stabilité des identités : dans l'amour, dans la quête mystique aussi.

On songe alors à l'affirmation pascalienne d'une telle transcendance, à sa recherche angoissée. Ses efforts pour faire plier « la machine » et la disposer à l'humilité nécessaire, sa lutte contre la séduction du faux ravissement de « divertissement », la contraction oxymorique de certaines pensées témoignent du désir d'être ravi hors de cet individu contradictoire « gloire et rebut de l'univers » (*P.* 131). Ce désir est celui d'un arrachement hors de soi qui ne soit pas fuite trom-

1. Ovide, *Méta.* VI, 1 *sq.*, trad. J. Chamonard, 1996.

peuse dans le divertissement mais réunification et reconquête où se joignent l'extérieur et l'intérieur[1]. Il est effort obstiné pour préparer la discontinuité follement espérée, pour appréhender le centre énigmatique d'un monde décentré. Ce « Dieu caché », le contraire d'une réponse, est énigme et mystère qui tout à la fois dynamise l'élan et pétrifie d'effroi dans la crainte d'en être indigne. Et si dans l'embrasement de la révélation du 23 novembre 1654 – « Feu. Dieu d'Abraham, Dieu d'Isaac, Dieu de Jacob, non des philosophes et des savants[2] » – Dieu est certitude, c'est une irradiante et brûlante certitude, un incendie non une réponse, une aspiration infinie non un terme. Ici encore s'offrent concomitamment l'aveuglement et l'éblouissement : « Il y a assez de clarté pour éclairer les élus et assez d'obscurité pour les humilier. Il y a assez d'obscurité pour aveugler les réprouvés et assez de clarté pour les condamner et les rendre inexcusables » (*P.* 236).

L'aspiration mystique ne se confond pas avec la paisible sécurité d'une confirmation accordée. Un siècle plus tôt Thérèse d'Avila dénonçait déjà ceux qui « s'imaginent avoir acquis quelques mérites au service de Dieu[3] » et en attendent juste « salaire ». De ses propres ravissements, elle ne cesse de se confesser dans le trouble et l'inquiétude. Tout en reconnaissant leur extraordinaire emprise, elle souligne la radicale dépossession de sa volonté (« Elle ne peut plus désormais disposer d'elle-même en maîtresse ; et, si elle résiste, Il l'emporte avec plus d'impétuosité »). Surgie dans la répétition des prières, la brusque discontinuité des extases jaillit d'une ascèse continue. La sainte s'adosse à la « forte colonne des oraisons » qu'elle édifie elle-même dans une progressive ascension en quatre degrés. Pour se faire mieux comprendre, elle compare l'âme à un jardin qu'il faut cultiver et donc arroser ; on tire d'abord l'eau du puits dans la fatigue de l'effort inhabituel, la répétition du

1. « Il faut que l'extérieur soit joint à l'intérieur pour obtenir de Dieu [...] Attendre de cet extérieur le secours est être superstitieux ; ne vouloir pas le joindre à l'intérieur est être superbe » (*P.* 944).

2. *Œ.c.*, p. 618.

3. *Vie écrite par elle-même*. Les citations à venir proviennent de ce livre et du *Château de l'âme ou le livre des demeures*, tous deux traduits par le père Grégoire de Saint Joseph, 1949.

geste permet d'accéder au second degré de « l'oraison de quiétude » (où la *noria*, tournée à la manivelle, procure l'eau nécessaire), certains peuvent alors connaître « un glorieux délire, une céleste folie » – troisième degré où l'eau d'un ruisseau irrigue en abondance la terre qu'elle fertilise. Mais tout cela diffère encore du quatrième où l'eau tombe du ciel dans la surabondance. Alors l'âme exulte de l'union simple avec le divin et peut parfois vivre le ravissement (*arrobamiento*) « qu'on appelle encore élévation, vol d'esprit (*vuelo de espiritu)*, transport (*traspaso*), car c'est tout un, et ces divers noms n'expriment qu'une même chose qu'on appelle aussi extase (*extasis*) ». Quel que soit le nom qu'on lui donne, il diffère de la simple union par une violence « telle que j'aurais voulu très souvent résister à ce ravissement ». Et l'abandon, loin d'être une défaite ou un mol consentement, requiert tout l'audacieux courage de celle qui se confie à ce qu'elle ignore encore :

> On comprend, on voit, ai-je dit, qu'on est emporté mais on ne sait à quel endroit. Malgré les délices que l'âme éprouve, elle ne laisse pas cependant, vu sa faiblesse naturelle, d'être saisie de crainte[...]. Elle doit donc avoir beaucoup plus de courage et d'énergie que dans les oraisons dont j'ai parlé précédemment, pour tout risquer, malgré ce qui peut arriver, pour s'abandonner entièrement entre les mains de Dieu, et aller volontiers partout où on la transportera[1].

Ici aussi, le risque est total, l'identité s'abolit, la sainte quitte son corps et entre en agonie. Dans ce transport sans terme prévisible s'évanouissent repères et réponses. L'excès de la douleur est extrême suavité. La mort est « détachement merveilleux », l'abandon courage, la Grâce « une frayeur très vive ».

Il serait donc absurde d'expulser la transcendance de la sphère du ravissement, alors qu'il convient plutôt de lui donner sa pleine place d'appel impérieux, d'exigence infinie, de surgissement inédit. A ce titre, aucune chapelle ne peut l'enrégimenter, aucun domaine non plus – fût-il celui de la religion.

---

1. *Vie* XX, mais aussi *Chât.* « Parfois, en effet, on sent un mouvement si rapide que l'esprit semble emporté avec une promptitude qui donne une vive frayeur [...] il faut un grand courage à l'âme que Dieu doit enrichir de ses faveurs. »

Qu'elle se manifeste religieusement par une apparition angélique ou philosophiquement dans l'éblouissement d'une contemplation, qu'elle se manifeste poétiquement dans le transport d'une aimantation qui dépossède, ou encore amoureusement dans l'impétueux élan et la douloureuse poussée des ailes, dans tous les cas se brise la confortable appartenance au monde, se fracturent les banalités quotidiennes, se perdent les repères, s'oublient les possessions, s'ouvre une autre dimension, éblouissante ou aveuglante. L'évocation de la sainte n'est d'ailleurs pas si éloignée des deux tableaux du Corrège étudiés plus haut *(cf. ill. 4 et 5)* :

> Le Seigneur prend l'âme, et disons-le maintenant, il l'élève complètement de terre, comme les nuées ou le soleil attirent les vapeurs ainsi que je l'ai entendu dire. La nuée divine s'élève vers le ciel, emporte l'âme à sa suite [...] Le ravissement fond sur vous avec une impétuosité si soudaine et si forte, que vous voyez, que vous sentez s'élever cette nuée, ou cet aigle puissant qui vous emporte sur ses ailes (*Vie).*

Contraction étonnante qui condense les figures étudiées : l'aigle l'emporte au ciel, la nuée l'attire et l'aimante (« elle a pris le parti de ne pas plus résister au ravissement que la paille à l'ambre qui l'attire à soi » *Chât.*). L'âme ravie perd ses contours et ses attaches pour n'être plus qu'accueil et élan comblé. « Nuages et nuées jouent ainsi dans les écrits de sainte Thérèse un rôle comparable à celui qui paraît leur être imparti dans les peintures de Zurbaran mais aussi bien chez le Corrège », note H. Damisch, refusant pourtant d'accorder à la nuée qui enlace Io cette « vertu à la fois motrice et initiatique ». Ce refus de lier la puissance divine du ravissement et le caractère profane du plaisir charnel présuppose une définition exclusive de la transcendance et la réserve à la seule sphère sacrée reconnue – celle de l'intervention d'un dieu, mieux incarné par l'aigle qui fond sur le jeune Ganymède. Pourtant sans confondre les expériences, sans assimiler Io et Thérèse (ce qui serait inepte), la similitude existe dans ces figures picturales ou métaphoriques, et dans la configuration même qui rassemble l'aigle et la nuée. Aussi troublante soit-elle, aussi irrespectueuse paraisse-t-elle, on ne doit pas l'écarter mais l'éclairer.

L'analyse de la *mania* amoureuse aide à le faire, parce qu'elle permet de penser l'impérative survenue d'un éblouissement sans esquiver ni la tension du désir charnel pour un autre ni l'effroi pudique qui l'accompagne, elle oblige à une élévation réciproque et mutuelle vers un tiers transcendant. Les textes platoniciens offrent l'intérêt supplémentaire de ne pas séparer les registres qui s'enchevêtrent dans l'épreuve. Qu'il soit poétique, philosophique, amoureux, mystique – faut-il d'ailleurs les dissocier ? –, le ravissement est toujours transport, bouleversement et dénuement. Bataille écrivant *La Somme athéologique* le reconnaît aussi, lui qui ne refuse de l'expérience mystique que celle « qui réussit pleinement » et choisit, plutôt que la trop pleine assurance de cet « horizon de lumière[1] », de mêler « l'insolence qui ne ménage rien ni personne » de l'expérience érotique à l'abîme qu'ouvre le « rire de l'extase ». Ainsi compose-t-il une « Nouvelle théologie mystique[2] » pour « aller sans tricher à l'inconnu » chercher le « ravissement de l'insensé ».

Le ravissement transcende tous les clivages, fussent-ils ceux du sacré et du profane, du laïc et du religieux, du mystique et de l'érotique, du sérieux et du rire, du rire et du désespoir. Il fait passer de la frénésie frivole à la concentration cataleptique, du sens commun au pressentiment d'une raison supérieure dans une conflagration de l'être et des contraires. L'immanent s'y donne comme transcendant, l'intérieur comme extérieur, l'actif comme passif. Expérience décisive, dans laquelle s'opère la réciproque. L'appel transcendant exige l'effort, commande une quête, ouvre un transport atopique. La fausse assurance des biens acquis se convertit en subit dénuement, la stérilité en fécondité. Le sujet découvre en lui l'altérité qui le dépossède[3] ou trouve en l'autre ce qui lui permet de s'inventer. Le ravisse-

---

1. *Coup.*, « J'ai connu le repos extatique illuminé, mais dussé-je être chassé du royaume entrevu, s'il me donnait la stabilité, je ne pourrais que le maudire » (p. 25) ; *cf.* aussi *Exp. int.*, p. 16 et 120.

2. C'est le titre de la quatrième partie de *l'Exp. int.*.

3. « L'âme comprend clairement qu'il y a dans son intérieur quelqu'un qui lui lance ces flèches dont elle est blessée et qui donne la vie à cette vie où elle est élevée » (Thérèse, *Chât.*) ; « Le bonheur n'est ni hors de nous ni en nous, il est en Dieu et hors et dans nous » (Pascal, *P.* 132).

ment permet de nommer cette conversion, cette torsion temporelle, cette brusque rupture qui déchire la durée, cette ouverture des possibles. Mais il ne peut se résumer à ce nom. La dénomination est parfois au centre d'une théorie d'où il s'absente, à l'inverse le sentiment peut être éprouvé sans que le mot le circonscrive :

> Eprouvant, éperdu, cette joie ineffable,/alors appelle-la du nom que tu voudras,/Bonheur, cœur, amour, Dieu,/Je n'ai pas, moi, de nom pour ces choses./Le sentiment est tout./Le nom n'est qu'un vain bruit, qu'un rideau de fumée/Qui voile à nos regards tout ce divin éclat...
>
> Ce qui fait frissonner, c'est le meilleur de l'homme :/Qu'importe alors les noms dont le monde le nomme[1] !

Il semble vain d'enclore dans la limpidité transparente d'un terme la terrible exposition à ce qui advient, l'abandon sans garantie, l'irréversible épreuve, l'effroi, l'incertitude vacillante, le gouffre ouvert par un amour douloureux, furieux précisément de porter en lui une terrible incertitude, d'être sans droit. On doit donc encore s'arracher aux facilités d'usage qu'offre le vocabulaire, à la volonté de maîtrise qui s'exerce dans les noms. La brutalité du surgissement inédit interdit de l'enfermer dans « ce grand columbarium des concepts » que décrit Nietzsche[2], ce « monde régulier et rigide comme un château fort » où les cellules délimitées ne sont que résidus de métaphores pétrifiées. Tout château fort est défensif et témoigne d'une indigence première déniée[3]. Aussi doit-on redonner leur place aux intuitions, au flux des métaphores, oser les sauts, « les assemblages conceptuels inouïs » et créer « un autre lit d'écoulement (*ein anderes Flußbett*) » dans le mythe et l'art.

Celui qui se défait de la maîtrise et affronte la détresse de l'aporie, réinvente un autre usage de la langue. Les mystiques cherchent à « épeler l'indicible » selon la belle expression de

1. Goethe, *Faust* I & II, trad. J. Malaplate, 1984.

2. *Livre du philosophe*, L. III, trad. A.K. Marietti, 1969. *Id.* pour les citations suivantes.

3. L'intellect est « maintenant devenu le maître et peut se permettre d'effacer de son visage l'expression de l'indigence ». *Id.*, p. 197.

Michel de Certeau[1]. Ainsi Thérèse ne cesse de protester de l'indigence de son expression, les termes dont use la théologie ne peuvent rendre compte de ce qu'elle éprouve, elle avoue d'ailleurs ne pas les posséder – « La théologie mystique l'enseigne, il est vrai ; mais les termes dont elle se sert me sont inconnus. » Cet aveu est aussi celui d'un désarroi plus général devant les mots, impropres à contenir la singularité radicale de son expérience. Aussi préfère-t-elle à la seule dénomination une configuration sémantique ou, mieux encore, le détour des comparaisons. La « vaporeuse nuée » ne peut s'enfermer dans la prison d'un terme. Aussi étrange soit-elle, la figure est toujours plus adéquate même si l'on doit procéder par écart. La pluie, l'arrosage, la nourriture, la conversation sont alors autant de voies métaphoriques, autant de comparaisons par défaut, qu'elle dénonce de manière réitérée mais qui restent pourtant indispensables pour approcher la troublante réalité. L'image est nécessaire au cœur de l'écriture, comme elle l'est dans la lente ascèse qui prépare l'extase. Loin de s'en glorifier, Thérèse ne cesse de s'en excuser, alléguant son inculture, son ignorance, le fait d'être une simple femme enfin : « Il faut que je me serve de quelques comparaisons. N'étant qu'une simple femme, j'aurais voulu m'en abstenir et me contenter d'écrire simplement ce que l'on m'a commandé. Mais il est si difficile de s'expliquer dans ces choses spirituelles [...] que je dois nécessairement m'ingénier de quelque manière[2]. » Cherchant une manière de dire, un *poros*, elle souligne la tension d'une écriture qui doit porter témoignage de sa propre dépossession. Son dénuement est exigence tendue, refus persévérant des réponses trop faciles. Ne peut-on entendre un écho de ce refus dans sa propre humilité ? Vouloir n'être qu'une simple femme serait ainsi écarter la tentation d'une position de pouvoir, d'une prétention au savoir – fût-ce celle des théologiens. On refusera de voir une infériorité dans cet aveu de simplicité pour y lire plutôt l'élan d'un

1. Après J. Baruzi, M. de Certeau a mis en lumière cette lutte des mystiques avec le langage (1982). La pratique mystique du langage est à la fois celle d'un détachement effectif du sens servile des mots et une « audace inventive ». L'*oxymoron* qui « mélange les genres et trouble les ordres » y tient une place importante ; il crée de l'atopie linguistique.

2. *Vie,* XI, p. 106.

dépouillement volontaire que l'écriture épouse dans ses torsions, ses failles, ses brèches imagées.

Inculte, « simple femme », Pascal ne l'est certes pas ; pourtant il crée à son tour une autre langue pour chercher à faire entendre ce que ses contemporains ne semblent pas vouloir comprendre. L'urgence de dire, l'anxiété de ne le pouvoir, la nécessité de saisir ce qui échappe (*P.* 656), brisent la linéarité tranquille d'une logique des termes. L'écriture oxymorique mêle superbe et humilité, ange et bête, nature et coutume, dogmatisme et pyrrhonisme Elle invente un « ordre consistant principalement à la digression sur chaque point » (*P.* 298), multipliant les points de vue et variant les distances dans la quête anxieuse d'une perspective :

> Si on est trop jeune, on ne juge pas bien, trop vieil de même. Si on n'y songe pas assez, si on y songe trop, on s'entête et on s'en coiffe./Si on considère son ouvrage incontinent, après l'avoir fait, on en est encore tout prévenu, si trop longtemps après on n'y entre plus./Ainsi les tableaux vus de trop loin et de trop près. Et il n'y a qu'un point indivisible qui soit le véritable lieu. Les autres sont trop près, trop loin, trop haut ou trop bas. La perspective l'assigne dans l'art de la nature, mais dans la vérité et dans la morale, qui l'assignera ? (*P.* 21).

Les inventives apories de l'une et de l'autre, leurs fécondes détresses sont singulières et ne doivent être confondues. Il n'empêche. Ils sont mobilisés par une même exigence qui leur interdit d'user de la fluide aisance de tours rhétoriques[1] ou de l'assurance de tropes démonstratifs, de la rassurante exhaustivité d'un ordre des matières ou de la nécessaire continuité d'un ordre des raisons. L'écriture déploie des images et envie les tableaux de présenter une perspective assignable[2]. Affronter

1. « Qu'elle reste, donc, loin la rhétorique du monde ; qu'ils restent loin les bavardages et l'éloquence sèche de l'humaine sagesse mince et ingénieuse », Jean de la Croix, *Prologue aux dits de lumière et d'amour, op. cit.*, p. 185.

2. Pascal paraît pourtant condamner la peinture « qui attire l'admiration par la ressemblance des choses, dont on n'admire point les originaux » *P.* 40. Mais vise-t-il la peinture elle-même ou un certain usage de la peinture ? N'est-ce pas encore un défaut de perspective stigmatisé dans l'attitude de celui qui ne chercherait pas l'original derrière l'œuvre et en resterait ainsi à « l'aveuglement charnel et judaïque qui fait prendre la figure pour la réa-

l'aporie et chercher des voies neuves, aider le discours à croître de lui-même en le libérant des carcans qui le figent, n'est-ce pas aussi ce que l'écriture platonicienne a su réaliser en faisant le portrait d'un incantateur qui clame son ignorance, d'un Marsyas qui émeut à voix nue ? C'est l'étrange puissance de ses dialogues de multiplier l'épreuve des réticences par la parole de différents interlocuteurs, de forger des mythes (*muthoi)* et des paroles encourageantes *(paramuthiai*) pour aider à s'élancer vers l'inconnu, des figures enfin qui se répondent et s'appellent.

C'est pourquoi cette voie vivante, de l'art et du mythe, de la figure réinventée, retravaillée, redécouverte s'est imposée ici. Sa mobilité entraîne loin des défenses construites. Mais il faut rester vigilant, car chercher un « lit d'écoulement » et le trouver dans les figures, leur fluidité et leur ambivalence, n'est-ce pas risquer de les réduire à un moyen, un chemin, fût-il *Flußbett-euporia* ? N'est-ce pas prétendre exercer de l'extérieur une maîtrise sur un objet, figer un moment dans une heuristique singulière et croire tenir une réponse là où il faudrait rester sensible à une démarche atopique ? Aussi faut-il s'interroger davantage sur l'acuité des visions et la finesse des écoutes. Examiner les modalités d'accueil de ces figures, c'est se préserver de la tentation de leur utilisation appauvrissante, suggérer aussi les conditions de possibilité d'un partage. C'est en tout cas poser la question de leur réception et s'interdire en conséquence de faire des œuvres d'art de simples illustrations (ce que j'ai précisément combattu dans la lecture par Lebrun de la toile de Poussin, mais sans avoir assez défendu l'œuvre elle-même[1]). Car ce serait rester dans la stabilité d'un inventaire qui se permettrait de requérir comme témoins, à charge ou à décharge, poètes, peintres ou musiciens. En dénonçant certaines figures du

lité » ? C'est ce que semblent indiquer la lettre à Mme Périer (1er avril 1648) et la *P*. 573. C'est ce que semble aussi confirmer la pratique picturale de Philippe de Champaigne.

1. L'élan de l'argumentation n'a pas rendu justice à la beauté apollinienne de ses toiles. Le faire aurait répondu à un autre travail. Ici, la luminosité et la netteté des œuvres de Poussin, leur harmonie, leur puissance maîtrisée n'ont offert qu'un contrepoint stimulant pour mieux dessiner par différence (dans un regard partial et parcellaire donc) la perte des repères, l'indéfini du transport et la conversion des valeurs.

ravissement – et souvent celles qui se proposaient explicitement le thème –, ne juge-t-on pas les autres loin de se laisser ravir ? L'objection serait rude, aussi faut-il l'affronter et réfléchir sur l'attitude esthétique elle-même.

– IV –

DES FIGURES AU RAVISSEMENT ESTHÉTIQUE

L'expérience singulière, inédite et troublante du ravissement excède toujours le terme qui le nomme. Conscients de cette distorsion, ceux qui l'ont éprouvé brisent les attendus sémantiques pour contracter les extrêmes dans des expressions oxymoriques ou des figures. Mais ces figures ne sont pas des moyens persuasifs qu'assurerait un usage délié de la langue. Elles jaillissent de la détresse d'une expression qu'elles contraignent en retour, énigmatiques, encore inadéquates à ce qui veut s'exprimer, pourtant plus heureuses par cet écart et cette inadéquation même. Elles s'appellent mutuellement, nouant entre elles la trame d'une quête imaginaire qui malmène les repères habituels. Elles sont à leur tour des épreuves pour la pensée, imposant d'éblouissantes visions, d'envoûtantes auditions. Brèches salvatrices, elles sollicitent tout à la fois la passivité des impressions et l'activité de l'expression, prennent appui sur le registre sensible et invitent à s'élancer vers l'intelligible.

Elles réalisent donc à leur manière ce qu'elles cherchent moins à représenter qu'à faire partager. Or le ravissement peut aussi se manifester par des visions ou des auditions extraordinaires qu'il convient d'analyser avec attention. Ainsi comprendra-t-on mieux comment l'art peut à son tour le propager.

1. Aisthèsis

Paul relate ainsi son ravissement au troisième ciel :

> Je connais un homme dans le Christ qui, voici quatorze ans – était-ce en son corps ? Je ne sais ; était-ce hors de son corps ? Je ne sais, Dieu le sait, ... cet homme-là fut ravi, jusqu'au troisième ciel. Et cet homme-là – était-ce en son corps ? était-ce sans son corps ? Je ne sais, Dieu le sait – je sais qu'il fut ravi jusqu'au paradis et qu'il entendit des paroles ineffables qu'il n'est pas permis à l'homme de redire[1].

L'évocation heurtée, syncopée, transcrit la dimension insolite, « ineffable », de l'expérience : rupture suspendue entre la temporalité ordinaire que brise le ravissement et celle, présente, de l'auteur des *Epîtres* dans l'impossibilité de l'exprimer. Ne se dit que la brutalité d'une épreuve subite et subie où s'abandonne toute maîtrise, où se révèle une autre réalité incomparable. Ne se dit que la terrassante faiblesse (« S'il faut me vanter, c'est de ma faiblesse que je me vanterai »). La transcendance radicale de la puissance divine est affirmée dans la passivité répétée (« il fut ravi ») d'un sujet dépossédé de sa propre identité, dans la redondance de ses interrogations, dans l'affirmation réitérée de l'omniscience divine (« Je ne sais, Dieu le sait »). L'apôtre[2] se démet de toute connaissance, hormis celle que « cet homme » –

1. II *Cor.*, 12,14. *Id.* pour les citations suivantes.
2. Paul se nomme ainsi *apostolos* – « autoproclamation » contestée, on n'en discutera pas ici.

dont il ne sait s'il est ou non corporel – fut ravi. Céleste vision, audition de l'ineffable. Pourraient-elles donc être incorporelles ? Y aurait-il là un critère propre à différencier les visions extatiques des autres ?

Vision

Telles sont les questions qui arrêtent longuement l'attention d'Augustin lorsqu'il commente le propos paulinien au livre XII de la *Genèse au sens littéral*[1]. Il sépare d'abord méthodiquement, dans le propos de Paul, les éléments de certitude (le saint affirme sans réserve avoir eu cette vision d'un troisième ciel dans lequel il fut ravi), des éléments d'incertitude (l'ancrage corporel ou non du transport visionnaire). Le doute porte donc sur le mode de production de la vision et sur sa valeur de vérité. Pour le lever, il convient d'examiner les trois modes de vision possible. La vision peut être corporelle par son organe (les yeux), par son objet (les corps physiques). Mais elle peut être aussi spirituelle, lorsqu'elle est produite par l'esprit (*spiritus*) et porte sur des images vraies ou fictives des choses corporelles remémorées ou imaginées. Elle peut enfin être intellectuelle (produite par l'intellect, *mens*), elle est alors pure ; c'est une immédiate intuition des « réalités qui n'ont pas d'images semblables à elles », de « ce genre de substances qui n'a aucune ressemblance avec les corps ». On doit progresser de la vision corporelle à la spirituelle puis à l'intellectuelle, « en sorte que la raison s'élève des réalités inférieures aux réalités supérieures » (XII, XI).

Ainsi l'incertitude de Paul ne contredit pas l'affirmation d'une vision céleste et permet même de préciser le mode de vision. Il est en effet impossible qu'il ait eu une vision corporelle, il n'aurait pu douter de la présence de son corps. En revanche l'apôtre a pu décrire une vision spirituelle au sens large, ce qui n'exclut pas qu'elle se produise dans le corps à l'exemple des

---

1. *De Genesi ad litteram*, *Œuvres de saint Augustin* (t. 49, 1947), *id.* pour les citations à venir.

visions du rêve. L'incertitude se justifie alors, mais ne s'étend pas au contenu de la vision. En effet, dans les visions spirituelles, les premières (au sens strict, issues du *spiritus*[1]) peuvent produire des images vraies ou fictives. Inversement les secondes (intellectuelles) ne sont susceptibles d'aucune fausseté puisque ce sont de pures et immédiates intuitions. La vision de Paul est de celles-ci, on doit donc accorder toute confiance à son récit. Ravi au troisième ciel, il a pu accéder aux réalités supérieures par ce troisième niveau de vision, sommet de la progressive hiérarchie.

Par-delà l'enjeu théologique du texte qui cherche à convaincre du propos paulinien, on peut pourtant s'étonner car la spécificité radicale de ce troisième mode de vision paraît contredire la continuité de la progression. Augustin prend pour exemple le précepte « Tu aimeras ton prochain comme toi-même »[2], que l'on voit corporellement, en lisant les lettres du texte, spirituellement, en se représentant notre prochain absent, intellectuellement enfin, en ayant l'intuition de l'amour. Mais si les degrés inférieurs ne trouvent leur pleine compréhension que dans les degrés supérieurs, si certaines des visions peuvent rester opaques jusqu'à leur élucidation au niveau supérieur, rien ne garantit ce progrès. Le Pharaon a des visions en songe que Joseph seul sait interpréter, car « dès qu'entre en jeu l'intelligence qui est le propre de l'âme intellectuelle (*mens*), il y a révélation ou connaissance ou prophétie ou enseignement ». La hiérarchie n'est donc pas continue. De plus les deux premières visions peuvent s'intervertir ou se mêler – je peux voir les lettres écrites tout en me représentant mon prochain absent physiquement, et réciproquement, tout en voyant mon prochain en chair et en os, je peux me rappeler le texte écrit. En revanche, la troisième

1. Augustin reprend la distinction paulinienne entre l'esprit (*spiritus*) et l'âme intellectuelle (*mens*) (*I Cor.*, 14, 14). Mais, se refusant au néologisme de « mental », il distingue les visions spirituelles (au sens propre, produites dans le *spiritus*) et les intuitions de l'âme intellectuelle. Ces deux visions peuvent être dites spirituelles au sens large (XII, VII, 16).

2. *Gen.* XII, VI et XI. Ce précepte a déjà été utilisé pour faire comprendre les différentes visions (XII, VI), il permet ici d'illustrer la progression de l'une à l'autre (XII, XI).

seule relève d'un autre ordre d'intelligibilité. Elle seule enfin est infaillible et certaine puisqu'elle coïncide avec son objet dans l'immédiateté de l'intuition, tandis que les deux premières visions doivent solliciter activement le concours de facultés supérieures. Si elles ne sont pas en elles-mêmes responsables de l'erreur, elles sont toujours susceptibles de rester énigmatiques ou de susciter des jugements erronés – ainsi, le navigateur qui voit l'horizon bouger croit qu'il bouge effectivement, et le rêveur croit être en présence d'une réalité et non d'une image (XII, XXV). Contrairement à ce que paraît indiquer la dénomination de « vision spirituelle », qui regroupe un sens large et un sens précis et les distingue de la seule vision corporelle, la discontinuité semble plutôt se situer entre les deux premières visions et la troisième. Ce sentiment est encore renforcé par l'aspect singulier et paradoxal de cette « vision » intellectuelle qui voit ce qui n'a ni corps ni image, vision de l'infigurable, conversion complète du regard, « illumination » plus que vision. Enfin, cette discontinuité paraît fidèle à la délimitation que Paul trace entre deux modes de vision et deux modes de connaissance : « Aujourd'hui nous voyons dans un miroir, en énigme, mais alors ce sera face à face. Aujourd'hui je connais d'une manière imparfaite; mais alors je connaîtrai comme je suis connu (*I Cor.*, 13). » Transporté au troisième ciel, le saint bénéficie de cette illumination, la troisième vision témoigne de son ravissement.

Pourtant Augustin tient à affirmer à maintes reprises la continuité des visions, notamment lorsqu'il doit définir les visions d'extase.

Selon lui, l'extase est une échappée de l'âme hors du corps dans laquelle toute représentation sensorielle se suspend ou s'abolit. L'extatique contemple cependant intensément ce qu'il voit; sa vision alors n'est plus corporelle sans être pour autant toujours intellectuelle. Une hiérarchie se profile ici encore.

> [L'extase] vient de l'esprit lorsque, leur corps restant parfaitement sain et intègre, des hommes sont ravis hors d'eux-mêmes : soit au point de voir à la fois des corps par les sens corporels et en esprit des choses semblables à des corps, sans pouvoir les distinguer des

corps ; soit au point d'être complètement coupés des sens corporels : alors, incapables de percevoir quoi que ce soit par leur intermédiaire, ils habitent en quelque façon par l'effet de cette vision spirituelle, au milieu des images des corps (XII, XIX).

Le texte affirme donc la fondamentale analogie des expériences extatiques qui témoignent toutes d'une échappée de l'âme hors du corps et ne varient que par le degré décroissant de vivacité que manifeste ce corps jusqu'à la mort apparente. La gamme extatique va de la note la plus basse (la vision extatique ne supprime pas la vision corporelle, mais s'affirme en superposition) à la plus haute (la vision abolissant tout contact avec les corps se fait intellectuelle).

Quand l'attention de l'âme se trouve complètement détournée et coupée des sens corporels, en ce cas ordinairement on parle plutôt d'extase. Alors, on ne voit plus du tout, même les yeux grands ouverts, aucun corps présent, quel qu'il soit, on n'entend plus du tout aucune voix. Le regard de l'âme est tout entier absorbé ou dans les images des corps lors d'une vision spirituelle, ou dans les réalités incorporelles, sans nulle représentation imaginative, lors d'une vision intellectuelle (XII, XII).

La discontinuité se situe moins entre les visions spirituelles et intellectuelles qu'entre les situations non extatiques et extatiques (qu'elles soient spirituelles ou intellectuelles). Et cette distinction même semble inessentielle : Augustin n'hésite pas à comparer l'insolite vision spirituelle au songe quotidien, l'extraordinaire du ravissement à l'ordinaire des rêves[1] ; en outre il célèbre alors, non la miraculeuse transcendance de l'extase, mais l'énigmatique puissance des images qui se lèvent dans l'immanence de nos nuits.

Si donc quelqu'un me demande d'où viennent les images corporelles qui apparaissent dans l'extase, chose qui arrive rarement à l'âme, je demande à mon tour d'où viennent les images qui apparaissent dans les songes, chose que l'âme éprouve tous les jours : et personne ne s'en soucie ou du moins ne s'en soucie guère ! Comme

1. L'exemple du rêve est complété par celui de la maladie (XII, XII et XXIII).

> si la nature de telles visions était moins merveilleuse parce qu'elles sont quotidiennes ! Comme si elles méritaient moins d'intérêt parce qu'elles sont le fait de tous.[...] Pour ma part, je suis bien plus étonné, bien davantage stupéfait de la rapidité et de l'aisance avec lesquelles l'âme fabrique en elle-même ces images des corps perçus par les yeux que des visions qui se produisent dans le songe ou même dans l'extase (XII, XVIII).

La prudence méthodologique commande le souci de l'acte usuel trop vite méconnu – les hommes « aiment à sonder l'inconnu et à rechercher la cause de faits insolites, tandis qu'ils ne se soucient pas de connaître des faits, la plupart du temps quotidiens, qui souvent ont une origine plus mystérieuse encore » *(id.).* Or la prudence se double ici de l'attention portée à l'expérience partagée par tous. Le banal est digne d'intérêt, l'homme commun aussi. Sous la plume de l'évêque d'Hippone, le propos prend une résonance singulière : se soucier de la plus humble vision et de la gradation possible des visions, n'est-ce pas suggérer la possible continuité qui mène de la vision corporelle de chacun à celle, tout aussi commune mais spirituelle, de nos rêves, puis aux expériences extatiques (spirituelles ou intellectuelles) et, enfin, de celles-ci au ravissement de l'apôtre, vision intellectuelle ?

Cette suggestion présente un triple intérêt. Elle permet d'abord de mieux comprendre l'embarras paulinien. Elle donne en second lieu sa juste place à la vision spirituelle :

> A mi-distance de la vision intellectuelle et de la vision corporelle [...] elle est quelque chose de médiat, puisque sans être corps, elle est semblable aux corps, intermédiaire entre ce qui est réellement corps et ce qui n'est ni corps, ni semblable aux corps (XXII, XXIV).

Elle dessine un espace énigmatique entre la présence physique de l'objet dans sa matérialité et la présence comblante de l'immatériel, entre l'immédiateté spontanée de la vision corporelle qui s'impose à nos yeux et cette autre, lumineuse et ineffable, d'une révélation intellectuelle. Dans cette perspective, insister sur la liaison de l'extase et de la vision spirituelle serait inciter le lecteur à prendre conscience de cette présence absente, de cette tension imaginaire qui seule anime la vie quotidienne, de ce vide potentiel de l'existence humaine ; cela l'inviterait à se détacher d'un corps pesant, en plaçant son espérance dans l'agilité prodigieuse de l'esprit :

> Bien que nous voyions d'abord un corps qu'auparavant nous ne voyions pas et que cette sensation soit à l'origine de l'image présente en notre esprit, grâce à laquelle nous gardons souvenir de l'objet absent, néanmoins ce n'est pas le corps qui forme cette image dans l'esprit, mais l'esprit lui-même qui la forme en soi avec une merveilleuse rapidité qui contraste singulièrement avec la lenteur du corps (XII, XVI).

En conséquence et en troisième lieu, on peut penser que cette revalorisation de l'ordinaire ne suggère pas seulement une continuité entre les visions mais, au-delà d'elles, entre l'apôtre et le reste des mortels. Puisque l'extase n'est pas plus étonnante que les rêves ordinaires ou que les visions corporelles quotidiennes, le corps se trouve lui aussi réhabilité. Son inertie n'interdit ni le songe ni certaines visions extatiques. On peut alors espérer que soit surmontable la contradiction qui habite l'homme, partagé entre la pesanteur d'une chair peccable et la demande implorante d'une grâce surnaturelle, dont *Les Confessions* se faisaient l'écho émouvant. Cette revalorisation indique du moins des voies d'approche pour cheminer vers une telle résolution et s'y préparer ardemment. Car l'immédiateté de la révélation dans la vision du troisième type n'exclut pas qu'elle ait été éveillée par une vision corporelle, stimulée et nourrie par les visions spirituelles, préparée par un processus temporel de quête[1].

Une objection se présente alors. En préservant cette potentielle continuité porteuse d'espérance, Augustin n'infléchit-il pas l'expérience paulinienne ? Ne risque-t-il pas de trahir le dessaisissement intime, la puissance du rapt, pour les réduire à des sommets accessibles par une progressive ascension ? On répondra que l'évêque n'a jamais mésestimé la radicale sin-

---

1. Ainsi, la vision énigmatique de Pierre sollicite une recherche (« il réfléchissait sur cette vision et cherchait à comprendre ce que signifiaient ces signes ») jusqu'à l'illumination qui lui en révèle le sens (XII, XI).

gularité de la troisième vision et qu'il a ainsi indiqué la discontinuité du ravissement. La réponse est encore insuffisante si l'on prête attention à un déplacement, insuffisamment remarqué à mon sens, entre le propos de Paul et celui d'Augustin. Le premier insiste non sur ce qu'il voit, mais sur ce qu'il entend (« des paroles ineffables ») ; or, pour le commenter, le second élabore une théorie de la vision. Cela intrigue qui connaît leurs vies respectives : Paul, sur le chemin de Damas, jeté à terre par la lumineuse révélation, se relève aveugle et converti par la voix divine[1]. Augustin doit sa propre conversion à l'irruption miraculeuse d'une voix angélique. A la faculté prodigieuse de la vision (fût-elle la plus banale), à la formation des images, s'oppose l'humilité de l'ouïe. La brusque cécité du saint le confirme : il se démet de ses pouvoirs et capacités, se laissant conduire « par la main de [s]es compagnons ». Par ailleurs, la surprise de l'audition souligne une irréductible fracture que l'analyse de la vision tend à minimiser. Il faut donc comprendre ce qui se joue dans ce subreptice glissement de l'audition à la vision, de la discontinuité terrassante à la continuité espérée.

Les vies de Paul et d'Augustin sont bouleversées par la voix entendue, impérieuse dans les deux cas. Dans le foudroiement de l'appel, Saül meurt pour renaître baptisé, le persécuteur se fait apôtre. Par l'impératif mystérieux d'un chant dans le jardin de Milan, le pécheur endurci ouvre enfin son cœur. On se rappelle dans quelles circonstances : après avoir longuement réfléchi, Augustin a reconnu la vérité de la foi chrétienne mais ne parvient pas à transformer sa conduite, sa volonté est indéfiniment défaite par la force tenace des habitudes. Aussi s'afflige-t-il de son impuissance :

> Je parlais ainsi et je pleurais dans la très amère contrition de mon cœur. Et voici que j'entends qui s'élève de la maison voisine, une voix, voix de jeune garçon ou de jeune fille, je ne sais. Elle dit en chantant et répète à plusieurs reprises : « Prends et lis (*tolle lege*) ! Prends et lis ! » Et aussitôt changeant de visage, je me mis à chercher attentivement (*intentissimus*) dans mes souvenirs si ce n'était pas là

---

1. *Gal.* I et *Actes des apôtres*. Une distance critique s'impose vis-à-vis des *Actes*, on ne s'en préoccupera pas ici car il s'agit seulement de comprendre l'impact de ces récits et l'interprétation qu'en donne Augustin.

> quelque chanson qui accompagnât les jeux enfantins et je ne me souvenais pas d'avoir entendu rien de pareil. Je refoulai l'élan de mes larmes et me levai. Une seule interprétation s'offrait à moi : la volonté divine m'ordonnait d'ouvrir le livre et de lire le premier chapitre que je rencontrerais[1].

La parole chantée ordonne sans réplique. Elle pénètre au cœur de l'intimité du solitaire, triomphe des liens qu'il ne pouvait défaire et terrasse sa pusillanimité. Enigmatique puissance.

Audition

N'est-ce pas conclure trop vite et attribuer à la faculté corporelle de l'audition l'efficace salvatrice d'un Dieu transcendant ? N'oublions pas qu'Augustin stigmatise ailleurs l'ouïe coupable de nous « envelopper et subjuguer tenacement ». Qu'on se rappelle seulement le piteux échec d'Alypius si sûr de résister à la « cruauté » et la « sanglante volupté » des jeux du cirque où l'entraînent ses camarades :

> Ayant clos la porte de ses yeux [il] interdit à son âme de se mêler de ces atrocités. Plût au ciel qu'il eût aussi bouché ses oreilles ! Un incident du combat arracha à la foule tout entière une immense clameur qui le fait sursauter. Vaincu par la curiosité et se croyant prêt, quel que fût le spectacle, à le mépriser et à le dominer, il ouvrit les yeux et il fut blessé dans son âme plus grièvement que ne l'était dans son corps celui qu'il contemplait avec avidité ; il tomba et sa chute fut plus misérable que celle du gladiateur, cause de ces cris. Ils étaient entrés en lui par les oreilles, lui ouvrant les yeux, pour frapper et abattre son âme plus téméraire encore que courageuse, d'autant plus faible qu'elle s'appuyait sur elle-même (*Conf.* VI, VIII).

Ce rapprochement peut choquer. Qu'y a-t-il de commun entre la clameur barbare d'une foule ivre de sang et le chant angé-

1. *Confessions*, VIII, XII (je citerai dans la trad. de J. Trabucco, 1964 – pour les autres œuvres d'Augustin, moins disponibles, j'utiliserai l'édition des *Œuvres*, Desclée de Brouwer).

lique ? Qu'y a-t-il de commun entre l'imminence d'une conversion et l'échec misérable d'une volonté ? Les deux expériences se ressemblent précisément parce qu'elles sont diamétralement antithétiques. La défaite malheureuse porte en négatif l'espérance du salut, instruisant des dangers et des remèdes (« cette aventure demeurait dans sa mémoire comme un remède pour l'avenir ») car les deux récits témoignent de la puissance irrésistible de l'audition. Elle rend vaine la superbe d'Alypius, trop confiant dans sa propre maîtrise. Elle tire Augustin de l'impuissance de son désespoir. Qu'elle souligne la suffisance de l'être humain ou son insuffisance, qu'elle le mette en échec ou le seconde miraculeusement, elle l'arrache à lui-même. Dans les deux cas, elle s'oppose ainsi à la prétentieuse activité de celui qui croit pouvoir résister seul aux tentations ou espère faire seul son salut. L'expérience de Paul paraît alors exemplaire en ce qu'elle contracte l'échec de la vanité humaine (Saül était persuadé d'être dans son devoir en persécutant les chrétiens) et la grâce surnaturelle d'une voix qui déroute et change, non la destination géographique, mais le sens du voyage – quête « atopique » qui jette cet apôtre inclassable, de lieu en lieu, de douleurs en souffrances dans la gloire paradoxale d'une faiblesse revendiquée (II *Cor.,* 11 et 12).

Faut-il en conséquence opposer terme à terme l'audition et la vision au profit de la première puisqu'il ne suffit pas de « clore la porte de ses yeux ». Non, car cette bipolarité engendrerait plus de problèmes qu'elle n'en résout : comment expliquer ce déplacement entre le propos du *Nouveau Testament* et le commentaire de l'évêque d'Hippone ? Comment expliquer par ailleurs la contradiction patente dans les textes augustiniens eux-mêmes : les *Confessions* valorisent l'ouïe et l'efficace divine tandis que *la Genèse au sens littéral* semble valoriser la vision et l'activité humaine ?

On peut résoudre cette dernière difficulté en considérant le projet d'ensemble des deux ouvrages, récit d'une conversion personnelle pour l'un, travail d'explication et de compréhension du texte sacré pour l'autre. Mais il est plus fructueux encore de relire attentivement les textes pour percevoir une complémentarité derrière l'antagonisme apparent. Car dans les deux récits des *Confessions*, l'audition s'oppose moins à la vue qu'elle n'y reconduit. Les hurlements de la foule forcent Alypius à ouvrir les yeux, la voix angélique est un ordre redondant de lecture (*tolle lege*). Si l'impératif chanté est fulgurant et lève l'inertie corporelle des habitudes, il n'est pas le terme ultime de la conversion et incite à une quête livresque dont viendra la certitude finale. Augustin ne s'enchante pas d'entendre « ces paroles ineffables qu'il n'est pas permis à l'homme de redire », il est impérieusement conduit auprès des écrits de l'apôtre :

> Je revins donc en hâte à l'endroit où était assis Alypius : car j'y avais laissé, en me levant le livre de l'Apôtre. Je le pris, l'ouvris et lus en silence le premier chapitre [*Il s'agit de* l'Epître aux Romains, XIII, *13*]. Je ne voulus pas en lire davantage, c'était inutile. A peine (*statim*) avais-je fini de lire cette phrase qu'une espèce de lumière rassurante s'était répandue dans mon cœur y dissipant toutes les ténèbres de l'incertitude (VIII, XII*)*.

L'interruption de la voix inaugure une quête attentive (*intentissimus*) et mène Augustin à l'illumination finale. Le texte entrelace la discontinuité du chant mystérieux et l'effort personnel. Aussi n'est-il pas indifférent qu'intervienne ici la lecture d'un texte et que cette lecture soit celle de Paul. Elle est un modèle des trois niveaux de vision, comme l'était le précepte de charité, examiné plus haut. Une première lecture, strictement matérielle, avait été faite avant d'en venir à la compréhension de la foi ; Augustin l'avait déjà reprise à un niveau spirituel (« Je me jetai donc avidement sur les écrits vénérables inspirés par votre Esprit, et surtout sur ceux de l'apôtre Paul. Et je vis se dissoudre ces difficultés » VII, XXI). Mais cette compréhension était encore insuffisante, et le livre gisait, abandonné, inutile jusqu'à l'injonction du chant. Alors, la compréhension devient certitude immédiate et le livre n'est plus qu'une médiation superflue. Augustin constate son évidence dans l'après coup de la paix retrouvée qui dissipe « les ténèbres de l'incertitude ». De telles ténèbres peuvent indiquer qu'Augustin a vu corporellement puis a perdu la claire évidence d'une telle vision dans l'incertitude d'une vision spirituelle (oscillant entre les visions vraies et fictives) pour parvenir enfin à la lumière. Ces ténèbres ne rappellent-elles pas aussi la cécité paulinienne ? Le persécuteur voyait la route poudreuse de Damas, l'apparition l'aveugle, brouillant son assurance et ses certitudes ; trois jours durant il reste sans voir, jusqu'à ce qu'Ananie pose sur lui les mains : « Aussitôt il lui tomba des yeux comme des écailles, et il recouvra la vue. Sur-le-champ, il fut baptisé[1]. » La voix déchire la trompeuse assurance d'une vision charnelle, éblouissement qui enténèbre celui qui ne saura voir à nouveau que dans la renaissance du baptême.

Loin donc d'être infidèle à l'apôtre, Augustin ne cesse de se rapporter à lui comme à une vive figure qu'il espère follement accomplir, modèle d'une conversion radicale qui arrache le pécheur endurci à ses quiètes certitudes. La figure du saint lui propose dans l'altérité ce qu'il pressent en lui. La vision souligne la continuité persévérante de l'effort, la voix incarne la miraculeuse discontinuité de la grâce accordée. Insister sur l'une, c'est espérer cette métamorphose sans pouvoir en décider, insister sur l'autre, c'est témoigner de cette conversion opérée, ce qui ne peut sans doute se faire que dans l'après coup de confessions ou dans l'extériorité.

L'antagonisme entre audition et vision n'est donc qu'apparent. La prégnance immédiate de l'ouïe exige un travail reconduit de lecture dans la progressive gradation des visions – il est donc logique d'insister davantage sur cet aspect dans un livre qui commente la *Genèse*. Tout en affirmant la force rédemptrice du ravissement surnaturel, il faut indiquer la possibilité salvatrice de le préparer, de l'espérer chez tous, en le fondant sur nos expériences les plus communes et quotidiennes. L'irruption de l'extériorité et la conquête de l'appropriation paraissent nécessaires à l'auteur de *Confessions* qui décrivent à la fois les efforts de l'homme et la dimension surnaturelle de l'aide qu'il implore, l'immanence douloureuse du travail sur soi et la transcendance de la grâce. Dissocier ces deux dimensions est impossible et vain pour celui qui s'adresse ainsi à Dieu : « Vous étiez au-dedans de moi plus profondément que mon âme la plus profonde et au-dessus de mes plus hautes cimes »(III, VI). Cette tension spatiale entre dedans et dehors, cette tension logique

1. *Actes des Apôtres*, 9, 18.

entre immanence et transcendance, continuité et discontinuité, justifie la complémentarité de la vue et de l'ouïe. L'audition conduit à la vision et la vision prépare à l'audition.

Ce qui est vrai spatialement l'est aussi temporellement. Il n'y a d'audition que pour celui qui peut se former une image du son mémorisé. L'ouïe reconduit donc à la vision.

> A peine un corps a-t-il été vu que l'image s'en forme dans l'esprit de celui qui l'a perçu, sans le moindre intervalle de temps. Il en est de même pour l'ouïe : si l'esprit ne s'était aussitôt formé une image du son perçu par les oreilles et ne l'avait retenu dans la mémoire, il ne saurait pas si la seconde syllabe est bien la seconde, puisqu'alors la première ne serait plus, elle qui, sitôt frappée l'oreille, se serait évanouie. Ainsi tout usage de la conversation, toute suavité de chant, enfin tout mouvement corporel qui accompagne nos actes périrait en se dissipant et nul progrès ne serait possible si l'esprit ne gardait le souvenir des mouvements passés pour les enchaîner aux suivants tout au long de l'action. Or ces mouvements, il n'en garderait pas le souvenir, s'il ne s'en était lui-même formé une image en soi. Même, les images des mouvements futurs anticipent le terme de nos actes. En effet, que faisons-nous avec nos corps que l'esprit n'ait anticipé par ses représentations, voyant d'avance en lui-même et ordonnant en quelque sorte les images de toutes nos actions visibles. (*Gen.* XII, XVI)

Pour entendre et comprendre, l'ouïe suppose l'acte banal et ordinaire de la vision spirituelle. Mais la « fabrique » de cette image n'en est pas moins une quotidienne merveille dont témoignent les embarras d'une expression quasi contradictoire. L'image semble succéder à l'appréhension corporelle mais « sans le moindre intervalle de temps ». Elle la suppose, mais l'anticipe aussi car nul mouvement corporel ne serait perceptible sans cette image. Elle est produite à l'occasion de la vision corporelle, ce qui indiquerait qu'elle lui succède et en est un effet, mais la précellence et la célérité de l'esprit s'opposent à cette succession temporelle et causale et c'est « l'esprit lui-même qui la forme en soi » (XII, XI).

Ces apparentes incohérences indiquent le rôle décisif de cette énigme ordinaire et l'étonnement augustinien paraît ici singulièrement fécond en invitant à interroger les conditions de possibilité du sens et de l'action. Dans le kaléidoscope mouvant des sensations, l'image transcende le divers parce qu'elle précède l'acte de vision, en même temps qu'elle l'accompagne et le prolonge. Mémorisation et anticipation indispensables. A la fois cause et conséquence, la vision imagée est l'indispensable schème médiateur de tout processus temporel[1]. Nulle expression ne peut rendre explicite ce travail constant de l'image, effectué le plus souvent à l'insu de notre conscience. Nulle expression ne peut expliquer non plus cette notion « familière et connue » mais tout aussi mystérieuse qu'est le temps. Au livre XI des *Confessions*, le temps est pensé comme « une espèce de distension [...] de quoi, je ne sais au juste, probablement de l'âme elle-même ». Le temps n'existe que par l'attention de cette faculté intermédiaire qui rassemble les instants épars et chaotiques du sensoriel, construit nos représentations, permet notre réflexion et nos actes. Cette distension de l'âme, cette attention s'effectue par la médiation de l'image spirituelle. Elle rassemble en elle le successif et sert ainsi de charnière entre la fugacité temporelle de l'existence, et l'appréhension de l'éternité.

La prudence augustinienne est fructueuse. Pour appréhender le mystère de l'extase et concevoir une vision sans miroir dans l'intuition pure de l'éternité, il convient d'abord de s'interroger sur cet autre mystère ordinaire par lequel nous ouvrons quotidiennement une brèche dans la linéarité évanescente de notre vie corporelle. Cette brèche, agrandie, élargie, permet d'entrevoir le ravissement.

> Qui la retiendra cette intelligence, qui la fixera pour qu'elle acquière un peu de stabilité, qu'elle entrevoie dans un ravissement (*paululum rapiat*) la splendeur de l'éternité toujours stable, qu'elle la compare à la durée jamais stable et trouve toute comparaison impossible ?

---

1. Travail mystérieux de l'image et du temps au fondement des opérations les plus banales, force féconde d'une imagination productive et médiatrice, la réflexion kantienne sur le schématisme tirera profit de ces ambiguïtés réfléchies ; et les analyses phénoménologiques de la temporalité – « rétention », « protention », formation et sédimentation du sens, synthèse passive – pourront trouver leurs prémices dans la force de synthèse d'un esprit capable à la fois d'anticiper et de retenir le réel, de le redoubler et de l'inventer, de le recevoir et de le créer. Sur ces points, *cf.* R. Court (1987).

Dans l'extase s'effectue un arrachement mystérieux à la temporalité (*ek-stase*) et l'entrevision d'une stabilité éternelle (*ek-stase*). Chacun de nos mouvements quotidiens témoigne qu'il n'est pas vain de l'espérer, tandis que le rythme haletant du questionnement témoigne du miracle de sa survenue. Le ravissement libère de la passivité ceux qui sont prisonniers d'une temporalité qu'ils ne peuvent expliquer, enchaînés par les rets d'habitudes qu'ils ont eux-mêmes forgées. Il saisit, principe actif à son tour insaisissable (« Qui la retiendra ? Qui la fixera ? ») ; dans cette brusque ouverture, il abolit les contraires qu'il rassemble. Mais le « toujours » s'oppose au « jamais », la vision n'est qu'entrevision et toute comparaison paraît impossible.

Cela n'indique pas qu'il faille renoncer, d'autant que ces questions sont susceptibles de trouver une ébauche de réponse. Augustin ne sait pas qui chante, mais le chant est décisif. Il arrête ses larmes inutiles, interrompt sa navrante dispersion et son errance irrésolue. Or ce chant, aussi impérieux et extérieur qu'il paraisse, requiert lui aussi la participation de l'âme et l'attention vigilante de la mémoire. Le *de Musica*, rédigé bien antérieurement (entre 386 et 388), le signalait déjà :

> Pour entendre même la plus brève syllabe, il nous faut l'aide de la mémoire ; pour que, au moment où résonne, non plus le début, mais la fin de la syllabe, le mouvement produit dans l'âme par le début persiste ; sinon nous pouvons dire que nous n'avons rien entendu. De là vient que souvent, absorbés par une autre pensée en présence de personnes qui parlent, nous croyons n'avoir rien entendu [...]. C'est que la distraction efface aussitôt le mouvement produit, car si celui-ci demeurait, ce serait dans la mémoire et nous reconnaîtrions et sentirions ainsi que nous avons entendu (VII, VIII).

La distraction rend sourd. L'impératif angélique bouleverse Augustin parce qu'il a su se rendre disponible et l'interpréter dans un travail temporel d'attention, de recoupement, de sélection parmi de multiples possibles. « Une seule interprétation s'offrait à moi », dit-il. L'offre est un cadeau mérité car l'évidence fulgurante résulte à la fois d'une élimination et d'une reconnaissance. Cherchant d'abord parmi ses souvenirs d'enfance, Augustin n'a rien trouvé qui convienne, pourtant l'énigmatique injonction lui rappelle quelque chose – le verbe prend ici tout son sens car le « rappel » de la mémoire est impérieux « appel » :

> Je venais d'entendre dire qu'Antoine, survenant au hasard d'une lecture de l'Evangile, avait pris pour lui cet avertissement [...] et que cet oracle avait décidé aussitôt de cette conversion (*Conf.* VIII, XII).

Les conversions se suivent dans l'entrelacement des lectures et des paroles entendues. L'audition propage l'aimantation des figures (l'expérience d'Antoine dessine celle d'Augustin) comme le fait la vision (il cherche le livre de Paul pour se forger sur ce saint modèle), les deux facultés induisent une active conversion dans un mimétisme qui est aussi une conquête. Car l'interprétation ne s'offre qu'à celui qui a recueilli les éléments nécessaires pour la construire. L'expérience d'Antoine négligemment écoutée, écoute corporelle, est mémorisée pour devenir signifiante, écoute spirituelle, avant que l'audition intellectuelle ne la transforme en lumineuse injonction. La thèse initiale gagne en complexité. L'audition semblait une brèche par laquelle s'imposait immédiatement une pleine présence extérieure, or savoir écouter la voix divine n'est donné qu'à celui qui a su retenir ce qui ferait sens et deviendrait oracle. La seule présence audible est toujours une présence intériorisée par celui qui a su lutter contre sa propre dispersion, même s'il ne le comprend qu'ultérieurement : « Vous étiez au-dedans de moi, et moi, j'étais en dehors de moi ! Et c'est là que je vous cherchais » (X, XXVII). Dans cette quête, la figure est médiatrice et constitutive, elle arrête celui qui fuit dans l'extériorité, lui offrant le modèle sur lequel se former, le moule où se réfléchir. L'expérience d'Antoine préfigure celle d'Augustin qui se modèle sur celle de Paul. Dans cette chaîne signifiante, la vision et l'audition proposent les degrés d'une progressive ascension vers l'ineffable et éblouissante révélation. Elles se complètent et s'appellent. On a dit les trois niveaux possibles de la vision, on a vu trois niveaux y correspondre dans l'audition. L'ouïe peut être strictement corporelle, spirituelle par l'intervention de la mémoire, intellectuelle enfin (Paul ravi entend des paroles « ineffables »).

L'extase d'Ostie témoigne de cette progressive ascension où se mêlent voix et paroles (IX, X). Augustin et sa mère, tout en discourant, s'élèvent de la vision corporelle, à la vision spirituelle, pour atteindre la vision intellectuelle. La vision finale résulte d'un effort constant et réfléchi où s'entrelacent vision spirituelle et parole (« nous nous élevions encore, méditant, décrivant, admirant ce que vous avez fait »). Elle récompense un désir ardent (« et pendant que nous parlions de cette sagesse et que nous la convoitions, nous l'effleurâmes dans un élan de tout notre cœur »). Dans cet « effleurement », l'être est tout entier rassemblé ; aussi l'intuition pure de la vision intellectuelle est indissociablement entente ineffable du Verbe divin. Dans la miraculeuse écoute, toute parole s'abolit, toute médiation est superflue. Extase fulgurante, atome d'éternité.

> Puis, après un soupir, et laissant là fixées « ces prémices de l'Esprit » nous retombâmes à ce vain bruit de nos bouches, là où commence et finit la parole. Et qu'y a-t-il de commun entre elle et votre Verbe, Notre Seigneur, qui subsiste toujours en soi-même, et sans vieillir renouvelle toutes choses.

Bien au-delà de l'antithèse apparente entre vision et audition, l'extase requiert le silence vigilant d'un être concentré qui a su progressivement tarir les sources de distraction : le vain bavardage des visions inférieures, l'inutile sollicitation des discours éphémères. Si le silence impose le paradigme de l'audition, il ne saurait s'y limiter ; modalité essentielle d'appréhension, il dynamise l'audition mais aussi la vision, les conduisant de degré en degré à l'intuition de l'éternité. Le vocabulaire augustinien entrelace alors les registres pour dire cette abolition progressive des degrés inférieurs, des tumultes et visions du corporel puis du spirituel.

> Admettons une créature en qui se taisent le tumulte de la chair, les visions de la terre, des eaux et de l'air, et aussi des cieux ; en qui l'âme elle-même fasse silence [...] en qui fassent silence encore les rêves, les révélations imaginaires, toute langue, tout signe, tout ce

> qui ne fait que passer, admettons, dis-je, que toutes les choses se taisent en cette créature [...] qu'elles gardent le silence, attentives à leur Créateur.

Le silence attentif de l'âme n'est ni retrait ni impuissance mais ardente patience, folle espérance d'être comblé. Dans la plénitude extatique de l'intuition, l'être humain s'est dépouillé des médiations et des clivages sensoriels, et l'accueil ébloui du Verbe est Vision.

> Admettons qu'alors le Créateur parle seul, non par ses œuvres mais par lui-même ; que nous entendions sa parole, non par une langue de chair, ni par la voix d'un ange, ni par le fracas de la nuée, ni par l'énigme d'une similitude, mais que ce soit lui-même, lui que nous aimons dans ces choses, que nous entendions sans leur secours. De même qu'à présent notre pensée se déploie, et dans une intuition rapide a atteint l'éternelle Sagesse qui demeure au-dessus de tout, supposons que cette vision se prolonge, que toutes les autres visions inférieures se dérobent, que celle-ci soit seule à ravir (*rapiat*) son contemplateur, l'absorbe et le plonge en d'intimes délices, de sorte que la vie éternelle soit semblable à ce moment d'intelligence qui nous a fait soupirer, ne serait-ce pas alors l'accomplissement de cette parole : « Entre dans la joie de ton Seigneur ? »

L'appel des figures

Vision et parole se mêlent et se partagent pour conduire à ce sommet extatique d'un soupir comblé. Augustin ne trahit donc pas Paul aveuglé qui entend au plus profond de lui la parole qui le convertit et lui ordonne d'être « témoin de la vision dans laquelle tu viens de me voir et de celles où je me montrerai encore à toi[1] ». Bien plus, dans sa propre expérience et au-delà du commentaire, il accomplit la figure que le saint lui propose. Ici encore, la figure unifie les termes antagonistes, elle entrelace aussi le passé et le futur, la cause et l'effet – la vie de Paul préfigure le futur d'Augustin et lui offre un modèle, cause formelle et finale en quelque sorte. De plus, elle rassemble la linéarité

1. *Actes des Apôtres*, 26,16.

historique qui disjoint les existences et la verticalité d'un appel transcendant. Méditer sur la figure de Paul serait donc « fixer l'intelligence, s'arracher au flux du temps », « accéder à cette entrevision ravissante » de l'éternité. La figure serait donc intimement liée au ravissement.

Pour conforter cette hypothèse, on rappellera d'abord les principes exégétiques de l'évêque qui souhaite distinguer, dans les textes saints, les sens anagogique, figuratif et éthique, sans jamais négliger pour autant le sens littéral et historique[1]. La figure ne saurait se réduire à un spiritualisme abstrait – ainsi celle de Paul mobiliserait plusieurs sens, au-delà du sens figuratif technique, en l'ancrant dans le concret d'une expérience qui importe au prêcheur parce qu'elle émeut le pécheur. On rappellera ensuite que cette hypothèse s'inscrit dans le prolongement de l'analyse de la vision spirituelle. Médiatrice entre le concret du corps et l'intuition de l'intellect, elle garde « le souvenir des mouvements passés pour les enchaîner aux suivants tout au long de l'action » et anticipe l'avenir. Augustin, bouleversé par la voix angélique, fait appel à sa mémoire et y trouve la figure d'Antoine. De la même manière, faisant de Paul une figure, il anticipe sa propre conduite. Transcendant l'aporie du temps, il se dégage ainsi de l'inertie présente et s'arme contre la passivité du corps et la force des habitudes. On rappellera enfin qu'Augustin prend soin de rassembler extase spirituelle et extase intellectuelle, affirmant ainsi une continuité qui fonde cette nécessaire espérance que le commentaire ne cesse de proposer.

La figure a donc un rôle décisif dans cette continuité. Image intériorisée et spirituelle, elle relie la succession anecdotique des événements et convertit la matière première d'une vie historique en un modèle signifiant. Elle aimante alors d'autres expériences qui deviennent à leur tour des maillons forgés à son

1. *Gen.* I,1 : « Dans tous les livres saints, il importe de distinguer les vérités éternelles qui sont proclamées : la fin du monde et la vie éternelle, c'est là le sens anagogique ; les faits qui sont racontés : c'est le sens littéral et historique ; les événements à venir qui sont annoncés : c'est au sens strict, le sens figuratif, c'est-à-dire les prophéties en acte, qui, dans l'Ancien Testament, annoncent la venue du Christ ; les règles d'action qui sont prescrites ou conseillées, c'est enfin le sens éthique. »

image. Cette propagation mimétique est aussi une active construction personnelle. La rencontre apparemment accidentelle d'une figure n'aimante que celui qui l'a d'abord isolée et construite dans le travail souterrain de la mémoire et dans la diligence interprétative. Cela confirme que la discontinuité éblouissante n'est bouleversante que par l'effort continu d'une attention qui lui donne sens. La réception est toujours active. La passivité apparente masque une vigilance sélective (Ion ne sort de sa torpeur léthargique que pour célébrer Homère), une appropriation créatrice, une dépossession productive (ainsi Baudelaire découvrant Poe).

Dans cette imitation féconde, le ravissement se propage de maillons en maillons. La conversion de son ami Antoine conduit Augustin à la figure de l'apôtre et à sa propre conversion. En amont, celle d'Antoine redoublait celles relatées par Ponticianus : conversions suscitées aussi par une lecture d'apparent hasard, enflammant un ami puis l'autre. En aval, ces conversions par la parole entendue ou lue acheminent vers les conversations d'Augustin avec sa mère et l'extase d'Ostie. Dans le « vain bruit des bouches » commence l'écoute de la transcendance qui abolit tout discours et se reçoit dans un soupir ravi, dans un silence intensément habité. L'extase finie, la parole écrite recueillera à son tour les *Confessions*. La recollection des instants épars est ordonnée par le sens entrevu. La « retombée » dans la parole n'est pas une fin pour autant et l'écriture n'est ni un vain mouvement de plume ni un dépôt inerte. Elle est une pressante invite à faire sien l'élan d'une élévation que le propos d'Augustin n'a cessé de déployer dans la gradation des visions, dans la miraculeuse audition d'une voix angélique, dans leur mutuelle complémentarité et dans leur abolition conjointe au seuil de l'ineffable. L'invite se fait d'autant plus pressante que l'auteur se confessant devient pour le lecteur une nouvelle et émouvante figure sur laquelle se modeler. Les exemples abondent – que le lecteur médite sur la vie et la conversion du saint pour se fortifier ou qu'il le prenne pour interlocuteur dans le silence d'un dialogue intérieur.

Ainsi dans un curieux petit livre[1], Pétrarque décrit comment la Vérité lui apparaît accompagnée d'Augustin qu'elle charge de dialoguer avec lui afin de le guérir de sa mélancolie. Car, dit-elle, « Nul mortel ne saurait mieux que toi accomplir cette tâche », en raison de l'admiration que lui voue le poète, et aussi parce qu'Augustin « enfermé dans la prison du corps [a] subi bien des épreuves semblables aux siennes ». On voit alléguer ici l'espérance d'une mimésis admirative et fructueuse, qui se déploie dans l'œuvre d'abord par le transport d'identification imaginaire nécessaire pour donner vie et présence à la figure[2], ensuite dans l'écriture même puisque, relatant ce « secret » dialogue avec l'auteur des *Confessions,* Pétrarque se confesse à son tour. Enfin Augustin le considère comme son jeune double antérieur, ce pécheur qu'il fut jusqu'à sa conversion sous le figuier du jardin de Milan. Dans une signifiante contraction temporelle, « le souvenir de ce figuier [...] présage un espoir de correction et de pardon ». L'apparition de l'évêque est salvatrice : elle peut rompre ces chaînes de l'habitude qu'il a su décrire et dont le poète éprouve la puissance persistante dans son amour pour Laure. La vision intérieure d'Augustin, dans le silence de la méditation, est d'autant plus remarquable qu'elle met Pétrarque en garde contre la fascination d'images inférieures, l'image corporelle de Laure et celle de son portrait peint. Ces deux images enferment l'amoureux dans l'illusoire stabilité d'une présence matérielle et le détournent du souci de Dieu. Le saint lui demande de quitter les séductions d'un présent que la force des habitudes pérennise ou qui prétend s'éterniser dans l'art. Mais, Pétrarque reste attentif au souci de sa gloire poétique et conclut l'entretien par une ultime résistance : « Je ne peux borner mon désir. » L'écrivain des *Confessions* triompherait-il subrepticement du saint dans cette invocation orchestrée ?

Par sa plus grande fidélité mimétique, le récit de Thérèse d'Avila[3] offre en tout cas un remarquable témoignage de cette

1. *Mon secret,* écrit vers 1347, trad. F. Dupuigrenet Desroussilles, 1991.

2. *Cf.* Dante, *Il Convivio*, IV, III et le commentaire IV, X : « Aucun peintre ne pourrait représenter aucune figure si, par quelque acte bien dirigé de son imagination, il ne se faisait pas d'abord tel que doit être la figure » (Belles Lettres, 1968).

3. *Vie (op. cit.),* les citations à venir se trouvent au chap. IX.

propagation aimantée dans l'écho d'une révélation reconduite. Désespérée de ne pouvoir voir Dieu par l'entendement, la sainte s'appuyait sur la médiation des images, utile expédient dans une quête difficile. C'est alors qu'on lui remet *Les Confessions* par « une disposition spéciale de la Providence, car je ne les avais point demandées, et je ne les avais même jamais vues » – double négation démentie par l'aveu d'une « dévotion très spéciale à ce grand saint » :

> Les saints que le Seigneur a retirés du péché pour les amener à la perfection étaient pour moi un sujet de consolations très vives. Il me semblait que je devais trouver en eux un appui et que le Seigneur, qui leur avait accordé le pardon, pouvait bien me l'accorder à moi aussi. Une chose me désolait ; c'est que, comme je l'ai dit, un seul appel du Seigneur avait suffi pour les convertir, et ils n'étaient plus retombés.

Comme on le voit, l'aléa apparent d'une lecture fortuite se déploie dans la continuité d'un effort mimétique pour se détacher du corporel. Aussi ne s'étonne-t-on pas qu'elle y trouve un sens bouleversant tout comme Augustin dans le récit d'Antoine et la lecture consécutive de l'épître de Paul, ouverte « au hasard » :

> Dès que je commençai la lecture des *Confessions* de saint Augustin, il me sembla m'y voir représentée. Je me mis aussitôt à me recommander à ce glorieux saint. Arrivée au récit de sa conversion, où il parle de la voix qu'il entendit dans le jardin, il me sembla que le Seigneur me faisait entendre cette même voix, tant l'émotion de mon cœur était vive. Je restai longtemps baignée dans mes larmes, toute pénétrée de repentir et de douleur.

Baudelaire se découvre « avec épouvante et ravissement » dans les textes de Poe ; dans un tout autre contexte, Thérèse « se voit représentée » dans l'expérience du saint qui lui offre le modèle de sa propre conduite à venir. Dans l'extase d'une lecture présente, le passé d'un autre lève l'hypothèque de son propre futur. Elle se désolait de « retomber », une seule lecture a suffi à la délivrer (elle poursuit en accentuant la décisive césure : « A partir de ce moment... »). Dans les deux récits de Pétrarque et de Thérèse, pourtant si différents, Augustin figure la possibilité de se délivrer de la puissance des habitudes, de se convertir et se fortifier contre les rechutes. Le rappel de sa propre révélation déchire la durée antérieure et en dessine une autre salvatrice. Son expérience remémorée aimante ceux qui s'en recommandent dans la continuité des lectures vivifiantes.

Pour autant, on ne doit pas réduire les *Confessions* au seul récit biographique, et la figure au seul portrait psychologique. Elle est plutôt une structure d'appel et le texte contient plusieurs dimensions que révèle celui qui les découvre parce qu'il désire se construire en s'y reconnaissant. La plus évidente est certainement celle proposée par le titre, mais rien n'interdit d'appliquer rétrospectivement au récit la méthode d'interprétation exposée par l'évêque d'Hippone ; les scènes s'ouvrent alors comme des silènes sur une perspective symbolique (ainsi le vol de poires commis par l'adolescent recèle celui du fruit volé dans le jardin d'Eden[1]), l'événement historique est transcendé par un sens éclairant. Même la qualité de l'écriture tendue et paroxystique d'Augustin (« je délirais pour retrouver la raison et je mourais pour revivre », VIII, VIII) propose au lecteur un modèle pour exprimer sa propre quête et est elle-même maillon dans une filiation que Pascal met en lumière :

> Jésus-Christ, saint Paul ont l'ordre de la charité, non de l'esprit, car ils voulaient rabaisser et non instruire. Saint Augustin de même. Cet ordre consiste principalement à la digression sur chaque point qu'on rapporte à la fin pour la marquer toujours (*P.* 298).

Toucher et non démontrer, rabaisser pour mieux élever : l'auteur des *Pensées* témoigne de cette dynamique qui l'aimante à son tour, « ordonnant » sa propre écriture qui sera « sans ordre et non pas peut-être dans une confusion sans dessein. C'est là le véritable ordre et qui marquera toujours mon objet par le désordre même » (*P.* 532).

En 1939, dans un autre mouvement de filiation, Bataille témoigne à son tour d'une reconnaissance rétrospective qui dé-

1. Le figuier, sous lequel Augustin entend la voix qui le convertit, est « [l']ombrage mortel des péchés », c'est l'interprétation que propose P. Courcelle (1950).

livre sa propre parole. Découvrant le *Livre des Visions* d'Angèle de Foligno, il se l'approprie aussitôt : « Je recopie, ne sachant dire à quel point j'ai brûlé ; le voile ici se déchire, je sors de la brume où se débat mon impuissance. » Et la « copie » engendre l'écriture aimantée du *Coupable*[1].

Le ravissement peut donc se propager et se partager – que ce soit dans le vif d'une communion dont témoigne l'extase d'Ostie, dans le balbutiement éperdu d'une écriture ou par la force incitative des figures. La puissance exemplaire de la figure dépossède chacun du confort de son identité, l'effort mimétique lui permet de conquérir son propre visage. Mais la figure ne se dessine que dans le silence d'une quête attentive, aussi faut-il savoir « entrer » dans cette écriture, comme il faut savoir ouvrir le silène pour y voir *l'agalma*, comme il faut savoir calmer ses peurs par l'aulos des Corybantes pour entendre l'incantation philosophique. Dans tous les cas, il faut se dépouiller d'une lecture, d'une vision ou d'une audition première, pour dégager l'impérieuse interpellation d'une présence. Il faut passer outre l'anecdote pour soupçonner dans les histoires étranges de Socrate le trésor qu'une écoute diligente délivre. Accomplir la figure philosophique qu'il propose, n'est-ce pas aussi dépasser la fascination d'une personnalité historique pour s'autoriser à écrire en inventant des mythes ? Platon accomplissant la figure de son maître dessine alors celle du protagoniste des dialogues, qui invite à son tour au dépassement. Car l'atopique Socrate ne révèle pas seulement l'aporie, il est aussi *poros*[2], passage à emprunter pour aller vers son propre devenir.

Dans cette active construction des figures, dans cette propagation dynamique des expériences, dans ce partage du ravissement, la vision spirituelle occupe une place de choix. L'image

1. Le 1er tome de *La Somme athéologique*, *L'Expérience intérieure*, est lui aussi aimanté avec le même sentiment de brûlure, par la figure de Nietzsche que Bataille cherche à accomplir : « Vis-à-vis de lui, je brûle comme par une tunique de Nessus, d'un sentiment d'anxieuse fidélité [...] C'est d'un sentiment de communauté me liant à Nietzsche que naît en moi le désir de communiquer, non d'une originalité isolée. »

2. Selon la jolie suggestion de P. Hadot (1987, p. 113).

permet de façonner les figures, de s'y rapporter constamment dans l'intimité d'une mémoire intériorisée et de se projeter dans l'avenir. Par sa vertu temporelle, par sa vertu médiatrice, elle est centrale pour appréhender ou vivre le ravissement. Elle est aussi ambivalente : adjuvant précieux dans l'aridité d'une quête, elle nourrit une méditation qui se révèle fructueuse pour Thérèse, alors qu'elle enferme Pétrarque dans la captieuse présence d'un portrait réussi. Aussi faut-il s'interroger maintenant sur la fonction de ces images bien particulières que propose la peinture – surtout lorsqu'elle offre des images de dévotion ou propose des personnages en extase.

2. Des visions peintes aux voies du ravissement

L'analyse d'Augustin donne une force singulière à l'image. D'abord en ce qu'il n'y a d'image que spirituelle – corporellement, on voit les corps eux-mêmes et, intellectuellement, on est en présence de ce qui n'a ni corps ni images. En second lieu, elle est une précieuse médiatrice : maintenant la quintessence de ce qui s'absente, elle délivre de l'obsédante présence du réel et favorise ainsi une quête.

> En effet lorsque les yeux voient un objet quelconque, l'image de cet objet est aussitôt produite dans l'esprit, mais on ne s'en rend pas compte à l'instant même : c'est seulement lorsque les yeux se détachent de l'objet vu que nous découvrons dans l'esprit l'image de cet objet. Et si cet esprit est celui d'un être sans raison, d'une bête par exemple, le message transmis par les yeux s'arrête là. Si par contre il s'agit d'une âme raisonnable, ce message est transmis jusqu'à l'intelligence, qui siège au-dessus de l'esprit lui-même [...] car sans l'intervention de l'âme intellectuelle, on ne peut ni comprendre ce signe ni se mettre en quête de savoir ce qu'il signifie (*Gen.* XII, XI).

Elle est donc en troisième lieu l'indispensable vecteur du savoir. Elle permet de dépasser le chaos des sensations en unifiant et produisant du sens. Elle rassemble les fragments épars de la temporalité et permet d'entrevoir la stabilité de l'éternité. Intermédiaire indispensable entre le corporel et l'incorporel, entre le terrestre et le céleste, elle relie deux présences immédiates (celle des corps et celle des pures intuitions). Entre l'animal et le divin, elle paraît donc en quatrième lieu définir essentiellement la place de l'homme, partagé entre le corps et l'esprit, entre la passivité de l'habitude et l'activité d'une volonté. Chez l'homme seul, la passivité de la réception se double de l'activité d'une recherche, aussi est-il seul à épanouir les potentialités de l'image lorsqu'il en cherche le sens, tandis que réciproquement l'image épanouit ses virtualités humaines en suscitant cette quête.

L'analyse d'Augustin paraît alors doublement stimulante pour ce travail. On a souligné d'une part qu'elle « normalise » sans la banaliser la vision extatique plutôt moins mystérieuse que le rêve ou toute image quotidienne – ce qui interdit d'enfermer le ravissement visionnaire dans le cabinet des curiosités pathologiques. D'autre part cette liaison entre les images intérieures et extérieures, ordinaires et extraordinaires invite à considérer différemment ces images particulières que sont les images peintes, et tout particulièrement les peintures de dévotion ou d'extase ; s'il est vrai que l'homme et l'image sollicitent leur mutuel accomplissement, l'art des images ne peut-il être tenu à son tour pour une féconde médiation[1] ?

Car les images peintes se présentent dans l'extériorité d'une vision sensible, mais ne se réduisent pas à ce seul effet. Elles sollicitent notre imagination et portent « absence et présence » comme le dira Pascal. Elles rassemblent dans la coexistence d'un tableau, des événements multiples, voire successifs. Ne « retiennent-elles » pas ainsi l'intelligence du spectateur, en lui offrant cette « stabilité » qu'Augustin jugeait nécessaire pour appréhender l'éternité ? Dans l'exigence esthétique d'une réception active se dessine peut-être un beau chemin vers le ravissement.

Peinture et vision

Cette hypothèse mérite attention d'autant que la peinture pro-

1. Augustin déclare pourtant que la peinture et la sculpture sont « parmi les superfluités établies par les hommes », *De Doctrina christiana*, II. Le paradoxe n'est qu'apparent car la condamnation vise le regard qui s'arrête à la superficie de l'œuvre au lieu d'y voir un signe médiateur, *cf. Du Libre arbitre*.

pose aussi des figures et des modèles à imiter et « schématise » ainsi notre expérience à venir. Même Grégoire le Grand, voulant limiter son rôle à celui d'un support d'apprentissage pour ignorants, reconnaît sa force médiatrice et met en valeur sa puissance figurative : « Autre chose en effet est d'adorer une peinture, et autre chose d'apprendre par une scène représentée en peinture ce qu'il faut adorer. Car, ce que l'écrit procure aux gens qui lisent, la peinture le fournit aux analphabètes qui la regardent puisque ces ignorants voient ce qu'ils doivent imiter; les peintures sont la lecture de ceux qui ne savent pas les lettres[1]. »

L'admiration de la figure modèle une piété active. Sixten Ringbom[2] a établi que les attitudes de dévotion ont longtemps été calquées sur la théorie augustinienne, fondement des théories médiévales de la vision ordinaire ou surnaturelle. La peinture joue triplement un rôle d'intercesseur, soit que les œuvres s'animent et viennent à l'orant, soit qu'elles suscitent ultérieurement en lui des visions à leur image, soit de manière plus fidèle encore au texte d'Augustin, qu'elles représentent l'orant en dévotion devant une vision. Pour l'historien de l'art, ces personnages célestes nimbés d'or ou de nuages ne sont pas des apparitions mais de simples représentations intérieures des orants. Cette restriction ne s'impose pas si l'on admet la continuité entre les niveaux de vision : la représentation intérieure relève de notre nature spirituelle au même titre que l'extase (du premier genre). La fonction médiatrice de la peinture en est redoublée : s'exercer à méditer devant une peinture, mieux encore devant une représentation intérieure figurée dans la peinture, est une manière de se préparer à recevoir des visions – lesquelles ressemblent alors assez logiquement à l'image peinte. La peinture en tout cas favorise la quête spirituelle : les pigments assemblés dessinent des figures qui sollicitent l'esprit, la surface plane, où se peignent des représentations, est un intermédiaire

1. « Lettre à Sérénus », *cf.* D. Menozzi (1991). On doit rappeler les conclusions décisives du second concile de Nicée (787) qui condamne l'iconoclasme, permet la vénération des images (tout en proscrivant leur adoration) et libère ainsi la possibilité d'un art chrétien.

2. 1965, et surtout « Images de dévotion et dévotions imaginatives » (1969).

entre les corps et ce qui n'a ni corps ni image, entre ce qui est présent matériellement et ce qui ne peut l'être qu'intellectuellement. On peut ainsi « dépasser par l'esprit ces objets visibles pour parvenir aux invisibles, et le matériel pour parvenir au spirituel »[1].

Au-delà de cette reconnaissance générale, la peinture a l'intérêt de mettre en jeu une active passivité et une passivité active. On aurait tort de dissocier trop vite les pôles en les répartissant entre peintre et spectateur (activité créatrice d'un côté, contemplation et réception de l'autre), car chacun participe de cette double nature spirituelle (activité d'une fabrique et passivité d'un réceptacle). Toute création nécessite l'humilité première qui dispose ombres et contours pour laisser advenir l'image. Toute contemplation est recréation de l'image, synthèse spirituelle des taches éparses qui donne sens au visible brut, elle est aussi recréation de soi dans le transport imaginatif et dans le mimétisme actif que l'image sollicite. Cette réciprocité complémentaire de la contemplation et de la création se trouve confirmée dans la pratique du Quattrocento, directement liée aux exercices de dévotion ainsi que l'attestent divers manuels. « L'esprit du public ne constituait pas une table rase sur laquelle les représentations que le peintre donnait d'une histoire ou d'une personne venaient s'imprimer, mais le principe actif de visualisations intérieures dont chaque peintre devait tenir compte [...], processus de visualisation que le spectateur avait antérieurement opéré sur le même sujet[2]. » Cela conforte la transitivité suggérée plus haut entre représentation intérieure, image peinte et vision extatique. Les entraînements et exercices spirituels préparent à recevoir et constituer des visions. Passé et futur, intérieur et extérieur se font écho, se fortifient et se nourrissent mutuellement.

Tout cela interdit de réduire la peinture à une lecture pour ignorants. Vaut-elle plus que l'écriture ? La question peut paraître impertinente puisqu'on sait qu'Augustin donne pour

---

1. Chancelier Gerson (env. 1400). H. Belting analyse ce dépassement de l'image vers l'image interne (1990).
2. M. Baxandall, 1972, trad. Y. Delsaut, 1985.

exemple des trois visions le précepte de l'amour du prochain écrit matériellement, représenté spirituellement, intuitionné enfin intellectuellement. L'image aussi est à la fois présence physique immédiate et présence médiée d'un sens. Mais à la différence du texte, elle charme la vue et risque ainsi de constituer un obstacle – Pétrarque est prisonnier de la fascination d'un portrait.

Or, ce défaut constitue paradoxalement sa force, si l'on en croit les textes des théologiens et des prédicateurs qui remarquent que la peinture ne se contente pas de pallier l'analphabétisme ; exposée quotidiennement au regard, elle favorise aussi la mémorisation et suscite un sentiment d'ardente dévotion « plus efficacement excité au moyen de choses vues que de choses entendues[1] ». Pour ces deux dernières raisons, la peinture l'emporte sur la lecture et la parole. L'image peinte est à la fois l'occasion et le rappel extérieur du travail temporel intérieur qu'effectue la capacité imaginative. La prégnance suggestive de la vision corporelle renforce la vision spirituelle mémorisée et sollicite activement la dévotion, tout en donnant à la méditation à venir un fort support visuel. La peinture est donc une médiation d'autant plus efficace qu'elle exalte la vision corporelle. Dans l'évidence de sa surface visible, elle fait surgir le deuxième type de vision et rend davantage présent l'invisible encore absent. Sa présence concrète aide à lutter contre le double défaut de la vivacité spirituelle : l'inertie émotionnelle et le manque d'attention qui rend notre mémoire défaillante. Si le souci d'instruire demeure, l'accent mis sur la dévotion l'emporte de plus en plus[2] ; l'image tend à susciter l'affect dans le choc d'une présence efficiente. « En nous ramenant au souvenir du Fils de Dieu, l'image, comme l'Ecriture, ravit notre esprit avec la Résurrection ou le caresse avec la Passion[3]. » Parce que la peinture donne à voir dans l'immédiateté de la présence ce vers quoi elle médie, parce qu'elle offre l'intense présence de l'absent, elle acquiert le statut d'une vision ou d'une apparition

1. *Catholicon*, écrit par Giovanni di Genova à la fin du XIIIe siècle et encore en usage au Quattrocento (M. Baxandall, 1985, p. 66).

2. Le triple impératif énoncé ci-dessus s'inverse dans le sermon du dominicain Fra Michele Da Carcano publié en 1492.

3. Lettre de saint Grégoire à Secundinus (cité par S. Ringbom, 1965).

et l'emporte ainsi sur le langage dont elle ne saurait être un simple substitut.

Cette valorisation a d'importantes conséquences. Elle met d'abord en valeur la dimension proprement esthétique du tableau, il doit être visuellement réussi pour être efficace, le métier du peintre se trouve ainsi reconsidéré. Par ailleurs, et corrélativement, elle souligne le rôle du spectateur, sa capacité recréatrice. Car la peinture appelle un travail spirituel noble, construit par des exercices de visualisation, de concentration, de méditation, fortifié par une culture. La réceptivité requiert donc une activité antérieure qui nourrit une tension interprétative devant la toile et construit une anticipation projective. La dimension esthétique ne réside pas dans le seul plaisir immédiat et corporel d'une surface joliment colorée, le tableau réussi n'est pas seulement celui qui laisse croire à un effet immédiat de présence mais celui qui répond, de manière cohérente et riche, à la quête imaginative des spectateurs, celui qui sollicite de manière productive la construction de visions à venir.

Socrate accusait l'écriture d'être trop semblable à ces peintures qui donnent l'impression d'être vivantes mais ne peuvent ni bouger ni répondre si on les interroge. A ces résidus morts fixés sur un support inerte, à l'irresponsabilité de ces images immobiles et muettes, s'oppose à la fois le devenir vivant du discours qui s'inscrit dans l'âme et la responsabilité d'un engendrement. On a montré que l'écriture était moins coupable que la narcissique prétention des logographes et l'inertie paresseuse des lecteurs – Platon esquissait ainsi sa défense propre et celle d'une écriture qui respecte le mouvement du savoir. Toutes proportions gardées, on peut défendre la peinture de l'accusation, en soulignant le rôle actif d'une vigilance créatrice, d'une attention réceptive, d'une interprétation intérieure, d'une mémorisation fructueuse, qualités requises dès qu'on ne se contente plus d'un décor, d'une surface plaisante ou du substitut illusoire d'une présence[1]. D'autant que toutes ces qualités se conjuguent dans la temporalité d'un regard qui déchiffre, à la

---

1. Pétrarque, amoureux, s'enferme dans cette possessive illusion par une perversion du regard dont il est plus coupable que le portrait.

lumière d'acquis culturels, ce qui coexiste spatialement dans la toile. Si on ne réduit pas l'image visuelle à une parente pauvre et confuse du terme limpide, si on ne la minore pas au profit des textes, on se donne la chance de percevoir la richesse stimulante que recèle l'opacité apparente de sa sensualité, l'entrelacement chatoyant des représentations et des couleurs, des formes et des sens. Aussi faut-il aller plus loin pour montrer qu'à l'instar de l'écriture, la peinture peut aussi proposer des figures, propager l'aimantation, être le vecteur d'un mouvement vivant de quête.

Une active réception

Cette quête peut n'être qu'annoncée dans des images d'oraison ou simplement suggérée dans la paisible juxtaposition du terrestre et du céleste. En s'écartant un peu des images de dévotion[1] ou d'extase, on songe au célèbre tableau du Titien, intitulé ultérieurement de manière contestable *l'Amour sacré et l'Amour profane*[2]. En détaillant la noblesse respective de ces deux Vénus jumelles mais distinctes, en regardant ce petit Cupidon qui brasse l'eau entre elles et les unit, en examinant le bas-relief sur lequel tous trois se tiennent, le spectateur est conduit à dépasser la grisaille de cette sculpture figurant la brutale sauvagerie de « l'amour bestial ». Il s'attarde sur la Vénus somptueusement parée, sur sa troublante ressemblance avec sa sœur dénudée qui invite à suivre la flamme élevée vers le ciel – quête que symbolise peut-être la chasse à l'arrière-plan. Le petit amour qui joue entre elles est, à la manière ficinienne, « copule du monde », lien entre le terrestre et le céleste. La fortune néoplatonicienne du thème n'est pas incompatible avec l'analyse augustinienne de son traitement pictural : on doit

1. Comme il ne s'agit ici que de la médiation picturale en général, on ne débattra pas de la distinction établie par les historiens d'art entre images de dévotion et art public, ni non plus de celle entre les critères fonctionnels appliqués aux images de dévotion et les critères formels et iconographiques appliqués aux *Andachtsbilder* – sur ces points, *cf.* S. Ringbom (1965), E. Panofsky (1927) et H. Belting (1981).

2. Ce titre date de 1693. Le tableau exécuté vers 1515 se trouve à Rome.

dépasser l'emprise d'une vision corporelle pour la spiritualiser et voir, par-delà les formes et les couleurs, la mouvante clarté d'une flamme vive. Dans tous les cas, l'image sollicite le concours du spectateur qui effectue imaginairement le déplacement esquissé dans la toile.

Cette sollicitation peut être plus explicite encore lorsque les tableaux peignent ce transport anagogique. Ils permettent alors au spectateur « d'accomplir un certain itinéraire spirituel[1] » en *Cf. ill. 6* découvrant leur contenu ; ainsi la *Sainte Cécile* de Raphaël[2]. Au centre du tableau, elle laisse sur le sol terrestre les instruments profanes, néglige l'orgue et lève les yeux vers le ciel d'un chœur dans l'extase d'une musique qui se passe de toute médiation instrumentale. La gradation correspond à la théorie ficinienne alors influente[3], tout en étant, ici encore, compatible avec la hiérarchie augustinienne des visions, qui mène à l'ultime degré de l'intuition immédiate. Quatre saints médiateurs entourent Cécile. Ce choix réunit comme dans un « abrégé de la mystique affective, les figures les plus évocatrices de la philosophie chrétienne, de l'amour et des puissances de l'extase[4] ». Ils incarnent aussi ces degrés d'élévation vers la vision. Au plus loin de Cécile, Madeleine et Paul sont nos intercesseurs. Madeleine regarde le spectateur (vision directe et corporelle), instaurant ainsi un rapport de participation émotive qui incite à « entrer » dans le tableau. Paul, détourné, médite sur l'usure des instruments, l'altération du corporel, et l'imparfaite transparence des intermédiaires qu'il a lui-même éprouvée, il s'appuie sur son épée dont la pointe repose sur le cymbalum – rappel de la *Première Epître aux Corinthiens*. « Quand je parlerais les langues des hommes et des anges, si je n'ai pas la cha-

1. Selon la formule de D. Arasse (1972). Mon analyse doit beaucoup à cet article et à ses remarques.

2. Le tableau d'autel est daté de 1513-1514 ; il a été transposé sur toile à Paris en 1803, et se trouve actuellement à Bologne (220 x 136 cm).

3. Pour les néoplatoniciens, il y a une triple nature de la musique : instrumentale (*instrumentalis*), intérieure (*humana*) et cosmique (*mundana*). L'apport de Raphaël est décisif : il associe le thème de la musique (récemment attaché à sainte Cécile) et l'extase, accordant la métaphysique ficinienne à la spiritualité chrétienne (*cf.* D. Arasse).

4. A. Chastel (1959).

rité, je ne suis plus qu'airain qui sonne ou cymbale qui retentit. » Le rouleau de papier qu'il tient peut aussi évoquer *l'Epître* où il relate son ravissement et que commente le livre XII de *La Genèse au sens littéral.* C'est un argument supplémentaire pour interpréter cette peinture dans la lignée augustinienne, d'autant qu'Augustin est présent sur la toile, légèrement en retrait (avec Jean) auprès de Cécile. Sa présence paraît triplement significative. Derrière Madeleine, il confirme d'abord l'espérance d'une conversion du pécheur, surtout que la sienne a été déterminée par un chant céleste ; médiateur spirituel de ces visions, il relie ensuite la vision corporelle du spectateur, que sollicite la sainte repentante, à la vision extatique de Cécile. Enfin reliant le plus commun et l'extraordinaire, il est présent comme le fut son commentaire qui reliait le lecteur des *Epîtres* à la vision de l'apôtre.

L'œuvre propose donc un itinéraire spirituel facilité par les saints intercesseurs et la figure de Cécile qui incite vivement à se dégager du monde corporel. Son regard propose une vision intériorisée et invite chacun à la constituer en lui-même ; mais, dans le même temps la trouée du ciel, le fond d'or sur lequel se détachent les anges, imposent visuellement la présence d'une réalité surnaturelle. Se manifeste donc la continuité des visions extatiques qu'analyse Augustin : la qualité de vision a ici force d'apparition. Cela n'interdit pas de distinguer différents degrés ; dans la *Madone de saint Sixte* par exemple, les rideaux verts ouvrent sur un autre monde et l'œuvre tout entière est la vision surnaturelle proposée au spectateur[1]. Mais ici Cécile est une figure médiatrice, non seulement le spectateur la voit voyante et médite sa vision comme Jean et Augustin dont les regards dialoguent derrière elle, mais il partage cette vision dans l'espace du tableau. Par la vertu du regard de la sainte, se résorbe la discontinuité du visible et de l'invisible, par la vertu de l'œuvre coexistent le terrestre et le céleste. Plus encore, la tension de son visage vers le ciel, le léger déséquilibre de l'axe central qui en résulte et qu'accentue l'oblique de l'orgue renversé, semble entraîner son propre corps dans ce mouvement d'abandon et d'écoute attentive.

---

1. Dresde (265 x 196 cm), 1513,1514. Cette vision surnaturelle est aussi vision interne comme le montre H. Belting (1990).

Plotin décrivait celui « qui serait dans l'attente d'une voix qu'il désire entendre ; il écarterait toutes les autres voix [...] de la même manière, il nous faut laisser les bruits sensibles à moins de nécessité, pour garder la puissance de la conscience de l'âme pure et prête à entendre les sons qui viennent d'en haut ». Le corps, dès lors, ne devient-il pas un autre instrument fragile et précaire que l'on peut reléguer parmi ceux qui gisent à terre ?

> Le sage s'occupe de son moi terrestre et il le supporte, aussi longtemps qu'il lui est possible, comme un musicien fait de sa lyre, tant qu'elle n'est pas hors d'usage. Si la lyre ne va plus, il change d'instrument ou il renonce à jouer de la lyre, il cesse de s'en servir, parce qu'il a maintenant autre chose à faire, sans la lyre. Il la laisse alors à terre. Il ne la regarde plus. Il chante sans s'accompagner d'un instrument[1].

Dans l'œuvre cependant, laisser l'instrument à terre, c'est l'exposer encore aux regards et la peinture se fait à nouveau médiatrice. Le corps de Cécile reste bien présent dans sa grâce tranquille, tout en suggérant son serein détachement dans l'audition céleste. Nulle brutalité dans ce renoncement. « Ce n'est pas pour rien qu'au début, cet instrument lui fut donné. Bien souvent il en a joué », disait Plotin refusant de mépriser ce corps dont on doit se séparer comme d'une lyre usagée. Ici, les instruments usés gisent au sol, mais ne sont pas muets pour autant. Leur éparpillement fait entendre la fragilité corporelle, l'évanescence des sons terrestres. Leur silence éloquent introduit à la musique angélique. Reliant les sons terrestres et l'ineffable du céleste, reliant les corps et les intuitions de la charité, l'œuvre de Raphaël forme cette image de nature spirituelle et intermédiaire. Bien plus, rendant palpable le contraste entre la fugacité du temporel et la stabilité lumineuse de l'éternel, elle offre cette entrevision ravissante, cette comparaison improbable, cette *ek-stase* qu'Augustin espérait. Sa force en effet est de représenter dans l'instantanéité du visible la temporalité d'un

---

1. *Enn.* I, 4 (V, 1, pour la citation précédente). La même image est chez Ambroise (*De Jacob,* I, 8). L'aimantation des figures se manifeste encore : Platon renonce à l'aulos d'un corps pour les incantations philosophiques ; or, dalmatique et turban font ici de Cécile une magicienne qui renonce à ses enchantements (*cf.* A. Chastel, 1959).

cheminement et de proposer une figure d'identification ; elle sollicite ainsi le propre itinéraire du spectateur dans la temporalité plus intime de sa méditation et remplit pleinement sa fonction liturgique de tableau d'autel. L'œuvre dans sa totalité entrelace temporel et éternel, extérieur et intérieur, vision et audition (même les anges chantent ce qu'ils lisent, invitant à entendre ce que l'on voit) et tisse la continuité d'un parcours possible dans la juxtaposition des plans.

Pourtant témoignent peut-être de la fragilité de cette douce médiation la discontinuité de la trouée, la violence de l'opposition lumineuse qu'elle découpe, la solitude étrange de Cécile, la place conclusive de Paul à la gauche du tableau, sa posture enfin proche de la mélancolie et plus fidèle aux incertitudes de sa narration. Dans le tableau, ne voit-on pas toujours « dans un miroir, en énigme »[1] ? Le miracle de la peinture tiendrait alors dans ce paradoxal équilibre. La surface matérielle invite à son propre dépassement dans l'intériorisation d'une vision, la toile présente ce qui doit abolir toute représentation dans l'immédiateté d'une pure présence. Vision médiatrice, vecteur d'une conversion du regard où toute vision corporelle s'efface. Devant l'œuvre cependant, le spectateur est à son tour voyant. Il contemple par ses yeux, par son âme, vision corporelle et spirituelle mêlées. Il voit dans la peinture la promesse d'une autre vision.

Aussi sans le contredire, peut-on nuancer le propos de Daniel Arasse. Il souligne l'évolution de Raphaël qui passe de l'influence initiale de Ficin à celle du mouvement de l'Amour divin[2], « de l'harmonie calme de la contemplation subjective à la violence de la vision extatique », de la continuité paisible d'une médiation à la discontinuité de la révélation, de la liberté d'une quête à la passivité devant la transcendance. Dès *Sainte*

---

1. Augustin distingue par ailleurs ceux qui voient un miroir et ceux qui cherchent au travers du miroir *per speculum* ce dont l'image est l'objet (*De Trinitate*, XV, XXIII).

2. L'Oratorio de Divino Amore fondé à Rome vers 1515-1517 par saint Gaétan et Pierre Carafa ; la représentante la plus éminente de ce mouvement sera Catherine de Gênes, ce mouvement sera encouragé par les institutions et l'Eglise romaine.

Cécile peut-être, la discontinuité discrètement marquée annonce la fracture de la *Transfiguration*[1].

L'œuvre imposante, ultime, est construite sur une syncope narrative et historique puisque Raphaël juxtapose deux moments dissociés dans la Bible (la Transfiguration et l'épisode de la possession, on le lui reprocha ultérieurement), mais aussi syncope plastique entre le monde de l'obscurité et le monde de la lumière, entre le cercle de l'agitation humaine aveugle et la clarté céleste qui émane de la Transfiguration[2]. La rupture picturale souligne l'opposition, et non plus la continuité, entre l'impuissance de l'homme privé de Dieu et la gloire divine ; elle est redoublée par la barre d'ombre en oblique, qui sépare les neuf figures implorantes de la famille du possédé et les neuf figures des apôtres impuissants. Discontinuité donc. Demeure cependant une zone d'intersection, double elle aussi : d'une part les trois saints (Jacques, Jean, Pierre) foudroyés par la vision qu'ils ne peuvent contempler, pathétiques intermédiaires entre ciel et terre, entre pesanteur et grâce ; d'autre part les deux personnages à l'extrême gauche du tableau (saint Félix et saint Agapit) en position de contemplation extatique. Ici encore, l'analyse augustinienne paraît légitime, au premier plan gît le livre abandonné, inutile sans charité ; plus haut, les trois saints perdent momentanément la possibilité de voir, devant la nuée lumineuse et la voix qui en émane – ce qui n'est pas sans rappeler la cécité paulinienne. Sur le côté, Félix et Agapit proposent le degré intermédiaire de la vision intérieure spirituelle ; « à travers eux, Raphaël invite le fidèle à avoir la même attitude spirituelle, à s'agenouiller et à prier[3] ». S'identifiant à eux, le spectateur peut soutenir la vision de la Transfiguration, la méditer et l'intérioriser. Par les deux niveaux de la contemplation intérieure orante et de la vision extatique, les cinq saints proposent ou incarnent donc des médiations, tandis que s'affirme la discontinuité entre le visible et l'invisible. Le spectateur voit ainsi dans la toile ce que les acteurs convulsifs du monde humain continuent à ignorer. Mais ces liens restent précaires, les

Cf. ill. 7

1. 1518,1520. Rome (405 x 278 cm).
2. Mon analyse doit beaucoup à L. Marin (1993).
3. D. Arasse, *art. cit.*, p. 468.

figures sont décentrées ou trop éblouies pour soutenir l'infigurable, cet excès de lumière sans forme ni image qui enveloppe la figure christique. Sans aller jusqu'à adopter la lecture de Vasari qui lie étroitement ce tableau à la mort de Raphaël, on peut se demander si ces intercesseurs ne figurent pas la place du peintre, dans cette affirmation poignante, obstinée, d'une liaison fragile entre le corporel et l'incorporel. La force du tableau et son efficacité résident, en tout cas, dans cette tension magistralement peinte. Différemment de celui de *Sainte Cécile*, il témoigne aussi de la capacité médiatrice de la peinture dans cette vocation mystique. Tous deux invitent au ravissement.

L'analyse augustinienne des trois visions permet donc de revaloriser et de légitimer la peinture, intermédiaire particulièrement efficace parce qu'elle sait proposer à la fois la vision corporelle et son dépassement dans l'image spirituelle, suscitant un cheminement intérieur. Sa réussite est d'autant plus émouvante qu'elle résulte d'un improbable et toujours miraculeux équilibre entre deux écueils. L'art du peintre oscille en effet entre deux extrêmes. Le premier, on vient de le voir, est d'atteindre aux limites de l'image entre l'éblouissement de la nuée et l'obscurité de l'aveuglement humain, entre la Transfiguration céleste du Fils et la défiguration terrestre du possédé, tentation paradoxale de figurer l'infigurable, de le « transfigurer ». A l'autre extrême, se situe l'excès de figuration du corporel dont l'œil fasciné ne peut plus se détacher. Ecartelée entre les deux, la peinture court le risque constant de sa perte, suggérant son propre dépassement dans l'extase de la révélation, ou perdant sa puissance d'appel spirituel par la fascination d'une trop suggestive présence corporelle.

La délicieuse *Sainte Madeleine au désert* d'Elizabetta Sirani[1] participe de cette ambiguïté de l'image esthétique. Certes, elle transcrit tous les degrés de l'ascension vers la vision mystique : Madeleine pose la main sur un crâne, une Bible ouverte à ses côtés; derrière le Livre se lève la croix du Sauveur, la matérialité du texte prend son sens dans l'évocation spirituelle. La sainte ne les voit déjà plus; renversée en arrière, yeux clos, elle

1. Huile sur toile de 113,5 x 94,3, datant des années 1638-1665, Besançon.

est tout entière dans la vision extatique du troisième niveau. Le spectateur est donc invité à cette ascension ; pourtant l'empourprement des joues de la pénitente, sa bouche entrouverte, le fouet sur la pointe de son sein, l'abandon de tout son corps le laissent interdit, trop troublé par la proximité charnelle de ce repentir pour n'en être pas écarté. A moins que l'ambiguïté désarmante de ce renoncement peint ne soit fidèle encore au projet augustinien :

> Pourquoi donc hésiter à quitter les espérances du siècle pour me donner tout entier à la recherche de Dieu et de la vie heureuse ? Mais un instant encore ! Les biens de ce monde sont aimables aussi, ils ont leur douceur qui n'est pas petite. Il ne faut pas se hâter de briser l'inclination qui m'y porte : il serait honteux d'y revenir ensuite (*Conf.* VI, XI).

La peinture procure le répit de cet ultime instant. Devant la réticence du pécheur, son hésitation inquiète, elle offre sa douceur visuelle, pause nécessaire pour combattre l'angoisse du deuil pressenti des plaisirs (« je craignais d'être exaucé trop vite, d'être trop vite guéri de la maladie de la concupiscence que j'aimais mieux assouvir que supprimer », VIII, VI). Bien mieux, elle est une pause efficace : grâce à la temporalité qu'elle concentre et suscite, la décision peut y mûrir. Parce que l'image demande constamment un travail de synthèse temporelle, qu'elle sollicite à la fois l'activité et la passivité, qu'elle relie le corps et l'âme, elle peut répondre à cet asservissement de l'habitude et conforter ainsi la volonté de conversion. Projet humble et exigeant qui requiert la participation active du spectateur. Dans l'extériorité de la toile, les éléments restent juxtaposés, les identités fixées, les plans d'être séparés, la temporalité du regard les rassemble et les unit dans une quête intérieure. Projet tout à la fois ambitieux et modeste, qui prépare dans la continuité la discontinuité à venir d'un ravissement ultérieur.

La peinture peut donc être disculpée des accusations de Platon. Sa propre écriture l'est parce qu'elle recueille l'enseignement socratique et propose la figure de ce philosophe que chacun peut ensuite « ouvrir » comme un silène pour y trouver un *poros*. La peinture aussi propose des figures que la méditation épanouit dans l'intériorité, des « semences » que chacun doit faire fructifier.

Dans une telle perspective, texte et image s'entrelacent alors, s'appellent et se répondent dans l'active réception d'un lecteur, spectateur, créateur. D'une méditation intense et répétée, peut surgir une vision dont le spectateur est le récepteur extasié, et qu'il inscrira à son tour dans l'imaginaire des autres. Un exemple suffira[1]. Thérèse d'Avila dit avoir eu la vision de Dieu « tel qu'on le peint ressuscité »; elle insiste sur la fonction propédeutique des images dans le dépouillement de l'ascèse, compare fréquemment visions et art pictural et fait peindre une de ses propres visions[2] tout en les transcrivant dans sa propre écriture. Aussi bien plus tard, lorsque le Bernin sculpte son extase[3], suit-il dans le détail sa description :

> Je voyais donc l'ange qui tenait à la main un long dard en or, dont l'extrémité en fer portait, je crois, un peu de feu. Il me semblait qu'il le plongeait parfois au travers de mon cœur et l'enfonçait jusqu'aux entrailles. En le retirant, on aurait dit que ce fer les emportait avec lui et me laissait tout entière embrasée d'un immense amour de Dieu. La douleur était si vive qu'elle me faisait pousser ces gémissements dont j'ai parlé. Mais la suavité causée par ce tourment incomparable est si excessive que l'âme ne peut en désirer la fin[4].

Il porte à son acmé la narration oxymorique de la sainte et la prégnance corporelle de l'image plastique latente[5], en donnant à

1. On pourrait les multiplier – *cf.* S. Ringbom (1969) et M. Fumaroli (1994). L'image sert de support de méditation et de concentration dans une progressive ascension dont le rapt de l'âme est le sommet. Il faut encore rappeler le rôle décisif des *Exercices spirituels* de saint Ignace de Loyola (1548) qui eut lui-même de nombreuses visions et illuminations.

2. *Vie* (XXVIII, 8) et *Chât.* (VI, 9) ; *cf.* aussi S. Ringbom (1969).

3. 1646-1651, Rome.

4. *Vie*, XXIX. Toutes les citations à venir proviennent de ce chapitre.

5. Sa réussite est telle qu'elle traduit la description particulière de la sainte tout en l'arrachant à sa singularité; on peut aussi y voir « réalisée » la poignante strophe de Jean de la Croix : « Ô flamme d'amour vive/qui tendrement me blesses/au centre le plus profond de mon âme/.../ô brûlure de miel/ô délicieuse plaie/ô douce main ô délicat toucher/qui as goût d'éternel/et toute dette paie ;/tuant la mort en vie tu l'as changée » (*Flamme d'amour vive,* p. 95).

voir cette « peine spirituelle si excessive unie à un bonheur si ravissant ». La douleur de la blessure ressentie est douceur du sourire de l'ange qui l'inflige et contemple celle qui le voit, paupières closes, et le célèbre par les « gémissements » de sa bouche entrouverte. Le geste de tendre retenue du Chérubin est mortelle meurtrissure et la sainte s'abandonne avec ferveur – renversée en arrière, elle se relève aimantée par le dard divin. Vacillement du sens et des stabilités. Transport sans fin. Instant suspendu où ne subsiste que l'entrelacement des contraires qui s'évanouissent. La passivité est active, l'activité est passive, l'instant est éternité, le dedans est le dehors et l'extérieur intimité. En effet, dans le remarquable dispositif architectural de la chapelle Cornaro, tout contribue à manifester aux yeux de chacun l'expérience propre à la sainte. Le groupe apparaît, dans une niche que crée la paroi qui s'incurve, en lévitation sur les nuages de marbre, nimbé d'une lumière céleste surnaturelle – parce qu'elle est à la fois naturelle et sculptée : les rais de la lumière du jour, ménagés par une ouverture cachée au-dessus, s'incarnent dans le faisceau des rayons de bois doré. Cette « scénographie de la lumière[1] » délimite la scène comme « vision ». De fait, c'est réellement une « apparition » qui se découvre au cœur de cette chapelle latérale, dans cet espace protégé par les colonnes, au fond d'un lieu de regards que concrétisent les statues des membres de la famille Cornaro sculptées dans les loges des côtés – lisant, dialoguant, ils méditent sur cette vision, la font surgir peut-être comme vision intérieure. Pour le visiteur, la vision est une révélation dont il est à la fois le spectateur, le témoin direct et le récipiendaire ébloui – selon le vœu de Thérèse : « C'est un échange d'amour si suave entre Dieu et l'âme que je supplie le Seigneur de daigner dans sa bonté en favoriser ceux qui n'ajouteraient pas foi à ma parole. » Avec une extraordinaire virtuosité, le Bernin contracte donc tous les degrés de la vision : la vision spirituelle est une apparition extatique qui a une intense présence physique. Triomphe d'une image, qui est à la fois image intérieure, tableau vivant, sculpture et architecture, qui est tout à la fois représentation et épanouissement de l'affect, céleste extase et

1. L'expression est de L. Marin (1995).

intense présence corporelle (« Ce n'est pas une souffrance corporelle, elle est spirituelle. Le corps cependant ne laisse pas d'y participer activement et même beaucoup »).

Triomphe de la plénitude sensible d'une image qui s'imposera désormais dans l'imaginaire ultérieur de l'extase et du ravissement et contribuera souvent à les définir. Il est pourtant probable qu'un subtil déplacement s'effectue alors ; car dans cette définition à partir de l'évidence perceptible de l'image, se constitue trop aisément un point de repère pour les comparaisons, une « norme » pour des expériences qui échappent précisément à toute norme et repères. Aussi paraît-il symptomatique que bien des commentateurs en restent à l'appréciation quasi bidimensionnelle du groupe sculpté, négligeant sa savante orchestration dans l'espace[1]. Or l'architecture enveloppe et dirige la vision du visiteur vers l'apparition qu'elle révèle dans une véritable mise en scène. Les colonnes encadrent la représentation, les statues latérales sont accoudées aux premières loges. Le ravissement proposé est donc construit en amont, théâtralisé, maîtrisé, délimité Le rideau de lumière s'ouvre sur une pièce déjà écrite. Le sens est assigné. On peut donc se demander si le visiteur est encore invité à un itinéraire spirituel intérieur ou simplement convié à une place de spectateur séduit. Bascule décisive où disparaîtrait l'équilibre pictural ci-dessus décrit, ainsi qu'une vocation mystique de l'image, où s'évanouirait peut-être aussi la quête de la transcendance. Ne concluons pas trop vite, d'autant que les spectateurs sculptés n'obligent pas à en décider. La présence d'un livre, l'attitude concentrée du premier personnage à droite plaident pour l'exercice spirituel[2] et la méditation d'une vision intérieure. A l'inverse les conversations animées de ceux qui parfois tournent même le dos à la scène peuvent suggérer une curiosité profane. Pourtant le lieu (une chapelle funéraire) et le catholicisme du Bernin semblent interdire cette interprétation, par ailleurs suspecte parce qu'elle isole à nouveau les éléments. Il paraît donc

1. Un exemple notable serait celui de Lacan : « Vous n'avez qu'à aller regarder à Rome la statue du Bernin pour comprendre tout de suite qu'elle jouit... » « Encore », *Séminaire* (1975).

2. On sait que le Bernin pratiquait les *Exercices spirituels* que saint Ignace recommandait.

plus riche de considérer que cette chapelle met en jeu une vertigineuse mise en abyme qui s'exprime, entre autres, par un déploiement des registres et une transgression des limites, par une intense présence émotionnelle et une aspiration dynamique, par un entrelacement des niveaux de significations.

Triomphent l'esthétique baroque[1] et la magistrale puissance du Bernin qui donne à voir sa propre mise en scène. Aussi ne peut-on lui adresser le reproche fait à ceux qui réduisent sa création à une image illustrative, stabilisée dans l'assurance d'un sens définitif. Ils sont encore coupables selon les termes de l'accusation platonicienne, de rester fascinés par la fausse présence d'un support matériel et rendent ainsi l'œuvre irresponsable et stérile en la séparant du mouvement vivant qui l'engendre.

Ce mouvement vivant, la réception esthétique doit l'accomplir dans la diligence d'une quête interprétative. Ce qui suppose toujours de dépasser l'effet sensible immédiat (de plaisir séduisant souvent, mais parfois aussi de gêne déroutante, de malaise, voire de déplaisir), par un travail contemplatif attentif et recréatif qui découvre une ouverture, un appel. L'œuvre est alors « *agalma* » dans tous les sens possibles du terme, art humain riche d'une dimension transcendante, présence rayonnante qu'il faut épanouir, avènement singulier que l'on peut partager, figure exigeante qui sollicite un accueil et une quête. L'œuvre dessine ainsi un ravissement effectif parce qu'elle condense des dimensions multiples dans une temporalité féconde, parce qu'elle nous arrache à nos préoccupations, parce qu'elle fait taire bruits et visions, sollicitations extérieures (le visiteur voit de toute son âme Thérèse qui a fermé les yeux dans l'extase de sa propre vision), parce qu'elle sollicite notre écoute attentive.

Ne serait-ce pas aussi la fonction métaphorique de ces anges

1. On ne peut approfondir ici cette dimension capitale ; on évoquera seulement l'exemplaire réussite de cette œuvre qui transcende les genres en refusant à la fois la planéité du tableau et la tridimensionnalité serpentine des sculptures maniéristes, en entrelaçant la structure et l'ornement, en mêlant l'artificiel et le naturel, les points de vue multiples des spectateurs représentés et le point de vue quasi immobile du visiteur réel, la méditation intérieure et le théâtral.

musiciens qui ravissent Cécile mais aussi le spectateur dans une vision qui leur impose silence ? Ne faut-il pas en conséquence interroger au même titre l'œuvre musicale ? On suivra d'autant plus volontiers cette suggestion que la figure du silène socratique cachait un *agalma* tout en montrant l'aulos dionysiaque et que l'analyse d'Augustin entrelace vision et audition. Les deux facultés reposent sur la force médiatrice de cette nature spirituelle, toutes deux requièrent vigilance, mémoire et anticipation ; aussi peut-on penser que la musique invite également à une quête spirituelle et exige une réception vigilante.

3. De l'aulos à « La Flûte enchantée »

An die Musik
Du holde Kunst, in wieviel grauen Stunden [...]
Hast mich in eine bessre Welt entrückt[1].

Si l'on s'accorde à reconnaître à la musique une puissance enchanteresse, c'est aussi un motif de suspicion. L'homme ne peut résister au son qui pénètre en lui, malgré lui (qu'on se rappelle la fâcheuse mésaventure d'Alypius au cirque). « Les oreilles n'ont pas de paupières » et si « ouïr, c'est obéir » ne doit-on pas « haïr la musique[2] », cet art du son qui déploie la délicieuse caresse de ses mélodies ? Elle enveloppe et transperce à la fois l'auditeur. Elle agit immédiatement sur sa volonté, abolit sa conscience critique, prend possession de son âme et de son corps jusqu'à le faire danser. La rapidité fulgurante de l'emprise, la perte de l'identité et la transe, témoignent de sa puissance magistrale.

> Par une irruption massive la musique s'installe dans notre intimité et semble y élire domicile ; l'homme que cette intruse habite et possède, l'homme ravi à soi n'est plus lui-même ; il est tout entier corde vibrante et tuyau sonore, il frissonne follement sous l'arche ou les

1. Poème de Schober, mis en musique par Schubert (décembre 1827, D. 547, op. 88 n°4) : *A la musique,* « Toi noble art, à combien d'heures grises [...] m'as-tu arraché vers un monde meilleur... »
2. P. Quignard (1996) ; sur ce point, *cf.* aussi M. Dufrenne (1991).

doigts de l'instrumentiste ; et comme Apollon remplit la poitrine de la Pythie, ainsi la puissante voix de l'orgue, ainsi les doux accents de la harpe prennent possession de l'auditeur[1].

Ne retrouve-t-on pas les traits du ravissement ?

On ne peut l'accorder sans réticence car ils forment le plus souvent un contre-modèle. Dans le croisement des éloges et des accusations, la musique apparaît comme un aliénant sortilège : les Bacchantes en transe dépècent leurs proches parents, les navigateurs envoûtés par le chant des Sirènes meurent. A l'inverse de l'effroyable effet de la musique[2], la torpille socratique sidère, mais n'engourdit que les certitudes et réveille, par-delà le malaise de l'aporie, la vigilance d'un sujet connaissant ; la *mania* amoureuse retient l'impétueux coursier mais fait croître les ailes dans la douleur. Quelque chose advient dans l'inconfort d'un inconnu pressenti, la violence de l'épreuve libère un sujet neuf.

Faut-il alors opposer terme à terme ravissement et musique ? On pourrait le croire puisqu'on a vu Platon mettre en garde contre cet art qui amollit celui qui se laisse « enauloïser ». Mais cette condamnation résulterait d'une lecture rapide, elle viserait moins la musique que l'usage volontairement hypnotique que l'on en ferait, et que l'attitude infantile de ceux qui se laissent bercer. Socrate lui-même est un aulète, un Marsyas singulier, dépouillé de l'ornement instrumental. Pour autant, il ne renonce ni à l'incantation ni à composer à l'heure de sa mort « la plus grande musique ».

Il faut donc s'interroger plus précisément sur la qualité de la musique et sur son rapport au ravissement. Si la musique peut ravir par l'emprise immédiate de l'audition, par sa plénitude sensorielle aussi[3], elle use (abuse parfois) de cette puissance pour charmer et ensorceler. En ce cas, on dira peut-être que la

---

1. Jankélévitch (1983 a).
2. « Elle agit, agit effroyablement [...] Elle me transporte dans un état qui n'est pas le mien », écrit Tolstoï, *Sonate à Kreutzer*, trad. fr. Rosny et Pavolovsky, rééd. 1933.
3. Proust évoque le parfum de l'*Andante* de la sonate de Vinteuil, véritable obsession charnelle (*A la recherche du temps perdu*).

musique « ravit » – dans la mesure où elle procure un grand plaisir, pourtant même si elle transporte l'auditeur, elle le séduit seulement. Aussi ne doit-on pas davantage confondre cet usage captieux et la musique, que ces acceptions courantes du « ravissement » et la notion qu'on essaie ici de dégager. C'est au nom d'une telle confusion que Nietzsche rejette, avec la violence que l'on sait, « l'opium d'un art [...] wagnérien »[1]. L'accusé l'est en tant que « magnétiseur », « Minotaure », « vieux brigand [qui] nous ravit nos jeunes gens ». Sous prétexte de « ravir », s'exerce une tyrannie sur l'auditeur et sur la musique asservie au pouvoir personnel de ce « Cagliostro de la modernité », « maître des passes hypnotiques ». Ce « vieux sorcier » la réduit à ses tours de magie et « ne calcule jamais en musicien en partant d'une quelconque conscience musicale ; il recherche l'effet, il ne recherche rien d'autre que l'effet ». A cette dénonciation s'oppose la reconnaissance enthousiaste de la musique de Bizet qui guérit de tous les narcotiques. Tandis que « Wagner produit le même effet que l'ingestion réitérée d'alcool. Il engourdit, alourdit l'estomac », la précision rigoureuse de *Carmen* réveille, arrache à la torpeur et rend l'auditeur exigeant – « Elle est riche. Elle est précise. Elle construit, organise, achève, à l'opposé de ce véritable polype musical qu'est la "mélodie continue". » Le plaisir musical révèle alors des virtualités enfouies au lieu de sidérer, il délivre et stimule à son tour la création. « A-t-on remarqué à quel point la musique rend l'esprit libre ? [...] Bizet me rend fécond. »

Même si l'on prend ses distances avec la virulence de tels jugements, le texte nietzschéen a le grand mérite d'interdire un propos trop général, tout en obligeant à penser l'ambivalence de la relation à la musique. Cela invite à s'interroger plus avant sur l'émotion musicale pour mieux spécifier la notion de ravissement et ne pas la réduire à un rapt opéré par la magie des philtres mélodiques et harmoniques.

1. On n'analysera pas ici le contexte philosophique (et biographique) qui explique en partie une telle condamnation. Les citations faites proviennent d'*Ecce homo*, du *Cas Wagner,* ainsi que des deux *Post-scriptum* et de l'*Epilogue* (*Œ. philosophiques complètes*, 1974).

La puissance anagogique de la musique

Augustin se méfie des plaisirs de l'ouïe qui tiennent l'âme sous la coupe d'un corps trop sensuel et avoue son désarroi devant l'émotion particulière qui naît des chants :

> Ils cherchent dans mon cœur une place digne d'eux ; mais j'ai peine à leur en trouver. Parfois je crois leur accorder plus d'honneur que je ne devrais [...] D'autres fois je me défie exagérément de ce piège, et je m'égare par trop de sévérité.[...]. Ainsi je flotte *(fluctuo)* entre le danger du plaisir et la constatation des bons effets qu'elle opère[1]...

Ce « flottement » n'est pas un rejet. L'inquiétude rémanente, l'oscillation indécise, marquent plutôt en creux une dignité possible de l'art musical. Aussi ne faut-il pas opposer trop vite le texte des *Confessions* aux dialogues bien antérieurs dans lesquels Augustin valorise la musique (*De Ordine* et surtout *De Musica*[2]). *Scientia bene modulandi,* elle procure à tous du plaisir mais l'homme, à la différence de l'éléphant et de l'ours capables de danser sur un air, doit y trouver la progressive voie anagogique qui motive l'écriture du traité :

> Si nous l'avons entrepris, c'est uniquement dans le but d'aider les adolescents ou même les hommes de tout âge, doués par Dieu d'une bonne intelligence, à s'arracher, sous la conduite de la raison, sans hâte et comme par degrés, des sens corporels et des littératures charnelles auxquelles il leur est difficile de ne pas s'attacher ; et cela pour que, par amour de l'immuable vérité, ils se fixent en Dieu, seul maître de toutes choses (VI,1).

---

1. *Conf.* X, XXXIII ; pour une analyse plus approfondie de ce passage *cf.* M. Massin (in *Cahiers philosophiques*, 2000).

2. Le livre I définit la musique et son rapport au nombre, les livres II à V les lois fondamentales du rythme et du vers, le sixième, le plus important, veut montrer ce qui fait de la musique une voie anagogique. Six livres encore devaient être écrits sur la mélodie, le projet ne fut jamais achevé. Sauf exceptions signalées, les citations à venir proviennent du *De Musica (D.M.) Œuvres*, t. 7, 1947.

Loin d'enfermer dans un plaisir sensible, la musique permet de le transmuer et de motiver le goût progressif d'une appréciation de raison. Car la musique est une science de l'ordre rythmique et harmonique[1]. Or le rythme se détache du flux temporel des sons sensibles et de la « matière corporelle des mots ». L'auditeur opère ce même détachement par une gradation qui le mène du niveau élémentaire des sons corporels à leur perception de plus en plus intérieure, à leur mémorisation et leur reproduction, jusqu'au jugement sur les sons. Les rythmes sonores *sonantes* relèvent encore du seul ordre physique, mais les rythmes remémorés *recordabiles*, entendus *occursores*, proférés *progressores* relèvent de plus en plus directement de l'âme ; enfin viennent les rythmes jugés *judiciales* (VI, VII). L'âme juge de la musique, non le corps pénétré de sons qui s'évanouissent successivement. Dans ce jugement, elle s'affirme spirituelle et transcende la temporalité. Elle pressent ainsi dans la mélodie fluide l'éternité de la raison, dans l'horizontalité sonore la verticalité d'une présence stable. Le rythme permettrait ainsi d'« [entrevoir] dans un ravissement la splendeur de l'éternité toujours stable » (*Conf.* XI, XI).

Il ne paraît pas illégitime en effet de penser que la musique offre cette possibilité de stimuler l'intelligence, de fixer l'attention, de vivifier l'activité de la mémoire et de saisir ainsi le schème du rythme qui ordonne et dépasse à la fois la durée[2]. Cette possibilité est en tout cas en totale cohérence avec les autres textes augustiniens. Elle repose sur la nature spirituelle de l'homme et particulièrement sur sa faculté de construire le temps, distension de l'esprit lui-même, on l'a déjà dit. Or pour expliquer cette attention nécessaire, cette « protention » et cette

---

1. On ne doit pas donner au mot « harmonie » le sens acquis dans la musique moderne (qui implique la possibilité de la polyphonie). A l'époque d'Augustin, la musique est monodique. Elle suppose une science des rapports mathématiques entre les sons eux-mêmes et les intervalles temporels. Ce sens second (rythme) est explicitement proposé par Augustin pour traduire *numerus* (*De Ordine,* II § 4 – *id.* pour la citation suivante).

2. R. Court a montré que le rythme (*numerus*) constituait chez Augustin un schème articulant le temps et l'éternité, le psychologique et l'ontologique, insistant sur la reproduction et la reconnaissance (1987).

« rétention » de l'âme, c'est l'exemple du chanteur qui s'impose tant dans les *Confessions* que dans *la Genèse au sens littéral*[1]. On peut donc se demander si le *De Musica*, dans son entier, n'est pas au fondement de cette théorisation d'une temporalité dont Augustin reconnaît le caractère mystérieux.

Le dialogue en effet déploie une réflexion théorique à partir de cette expérience complète et répétée que chacun effectue dans l'audition, la perception et le jugement musical. Réflexion remarquable à plus d'un titre. Elle permet d'abord d'articuler la passivité du corps et l'activité de l'âme sans prétendre la résoudre mais en la saisissant dans le vif de nos plaisirs spontanés. En effet, chacun constate dans l'écoute ou l'acte musical « ce phénomène, impossible peut-être à explorer ou à expliquer » (*D. M.* VI, V). Il n'y a de musique que pour celui qui peut percevoir spirituellement et juger du *numerus* qui ordonne la linéarité des sons évanescents – à la différence de l'ours qui réagit aux seuls *stimuli* sonores. Cela permet de comprendre concrètement cette énigme du temps et explique que la musique soit un exemple privilégié, même si ce n'est qu'un exemple car la musique ne peut être réduite à une pure intellection. Il faut la penser dans son mouvement effectif, gestuel et corporel ; elle transcende le corps sans être désincarnée. L'acte du chanteur est interrogé avec la même attention que l'audition, expérience spirituelle qui requiert la sensibilité.

Dans cette mesure, le plaisir musical acquiert une singulière valeur : il spécifie et unifie les dimensions humaines (corporelles et spirituelles), il distingue l'homme de l'ours et du rossignol, on l'a dit, et lui permet d'entrevoir la beauté immobile du divin. Aussi peut-on considérer l'expérience musicale comme une exhortation à l'accomplissement de l'humanité[2] puisque la musique est voie anagogique. A condition toutefois de ne pas s'y abandonner passivement et de faire preuve de toute la vigilance requise dans l'écoute et la pratique musicale. Le traité insiste à maintes reprises sur ce progrès possible qui passe par une gradation des plaisirs, du plus bas, animal, au plus

1. *Conf.* XI, XXVIII ; et *Gen.* XII, XVI par exemple.

2. D'ailleurs Augustin étend l'analyse faite à partir de l'exemple du chant à la vie de l'homme tout entière.

haut, la béatitude extatique d'une contemplation ineffable. Il esquisse aussi ce faisant une pédagogie de l'appréciation esthétique qui conduit l'auditeur de l'agrément sensuel à l'estime de la raison. Cette pédagogie requiert du temps pour lutter contre le pouvoir des habitudes (VI, VII) et répond ainsi au projet annoncé dans le prologue du Livre VI « [d'] arracher sous la conduite de la raison, sans hâte et comme par degrés » l'auditeur aux sens charnels pour le « fixer en Dieu ». Elle effectue une véritable conversion de l'âme.

Plus encore. Semblable arrachement se fait sans violence car cette pédagogie est celle du plaisir lui-même qui s'affirme et s'affine ; il se dégoûte des premières satisfactions et s'approfondit, entraînant l'âme dans une quête délectable. « Car la jouissance (*delectatio*) est comme le poids de l'âme ; la jouissance donc oriente l'âme. Car "où sera ton trésor, là sera ton cœur"(*Matth.*) ; où est la jouissance, là est le trésor »(VI, XI).

La musique n'est donc pas seulement une voie anagogique vers le ravissement, elle ravit dans la plénitude du bonheur qu'elle procure. Dans la contemplation approfondie se découvrait un *agalma*, qui faisait exulter l'âme (*agallomai*) et éblouissait. Dans l'écoute attentive, la jouissance indique aussi le trésor. Elle découvre les potentialités d'une mémoire en laquelle habite le divin (*Conf.* X, XXV). Ce poids délicieux du plaisir, qui arrache l'âme aux facilités du sensible, ne peut-il être le symétrique inversé de l'aigle divin élevant l'âme du bien nommé « Ganymède » ? On a vu Xénophon faire dériver ce nom de *ganusthai* (se réjouir) et de *mêdéa* (intelligence) ; à l'appui, sa référence à Homère spécifiait la dimension auditive du ravissement[1]. Augustin ne songe guère à semblables jeux étymologiques dans ses méditations sur la musique, mais la proximité est troublante. Le plaisir sensible exige son propre dépassement dans la délectation spirituelle, l'extérieur conduit au plus intime, le poids élève vers le plus haut, vers ce Dieu qui convertit la profondeur en cime[2]. Réciproquement la jouissance ineffable

1. *Cf. Symposium*, VIII, 30 et Homère : « Il est ravi d'entendre : *ganutai de t'akouôn.* »

2. *Cf. Conf.* III, VI, et aussi XIII, IX : « Les corps tendent par leur poids vers le lieu qui leur est propre... Mon poids c'est mon amour ; en quelque en-

s'exprime dans les vocalises de l'*Alleluia*, et la musique s'épanouit dans ce « cri de bonheur » du *jubilus* :

> Celui qui jubile ne prononce pas de paroles mais il exprime sa joie par des sons inarticulés, dans les transports de son allégresse ce qui peut se comprendre ne lui suffit plus, et il se laisse aller à une espèce de cri de bonheur sans mélange de paroles (*Psalmis,* 99).

Cette valorisation de la pure musique est d'autant plus admirable qu'elle résulte des apparents défauts d'un art suspect d'enfermer dans la passivité de l'écoute et l'horizon temporel des mélodies. Or elle doit être pratiquée et aimée pour ces raisons mêmes. Parce que « les harmonies sont temporelles », elles sont « semblables à une planche sur les flots »(*DM* VI, XIV), planche de possible salut. Dans l'attention de l'auditeur le temporel se convertit en éternel, la passivité en tension spirituelle, le corps en âme. De jouissances en délectations, le ravissement opère. Aussi le *De Musica* n'exprime nul mépris pour les plaisirs inférieurs corporels et défend même leur dignité spécifique. « Ces harmonies certes peuvent être de moins en moins belles, mais elles ne peuvent manquer tout à fait de beauté. Or Dieu, souverainement bon, souverainement juste, ne condamne aucune beauté » (*id.* VI, XVIII) – à charge pour l'homme d'en bien user pour « tenir son rang » sans céder à la paresse d'un plaisir superficiel.

La redondance du conseil témoigne d'une inquiétude voilée qui tempère l'optimisme du traité et ira s'accentuant, comme le montrent les craintes ultérieures d'Augustin se défiant de la « suave mélodie des cantilènes », redoutant « que le plaisir des sens, par quoi il ne faut pas laisser énerver l'âme »(*Conf.* X, XXXIII) ne le trompe. Cette restriction ne contredit pas l'éloge d'autant qu'on ne peut exclure des *Confessions* la volonté d'accentuer les dangers pour mieux mettre en garde par l'aveu de ses propres faiblesses. La même critique pourrait être adressée à la parole, plus encore peut-être aux plaisirs visuels. Ces réserves faites, il faut bien admettre que l'éloge se ternit. La musique peut demeurer une voie anagogique vers le ravis-

droit que je sois emporté, c'est lui qui m'emporte. Votre don nous enflamme et nous soulève. »

sement si, et seulement si, on la limite sévèrement à cette dimension utilitaire. On peut reconnaître « la grande utilité de cette institution », « les bons effets qu'elle opère », à condition de ne pas « se laisser lier », de garder « la liberté de se lever »(*id*). Semblable réserve était déjà présente dans le dialogue avec une distinction hiérarchique : on peut prendre (*capere*) un plaisir distrayant et « reconstituant » aux musiques profanes, mais « s'y laisser prendre (*capi)*, même à l'occasion, c'est une honte et une indignité »(*DM* I, IV). Plus généralement, il faut faire bon usage de toutes les musiques, en se gardant de deux excès : les « rejeter comme un fardeau » ou « s'y cramponner comme à un ferme appui »(VI, XIV). Pourtant le livre VI proposait une élévation progressive par le plaisir musical, laissant entendre qu'il pouvait lui-même ravir et convertir. Cette suggestion paraît désormais oubliée. Tout se passe donc comme si l'ambiguïté du *De Musica* était révélée par le texte des *Confessions* qui cherchait à la circonscrire, en limitant sévèrement la musique à sa seule dimension médiatrice. Elle ne doit pas susciter par elle-même d'émotion mais amplifier celles qu'elle accompagne. Elle ne doit pas « prendre » ni ravir, mais « être prise » et maîtrisée. Plus encore, il convient qu'elle n'ait plus d'autonomie et serve la parole qu'elle conduit. Ainsi Augustin veut surtout se garder d'être « plus ému du chant que des paroles chantées » et recommande de psalmodier plutôt sur le mode du parler (*pronunciati)* que sur celui du chanter (*canenti)* (*Conf.* X, XXXIII*)*. La musique doit se faire discrète, la sensorialité doit être portée par le mot, orientée par l'affirmation d'un sens.

On peut s'étonner alors d'une telle limitation et craindre qu'elle ne fasse perdre à « l'instrument » son efficace. La musique est une voie anagogique parce qu'elle requiert la reconnaissance d'un rythme et d'une harmonie. Faute d'un tel acte de reconnaissance (qui mobilise perception, mémoire et jugement), il n'y a qu'une succession de sons qui ne sauraient être goûtés ou émouvoir. Cet acte en revanche suspend l'évanescence du temporel, transcende la passivité du sensoriel, laissant pressentir un radieux trésor au plus profond de l'être. Faire du chant un simple accompagnement, n'est-ce pas mobiliser l'attention de l'auditeur sur un texte, sur un contenu déjà fixé et déjà spirituel ? N'est-ce pas la détourner de l'acte même de l'audition, de cet effort plus difficile, plus incertain aussi, par lequel l'auditeur dégage du son brut des schèmes temporels ? Augustin, conscient d'une telle difficulté, d'une telle incertitude, d'une telle indétermination potentielle, ne s'en alarme-t-il pas ? Et s'il avoue « flotter » sans trouver une digne place pour la musique, n'est-ce pas par crainte que ne « flotte » le sens d'une conversion et d'un bonheur qu'il appelle de ses vœux ? En réduisant la musique à un simple accompagnement ne cherche-t-il pas à définir, à assigner, ce « trésor » de l'écoute ? N'est-ce pas imposer une réponse là où la musique laisse entrevoir un dépassement permanent, une quête poursuivie ?

Il n'y a là qu'une hypothèse, certes. Mais elle a le mérite de préserver la cohérence des textes. De l'un à l'autre, il n'y aurait nulle contradiction, mais une conscience de plus en plus vive du pouvoir de la musique, de sa plénitude indissociablement sensorielle, sensible et spirituelle, de l'élan exigeant qu'elle dynamise, de ce qu'elle fait pressentir. Augustin dit mieux qu'un autre qu'elle est susceptible de ravir l'auditeur hors de lui-même pour le conduire au plus profond de lui, mais il dit aussi qu'elle épanouit l'humain, corps et âme. Les deux propositions ne sont pas contradictoires mais peuvent l'effrayer, lui qui tend de tout son être vers la rédemption d'un corps pécheur. La place de la musique se délimite alors de manière défensive : la musique doit n'être qu'une « voie » anagogique ; elle doit mener à Dieu que les paroles désigneront avec plus de sûreté. Une telle défense est à la fois un hommage et une mutilation. Le bonheur pourrait s'émousser à être trop rudement fixé par le sens des paroles et la musique ne plus remplir son usage médiateur. Car la jubilation extatique est indicible, la musique seule peut l'exprimer. Dans les *jubili* exulte « un cri de bonheur sans mélange de paroles ». Les vocalises de l'*Alleluia* sont « transports d'allégresse » devant un trésor ineffable. « Ce qui peut se comprendre ne suffit plus » mais se chante et s'amplifie dans ce chant, se propage et se communique à ceux qui l'écoutent.

La musique, loin d'emprisonner l'âme dans le corps, la libère dans l'enthousiasme de la vocalise. Elle épanouit la sensibilité dans la plus pure spiritualité. Le parallèle esquissé plus haut peut alors se poursuivre car le flux jaillissant des notes qui s'enlacent dans l'écoute semble traduire l'élan du désir aimant qui ravit Ganymède, de cet *himeros* dont le flux surabondant provoque le contre-amour. De même, le jaillissement impétueux de la voix, la fougue du chant submergent l'auditeur et le ravissent à son tour dans cette jubilation qui s'offre en partage. Prodigalité magnifique de cette « offrande musicale ».

On emprunte d'autant plus volontiers l'expression à Jean-Sébastien Bach, que son œuvre paraît résoudre magistralement cet écartèlement augustinien entre la crainte de la séduction sensuelle et la reconnaissance d'une spiritualité pure dans ces *jubili* où le chant, loin d'être en défaut vis-à-vis de la parole, l'accomplit et l'excède. Dans le contexte liturgique de la musique luthérienne, Bach par la rigueur complexe de son écriture, l'harmonisation essentielle qu'elle propose du texte, « parachève le verbe grâce au chant, saisi lui-même jusque dans la chair de sa vocalité, afin de dégager et d'épanouir le sens spirituel dont il est porteur et finalement vivre à travers lui l'expérience intérieure de libération éprouvée dans l'union à l'autre[1] ». La musique est bien plus qu'une digne accompagnatrice[2]. Elle ne se contente pas non plus de redoubler le texte ou de l'amplifier par les phrasés, les respirations, le déploiement d'une rhétorique des modes et des motifs.

Il serait dommage de réduire ce que les commentateurs appellent le « figuralisme » de Bach à un lexique ou à un catalogue de *leitmotive*. On y perdrait l'ancrage charnel, la couleur sonore, la pulsion vive qui portent à son incandescence le spirituel. Par exemple, la *Cantate BWV 51* en *ut* majeur s'ouvre sur une aria radieuse où la trompette et la voix rivalisent de virtuosité pour glorifier Dieu (« Jauchzet Gott in allen Landen ») la brièveté de l'impératif répété s'épanouissant en vocalises) ; elle se clôt sur un *Alleluia,* en forme de *fugato,* où la voix s'évade

1. R. Court (1997, *cf.* également 1976).

2. On sait par un élève de Bach qu'il importait de « ne pas jouer la mélodie simplement pour elle-même mais en tenant compte du sens des mots ». *Cf.* G. Cantagrel (1982), mon analyse lui doit beaucoup. *Cf.* aussi A. Basso (1983, trad. 1985).

du mot dans la générosité exubérante des mélismes, où la même émulation concertante entre elle et la trompette entraîne l'auditeur dans l'éclatant entrelacement des timbres et le tourbillon d'une exaltation communicative.

Cette réduction effacerait aussi la complexité délicate du rapport de la musique au sens et au verbe. Parfois le motif d'un choral joué à l'instrument seul suggère le texte à l'active mémoire de l'auditeur – il peut même se créer une « polyphonie » sémantique si le motif instrumental se trouve au milieu d'une cantate et se conjugue avec d'autres paroles chantées. Dans d'autres cas, le texte se trouve transcendé par la musique ; ainsi des chansons populaires offrent le motif des fugues ou commentent avec humour la composition musicale elle-même (Gilles Cantagrel suggère ainsi que les deux chansons saxonnes qui circulent dans la trentième et dernière des *Variations Goldberg* invitent l'aria à revenir conclure[1]). D'autres fois encore, la musique est dissociée du texte, lorsque Bach compose une œuvre liturgique en réutilisant le matériel musical de ses œuvres profanes antérieures : ainsi dans la *Cantate* BWV 66, une musique écrite pour célébrer le prince Léopold d'Anhalt-Köthen est réemployée pour le sacré, non sans une certaine désinvolture[2]. Mais le texte peut enfin être subtilement dénié par la musique. Exemplaire semble ici la cantate profane où se rejoue la querelle d'Apollon et de Pan (BWV 201). Elle a déjà été beaucoup commentée, certains y voyant un manifeste par lequel Bach-Phœbus défendrait sa conception musicale contre le style à la mode de ses arrogants rivaux, d'autres réfutant cette interprétation[3]. Pourtant, à ma connaissance, les commentateurs n'ont guère relevé son étrangeté, même si certains ont noté l'écart vis-à-vis du texte d'Ovide puisque la compétition instru-

1. Le sens du texte d'origine d'une de ces chansons est en effet « Il y a longtemps que je n'ai été auprès de toi, rapproche-toi, rapproche-toi »...

2. L'hommage musical au prince (sur le texte « Es lebe Fürst Leopold ewig beglückt/Vive le prince Léopold éternellement heureux », BWV 66 a) devient hommage au Sauveur (« Es lebet der Heiland und herrschet in euch/Que vive le Sauveur, qu'il règne dans vos âmes »).

3. A. Basso donne tous les arguments à partir des données historiques (*op. cit.*, t. 2), mais pèche à mon avis par un autre excès, faisant du thème de la cantate probablement écrite en 1729, *Der Streit zwischen Phœbus und Pan,* un très banal divertissement.

mentale devient ici vocale. Le genre de la cantate impose les arias, dira-t-on. Soit. Mais l'inégalité des deux protagonistes se réduit en conséquence – on se rappelle que le cithariste divin l'emportait, non seulement parce que les instruments à cordes l'emportaient sur les instruments à vent, mais aussi parce que Marsyas ne pouvait chanter en jouant. Or un autre décalage intervient, cette fois entre le texte et la musique : le livret, conformément à la tradition, fait bien de la flûte l'attribut de Pan, mais de manière très curieuse, l'instrumentation propose exactement l'inverse. L'aria de Phœbus (n° 5) est accompagnée par la flûte et le hautbois d'amour, et en sourdine cordes et continuo, tandis que celle de Pan (n° 7) l'est sans façons, violons à l'unisson et continuo. Il faut donc s'interroger sur cette troublante bizarrerie qui ne paraît pas involontaire puisqu'elle est répétée pour les deux juges qui assistent les protagonistes. En effet, pour rendre hommage à Phœbus, Tmolus chante une aria avec hautbois d'amour concertant (n° 9), tandis que Midas célèbre Pan avec des violons à l'unisson (n° 11) avant d'être puni par les oreilles d'âne. La savoureuse insistance du « contresens » musical a sans doute une signification : la joute des prétendants, leurs discours prétentieux ne se résolvent-ils pas dans le « concert » musical qui enchante l'auditeur ? Dans l'hypothèse contraire d'une proclamation musicale de la victoire d'un style sur un autre (hypothèse souvent défendue par les commentateurs), on s'explique mal le réemploi du thème de l'aria de Pan (n° 7) dans la *Cantate* BWV 212 (n° 20) – cantate « des paysans » certes, mais composée par Bach. Ce bonheur d'une musique, qui sait user des raffinements d'écriture mais n'hésite pas à se réjouir de la vigoureuse simplicité de certains motifs, est manifeste dans cette « dispute » de Phœbus et de Pan : la cantate ne se contente pas de juxtaposer des arias, par-delà la discorde mise en scène, elle réalise une concorde polyphonique où les antagonismes se répondent mais se complètent aussi et se soutiennent.

Quelque importance qu'ait le texte, la musique ne saurait donc se réduire à son amplification sensible et savante. C'est évident de la musique instrumentale (même si on y entend parfois le motif d'un choral ou l'écho d'une chanson populaire) mais cela l'est aussi de la musique vocale qui le commente, le souligne, le détourne, ose même le contredire. Pour prendre un dernier exemple en ce sens, la *Cantate* BWV 210 s'évertue explicitement à dénoncer les effets de la musique, à les réduire au silence, tout en offrant l'occasion superbe de les manifester avec une virtuosité confondante. De fait, la contradiction potentielle se résout en triomphe, le texte se range à ces « raisons » sonores et s'en fait conclusivement l'écho en célébrant sa puissance merveilleuse : « Elle se glisse dans tous les cœurs/Chez les grands comme chez les humbles/elle attire l'esprit vers le ciel. »

La musique attire donc vers le céleste, elle transcende et sanctifie le texte comme le suggère la fréquence de ces transpositions du profane au sacré – d'autant qu'on n'en trouve guère dans le sens inverse[1]. S'expliquerait alors la délicieuse réussite de certaines œuvres profanes. La *Cantate du café* BWV 211 en est un bel exemple, la minceur récréative de l'argument[2] lui permet de se glisser « dans tous les cœurs, chez les grands comme chez les humbles » et n'interdit ni le vif plaisir, ni le sentiment de partager une aspiration qui, pour être imprécise, n'en est pas moins prenante. Lors de sa première aria, Lieschen peut bien revendiquer péremptoirement son droit au café, la flûte traversière l'accompagne avec trop de délicatesse, sa voix s'y enlace avec trop de souplesse, pour que le haut suspens des exclamations (« *Ei! Ei* ! ») et du demi-soupir qui les suit n'entraîne pas l'auditeur bien au-delà d'un appétit gustatif. Également indifférent à la promesse (chantage !) de son mariage, il est cependant étrangement ému par les volutes de sa seconde aria, par la pureté de cette ligne vocale dialoguant avec

1. A l'exception peut-être de l'*Oratorio de Pâques* (BWV 249) qui connut une révision profane (BWV 249 b, août 1726) ; mais cela ne peut constituer un contre-exemple puisque l'œuvre venait du profane (BWV 249 pour l'anniversaire du duc Christian Saxe Weissenfels) et fut reprise ultérieurement pour devenir « Oratorio » (entre 1732 et 1735).

2. Lieschen ne veut pas renoncer au café et résiste en conséquence aux colères et menaces de son père jusqu'à ce qu'elle consente à échanger ce plaisir contre celui d'un mari. C'est le texte de Picander. La cantate le modifie : car la maligne y fait stipuler sur le contrat de mariage (à l'insu du père) qu'elle peut continuer à boire son café (n° 9 et 10).

les violons. La répétition ascensionnelle des exclamations (« *Heute noch, heute noch... Ach, ach* ! ») contrebalancée par la tendre flexion du renoncement, le tournoiement lumineux de la promesse l'emportent loin du propos tenu dans la seule vivacité d'un élan vers le bonheur.

On se gardera pour autant de confondre les musiques profanes et sacrées (malgré les fréquentes transpositions d'un registre à l'autre), pas plus qu'on ne confondra cet élan et celui, grave, mystique qu'expriment maints passages des *Cantates* ou des *Passions*. Là se déploie une allégresse sensuelle tandis que se chante le renoncement à un plaisir pour un autre, ici en revanche, par exemple dans la dernière aria de la *Cantate* BWV 82, la même flûte traversière[1] entraîne la voix dans la plénitude d'un abandon où la mort se convertit en union extatique avec le divin. Là une légèreté « ravissante » au sens usuel de l'adjectif, ici le déploiement sensible d'un ravissement hors du monde. On doit donc s'interdire toute assimilation.

Cependant au-delà des différences, le double emploi du terme souligne une parenté qui confirme la puissance de la musique. Cette puissance, on pourrait l'appeler « anagogique » à nouveau, en donnant toutefois au qualificatif une amplitude maximale. Dans les deux cas en effet, la musique est susceptible d'arracher l'auditeur à ses habitudes en l'attirant vers quelque chose de supérieur qu'on ne peut réduire à une définition unique. Elle entrouvre un univers désirable, elle révèle une aspiration dont le terme n'est peut-être pas toujours fixé ni la finalité assignable. Cette richesse pressentie et non résolue se manifeste avec plus de pureté dans la musique instrumentale puisqu'aucun texte ne guide l'écoute. Mais on peut soutenir qu'elle n'est pas absente de la musique vocale. Une telle vocation « anagogique » ne s'impose-t-elle pas aussi sur un mode imprécis, inconscient peut-être, dans les deux arias de Lieschen ? Ses tendres arabesques mélodiques n'invitent pas, quoi qu'elle en dise, à boire du café en épousant dans la journée

1. Dans la version pour mezzo-soprano avec flûte [de 1735 ; la première version de 1727 est pour basse et hautbois]. On a rapproché la première aria de cette cantate, de celle de la *Passion selon Saint Matthieu*, « Erbarme mich » (*cf.* A. Basso).

même un mari inconnu, mais dessinent la seule promesse d'une allégresse humaine et d'une vitalité épanouie. A l'autre extrême, dans le *duetto* n°8 de la *Cantate* BWV 21, la volonté anagogique est explicite, consciente même, définie par la répartition des rôles et des tessitures (la soprano incarne l'âme, la basse Jésus), confirmée par les paroles ; mais elle ne s'épuise jamais dans ces paroles et bien au contraire s'exalte dans une admirable construction. Si, dès le début du morceau, les voix de la soprano et de la basse s'appellent et dialoguent, elles s'épousent musicalement lorsque leurs propos se contredisent. L'âme chante sa propre perte et sa mort certaine (« Sie soll sterben ») tandis que Jésus enroule autour de ce chant désespéré et du verbe décisif *sterben*, les vocalises sereines de la rédemption (« Sie soll leben ») ; elle chante sa damnation (« Ich bin verloren ») tandis qu'il affirme son élection (« Du bist erkoren »). Les voix s'enlacent donc dans le vertige du sens et le suspens des certitudes – tissant par leurs mélismes durant trois mesures ce thème du flottement dans les tourments « in Kummer schweben ». Dans cet enlacement, elles transmuent la dissonance sémantique en consonance, l'opposition en mariage, l'incertitude angoissée en confiance radieuse. La musique opère donc la conversion avant même qu'elle ne soit célébrée explicitement – orchestrée dans la deuxième moitié du duo par le changement de *tempo* et de tonalité, puis dans l'exultation du chœur. C'est elle qui unit les voix puis fait alterner leurs exclamations contradictoires (» –Ach ja, – ach nein » ; « –Ach nein, – ach ja ») dans un échange de plus en plus rapide, de plus en plus serré, jusqu'à ce qu'il ne fasse qu'une seule mélodie – ne la déchirent aux extrêmes de la tessiture du soprano que deux cris d'angoisse de l'âme se croyant haïe (« Du hassest mich »), aussitôt rejointe par la voix de basse qui affirme son amour (« Ich liebe dich ») et l'entraîne dans la lumière finale.

Enchantement et silence

Le parallèle entre cette union, indissociablement charnelle et spirituelle, et la *Cantate du Café* peut paraître choquant ; il ne semble pourtant pas trahir Augustin qui souligne la dignité respective des plaisirs musicaux et montre combien la musique contribue à transmuer, sans les nier, la sensorialité en sensibilité, la sensibilité en spiritualité (la flûte n'accompagne-t-elle pas Phœbus ?). A quelque niveau qu'elle nous prenne, la musique serait alors cette médiation enchanteresse qui révèle à chacun le meilleur de lui-même.

N'est-ce pas d'ailleurs la vocation de cette « Flûte enchantée » qui donne son nom à l'opéra de Mozart et mène au plein accomplissement de ses potentialités d'être humain[1] un jeune héros d'abord peu glorieux ? Pour son premier air, poursuivi par un dragon et un orchestre haletant, il appelle au secours « Zu Hilfe » durant vingt-trois mesures et s'évanouit ; la Reine de la nuit, magiquement apparue ensuite, lui recommande de ne pas trembler (I, 5, n° 4) ; il chante enfin avec une certaine complaisance son impuissance devant Papageno cadenassé (I, 6, n°5) ; alors on lui remet la flûte magique qui doit le protéger et guider ses pas. Beaucoup de commentateurs jugent que l'instrument est un simple accessoire théâtral[2] ; c'est faire injure à l'opéra puisqu'il est d'abord une juste métaphore du pouvoir musical – ce que suggère subtilement Mozart qui accompagne le chant d'éloge des Dames d'un motif orchestral au violon (et non à la flûte) évitant la plate redondance, ce qu'indiquent leurs paroles qui louent la flûte de convertir la souffrance en joie et d'accroître le bonheur des hommes. Or c'est exactement ce qu'accomplit l'œuvre tout entière qui mène ses protagonistes du royaume de la nuit au royaume de la lumière, de la mort symbolique à la vie (Tamino et Pamina commencent par s'évanouir et Pamina voudra mettre fin à ses jours), elle mène aussi ses au-

1. Le livret explicite cet impératif répété (I, 15, n° 8 « *Sei ein Mann* », II, 1 n° 9 « – *Er ist Prinz. – Noch mehr. Er ist Mensch* ») qui s'accorde avec l'idéal de la sagesse maçonnique. On sait que Mozart fut un franc-maçon fervent les sept dernières années de sa vie et a écrit des pages de musique maçonnique. Son opéra et le livret de Schikaneder, également franc-maçon, comporte de nombreuses allusions au rituel maçonnique. Mais cet opéra, en allemand, composé dans le genre du Singspiel, joué dans un théâtre du faubourg pour un public populaire, ne se limite pas à l'ésotérisme maçonnique et vise à épanouir toute la dignité de l'humain quel qu'il soit (*cf.* R. Stricker, 1980) – c'est d'ailleurs parfaitement compatible avec l'idéal maçonnique.

2. Par exemple, J. Chailley et H. Barraud (in *L'Avant-scène Opéra,* 1976).

diteurs au bonheur. S'il fallait donner une preuve supplémentaire de l'emploi métaphorique de l'instrument, on la trouverait dans le bref quatuor presque à la fin de l'opéra (II, 28), où les deux héros chantent avec deux gardiens ce pouvoir de la musique qui leur permet d'affronter la mort dans la joie (« Nous avançons par le pouvoir de la musique, Joyeux à travers la sombre nuit de la mort »). Or ce quatuor conclut l'*andante* dans lequel Pamina – qui a voulu mourir et vient de retrouver Tamino – affirme avec une sérénité limpide sa place de guide. Elle révèle à Tamino la puissance de la flûte – son père l'a taillée dans des circonstances rituelles – et l'incite à en jouer pour qu'elle les mène tous deux « sur ce chemin d'effroi » où ils affronteront le danger pour renaître à la sagesse. De fait, au lieu des tonnerres et fracas qu'on aurait pu attendre pour illustrer les épreuves, on entend seulement la lente progression de la flûte, accompagnée sourdement, et de manière rythmiquement inégale, par les trompettes, trombones, cors et timbales. Ici encore, mais à l'inverse de l'accompagnement orchestral lors de la remise de l'instrument, Mozart se refuse aux facilités, là il suggérait la puissance métaphorique de la flûte, il souligne ici sa puissance spécifique : répondre à l'effroi et mener au-delà de la crainte de la mort vers un idéal.

Ne peut-on y entendre l'écho lointain de cet aulos qui berçait les peurs et révélait ceux qui avaient besoin d'une initiation ? De fait, la flûte est offerte à un Tamino qui ne s'est pas encore montré bien courageux, ce que souligne le contrepoint bouffe du jeu de clochettes (*Glockenspiel*) offert à un Papageno explicitement paniqué – ce que suggère aussi la flûte « de Pan » qui l'identifie. Au moins reconnaîtra-t-on une tradition plus syncrétique dans le pouvoir de cette musique de posséder et mettre en transe qui l'écoute. La flûte attire toute l'échelle des créatures, des animaux les plus sauvages à la noble Pamina, le *Glockenspiel* désarme Monostatos dans une danse irrépressible (I, 17) et fait deux fois apparaître Papagena. Mais la flûte ne se contente ni de répondre à l'effroi ni de ce pouvoir magique, elle suscite aussi des épreuves qui révèlent les êtres à eux-mêmes. Elle guide Pamina qui trouve Tamino muet et désespère de son amour ; en contrepoint toujours, le *Glockenspiel* fait apparaître une Papagena qui disparaît aussi vite et laisse Papageno interdit devant sa cruelle absence. Elle civilise la brutale sauvagerie d'un côté mais, de l'autre, transforme les plaisirs en afflictions pour enfin convertir la douleur réelle en véritable bonheur. Elle est bien cet instrument de transformation des passions humaines dont les trois dames chantaient les mérites (I, 8). On note donc la proximité thématique avec l'aulos. La flûte permet de triompher de la peur et de risquer la mort, de convertir et d'aimanter les êtres – non seulement les amoureux mais aussi le couple héroïque avançant invinciblement vers la lumineuse sagesse. Par elle, et plus généralement par la musique, adviennent de nouvelles identités. A la métamorphose féerique d'une petite vieille chevrotante en toute fraîche Papagena, répond sur un mode plus grave la maturité progressive de Tamino et surtout l'avènement d'une femme aimante, courageuse et libre, dans la frêle Pamina emprisonnée.

Si la puissance de la flûte évoque celle de l'aulos, quelques réserves s'imposent pourtant. On se gardera d'abord de faire de Mozart un servant de Dionysos ou un disciple de Platon. On ne peut établir une filiation précise sur ce point, même si l'inventaire de sa bibliothèque personnelle mentionne un exemplaire du *Phédon ou de l'immortalité de l'âme* de Moses Mendelssohn[1] et si l'on ne peut exclure une influence plus diffuse, par le biais des milieux maçonniques par exemple. Par ailleurs, plutôt qu'un écho lointain, l'opéra serait une réponse, voire une riposte, au texte platonicien. Car Socrate est un Marsyas supérieur parce qu'il se passe d'aulos, l'instrument cède la place à la parole nue de l'incantation philosophique et l'âme se libère du corps. Il en va tout autrement dans un opéra qui ne cesse d'exténuer la parole (Papageno est cadenassé, on impose le silence à Tamino, lequel tente en vain de faire taire l'oiseleur) ou de la dénoncer (mises en garde répétées jusqu'au finale contre les rumeurs, les propos mensongers ou vains[2]). Se substitue peu à peu à cette parole frivole, bavarde et dangereuse, l'instrument

1. Berlin, 1767. Outre ses travaux hébraïques, M. Mendelssohn (1729-1786) a beaucoup écrit et traduit (notamment Platon). Ce livre-ci est un hommage au *Phédon* de Platon avec lequel il ne craint cependant pas de prendre ses distances.

2. « Je bavardais, je bavardais et c'était mal, ce qui m'arrive est bien fait », conclut tristement Papageno sur le point de se pendre.

magique. C'est lui, plus que le cadenas initial, qui impose sans violence la pureté du silence (sensible musicalement dans les deux dernières épreuves du feu et de l'eau) et dépouille des revendications singulières et des cris de l'émotion. La musique nue triomphe donc ici de la parole. On objectera que toute parole n'est pas abolie (ce serait un singulier paradoxe pour un opéra) et qu'il y a même place pour une incantation « philosophique » dans le chant de Sarastro. Certes, mais il s'agit d'un chant précisément et de celui d'une basse profonde. Ce timbre à l'ample sonorité équilibre l'argentine clarté de la flûte, la musique déploie ainsi sa puissance sur toute l'étendue du registre des sons, tout en ancrant la sagesse dans les vibrations d'un corps et d'un souffle. Il ne s'agit donc pas de renoncer au corps mais d'épanouir la plénitude de l'humain. C'est ce que dit le livret, mais le dialogue de la flûte aérienne et de la voix charnelle le suggère mieux encore, ainsi que le déploiement du chant spiritualisant la spontanéité instinctive de la voix.

Loin d'être un gadget de mise en scène, un ornement magique ou le bouclier d'un privilégié[1], la flûte est donc essentielle à cet opéra initiatique qui convertit par la puissance de la musique. La dignité de l'humain ne s'y réalise pas sur scène seulement à travers les épreuves des éléments, la musique l'accomplit en chaque auditeur parce qu'elle fait entendre la complémentarité du corps et de l'esprit, des sens et de l'âme. La flûte magique (*Zauber*) n'est donc pas « enchantée », objet passif qu'un enchanteur tout-puissant aurait doté d'un charme. L'erreur de traduction n'est pourtant pas sans intérêt car la flûte paraît telle à celui qui est encore puérilement séduit ou terrifié par les sorcelleries et les envoûtements ténébreux. Or son véritable pouvoir est au contraire d'aider les protagonistes à se délivrer des sortilèges, à devenir adultes et à s'unir pour construire une « harmonie sans laquelle il n'est pas de bonheur sur terre »(I, 17). La flûte, et par extension la musique, opère cet enchantement musical, *enauloïsation*, qui arrache aux illusions et fait entendre une sagesse incarnée. Il n'y a nul enchanteur

---

1. C'est d'abord la finalité que lui assignent les trois dames : protéger le beau Tamino.

omnipotent, la Reine de la nuit se révèle impuissante et Sarastro incarne la voix de la vérité, non celle d'un pouvoir personnel. Si la musique aimante, ce n'est pas pour asservir les êtres mais pour les conduire à leur plénitude et ce n'est pas par la vertu d'une formule mystérieuse que posséderaient quelques privilégiés, c'est parce qu'elle est aimante. Pamina assure à la fois que l'amour et la flûte conduiront leurs pas, elle emploie le même verbe *leiten*, mais de l'amour à la flûte, elle passe du singulier (« die Liebe leitet *mich* ») au collectif (« Sie leite *uns* ») : on ne saurait mieux dire, ou plutôt chanter, puisque l'auditeur appartient dès lors à ce « nous » par le pouvoir de la musique.

S'il est vrai que cette musique recrée la collectivité humaine, il faut alors réexaminer la valeur de la duplication bouffonne – à Tamino la flûte de l'initiation et la maturité de la sagesse, à Papageno le *Glockenspiel* des plaisirs et la spontanéité enfantine de frustes réjouissances. L'oiseleur n'est-il vraiment qu'un simple « faire valoir » du héros ? Il semble en effet le reproduire sur le mode caricatural du perroquet, *Papagei*. Pourtant, il n'est sans doute pas aussi méprisable dans sa franche jovialité qu'on le dit parfois[1] et l'on oublie peut-être un peu vite l'appel interrogatif de sa flûte de Pan. Sa première chanson à couplets rondement menée est singulièrement entraînante ; l'incorporer dans un grand opéra témoigne par ailleurs d'une audacieuse transgression des genres qui n'est sûrement pas effet gratuit ni pure nécessité pratique[2]. Lui aussi connaît l'inquiétude jusqu'à envisager sa propre mort dans le vacillement hésitant d'une bizarre valse, sur un 6/8 (II, 29), qui ne se stabilise que dans la résolution du suicide avec un passage au sol mineur qui lui confère une intensité tragique. Ses balbutiements d'émotion devant Papagena retrouvée ne sont pas seulement drôles, ils créent aussi, et en même temps, un poignant suspens parce que le bonheur dont on a désespéré est réoffert. La musique fait déjà entendre ce petit miracle que la parole bégayante n'ose encore ad-

1. Ce mépris se fonde sur une réplique de Mozart qui, excédé par un ami qui « riait de tout », le traite de Papageno (*lettre* du 8 octobre 1791) ; il faut pourtant rappeler que, sur son lit de mort, il fredonne l'air de Papageno, « Der Vogelfänger bin ich ja » (*cf.* B. et J. Massin, 1970).

2. Nécessité réelle cependant : Papageno étant interprété par Schikaneder, qui n'est pas un chanteur professionnel.

mettre ; bien mieux, elle lui donne réalité car l'effet comique du duo en écho est construit sur un subtil décalage qui dissocie les rôles[1] : Papagena n'est pas un simulacre mais une vraie compagne prenant l'initiative de chanter « das höchste der Gefühle ». L'exultation advient par-delà la détresse. Que cette détresse ait tenu à peu, que cette joie reconquise se contente d'engendrer dans une émulation frénétique Papagenos et Papagenas multipliés, que, malgré l'union des deux voix, la joute reprenne de plus belle dans un emballement burlesque où la répétition des générations se redouble des assauts répétés des revendications, tout cela n'empêche pas l'auditeur d'entendre cette allégresse éblouie de sa propre renaissance. Il y pressent la promesse d'un bonheur qui exige de dépasser les satisfactions matérielles des besoins pour s'ouvrir à l'autre[2]. Pour se convaincre définitivement que Papageno est loin d'être méprisable, il suffit de réécouter son premier duo avec Pamina (I, 14), bouleversant de retenue et de simplicité. Leurs deux voix alternent et se mêlent pour « se réjouir de l'amour » par lequel l'humain touche au divin, et si Pamina dans ses deux vocalises donne à entendre cette sublimation, le baryton ne se montre pas indigne de la pureté de cette aspiration. Le duo unit l'homme et la femme (« Mann und Weib und Weib und Mann ») mais aussi le serviteur et sa maîtresse. Dans la tension désirante de l'amour pressenti, une tendre fraternité se découvre qui se réalise musicalement dans l'alliance de couplets populaires et d'ornementation plus raffinée. Ce duo est d'autant plus émouvant que les deux protagonistes ne sont pas amoureux l'un de l'autre, c'est la musique qui est réellement aimante, en elle s'épanouit la plénitude de l'humain et l'idéal de fraternité que Mozart appelle de ses vœux et que le livret de Schikaneder propose explicitement. Ce n'est alors sûrement pas un hasard si un autre duo réunit la jeune fille et l'oiseleur pour célébrer ce Glockenspiel qui apporte « l'harmonie de l'amitié » et la « sympathie » sans laquelle « n'est aucun bonheur sur terre » (I, 17). L'oiseleur est le premier être que chacun des deux héros rencontre au sortir de

---

1. *Cf.* J. Brunschwig, in *Avant-scène Opéra,* 1976.
2. Papageno, qui affirmait préférer sa propre vie à tout et désirer seulement un verre de vin, a préféré la mort à une vie sans amour.

son propre évanouissement ; à l'auditeur qui sort de l'engourdissement de l'ordinaire, il offre un plaisir spontané qui le guide vers d'autres. Ainsi *La Flûte enchantée* arrache peu à peu aux particularités, aux égoïsmes et impose ce silence dans lequel se pressent cette harmonie humaine.

Ce qui paraissait condamner la musique – la passivité de l'audition, la sensualité des fugaces mélodies, la frivolité suspecte de son accompagnement – se convertit en raisons de la célébrer. Certes le son possède l'auditeur, mais cette passivité initiale est la condition d'une possible libération puisqu'il peut le toucher malgré ses réserves, l'emporter sur les autres sollicitations et requérir ainsi une attention qui transmue la passivité apparente d'une audition en écoute vigilante. Certes la caresse sonore enveloppe l'esprit sensuellement, mais cette sensualité se fait de part en part spirituelle dans le rythme éloquent, dans le « phrasé » mélodique, dans le chant qui transcende et magnifie la voix naturelle. Corps et âme exultent dans l'enchantement d'un opéra qui unit la sagesse de Tamino à l'appétit charnel de Papageno et fait ainsi pressentir une plénitude humaine dans l'entrelacement des timbres et des voix. Le troisième motif de blâme se renverse alors à son tour en son contraire. Augustin se méfiait de l'accompagnement qui risquait à tout moment de l'emporter sur la linéarité de la parole signifiante ; à l'inverse le livret s'emploie à exténuer la parole (« schweige still ») à blâmer le mensonge, les trois dames cadenassent Papageno et l'opéra tout entier ruine les calomnies de la Reine de la nuit. Plus subtilement, l'accompagnement invite souvent à se méfier d'une parole qui qualifie les êtres et les places, assigne trop vite une identité et fige ainsi les sentiments, la musique s'enroule autour du texte pour épanouir les virtualités et les ambivalences du sens. L'oiseleur porte un nom qui suggère un grotesque perroquet, mais son instrument fait danser les plus réticents et son chant émeut. Sarastro est traité de ravisseur (*Räuber*) pour avoir enlevé Pamina (*entrissen*), tout paraît vrai sauf la violence du rapt que désavouent le calme *tempo* de son chant et les profondes vibrations de la basse, avant même que l'on ne saisisse la dimension maçonnique du rite d'initiation auquel il invite. La musique n'accompagne pas le livret, pas plus qu'elle ne se contente de servir une finalité extérieure. Elle ravit les protagonistes obligeant chacun à percevoir le meilleur de l'autre, à découvrir le meilleur de lui-même ; elle ravit l'auditeur hors des stabilités sémantiques, hors du confort de ses préjugés. Le ravissement n'est pas là où on le dit mais dans le bonheur d'une écoute qui saisit et transporte hors de soi vers un accomplissement pressenti, non encore défini.

Pourtant, objectera-t-on, cet accomplissement est bien explicite dans le livret de Schikaneder. Certes, mais la polyphonie des rôles et des voix, des timbres et des instruments, les subtilités des inflexions mélodiques démentent l'univocité de cet accomplissement, les prêtres ont beau rejeter Papageno, la musique l'accueille à cœur ouvert.

L'exemple de *Cosi fan tutte* est plus probant encore. On connaît l'argument : à la suite d'un pari engagé avec Guglielmo et Ferrando sur la fidélité de leurs fiancées respectives, Don Alfonso ourdit, avec le consentement et la participation des premiers, un complot qui les désillusionnera dans les vingt-quatre heures. Ils feindront de partir à la guerre, reviendront déguisés et séduiront chacun la belle de l'autre sous ces identités d'emprunt, se prouvant ainsi à eux-mêmes que *cosi fan tutte*, ainsi font-elles toutes. Pari gagné, confiance perdue que ne dément pas le pardon final : ils épouseront les infidèles repentantes puisque toutes les femmes se valent et qu'ils n'espèrent plus trouver le phénix fidèle. Récit de ruses mensongères et de désillusions, accession à la lucidité. On est apparemment au plus loin du monde féerique de *La Flûte* et de son heureux ravissement. Si l'auditeur et les protagonistes sont ici arrachés à quelque chose, c'est à la fatuité de leurs prétentions naïves et cette conclusion fataliste n'invite guère à anticiper la plénitude d'un bonheur humain. D'autant que le livret de Da Ponte, plus subtil qu'on ne le dit parfois, redouble au féminin le mépris masculin du titre. Despina dès sa première aria chante, avec une crudité acidulée et dans le populaire 6/8 de Papageno, que les hommes sont tous les mêmes (« Di pasta simile son tutti quanti ») et qu'il faut leur rendre la monnaie de leur pièce (« Paghiam, o femmine, d'ugual moneta »). A ce jeu de l'inconstance d'ailleurs, ne sont-ils pas les pires, eux qui charment avec tant de verve et de persuasion d'autres que celles qu'ils prétendent aimer ? Aussi les plus désabusées pourraient bien être les deux sœurs que l'on s'est évertué à tromper et à perdre, que l'on reprend pourtant, pour prix de consolation du pari perdu, sans tenir compte de cet amour qu'on a fait naître en elles, malgré elles. Cynique générosité du pardon accordé, humiliant celles qu'on a dupées. Triste sagesse de la résignation.

Or la musique de *Cosi* n'est ni triste ni résignée, bien au contraire, elle enchante l'auditeur parce qu'elle révèle tout autre chose que le livret tout en le commentant. Les paroles développent la piteuse similarité des uns et des autres, tous jumeaux dans l'inconstance, mais les voix vont se singulariser tout au long de l'opéra[1] et la répartition instrumentale affirmera des identités. Don Alfonso est le plus souvent accompagné par les cordes et le hautbois, Despina par la flûte aiguë, Guglielmo par le hautbois tandis que la clarinette unit les êtres vulnérables et sensibles dans les volutes de sa tendresse. Elle soutient les deux sœurs et préférentiellement l'aînée, mais assiste aussi Ferrando qui saura l'émouvoir. A l'inverse, c'est avec un orchestre fourni où l'absence de clarinette condamne sa fatuité que Guglielmo, tout fier de ses deux conquêtes, fanfaronne[2]. La musique révèle la véritable identité des êtres et des couples ; et ce, avant que la séduction artificieuse n'opère, pendant qu'elle se déploie, après enfin qu'elle a été dénoncée et qu'a été affirmé le retour au couple initial. Dès le premier quintette (I, 4, n°6), Ferrando épouse la ligne vocale des femmes, se désolidarisant ainsi du tour qu'il est censé leur jouer et de ses deux compères qui chantent en parallèle. A la fin du premier acte, il s'abandonne à sa langueur amoureuse dans cette tonalité de *la* majeur (I, 12,

1. Durant l'acte I, prolifèrent les ensembles vocaux, l'acte II les espace au profit des arias plus nombreuses. Et les voix des deux sœurs, qui chantaient souvent à la tierce, acquièrent progressivement une couleur vocale plus spécifique : la rondeur d'une ligne plus légère de soprano lyrique mezzo pour la cadette Dorabella, et une grandeur tendue pleine d'écarts et de mélismes, proche de la colorature pour l'aînée Fiordiligi.

2. II, 8, n° 26. L'opposition est manifeste avec Ferrando qui, trahi et seul, sera confronté à la clarinette ; or, dans ce dialogue avec l'instrument, sa cavatine de colère (II, 9, n° 27) se métamorphose en aveu d'amour.

n°17) qu'il retrouvera pour y entraîner Fiordiligi dans un duo décisif où l'enlacement charnel s'accomplit par les voix qui se répondent, gravissant chaque fois un ton, et un degré d'émotion, de répliques en répliques (n° 29). Enfin, dans le *larghetto* magique du « toast » du finale, il reprend la mélodie de la jeune femme avant Dorabella qui les rejoint, tandis que Guglielmo ronchonne, isolé dans sa rancune.

Le livret parle donc de séduction superficielle tandis que la musique témoigne d'une complétude et d'une reconnaissance essentielle. Il parle d'un meneur de jeu, d'un pari maîtrisé, de deux sœurs dupées. Mais lorsqu'elles chantent, lorsque la cadette confesse l'élan qui la bouleverse (II, 5 n° 23), lorsque son aînée plus fière et tourmentée se déchire dans les paroxysmes mélismatiques d'un cri intérieur, avant la délivrance d'une reddition proférée dans une sixte ascendante « Hai vinto » (Tu as vaincu), lorsqu'elle égrène alors dans un brusque dénuement vocal les notes d'une simple gamme montante pour consentir « fa di me quel' che ti par » (Fais de moi ce que tu veux, II, 12, n° 29), l'auditeur éprouve le vacillement de chacune devant leur progressive découverte d'un inconnu désiré, du vertige de l'abandon accepté. Le texte les dit frivoles mais la musique, non contente de les disculper[1], fait entendre l'avènement d'une liberté singulière, d'une identité à accomplir – plus sensuelle pour Dorabella, plus exigeante et tendue pour Fiordiligi. L'intrigue repose sur un jeu de travestissements destiné à désillusionner les amants ; les masques retirés, ils retrouveront leurs places, leurs fiancées et leurs habitudes respectives avec une lucidité résignée. La musique ébranle ces certitudes, invite à deviner la profondeur dévoilée dans le déguisement, à soupçonner les identités initiales, celles des couples mais aussi celles des êtres. Elle ravit hors des appartenances et aimante vers d'autres vérités.

Il s'agit bien d'aimantation en effet, aimantation des lignes vocales pour Ferrando, des tonalités, des timbres instrumentaux. C'est manifeste dans la scène décisive du faux suicide qui est une mise en abyme du mensonge dans le mensonge, un

---

1. La grandeur émouvante des arias de Fiordiligi, notamment quand elle implore le pardon de Guglielmo (n° 25), les écarts tendus de sa tessiture, la déchirante simplicité de sa voix brusquement apaisée ne laissent aucun doute à ce sujet.

travestissement multiplié (Despina se déguise en médecin) ; or, contrairement à ce que laisse croire le livret et à ce qu'on dit souvent, l'aimantation la plus puissante ne tient pas au magnétisme d'une pierre thérapeutique mais dans la musique. Car, laissées seules devant leurs soupirants évanouis, les deux sœurs s'émeuvent et s'approchent (I, 15), leurs voix se dissocient, tout en se répondant, comme elles répondent à l'orchestre qui en dit plus qu'elles et les attire vers eux. « Tout se joue dans le dialogue – continuel pendant tout l'épisode – de deux motifs instrumentaux ; l'un hésite sur une noire trois fois répétée, avant de flancher dans une volute ornementale *legato* ; l'autre s'élève d'une octave par intervalles brisés, sur la pointe des pieds du *staccato*. La pitié abaisse les yeux sur les malheureux, la curiosité en approche à petit pas. Tout cela se passe le plus souvent en *ut* mineur avec une orchestration arachnéenne, où la fréquence des silences agit comme l'angoisse d'un piège qui se refermerait sur les exclamations chuchotées des deux sœurs[1]. » Merveilleux piège musical, l'orchestre aimante les jeunes femmes, leurs voix oppressées aimantent à leur tour celles des deux soupirants (plus inquiets qu'ils ne le voudraient de l'inquiétude même qu'ils ont provoquée) et l'effet comique des paroles en superposition n'empêche pas la tendre apesanteur du quatuor qui réunit leurs voix. En revanche, le charme est rompu par la brusque modulation dans le joyeux *sol* majeur et le retour de Despina portant la pierre de Mesmer[2]. Cette explicite aimantation, traitée sur le mode burlesque, provoque la guérison des évanouis et le réveil de leurs prétentions : ils réclament un baiser et font fuir les jeunes filles. Ce décalage entre l'aimantation musicale et la bouffonne aimantation médicale suggère, même si rien ne permet de le confirmer, une subtile et bien jolie dénonciation des effets de pouvoir – l'aimantation miraculeuse d'un pseudo-thérapeute, la séduction mensongère de ces faux amoureux qui veulent gagner (un baiser, un pari, peu importe). A ce magnétisme artificieux, extérieur aux êtres, la musique de Mozart oppose l'attraction aimantée d'un amour naissant qui est

1. R. Stricker, 1980, p. 287.

2. I, 16. Ce fondateur d'une théorie sur le magnétisme (*cf. supra* I, 2) était un ami de la famille Mozart – en 1768, il avait fait composer et représenter sur sa scène privée *Bastien et Bastienne*.

dans le même temps « libre élection d'un vertige », selon la belle expression du poète Octavio Paz[1].

Dans ce finale du premier acte, la conversion opérée n'est pas celle d'une guérison magnétique de la mort à la vie, la musique a déchiré et fait périr la tranquille stabilité des jours passés. La fatuité des conquérants a échoué mais auparavant l'oscillation des motifs orchestraux, le chant anxieux des sœurs les avaient obligés à les rejoindre de leurs murmures, à découvrir leur propre incertitude. Déjà dans le quintette des adieux (I, 5, n° 9), alors qu'ils s'apprêtaient à les quitter pour mieux les tromper, leurs voix émues épousaient la tristesse de leurs fiancées, excluant Alfonso riant sous cape en contrepoint de leurs sanglots. Mais, juste après, lui aussi s'unira aux deux sœurs pour souhaiter bonne brise aux partants, alors les clarinettes, répondant au bercement des violons, les envelopperont tous trois, dans une extraordinaire polyphonie aux voix presque égales[2]. Purs moments de grâce où vacille le cynisme de l'intrigue. Trêve esthétique où s'oublie la course temporelle du pari (vingt-quatre heures). Presque au terme de l'œuvre, le canon du toast (II, 16) transcende à son tour la succession des événements et la cruauté du faux mariage en préparation : la voix de Fiordiligi s'élance pour chanter l'oubli du passé, Ferrando la seconde en reprenant sa mélodie que la voix de Dorabella épanouit. La forme musicale du canon concrétise ce moment d'éternité suspendue tandis que l'alliance des timbres réalise le bonheur d'une union que la suite dément aussitôt. Par-delà la fragilité humaine des amours et des séductions, la musique affirme sa puissance aimante et interrogative dans une concorde vocale qui ravit hors de l'univocité du sens.

Si le *terzetto* des adieux et ce canon du toast paraissent se répondre dans l'œuvre, c'est peut-être qu'ils sont tous deux des adieux ambigus. L'un, adieu à la tranquillité de l'innocence, se clôt sur l'ambiguïté du désir (désir que la farce s'accomplisse ?

---

1. (1967). Toute son œuvre montre l'entrelacement constant de l'aimantation et de l'élection.

2. I, 6, n° 10, Fiordiligi ici encore se singularise subtilement, elle change par deux fois le rythme du mot « desir » pour substituer à la noire et à la ronde pointée que chantent Alfonso et Dorabella la retenue inquiète d'une formule moins lisse (croche pointée/double croche/ronde pointée).

Que les amoureux reviennent? Qu'advienne une vie nouvelle ?)[1]. L'autre, pour célébrer une nouvelle union, s'ouvre sur la tout aussi grande ambiguïté d'un appel à l'oubli (oubli des premières amours ou oubli de la farce qui vient d'être jouée ?). Dans les deux cas, il s'agit de quitter un plan de réalité et d'accéder à un autre, prometteur, équivoque. Or l'intense émotion qui se dégage de ces deux moments ne tient ni à la seule ambiguïté du texte ni à la tristesse psychologique d'un adieu mais à la densité de cette invite vers un autre réel. La présence comblante de l'équivocité musicale, le suspens de l'instant esthétique ravissent hors du temps linéaire, hors des vanités de conquérants, hors des désillusions sentimentales. Les voix s'appellent et se mêlent dans un « enchantement » mutuel qui demande à être partagé et amplifié – ce que manifeste encore l'écriture en canon. La voix de Fiordiligi s'est dépouillée des précédents écarts et vocalises, sa limpidité aimante les autres qui l'épousent dans la présence pleine d'une réalité musicale s'élevant au-dessus des réalités sociales et conventionnelles. Dès lors l'intervention rageuse de Guglielmo *sotto voce* qui transforme le trio en quatuor, loin de fêler la plénitude du toast, l'empêche de s'affadir en ritournelle et l'émotion atteint alors son acmé par cette présence des contraires – de même dans le quintette des adieux, le contrepoint sarcastique d'Alfonso (« Io crepo se non rido ») est rythmiquement et vocalement indispensable à l'équilibre de l'ensemble. L'idéal de la communion est peut-être une illusion comme la fusion des êtres, la force de la musique est de la proposer, tout en la récusant et en la dépassant à la fois dans ces ensembles où les contraires se soutiennent et s'assistent vocalement. Guglielmo bougonne, protestant contre la mièvrerie de ces épousailles de dupes, les deux sœurs chantent leur certitude du mariage, Ferrando aspire à l'oubli d'une mascarade où il laissera sans doute plus qu'il ne croit, or leurs quatre voix nous offrent « de concert » un pur moment de bonheur musical.

L'art mozartien n'enjolive pas le réel, il fait surgir une autre

1. Cette ambiguïté est merveilleusement audible dans la douceur d'une dissonance répétée sur le mot « desir », comme le remarque joliment A. Paradis (1999, p. 288).

réalité, celle de la coexistence des aspirations contraires. Les couples initiaux étaient formés selon la loi de la complémentarité, le déguisement les reformait selon leurs affinités, la musique seule permet de les joindre tous quatre dans une totalité esthétique troublante à plus d'un titre. Elle arrache à la quiétude des certitudes, à la stabilité des identités, non seulement les protagonistes mais aussi l'auditeur touché tour à tour par la vive sensualité de Dorabella, les farouches échappées mélismatiques de Fiordiligi, la fanfaronne jovialité de « l'air des moustaches », la tendre sollicitation de Ferrando, et encore par l'acidité persifleuse de la flûte qui accompagne Despina, ou la retenue moqueuse d'Alfonso. L'opéra par ailleurs ne le laisse jamais en repos car il est constamment transporté comme les héros par un orchestre omniprésent et par la sensualité chatoyante des timbres. Plus encore, cet arrachement, ce transport se doublent d'un renoncement implicite à la suffisance d'une position campée ; le livret le développe explicitement sur le ton bouffe et un peu sentencieux de la perte des illusions, mais la musique y oblige parce que, fluide et enveloppante, elle entraîne chacun et va sans cesse de l'avant. Elle aimante l'auditeur et le console du deuil incessant, qu'elle exige et accomplit, par sa prodigalité, par sa polyphonie, par l'harmonie des antagonismes. La musique de *Cosi fan tutte* est consolatrice parce qu'elle dit la faille et la rigidité, la sensualité et le rigorisme, le combat et l'abandon, et parce que, disant l'un et l'autre, leur donnant « voix », elle les concilie sans abolir leur contrariété[1]. Elle ne somme pas non plus de choisir, elle « orchestre », met en scène instrumentalement, vocalement, souligne, commente mais ne juge pas – d'ailleurs les scènes de duplicité manifeste sont souvent les plus troublantes : qu'on songe, pour rester dans les opéras écrits sur des livrets de Da Ponte, à « l'air des marronniers » de Suzanne plein d'une sensualité enivrante (n° 27) ou à la fraîcheur vertigineuse du duo de séduction de Don Giovanni et Zerline (n°7). Si la situation est conventionnellement fausse, si le moment se révèle illusoire, l'authenticité envoûtante du désir et du sentiment ne l'est pas, et l'irrépressible

1. Sur cette consolation musicale offerte par *Cosi fan tutte*, *cf.* M. Massin (in *Autrement* 1997).

générosité de l'écriture de Mozart les innocente, comme elle innocente Zerline tendre et rouée, Fiordiligi constante et infidèle, Papageno couard et amoureux. La réussite de *Cosi fan tutte* ne tient-elle pas à ce tissage entre les contraires et entre le plan du réel et celui de la sphère esthétique ? La structure en abyme du livret (comédie dans la comédie, déguisement dans le déguisement, musique dans la musique) sert magnifiquement Mozart qui déploie toutes les virtualités des conciliations dans la très haute teneur de l'opéra en ensembles vocaux. On a noté leur fréquence au premier acte. Leur réapparition à la fin de l'opéra console musicalement en offrant une communion, démentie dans le retour à l'ordre et au réel du dénouement.

Commentant la *Théogonie* d'Hésiode, Jean-Louis Chrétien analyse le « rapt du cœur par le monde, découvert dans sa joie par le chant », lequel « enchante en ravissant dans la hauteur et [...] console précisément parce qu'il ne cherche pas à consoler, parce qu'il ne facilite pas le deuil et n'argumente pas avec le chagrin, mais nous arrache à l'indépassable présence de nos maux par une autre présence, lointaine[1] ». Certes, le contexte n'est pas le même, pourtant ce propos conforte l'analyse. La musique arrache qui l'écoute à ses limites et chagrins ; elle console dans la joie présente d'un lointain offert dans l'alliance somptueuse des timbres instrumentaux et vocaux. Extérieure et intérieure, elle enveloppe et déchire l'être pour lui révéler sa vulnérabilité intime ; transcendante et immanente, elle l'entraîne hors de son univers dans l'accueil du monde. Elle est tout ensemble une promesse et la réalité concrète d'un flux sonore mobile. La fugacité des lignes mélodiques mobilise l'attention, sollicite l'auditeur et convertit sa passivité en activité, son abandon en conquête. La polyphonie accorde les contraires dans l'instantanéité d'une coexistence qui les convertit en complétude. Ravissement hors des stabilités, des identités et des souffrances dans ce suspens du sens où s'éprouve le possible, dans l'écoute déjà inquiète des modulations harmoniques qui vont le rompre, dans l'attente d'autres alliances inouïes.

1. 1991, p. 108-109.

Selon Jankélévitch qui sut rendre hommage à cette « présence lointaine », le pouvoir spécifique de la musique n'est pas la Beauté[1], mais le charme, lequel « ne nous apporte pas la solution d'un problème, mais [il] est bien plutôt un état d'aporie infinie qui provoque en l'homme une féconde perplexité ». Mais le qualificatif de charme a « quelque chose de nostalgique et de précaire, je ne sais quoi d'insuffisant et d'inachevé qui s'exalte par l'effet du temps » ; il risque de minorer l'appel de cette aporie féconde. Certaines musiques font plus que charmer, elles ravissent. L'inachèvement alors n'y est pas nostalgie mais ouverture et libération. « Une sorte d'exaltation soulève parfois l'auditeur et semble le transfigurer, l'arracher momentanément à la pesanteur ; il est devenu tout élan et toute lévitation », reconnaît d'ailleurs le philosophe qui souligne « la résurrection » de « l'homme réveillé, comblé, ravi par l'enchantement musical[2] ». Pourtant malgré ses propres nuances importantes et répétées, il se retient de trop accorder et se défie sans cesse de ce « carmen hypnotique », « tour à tour amollissant et pétrifiant [...] parfois imposture, ravissante charlatanerie, art de persuader illicite et inavouable » et il préfère « le charme guérisseur [d'une musique qui] opère sans passer par la magie noire des philtres[3] ». Mais peut-on réduire sans dommage la musique au « baume lénifiant de toute psychalgie » ? Certes, la musique de *Cosi* soigne du désespoir plus efficacement que la pierre du magnétiseur brandie par Despina ; mais elle n'est jamais lénifiante et ne « soigne » que dans l'excès de la plénitude troublante qu'elle propose. Lorsque Ficin soigne sa propre mélancolie en recourant à la cithare et célèbre la musique pour ses vertus thérapeutiques[4], n'en use-t-il pas défensivement en lui assignant une finalité comme lorsqu'il sertit le ravissement dans la charmante ronde des Grâces ? N'est-ce pas le « refus de l'abandonnement spontané à la grâce... la phobie du consente-

---

1. Beauté qu'il définit par « la plénitude intemporelle, l'accomplissement et l'arrondissement de la forme, la perfection statique et l'excellence morphologique », 1983 a (*id.* pour la citation suivante).

2. 1978.

3. (1974 b) *id.* pour la citation suivante.

4. Il nomme « joie » « ce plaisir vrai, sain et durable que nous procure une mélodie musicale » (*De Am.,* V,2).

ment, la crainte de paraître envoûté » que Jankélévitch lui-même sait pourtant dénoncer[1] ? Je me garderai d'en décider et ne reprocherai pas davantage au philosophe ses variations dans les formulations puisqu'elles témoignent au contraire de la cohérence de celui qui célèbre la « ravissante ambiguïté » du musical, mais je choisirai résolument de mettre en valeur cette dimension d'ouverture, d'élan et d'appel du ravissement.

La joie exulte dans les vocalises de l'*Alleluia* qui célèbrent un bonheur éternel. Dans le vif tempo des arias de Lieschen s'épanouit l'allégresse d'un désir tendu vers son devenir. Le quatuor « du toast » chante l'oubli dans un canon, forme temporelle de la répétition, qui s'élance vers la réalisation d'une insolite complétude humaine. Et l'auditeur éprouve alors plutôt cet irrésistible assentiment, loin de toute nostalgie, qu'éprouve Bataille surpris par la musique « belle à crier » d'un chœur[2].

De telles musiques dépouillent et comblent, sont arrachement et délivrance, promesse au cœur du monde et exigence d'aller plus loin dans l'élan d'une injonction ineffable. L'expérience musicale fait donc bien plus que proposer une éventuelle illustration ou orchestration des figures de ravissement – que ce soient celles de l'aimantation ou du ravissement amoureux présentes sur le mode bouffe dans le livret de *Cosi*, ou celle du ravissement vers la sagesse développée avec plus de conséquence dans *la Flûte,* ou bien encore celle de l'union extatique avec le divin dans les paroles de telle cantate, ou enfin celle de l'enlèvement de Ganymède dans le *Lied* de Schubert. Parce qu'elle est temporelle, parce qu'elle excède toujours le verbal, parce qu'elle contracte les contraires dans l'unité d'une attention réceptive, dans l'éternité précaire d'un instant retenu, l'expérience musicale est parfois celle d'un ravissement effectif où se suspendent habitudes et certitudes acquises, où se devine un devenir à accomplir dans la vigilance de l'écoute mais aussi

1. (1983 a) *id.* pour la citation suivante.
2. *Exp. int.* « Ce qu'il faut dire en tout cas de ces chants est l'assentiment que rien n'aurait pu retirer de l'esprit, qui ne portait nullement sur les points du dogme (je distinguais des phrases latines du Credo – d'autres, il n'importait) mais sur la gloire de torrent, le triomphe, auxquels accède la force humaine. »

dans sa propre vie. Ce pressentiment n'est pas un impératif hypnotique : il requiert l'active construction de l'auditeur et défait sans cesse l'univocité d'un sens assignable. Ainsi l'audition est une épreuve où il n'y a plus ni sujet ni objet mais un transport poïétique. Et si la musique ravit sans « capturer » et sans « la magie noire des philtres », sa « temporalité enchantée » n'est ni « jardin clos dans le désert des jours ouvrables », ni « île heureuse dans l'océan de la quotidienneté[1] » : l'enchantement brise la quiétude, l'écoute défait les limites et le jardin ne se laissant pas clore, l'île devient la terre de celui qui y découvre le sol de son intimité.

> Aux premières phrases qui me parurent déchirantes de simplicité, de l'ouverture de Léonore... un sentiment d'ivresse divine m'envahit que je n'aurai pu ni ne puis décrire sans détour, que j'ai tenté de suivre en évoquant le caractère suspendu – et me portant aux larmes – du fond de l'être[2].

L'épreuve de ce ravissement musical suscite à son tour des figures : celles d'Apollon et de Marsyas mais aussi celle d'Ulysse déchiré par le chant des Sirènes, prisonnier de sa propre maîtrise, implorant qu'on le délivre de sa ruse, pour accéder à la bouleversante déroute (*odos* signifie à la fois le chemin et l'ode). Certains jugeront que « l'Odyssée » triomphe de ce vertige passager et fustigeront la conduite d'Ulysse[3], d'autres rendront mieux hommage, à mon sens, au texte d'Homère – qui décrit non la beauté du chant des Sirènes mais le désir infini qu'il éveille – et considéreront que l'épreuve porte des fruits inattendus par-delà sa résolution apparente. Maurice Blanchot dénonce la prudence d'Ulysse enchaîné au mât, sa « lâche, médiocre et tranquille jouissance [...] sans risques », mais il reconnaît que les échos de ce chant suscitent « un désespoir très proche du ravissement » et requièrent une autre navigation. L'événement est « toujours encore à venir, toujours déjà passé, toujours présent dans un commencement si abrupt qu'il vous coupe le

---

1. Jankélévitch (1983 a ; ces métaphores se retrouvent dans ses autres ouvrages).
2. Bataille, *Exp. int.*
3. *Cf.* la critique d'Adorno et Horkheimer (1944).

souffle ». Le ravissement transcende la linéarité temporelle, par le lent travail en lui de l'imaginaire fécondé, Ulysse engendre Homère car c'est « seulement dans le récit d'Homère que s'accomplit la rencontre réelle où Ulysse devient celui qui entre en rapport avec la force des éléments et la voie du gouffre »[1].

Chaque auditeur est un possible Ulysse, domptant son propre corps, s'attachant fermement au mât d'une écoute qui le supplicie de désir, chacun est un Marsyas écorché vif par la musique du dieu. Car chacun fait silence devant la musique qui l'ouvre de force, le pénètre et transcende ses limites, devant la construction d'un univers sonore qui se déploie à l'aplomb de la temporalité quotidienne et bouleverse ses repères, devant le surgissement impérieux d'une autre présence énigmatique.

> Plus que toute autre chose, l'ouverture de *Don Juan*, lie ce qui m'est échu d'existence à un défi qui m'ouvre au ravissement hors de soi[2].

1. Blanchot (1959).
2. Bataille, 29 avril 1936 (*Acéphale, in* Revue *L'Arc,* 1990).

Postlude

« Je ne sais si j'ai réussi à donner quelque idée de ce qu'est le ravissement car je le répète, le faire comprendre entièrement est chose impossible. Néanmoins, je n'aurai rien perdu ce me semble, à en parler pour montrer ce qu'il est. »

Thérèse D'AVILA[1].

« Que ta déchirure n'empêche pas ta réflexion d'avoir lieu. »

BATAILLE[2].

Tout au long de ce travail, les figures interrogées ont dévoilé leur fécondité heuristique mais aussi leur puissance subversive et déroutante. Il n'en va pas autrement de la dernière figure évoquée, celle d'Ulysse.

N'est-elle pas gênante en effet ? Comme l'est cette insistance sur le silence de l'accueil ? N'est-ce pas condamner le philosophe à se taire devant la puissance esthétique ? N'est-ce pas contradictoire avec la mise à mort du satyre supplicié par la rationalité apollinienne ? Le philosophe ne nourrit-il pas une longue méfiance à l'encontre des Sirènes – « "de la cire dans les

1. *Chât., op. cit.*, p. 166.
2. *Exp. int., op. cit.*, p. 113.

oreilles", c'était là jadis presque la condition préalable au fait de philosopher », rappelle Nietzsche[1] ? A l'instar de Jankélévitch, si peu suspect d'avoir « de la cire dans les oreilles », ne doit-on pas au moins se méfier de ces Sirènes qui « font dérailler la dialectique du droit itinéraire », ne doit-on pas stigmatiser l'envoûtante « flûte captieuse des orgies et des ivresses, la flûte preneuse de rats et charmeuse de serpents », pour lui préférer « Orphée l'antibarbare » par qui la musique « charme, rassérène et civilise[2] » ?

Suggestions tentantes. Je refuse pourtant d'y céder. Ce serait revenir à une opposition figée que ce travail s'est constamment employé à défaire. L'aulos sait aussi être thérapeutique pour les Corybantes, il rassérène Criton désorienté par la mort de son ami, il civilise ces enfants anxieux que les nourrices bercent. Il accompagne les épreuves et permet d'affronter les risques. Ecorché, Marsyas exhale en expirant le souffle de l'inspiration apollinienne. Les textes de Platon incitent à le penser, les vers de Dante le disent. Le ravissement bouleverse toutes les délimitations disciplinaires, la musique elle-même peut convertir. En conséquence, aussi troublantes soient les questions, aussi inconfortable soient l'attitude philosophique et la mienne propre ici, il ne faut ni les esquiver ni se rassurer en traçant des frontières étanches entre une discipline maîtresse d'elle-même et des puissances d'irrationalité, pas plus qu'entre une musique civilisatrice et ses tentations captieuses. Il faut plutôt défendre encore la possibilité d'une réflexion qui s'érige dans le risque et l'épreuve, dans le vacillement et le dénuement, dans l'accueil du ravissement.

Qu'une telle possibilité soit fragile, qu'une telle réflexion soit sans cesse menacée, l'expérience esthétique en témoigne et particulièrement l'expérience musicale, s'il est vrai que la musique est riche d'être inexpressive « en ceci qu'elle implique d'innombrables possibilités d'interprétation »[3]. Or, pour cela

---

1. *Le Gai Savoir* § 372.
2. Jankélévitch, 1974 b (p. 356 et 361) et 1983 a (I, 1).
3. Jankélévitch, 1983 a : « Ces possibles se compénètrent au lieu de s'entr'empêcher comme s'entr'empêchent, dans l'espace, les corps impénétrables localisés chacun en son lieu propre. » *Id.* pour la citation suivante.

même et en raison des défiances évoquées, elle requiert cet engagement réflexif.

Dans l'écoute présente, dans l'attention requise impérieusement par la fluidité temporelle de la musique, le sujet est ravi dans cet entrelacement des possibles où se dessine sa propre liberté, son propre devenir. Mais sa liberté ne s'accomplit pas en optant pour un de ces possibles, au contraire : la tendresse de la clarinette s'affaiblirait si l'acide flûte de Despina ne la mettait en valeur et le quatuor du toast s'affadirait de n'être pas contrepointé par la rancune bougonne de Guglielmo. Le synchronisme des voix hétérogènes réalise « une *concordia discors* dont la musique seule est capable », c'est d'elle que naissent ce troublant vertige et cet appel ravissant. Cette merveilleuse spécificité est une réelle épreuve pour la pensée philosophique, tant il est vrai que la plurivocité du musical l'arrache à la maîtrise du sens, que les ondes mouvantes des sons l'entraînent hors de la stabilité construite d'un système, que l'emprise sensuelle des timbres bouleverse la pureté de la rationalité, qu'une « vocalise n'est pas une raison[1] ». A être mélomane, dit encore Jankélévitch, le dialecticien risque de « dérailler ». Est-ce pour l'éviter qu'il semble lui-même instaurer ces frontières ? Ainsi revendique-t-il l'hétérogénéité de ses goûts musicaux par opposition avec la cohérence des doctrines philosophiques qui forment des systèmes d'idées[2] ; opposition reposante, le jardin clos ne doit pas empiéter sur la rectitude de la route, la navigation ne doit pas être troublée par les Sirènes. En conséquence, par-delà l'éclectisme musical avoué, ses choix s'affirment et sa préférence va à la musique d'Orphée qui calme et charme. La sonate est une récréation rafraîchissante qui permet de repartir serein sur les voies du rationnel. Pourtant – c'est l'intérêt de ses écrits – rien ne paraît moins sûr pour celui qui avoue : « Quand j'abandonne la musique pour la philosophie, il me semble revenir d'un voyage au pays de l'irrationnel, moins

1. *Id.*, et p. 9 « L'homme parvenu à l'âge de raison [...] ne veut plus céder à l'enchantement, c'est-à-dire aller là où les chants l'induisent ; l'induction enchanteresse devient pour lui séduction, et par conséquent tromperie ; l'homme adulte refuse d'être captivé, et il résiste aux croyances que l'aulétique lui suggère. »

2. 1978, p. 257 (*id.* pour la citation suivante, p. 86).

convaincu que jamais de la solidité des mots. Je conserve en moi un écho de la demi-heure enchantée. » Les frontières demeurent, mais se font poreuses dans cette vulnérabilité avouée à laquelle il faut rendre hommage. Les échos résonnent hors de leur champ d'émission, sons réfléchis qui font douter de l'autarcie insulaire d'une esthétique. Lié intimement à ce doute sur la solidité des mots, le charme musical n'est-il pas celui de « l'aporie indéfinie », de la « féconde perplexité » ?

Se dessine alors une exigence plus forte et généreuse que celle de ne pas « dérailler du droit itinéraire ». Toute l'analyse faite ici le suppose. Eros est le vagabond par excellence et Socrate le plus atopique des êtres, lui qui procède par tours et détours et s'immobilise en chemin, arrêté par le surgissement d'une pensée, par l'irruption d'un *daimôn*. N'est-il pas nommé « magicien » et « sorcier » parce qu'il engourdit narcotiquement ? « Marsyas » parce qu'il prend possession de ses auditeurs par son aulétique verbale ? « Torpille » parce qu'il défait les certitudes ? L'acte de philosopher ne connaît ni limites ni route droite, et se conjugue toujours avec le dénuement. Socrate récuse toute possession, fût-ce celle d'un savoir ; c'est récuser *a fortiori* un territoire. La philosophie ne s'érige pas sur le sol ferme de la rationalité, elle est *mania* amoureuse, tension ardente vers la sagesse. Elle est folle patience et effort continu vers la contemplation soudaine (*exaiphnês*). La rationalité philosophique n'est pas d'emblée acquise, mais s'érige dans une intime tension avec ce qui l'arrache à elle-même, qu'elle procède d'une illumination fulgurante vers le possible entrevu ou qu'elle lutte opiniâtrement contre l'opacité vers l'éblouissement désiré. La philosophie ne se laisse ni délimiter ni enclore. L'irrationnel n'est pas un pays exotique où voyager[1] mais l'abîme qui constitue et motive la quête philosophique. C'est un tel abîme qu'affronte le récit du *Phédon*, à l'heure de mourir le philosophe y expérimente « la voie du gouffre ». La parole se fait alors incantation, chant du cygne apollinien, et le

1. Ce pays serait celui de la musique, semble dire Jankélévitch. Mais la musique ne peut pas être assimilée à l'irrationnel. Contre cette accusation (virtuelle), j'ai voulu montrer son complexe rapport au sens et au texte.

philosophe souhaite composer la plus haute musique. Point d'orgue esthétique d'une existence vouée à la lucidité rationnelle.

Le ravissement n'exclut donc pas l'effort philosophique, au contraire. Parce qu'il est une épreuve, il est aussi une chance possible, celle d'inventer de nouvelles voies. Dans le vacillement des évidences et la remise en question des identités, il ne peut se contenter de gérer les acquis d'un savoir. Le philosophe s'ouvre à cette parole démonique qui le traverse, à cette illumination qui risque de l'aveugler, il s'ouvre tel le silène sur cet *agalma* entrevu. Il est sculpteur, musicien, poète. Ce ne sont pas des emprunts passagers à d'autres « disciplines » mais les chemins féconds que sa détresse découvre. Ce ne sont pas des ornements mais une humble réponse à l'impérieuse nécessité d'honorer l'élan amoureux qui le bouleverse et requiert toutes les dimensions de l'homme. Ce ne sont pas des médiations instrumentales mais les vecteurs aimantés d'un partage. Réciproquement, le philosophe admet l'aimantation, la puissance d'appel de l'œuvre esthétique qui l'inspire à son tour, suscitant son propre devenir poïétique. Malgré les différends analysés et même s'il ne s'agit pas d'une « griserie » momentanée mais d'une ivresse créative, il faut célébrer avec Jankélévitch l'aimantation artistique.

> Le poète nous exhausse au-dessus de nous-mêmes par une sorte de contagion dilatatrice qui est à la suggestion comme la propagation est à la propagande. C'est une véritable réaction en chaîne. Valéry disait que le poète fait du lecteur un inspiré : la poésie du créateur induit en l'autre une espèce de poésie secondaire ; et comme la liberté libère ceux qui vivent dans son rayonnement, comme le mouvement mobilise les corps inertes qu'il traverse, ainsi la poésie rend un peu poétiques ceux qu'elle interpelle ; les hommes les plus prosaïques, gagnés par cet enthousiasme communicatif, par ce divin délire, par cette griserie contagieuse, éprouvent à leur tour le feu de l'inspiration et se mettent à chanter.

Encore faut-il admettre l'enthousiasme, la propagation de l'aimantation et leur envers : l'arrachement à son propre sol, le gouffre où s'effondrent les repères, la perte du jugement distancié, de la froide analyse technique[1]. Encore faut-il ne pas se retourner sur une précaire possession. Orphée est coupable d'avoir perdu Eurydice pour « avoir voulu s'assurer de son bonheur et en vérifier la présence [...] il devenait un propriétaire jouissant de son avoir en toute complaisance et vivant des rentes de l'impalpable ». Aussi, à l'exclusive figure de ce héros possédant et civilisateur qui « attelle les lions à la charrue pour qu'ils labourent les terres en friche, et les panthères aux fiacres pour qu'elles promènent les familles[2] », il faut joindre, encore et toujours, la figure d'Ulysse supplicié dans les filets de sa propre ruse, expérimentant l'insondable inadéquation de sa propre maîtrise[3]. Vulnérabilité émouvante où la force se révèle fragilité féconde. Dans le chant de l'aède, Ulysse en pleurs révèle son identité ; dans son martyre, le souffle de Marsyas se convertit en inspiration apollinienne Les puissances de la musique ne doivent pas être trop vite dissociées, pas plus que leurs échos ne doivent être bornés par la clôture d'un jardin : sous la plume de Jean de la Croix, la poésie se fait « solitude sonore » pour appeler à l'infini du désir « par les lyres légères, par le chant des sirènes[4] ».

Pour guider Jankélévitch, « moins convaincu que jamais de la solidité des mots », ce n'est pas hasard si les figures se sont à nouveau imposées. Dans l'entrelacs du texte, dans les pigments, les formes et les sons, leur puissance évocatrice impose une présence imaginaire, poétique, visuelle, sonore. En elles se mêlent les registres habituellement délimités, s'enlacent des significations contradictoires – Socrate est un aulète, l'élan un rapt, le surgissement une longue attente, la ruse une défaite, le dénuement une richesse, la mort une résurrection. Enigmatiques, elles sollicitent la quête tout en désarmant la pensée de son

1. « [Elle] est un moyen de refuser cet abandonnement spontané à la grâce que le charme nous réclame » (1983 a ; *id.* pour la citation précédente).

2. Sur Orphée, 1978 (p. 265) et 1983 a (p. 10).

3. Jankélévitch qui le décrit comme « ce faux voyageur [...] aventurier par force et casanier par vocation » n'exprime-t-il pas un discret regret devant celui qui se refuse à « dérailler » (1963) ?

4. *Nuit obscure.*

assurance démonstrative, de sa maîtrise conceptuelle. Généreuses, elles s'offrent à la réflexion. Variées et multiples, elles dessinent une constellation féconde, se répondent et se complètent dans un bouquet vivant de suggestions, qui propage l'aimantation sans exténuer l'analyse indispensable ; précieuses médiations pour qui veut penser le ravissement sans l'arraisonner, mais sans renoncer à l'exigence de lucidité rationnelle. Il se met alors à l'écoute : actif récipiendaire, cherchant à mieux découvrir ce qui le touche et se devine dans le lacis de ce qu'il perçoit.

J'ai tenté une telle démarche, non sans interrogations sur la pertinence d'une telle médiation. N'était-ce pas une demi-mesure insatisfaisante, oscillant entre la discontinuité du saut et la continuité de l'analyse descriptive, entre le silence de l'attention et la discursivité démonstrative, entre l'inconnu appréhendé et le confort du connu qu'on prétendait quitter ? La crainte grandissait à la lecture des textes de Bataille qui dénonce ces fils ténus par lesquels on peut encore « [s']approprier ce qui nous dépasse, et, sans le saisir comme un bien propre, du moins le rattacher à nous ». Pour lui, l'appréhension divine, « les vaines apparitions des saints[1] » tissent ces fils, l'image poétique également qui, « si elle mène du connu à l'inconnu, s'attache cependant au connu qui lui donne corps [...]. Même les images profondément ruinées sont domaine de possession. Il est malheureux de ne plus posséder que des ruines, mais ce n'est pas ne plus rien posséder, c'est retenir d'une main ce que l'autre donne ». Ici même, n'a-t-on pas retenu d'une main ce que l'on donnait de l'autre et, décrivant le dénuement à partir de ses figures, ne s'accrochait-on pas encore à quelques possessions ? Faut-il alors conclure avec Bataille que « les images de ravissement trahissent » et sont « autant de nuées derrière lesquelles se cache ce qui est là[2] » ?

Sans méconnaître ces soupçons, j'assume le parti adopté. Il n'y a sans doute pas d'autre moyen d'approcher l'inconnu que de procéder à partir du connu, d'autant qu'on soupçonne à son

1. *Exp. int.* (*id.* pour la citation suivante).
2. *Coup.* (*id.* pour les citations suivantes).

tour cette opposition bipolaire d'être trop tranchée. La torpille socratique engourdit ceux qui croient être en terrain connu et découvrent l'aporie ; inversement l'échelle ascendante de l'initiation recommandée par Diotime mène du connu à l'illumination d'une révélation inconnue. La discontinuité surgit dans la continuité, la transcendance dans l'immanence, l'inconnu dans le connu. A trop vouloir séparer les termes, ne resterait qu'un kaléidoscope morcelé d'expériences privées dont on ne pourrait rien comprendre et encore moins parler, dont on serait au mieux l'éventuel spectateur, idiot et extérieur – tel le soldat de Potidée devant Socrate.

Bataille le reconnaît d'ailleurs, partagé entre la dénonciation des médiations et le refus d'une extase « vide, envisagée comme exercice privé, n'important que pour un seul », écartelé entre « l'expérience intérieure » et la nécessité de réfléchir ce qui le déchire. Cet écartèlement ne se résout pas, mais engendre l'écriture. Lorsqu'il lit Angèle de Foligno, il est atteint « jusqu'au tremblement » et « balbutie » à sa suite pour écrire le *Coupable*. Le texte de la sainte est donc pour lui médiation féconde, semence dont il est le récipiendaire bouleversé, et sa propre écriture est à son tour médiatrice et suggestive. Sa réflexion se construit dans ce balbutiement, dans le rapt d'un mouvement d'écriture qui se propage, dans l'élan qui porte plus loin. Aux figures décrites par Thérèse d'Avila, il préfère « la méthode de dessèchement[1] » de Jean de la Croix ; pourtant les images poétiques de ce dernier continuent à chanter en chacun qu'il soit ou non croyant – « musique sans un bruit », médiations sans doute imparfaites mais nécessaires pour approcher l'insondable mystère et le propager par-delà les genres et les domaines.

> L'Esprit du Seigneur qui aide notre faiblesse, comme dit saint Paul, demeurant en nous, réclame pour nous en d'ineffables gémissements ce que nous autres nous ne pouvons bien entendre ni comprendre pour le manifester. En effet, qui pourra écrire ce qu'aux âmes amoureuses, où il demeure, il fait comprendre ? Et qui pourra manifester par des mots ce qu'il leur fait sentir ? Et, qui finalement, ce qu'il leur fait désirer ? Certainement, nul ne le peut ; certaine-

1. *Exp. int.*

> ment, ni elles-mêmes en qui cela se passe ne le peuvent. Car telle est la cause pour laquelle c'est plutôt avec des figures, comparaisons et similitudes, qu'elles déversent un peu de ce qu'elles sentent et de l'abondance de l'esprit, épanchent les secrets mystères, qu'elles ne les expliquent par raisons[1].

L'étude des figures fournit encore d'elle-même une réponse aux objections soulevées ; on ne peut leur reprocher de n'être que « nuées » où se cache ce qui advient, puisque c'est exactement ce que propose la nuée amoureuse qui encapuchonne de ténèbres la lucidité des amants (celle aussi qui étreint Io dans le tableau du Corrège), mieux encore peut-être les variations de ce silène que l'on doit ouvrir. Que ce soit – chaque fois différemment – dans le dialogue de Platon, dans le poème de Dante, dans ceux de Michel-Ange ou sur le mur de la Sixtine, cette figure se dédouble et sollicite une autre attention. Le spectateur se fait acteur pour la découvrir et l'accomplir en révélant l'*agalma* qu'elle dessine et contient.

Cet *agalma* est rayonnante présence que l'analyse n'épuise pas, l'interprète n'entre pas en possession d'un sens crypté, il ne rompt pas l'os des apparences pour sucer « la substantifique moelle ». Car il n'y a pas deux réalités hétérogènes, dehors et dedans, contenant et contenu, mais un tissage serré de dimensions plurielles, qui trouble le regard par son chatoiement moiré. Il n'y a pas davantage un objet contemplé dans l'extériorité par un sujet dominateur mais un appel de la figure auquel consent qui s'abandonne dans la louange interprétative. Le beau contemplé obligeait l'amant ravi à sculpter l'*agalma* de l'aimé pour mieux l'honorer et celui-ci à s'y conformer, l'interprétation est un transport poïétique qui arrache le sujet à la quiète stabilité d'une position de spectateur et l'entraîne dans le déploiement des possibles qui se compénètrent sans s'exclure. Les figures ne sont donc pas de simples médiations, elles sont susceptibles de propager à leur tour un ravissement effectif. Que la figure se déploie dans un texte poétique ou philosophique ou encore sur la fresque d'un mur, l'actif récipiendaire est à

1. *Cantique spirituel. Explication des chansons*, *op. cit.*

l'épreuve de sa puissance esthétique, de son invite heuristique. « Cette proximité de l'insaisissable qui nous saisit, et qui est l'événement même du beau, non seulement met en jeu toutes les dimensions de l'homme, mais le requiert tout entier, et le rappelle à soi en le rappelant à l'au-delà de soi. L'esthétique n'est pas le site d'une telle beauté, qui ne saurait être distinguée du sublime comme ce qui donne plaisir de ce qui suscite l'effroi[1]. » Ici encore les domaines ne sauraient être isolés dans une appauvrissante autarcie même s'il convient de distinguer leur force propre et leur spécificité ; ainsi, dans l'écoute de cette *concordia discors* qu'offre la polyphonie, l'enchantement augmente avec la reconnaissance des timbres opposés, avec la perception affinée de leur consonance inattendue, dans ce miracle d'une conciliation des voix que leurs propos démentent, l'auditeur ravi fait alors silence.

Et c'est bien un faire, non une défaite. Ce silence de l'écoute ou de la contemplation est actif consentement. Il est arrachement au monde quotidien et vibrant accueil de possibles insoupçonnés, il est une neuve liberté, « une défense ferme et une haute muraille contre cette immensité parlante qui s'adresse à nous, en nous détournant de nous[2] ». Il est approche de cet « ineffable » qui « grâce à ses propriétés fertilisantes et inspirantes [...] diffère de l'indicible autant que l'enchantement de l'envoûtement ; la perplexité même qu'il provoque est, comme l'embarras de Socrate, une féconde aporie[3] ». Il ne saurait donc être une fin, mais plutôt le haut suspens d'une attente et d'une germination, d'où s'élancer pour répondre à l'exigence insolite.

Ce silence de l'ineffable n'est pas davantage un renoncement à l'exigence philosophique, mais est encore incitation, mise à l'épreuve. On a refusé de figer le ravissement pressenti dans une description exhaustive, de le cerner dans une définition limitative, mais ses figures réfléchissent son rayonnement et sollicitent la réflexion[4]. Leur puissance d'appel provoque un

---

1. J.-L. Chrétien, 1987.
2. Blanchot (1959) l'œuvre littéraire est « un riche séjour de silence ».
3. Jankélévitch (1983 a).
4. Et les plus fécondes sont souvent les plus énigmatiques ; elles ravissent l'interprétation hors des attentes, hors de la reconnaissance d'une notion trop explicitement illustrée.

vacillement et, dans le creux de ce déplacement inconfortable, l'exigence philosophique peut et doit se déployer, non pour ressaisir une précaire position mais pour faire advenir ce qui se profile. La quête interdit le repli frileux sur les identités acquises et le confort du connu. Tandis qu'Orphée se retourne pour s'assurer de la présence d'Eurydice et la perd, tandis que la femme de Lot regarde ce qu'elle laisse derrière elle et devient statue de sel, Socrate abandonne tout sous le soleil de Potidée pour se consacrer à ce qu'il cherche. Dans le ravissement méditatif, dans cet instant suspendu, dans ce transport éperdu, la réflexion sans renoncer à son exigence, se délivre de la puissance médusante du passé comme elle se délivre de la violence pétrifiante d'une volonté de posséder le savoir. Dans ce dénuement, Socrate philosophe. Il laisse couler la parole que recueille Platon, lequel plante dans la terre de l'écriture les semences fécondes qui fleuriront par-delà la discontinuité apparente des siècles et des genres dans la continuité vive d'un mimétisme créateur.

Pour ne pas trahir cette réflexion délivrée et pour épanouir la puissance du ravissement, le chemin des aimantations s'est imposé. Il traverse les siècles, transgresse les champs disciplinaires et est nécessairement inachevé, comme l'est tout discours sur le ravissement qui est ineffable, c'est-à-dire inexprimable par excès et non par défaut. Aussi prétendre en donner ici une ultime définition serait contradictoire et sans doute impossible puisqu'on a vu que le terme dénommait (souvent *a posteriori*) une conversion radicale. Dans le ravissement, la discontinuité d'une décision jaillit de la continuité d'un effort ignoré, l'activité d'une passivité productive, le rapt est une libération, l'imitation une création. Je ne poursuivrai pas une telle énumération car il serait tout aussi contradictoire de céder à la tentation d'une récapitulation que Louis Marin décrivait comme « l'offrande d'un panier de petites têtes coupées du "corps" du discours, du livre, avant de couper définitivement la voix [...] d'arrêter l'écriture à sa fin[1] ».

Au terme de ce travail, il n'y a pas d'inventaire possible des

1. (1997) p. 44.

biens acquis car le ravissement n'est pas un « domaine » dont on pourrait faire le « tour du propriétaire ». A défaut de quelques « petites têtes », je ne pourrai même pas couper les fleurs d'un hypothétique jardin clos car le ravissement abolit toute clôture et ensemence librement. A tout le moins, j'espère avoir montré sa force subversive. Bouleversant les genres, transcendant les repères des oppositions habituelles, il ruine la stabilité quiète d'une identité. Il est transport, mouvement, aimantation. Aussi ce travail ne marquera pas non plus le terme d'une quête nécessairement inachevée elle aussi : inachèvement ardent, heureux, qui répond à la puissance de propagation et de partage du ravissement, ainsi qu'à la figure découverte et rayonnante de l'*agalma* – l'étymologie du terme[1] n'indique-t-elle pas qu'il est réjouissance où se fondent le sujet et l'objet, bonheur d'une contemplation qui est aussi ivresse exultante de la célébration ?

1. *Agalma* comme on l'a déjà dit (*supra*, I, 4 et IV, 3) a la même racine que le verbe *« agallein »* qui, à la voix moyenne « *agallomai* », signifie se réjouir.

Liste des abréviations

Bibliographie sélective

- *Bibliographie*
- *Revues, documents et catalogues*

Œuvres artistiques étudiées

- *Arts plastiques*
- *Musique*

Table des illustrations

LISTE DES ABRÉVIATIONS EMPLOYÉES

*Pour les œuvres d'*AUGUSTIN

Conf.	*Les Confessions*
D. M.	*De Musica*
Gen.	*De Genesi ad litteram*

Pour les œuvres de BATAILLE

Coup.	*Le Coupable*
Exp. Int.	*L'Expérience intérieure*

Pour les œuvres de FICIN

De Am.	*De Amore (Commentarium Marsilii Ficini florentini in convivium Platonis)*
Théol. Plat.	*Théologie platonicienne*

Pour les œuvres de PAUL

Cor.	*Epître aux Corinthiens*
Gal.	*Epître aux Galates*
Phil.	*Epître aux Philippiens*

Pour les œuvres de PASCAL

P.	*Pensées*

Pour les œuvres de PLATON

Alc.	*Alcibiade*
Apo.	*Apologie de Socrate*
Ban.	*Banquet*
Crat.	*Cratyle*
Euthyd.	*Euthydème*
Euthyp.	*Euthyphron*
Hip. Maj.	*Hippias Majeur*
Mén.	*Ménon*
Pol.	*Politique*
Rép.	*République*
Théa.	*Théagès*
Théé.	*Thééthète*

Pour les œuvres de PLOTIN

Enn.	*Ennéades*

***Pour les œuvres de* THÉRÈSE**

Vie	*Vie de sainte Thérèse écrite par elle-même.*
Chât.	*Le Château de l'âme ou le livre des demeures.*

BIBLIOGRAPHIE SÉLECTIVE

ADORNO, Th. W., et HORKHEIMER, M., *La Dialectique de la Raison* [1944], trad. fr. E. Kaufholz, Gallimard, *1974*.

AGAMBEN, G., *Stanze*, trad. fr. Y. Hersant, 1992, Bourgois, rééd. 1994.

— *Image et mémoire*, Hœbecke, 1998.

APULÉE, *De Deo Socratis,* trad. fr. C. Lazam, Payot et Rivages, 1993.

ARASSE, D., « Extases et visions béatifiques à l'apogée de la Renaissance : 4 images de Raphaël », *Mélanges de l'Ecole française de Rome – Moyen Age*, Temps modernes, n° 84, t. 2, 1972.

— *Le Détail. Pour une histoire rapprochée de la peinture*, Flammarion, 1992.

— (et TÖNNESMANN, A.) *La Renaissance maniériste*, Gallimard, 1997.

ARISTOTE, *Politique*, trad. fr. J. Tricot, Vrin, 1977.

— (PSEUDO), *Problèmes* XXX, 1, « L'homme de génie et la mélancolie », Rivages, 1988.

AUERBACH, E., *Figura* [1944], trad. fr. M.A. Bernier, Belin, 1993.

— *Mimésis. La Représentation de la réalité dans la littérature occidentale* [1946], trad. fr. C. Heim, Gallimard, rééd. « Tel », 1968.

AUGUSTIN,

— *Œuvres de saint Augustin*, éd. bilingue latin-français, Desclée de Brouwer, Bibliothèque augustinienne (à partir de 1936).

- *Dialogues philosophiques* I, *De Ordine*, t. 4, trad. R. Jolivet.

- *Dialogues philosophiques* III, *De Liberio arbitrio,* t. 6, trad. J. Thonnard.

- *Dialogues philosophiques* IV, *De Musica*, t. 7, trad. G. Finaert et F.J. Thonnard.

- *De Doctrina christiania*, t. 11, trad. G. Combès et J. Farges.

- *De Trinitate,* t. 15, trad. M. Mllet et Th. Camelot, et t. 16, trad. P Agaesse.

- *De Genesi ad litteram*, t. 49, trad. P. Agaesse et Solignac.

— *Les Confessions*, trad. J. Trabucco, Garnier-Flammarion, 1964.

BABUT, D., « Peinture et dépassement de la réalité dans le *Banquet* de Platon », *Revue des Etudes anciennes*, n° 82, p. 5-29, 1980.

BARUZI, J., *Saint Jean de la Croix et le problème de l'expérience mystique*, F. Alcan, 1931.

BARTHES, R., *Fragments d'un discours amoureux*, Seuil, 1977.

BASSO, A., *Jean Sébastien Bach* [1983], trad. fr. H. Pasquier, Fayard, 1985.

BATAILLE, G., *Œuvres complètes*, Gallimard, 1973 (6 t.).

— *Le Coupable*, suivi de *l'Alleluiah*, Gallimard, 1944 et 1961 rééd. « Imaginaire ».

— *L'Expérience intérieure,* Gallimard 1943 & 1954, pour le texte revu et corrigé, rééd. « Tel ».
BAUDELAIRE, Ch., *Œuvres complètes,* texte établi, présenté et annoté par C. Pichois, Gallimard, « Bibliothèque de la Pléiade », t. I, 1975, t. II, 1976.
— *Correspondance*, Gallimard, « Bibliothèque de la Pléiade », t. I et II, 1975.
BAXANDALL, M., *L'Œil du Quattrocento* [1972], trad. fr. Y. Delsaut, Gallimard, 1985.
BELIS, A., *Aristoxène de Tarente et Aristote. Le Traité d'harmonique,* Klincksieck, 1986.
— « L'aulos phrygien », *Revue Archéologie*, p. 21-40, 1/1986.
— « La Phorbéia », Bulletin de Correspondance hellénique CX – 1986 (b).
— et DELATTRE D. « A propos d'un contrat d'apprentissage d'aulète », *Papiri documentari greci,* 1993.
— « Harmonique », *Le Savoir grec,* 1996 (voir BRUNSCHWIG).
— *Les Musiciens dans l'Antiquité*, Hachette, 1999.
BELTING, H., *L'Image et son public au Moyen Age*, [1981] trad. fr. F. Israël, G. Monfort, 1988.
— *Image et culte. Une histoire de l'image avant l'époque de l'art* [1990], trad. fr. F. Muller, Ed. du Cerf, 1998.
BLANCHOT, M., *De l'Amitié*, Gallimard, 1971.
— *Le Livre à Venir*, Gallimard, 1959.
BLUNT, A., *La Théorie des arts en Italie, 1450-1600* [1940], trad. fr. J. Debouzy, 1956, rééd. G. Monfort, 1988.
BOYANCÉ, P., *Le Culte des Muses chez les philosophes grecs. Etudes d'histoire et de psychologie religieuse*, De Boccard, 1937.
BRÈS, Y., *La Psychologie de Platon*, PUF, 1968.
BRISSON, J.-P., « Rome et l'âge d'or : Dionysos ou Saturne ? », *Mélanges de l'Ecole Française de Rome, Antiquité*, t. 100, p 917-982, 1988-2.
— *Rome et l'âge d'or,* La Découverte, 1992.
BRISSON, L., *Platon, les mots et les mythes,* 1982, rééd. Maspero, 1994.
— « Mythes, écriture, philosophie », *La Naissance de la raison en Grèce* (voir MATTÉI).
— (et MEYERSTEIN, F.W.) *Puissance et limites de la raison,* Les Belles lettres 1995.
— *Introduction à la philosophie du mythe,* t. I. *Sauver les mythes*, Vrin, 1996
— « Mythe et savoir » et « Platonisme », *Le Savoir grec,* 1996 (voir BRUNSCHWIG).
— « Le Platonisme », « Le Christianisme face à la philosophie », « Le Monde byzantin et la philosophie grecque », *Philosophie grecque,* 1997 (voir CANTO).
BRUNO, G., *Les Fureurs héroïques,* trad. fr. P.-H. Michel, Belles Lettres, 1954.
BRUNSCHWIG, J., « Propos d'un enchanté », *L'Avant-scène Opéra* 1976 *(voir Revues...).*
— (sous la direction de) en collaboration avec G. LLOYD, *Le Savoir grec. Dictionnaire critique,* Flammarion, 1996.
— « La Philosophie à l'époque hellénistique », *Philosophie grecque,* 1997 (voir CANTO).
BUBER, M., (Textes réunis par) *Confessions extatiques* [1989], trad. fr. J. Malapate, Grasset & Fasquelle, 1995.
CANTAGREL, G., *Bach en son temps*, Hachette, 1982.

— « Bach/Leibniz », *Actes de l'Atelier de philosophie. Philosophie et musique*, CNDP, 1995, p. 30 à 50.

CANTO-SPERBER, M., (sous la direction de), en collaboration avec J. BARNES, L. BRISSON, J. BRUNSCHWIG, G. VLASTOS (articles « Platon », « Aristote »), *Philosophie grecque*, PUF, 1997.

CASSIN, B., *L'Effet sophistique*, Gallimard, 1995.

CASSIRER, E., *Individu et cosmos dans la philosophie de la Renaissance* [1927], trad. fr. P. Quillet, Minuit, 1983.

— *Ecrits sur l'art*, *Œuvres* XII, Ed. du Cerf, 1995.

CERTEAU, M. (DE), *La Fable mystique*, XVIe, XVIIe siècle, Gallimard, 1982, rééd. « Tel » 1987.

CHAILLEY, J., *Histoire musicale du Moyen Age*, PUF, 1950.

— *L'Imbroglio des modes*, A. Leduc, 1960.

— « La Flûte enchantée opéra maçonnique », *L'Avant-scène Opéra*, 1976 *(voir Revues...)*.

— *La Musique grecque antique*, « Les Belles Lettres » 1979.

CHANTRAINE, P., *Dictionnaire étymologique de la langue grecque* (2 t.), Klincksieck, 1968.

CHASTEL, A., *Marsile Ficin et l'art*, Genève 1954, Droz, 1975.

— *Art et humanisme à la Renaissance à Florence au temps de Laurent le Magnifique. Etudes sur la Renaissance et l'humanisme platonicien*, PUF, 1959.

— *Fables, formes, figures*, 2 t., Flammarion, 1978.

CHRÉTIEN, J.-L., *L'Effroi du beau*, Ed. du Cerf, 1987.

— *L'Inoubliable et l'inespéré*, Desclée de Brouwer, 1991.

— *Corps-à-corps*, Minuit, 1997.

CLAIR, J., *Méduse. Contribution à une anthropologie des arts du visuel*, Gallimard, 1989.

CLÉMENT, C., *La Syncope. Philosophie du ravissement*, Grasset, 1990.

COULIANO, I.P., *Expériences de l'extase*, Payot, 1984.

COURCELLE, P., *Recherches sur les Confessions de saint Augustin*, 1950, rééd. De Boccard, 1968.

COURT, R., *Le Musical. Essai sur les fondements anthropologiques de l'art*, Klincksieck, 1976.

— *Sagesse de l'art. Arts plastiques, musique, philosophie*, Klincksieck, 1987.

— *Le Voir et la voix. Essai sur les voies esthétiques*, Ed. du Cerf, 1997.

CREPET, J., et PICHOIS CL., *Baudelaire et Asselineau*, Nizet, 1953.

DAMISCH, H., *La Théorie du nuage*, Seuil, 1972.

DANTE ALIGHIERI, *Il Convivio, Le Banquet*, éd. bilingue, trad. fr. H. Guiberteau, Les Belles Lettres, 1968.

— *La Divine comédie*, éd. bilingue, trad. fr. J. Risset, (3 t)., Flammarion, 1988, rééd. 1992.

DARRIULAT, J., *Les Métaphores du regard. Essai sur la formation des images en Europe depuis Giotto*, Lagune, 1993.

DAVENSON, H., *Traité de la musique selon l'esprit de saint Augustin*, Neuchâtel, La Baconnière, 1942.

DAVID, P., « Pascal iconoclaste ? », *Les Cahiers philosophiques*, n° 74, mars 1998, CNDP.

DELATTE, A., *Les Conceptions de l'enthousiasme chez les philosophes présocratiques*, Les Belles Lettres, 1934.

DERRIDA, J., « La Pharmacie de Platon », *La Dissémination,* Seuil, 1972, rééd Flammarion 1989 (puis en postface au *Phèdre*, GF-Flammarion, 1992).

DESANTI, J-T., (Entretiens avec P. Lainé et Bl. Barret-Kriegel), *Le Philosophe et les pouvoirs,* Calmann-Lévy, 1976.

DESCARTES, R., *Œuvres et lettres*, textes présentés par A. Bridoux, Gallimard, « Bibliothèque de la Pléiade », 1953.

DETIENNE, M., *La Notion de daïmôn dans le pythagorisme ancien,* Les Belles Lettres, 1963.

— *Les Jardins d'Adonis. La mythologie des aromates en Grèce,* Gallimard, 1972.

— *Dionysos mis à mort*, Gallimard, 1977.

— *Dionysos à ciel ouvert,* Hachette, 1986.

— *Apollon le couteau à la main*, Gallimard, 1998.

DIDEROT, D., *Œuvres esthétiques,* éd. par P. Vernière, Garnier Frères, 1968.

DIDI-HUBERMAN, G., « Puissances de la figure, exégèse et visualité dans l'art chrétien », *Encyclopædia universalis, Symposium,* p. 608 à 621, 1990.

— *La Ressemblance informe ou le gai savoir visuel selon Georges Bataille,* Macula, 1995.

DIXSAUT, M., *Le Naturel philosophe. Essai sur les dialogues de Platon,* Université de Paris XII, Vrin, Les Belles Lettres, 1985.

— « La Rationalité projetée à l'origine : ou de l'étymologie », *La Naissance de la raison en Grèce,* 1997 (voir MATTÉI).

— « Platon et les images », in « Rencontres philosophiques », *Actes des journées académiques des professeurs de philosophie*, Mafpen, CNDP, 1996 (p. 15 à 24).

DODDS, E.R., *Les Grecs et l'irrationnel* [1959], trad. fr. M. Gibson, 1965, rééd. Flammarion, 1977.

DUFRENNE, M., *L'Œil et l'oreille*, J.-M. Place, 1991.

DURAS, M., *Le Ravissement de Lol* V. *Stein,* Gallimard, 1964.

ÉRASME, *Œuvres choisies,* trad. fr. J. Chomarat, Livre de Poche, 1991.

— *Les Silènes d'Alcibiade,* trad., introduction et notes par J. Cl. Margolin, Les Belles Lettres, 1998.

ESCHYLE, *Théâtre complet,* trad. fr. E. Chambry, GF-Flammarion, 1964.

— *Prométhée enchaîné*, éd. bilingue, trad. fr. P. Mazon, Les Belles Lettres,1941.

EURIPIDE, *Théâtre complet*, (4 t)., trad. fr. H. Berguin et G. Duclos, GF-Flammarion, 1966.

— *Les Bacchantes*, éd. bilingue, trad. fr. H. Grégoire, Les Belles Lettres, 1961.

— *Héraclès,* éd. bilingue, trad. fr. L. Parmentier et H. Grégoire, Les Belles Lettres,1950.

FICIN, M., *Commentarium Marsilii Ficini florentini in convivium Platonis, De Amore,* trad. fr. R. Marcel, Belles Lettres, 1956.

— *De Raptu Pauli. Il rapimento di Paolo,* Classici Ricciardi, Einaudi, Naples, 1952.

— *Théologie platonicienne* (3 t.), trad. fr. R. Marcel, Belles Lettres, 1964.

FONTAINE, A., *Les Doctrines d'art en France. Peintres, amateurs, critiques de Poussin à Diderot,* 1909, Genève, 1970.

FRANCASTEL, P., *La Réalité figurative*, Denoël/Gonthier, 1965.

— *La Figure et le lieu*, Denoël/Gonthier, 1967.

FRUTIGER, P., *Les Mythes de Platon,* Alcan, 1930.

FUMAROLI, M., *L'Ecole du silence. Le sentiment des images au* XVIIe *siècle*, Flammarion, 1994.

GADAMER, H-G., *Vérité et méthode. Les grandes lignes d'une herméneutique philosophique* [1960], trad. fr. d'E. Sacre, revue par P. Ricœur, Seuil, 1976.

— *L'Art de comprendre. Ecrits* II. *Herméneutique et champ de l'expérience humaine*, trad. fr., Aubier 1991.

GASQUET, J., *Cézanne,* Bernheim Jeune, 1926.

GENIN, Ch., *Le Porte-parole. Essai sur le médiateur dans l'art : le poète, interprète, le réalisateur,* Doctorat de troisième cycle, Directeur Olivier Revault d'Allones, Paris I, mars 1982.

— *Réflexions de l'art. Essai sur l'autoréférence en art,* Kimé, 1998

GERNET, L., « La Notion mythique de la valeur en Grèce ancienne », *Journal de Psychologie*, 1948 (repris dans *Anthropologie de la Grèce antique*, Maspero, 1968, rééd. Flammarion, 1982).

GOETHE, J.W., *Gœthes Werke,* Hambourg, 1948-1964 (14 vol.).

— *Faust* I, et II, trad. fr. J. Malaplate, GF-Flammarion, 1984.

GOLDSCHMIDT, V., *Les Dialogues de Platon*, PUF, 1re éd. 1947.

GUITTON, J., *Le Temps et l'éternité chez Plotin et saint Augustin*, Vrin, 1971.

HADOT, P., *Plotin ou la simplicité du regard*, Etudes augustiniennes, 1963, éd. remise à jour, Gallimard, 1997.

— *Exercices spirituels et philosophie antique,* Etudes augustiniennes, 1987.

— *Qu'est-ce que la philosophie antique ?,* Gallimard, Folio essais, 1995.

— *Eloge de Socrate*, Allia, 1998.

HAYOUN, M.R., *Moïse Mendelssohn*, PUF, 1997.

HEGEL, G.W.F., *Leçons sur l'histoire de la philosophie*, trad. fr. de P. Garniron, Vrin, 1971.

HEIDEGGER, M., *Acheminement vers la parole* [1959], trad. fr. J. Beaufret, W. Brokmeier et F. Fedier, Gallimard, 1976 (rééd. « Tel »).

HERSANT, Y., Préface et traduction, *Hippocrate, Sur le rire et la folie*, Rivages, 1989.

— Préface et traduction de Pic de la Mirandole, G., *De la Dignité de l'homme*, Ed. de l'Eclat, 1993.

— « Le Marteau de Michel-Ange », *La Création, Communications,* n° 64, Seuil, 1997, p. 77 à 88.

HOMÈRE, *L'Iliade,* trad. fr. E. Lasserre, Garnier Frères, rééd. GF-Flammarion, 1965.

— *L'Odyssée*, trad. fr. M. Dufour et J. Raison, Garnier Frères, rééd. GF-Flammarion, 1965.

HULIN, M., *La Mystique sauvage,* PUF, 1993.

JANET, P., *De l'Angoisse à l'Extase, Etude sur les croyances et les sentiments* (2 t.), Alcan, 1928 ; rééd. 1975 et Masson, 1988.

JANKÉLÉVITCH, Vl., *Le Je-ne-sais-quoi et le Presque-rien,* PUF, 1957, rééd. Seuil, 1980.

— *L'Aventure, l'Ennui, le Sérieux,* Aubier, 1963.

— *L'Irréversible et la Nostalgie,* Flammarion, 1974 a.

— *Fauré et l'inexprimable,* Plon, 1974 b.

— *Quelque part dans l'inachevé,* en collaboration avec B. Berlowitz, Gallimard, 1978.

— *La Musique et l'Ineffable,* Seuil, 1983 a.

— *Albeniz, Séverac, Mompou et la Présence lointaine,* Seuil, 1983 b.

JEAN DE LA CROIX, *Nuit obscure, Cantique sprituel et autres poèmes,* éd. bilingue, trad. fr. en français par J. Ancet, Gallimard, 1997.

JEANMAIRE, H., « Le Satyre et la ménade, remarques sur quelques textes relatifs aux danses orgiaques », *Mélanges d'archéologie et d'histoire offerts à Ch. Picard,* PUF (t. 1, p. 463-473), 1949 a.

— « Le Traitement de la mania dans les " mystères " de Dionysos et des Corybantes », *Journal de Psychologie* (p. 65 à 82), 1949 b.

— *Dionysos. Histoire du culte de Bacchus*, Payot, 1951.

JOLY, H., *Le Renversement platonicien. Logos, episteme, polis,* Vrin, 1985.

KERÉNYI, K., « *Agalma, eikon, eidolon* » in *Archivio di Filosofia*, 1962.

KLIBANSKY, R. (en collaboration avec PANOFSKY, E., et SAXL, F.), *Saturne et la mélancolie* [1964], trad. fr. de F. Durand-Bogaert et L. Evrard, Gallimard, 1989.

LACAN, J., « Encore », *Le Séminaire, L.* XX, texte établi par J.A. Miller, Seuil, 1975.

— « Hommage fait à Marguerite Duras du Ravissement de Lol V. Stein », *Marguerite Duras,* coll. « Ça/Cinéma », 2e vol., 1979, p. 131-137.

LASSERRE, F., « L'Education musicale dans la Grèce antique », préface à sa traduction de *Plutarque « De la Musique* », Lausanne, 1954.

LICHTENSTEIN, J., *La Couleur éloquente. Rhétorique et peinture à l'âge classique*, Flammarion, 1989.

LONGIN (PSEUDO), *Du Sublime*, traduction, présentation et notes par J. Pigeaud, Rivages, 1991.

LORAUX, N., *Façons tragiques de tuer une femme*, Hachette, 1985.

— *Les Expériences de Tirésias. Le féminin et l'homme grec*, Gallimard, 1989.

LOUIS-COMBET, CL., *Rapt et ravissement*, Deyrolle éditeur, 1996.

— *Ascétisme et eudémonisme chez Platon*, Annales universitaires de Franche-Comté, 1997.

LUCRÈCE, *De la Nature,* trad. fr. d'A. Ernout (2 t.), Belles Lettres, 1962.

LYOTARD, J.F., *Discours Figure*, Klincksieck, 1971.

— *La Confession d'Augustin*, Galilée, 1998.

MÂLE, E., *L'Art religieux de la fin du* XVIe *siècle, du* XVIIe *siècle et du* XVIIIe *siècle* (t. 4), Colin, 1951.

MARIN, L., « La Description du tableau et le sublime en peinture », *Communications* 34, Seuil, 1981.

— *Pouvoirs de l'image*, Seuil, 1993.

— *Champaigne ou la présence cachée*, Hazan, 1995.

— *De l'Entretien,* Minuit, 1997.

MASSIN, J. et B., *Wolfgang Amadeus Mozart*, Fayard, 1970, rééd. 1990.

MASSIN, M., « Visions, connaissance et peinture. Image médiatrice, image salvatrice », p. 42 à 49, Dossiers « Rencontres philosophiques », *Actes des journées académiques des professeurs de philosophie*, Mafpen, CNDP, 1996.

— « Cosi fan tutte », *Autrement, La Consolation. Mots pour maux*, Morales n° 22, avril 1997, p. 97-111.

— « De la Vigilance philosophique au beau sommeil de Socrate », *Critique*, septembre 1997, p. 602-617.

— « D'un " Flottement " augustinien. Plaisirs de l'ouïe et délectation musicale », *Cahiers philosophiques*, n° 82, mars 2000, p. 23 à 38.

MATTÉI, J.-F., *L'Etranger et le Simulacre. Essai sur la fondation de l'ontologie platonicienne,* PUF, 1983.
— (sous la direction de) *La Naissance de la raison en Grèce,* Actes du congrès de Nice-mai 1987, PUF, 1997.
— *L'Ordre du monde. Platon, Nietzsche, Heidegger,* PUF, 1989.
— *Pythagore et les pythagoriciens,* PUF, 1993.
— *Platon et le miroir du mythe. De l'âge d'or à l'Atlantide,* PUF, 1996.
MENOZZI, D., *Les Images, L'Eglise, et les Arts visuels,* Ed. du Cerf, 1991.
MERLEAU-PONTY, M., *L'Œil et l'esprit,* Gallimard, 1964 (rééd. Folio).
— *La Phénoménologie de la perception,* Gallimard, 1945, rééd. « Tel » 1976.
MICHEL-ANGE, *Poèmes,* trad. fr. P. Leyris, Gallimard, 1983.
MICHEL-ANGE, *Poésies,* trad. fr. M. Orcel, Imprimerie nationale Ed., 1993.
Michel-Ange, Le Jugement dernier, le chef-d'œuvre restauré de la chapelle Sixtine, PARTRIDGE (L.), MANCINELLI (F.) et COLALUCCI (G.) Milan, 1997 ; trad. fr., Laffont, 1997.
MINAZZOLI, A., *La Première ombre,* Minuit,1990.
MOREAU, J., « Les Thèmes platoniciens de l'Ion », *Revue des Etudes grecques,* t. 52, 1939, p. 419-428.
MOUTSOPOULOS, E., *La Musique dans l'œuvre de Platon,* PUF, 1959.
— « Le Rationalisme musical chez les Tragiques grecs », *La Naissance de la raison en Grèce,* 1997 (voir MATTÉI).
MUGLER, Ch., *Dictionnaire historique de la terminologie optique des Grecs,* Klincksieck, 1964.
NAGEL, I., *Autonomie et Grâce. Sur les opéras de Mozart* [1985], trad. fr. A. M. Lang, Ed. de l'Aube, 1990.
NIETZSCHE, Fr., *Œuvres philosophiques complètes,* éd. établie par G. Colli et M. Montinari, trad. fr. J.C. Hémery, Gallimard, 1974.
— *Le Livre du philosophe,* trad. fr. A.K. Marietti, Aubier-Flammarion, 1969.
ORS, E. (D'), *Du Baroque,* Gallimard, 1935 pour la trad. fr., rééd. 1968.
OVIDE, *Les Métamorphoses,* trad. fr. J. Chamonard, Garnier, 1966.
PANOFSKY, E., « Imago pietatis », *Festschrift für M.J. Friedländer zum 60. Geburtstag* [1927.]
— *Essais d'iconologie, les thèmes humanistes dans l'art de la Renaissance* [1939], trad. fr. Cl. Herbette et B. Teyssèdre, Gallimard, 1967.
— *L'Œuvre d'art et ses significations, essai sur les « arts visuels »* [1955] trad. fr. M. et B. Teyssèdre, Gallimard, 1969.
— *Idea. Contribution à l'histoire du concept de l'ancienne théorie de l'art,* trad. fr. H. Joly, Gallimard 1983, rééd. 1989.
— *La Renaissance et ses avant-courriers dans l'art d'Occident* [1960], trad. fr. L. Verron, Flammarion, 1976, rééd. 1990.
— *La Camera di San Paolo du Corrège à Parme* [1961], trad. fr. M.C. Pouvesle, Ed. Hazan, 1996.
— *Saturne et la mélancolie* [1964] (voir KLIBANSKY).
— *Le Titien : questions d'iconologie* [1969], trad. fr. E. Hazan, Hazan, 1989.
— *Trois essais sur le style,* rassemblés et présentés par I. Lavin, MIT Press, 1995 ; trad. fr. B. Turle, Gallimard, 1996.
PARADIS, A., *Mozart. L'Opéra réenchanté,* Fayard, 1999.
PASCAL, Bl., *Œuvres complètes,* Présentation et notes de L. Lafuma, Seuil, 1963.
PATOCKA, J., *L'Art et le temps,* Wien ; trad. fr. E. Abrams, P.O.L., 1990.

PAUL, *Les Epîtres* (in *La sainte Bible,* trad. fr. sous la direction de l'Ecole biblique de Jérusalem, Edition du Cerf, 1955).

PAULHAN, J., *Traité du ravissement*, Périple, 1983.

PAZ, O., *Courant alternatif* [1967], trad. fr. R. Munier, Gallimard, 1972.

— *Sor Juana Inès de la Cruz ou les pièges de la foi* [1982], trad. fr. R. Munier, Gallimard, 1987.

PÉPIN, J., *Mythe et allégorie, les origines grecques et les contestations judéo-chrétiennes,* Aubier, 1958.

PÉTRARQUE, Fr., *Mon secret*, trad. fr. F. Dupuigrenet Desroussilles, Rivages, 1991.

PIC DE LA MIRANDOLE, G., *Commento sopra una canzone d'amore composta da Gerolamo Benivieni*, trad. fr. de Patricia Mari-Fabre, Trédaniel, 1991.

— *De la dignité de l'homme*, traduit et préfacé par Y. Hersant, Ed. de l'Eclat, 1993.

— *Œuvres philosophiques*, traductions et notes par O. Boulnois et G. Tognon, PUF, 1993.

PIGEAUD, J., *La Maladie de l'âme. Etude sur la relation de l'âme et du corps dans la tradition médico-phique antique*, Les Belles Lettres, 1981.

— *Folie et cures de la folie chez les médecins de l'antiquité gréco-romaine. La manie*, Les Belles Lettres, 1987, n° 112, 1987.

— « Lelut et le démon de Socrate », *Médecine et société*, n° 9, Université de Nantes, p. 7 à 50, 1988.

— Traduction, présentation et notes de *Du Sublime,* Longin, Rivages, 1991.

— Traduction, présentation et notes de *La Vérité des songes,* Aristote, Payot et Rivages, 1995.

— *L'Art et le vivant,* Gallimard, 1995.

PLATON,

* Edition bilingue grec-français, Les Belles Lettres, « Guillaume Budé », de 1920 à 1956 – trad. refaite ultérieurement par P. Vicaire pour le *Phédon* (1984), le *Phèdre* (1985) et le *Banquet (*1989).

- *Platon*, *l'Index de la langue philosophique et religieuse de Platon* (établi par E. des Places, Platon Œuvres complètes, t. XIV, 1 et 2, Les Belles Lettres).

* *Platon*, *Œuvres complètes*, traduction et notes par L. Robin avec la collaboration de J. Moreau, Gallimard, « Bibliothèque de la Pléiade », t. 1 et 2, 1950.

* Nouvelles traductions françaises consultées en GF-Flammarion :

- *Lettres,* traduction et commentaires L. Brisson, 1987.
- *Phèdre*, traduction et commentaires L. Brisson, 1989.
- *Ion*, traduction et commentaires M. Canto, 1989.
- *Ménon*, traduction et commentaires M. Canto-Sperber, 1991.
- *Phédon*, traduction et commentaires M. Dixsaut, 1991.
- *Apologie de Socrate* et *Criton*, traduction et commentaires L. Brisson, 1997.

PLOTIN, *Ennéades*, éd. bilingue grec-français des Belles-Lettres, Introduction, notes et index par E. Brehier (7 vol. de 1923 à 1938).

PLUTARQUE, *Œuvres morales*, éd. bilingue grec-français des Belles Lettres (12 t. à partir de 1972) :

— *Le Philosophe doit surtout s'entretenir avec les grands,* Traité 49, trad. fr. M. Cuvigny, t. XI 1, rééd. 1984.

— (Pseudo) *De la Musique*, texte présenté par F. Lasserre, Lausanne, 1954.
PORPHYRE, *La vie de Plotin* (2 t.), Vrin, 1982 et 1992.
PROUST, M., *A la recherche du temps perdu*, Gallimard, « Bibliothèque de la Pléiade », (3 t.).
QUIGNARD, P., « Petit Traité sur les anges », préface au *De Deo Socratis* d'Apulée, Payot et Rivages, 1993.
— *Le Sexe et l'effroi,* Gallimard, 1994.
— *Rhétorique spéculative,* Calmann-Lévy, 1995, rééd. Folio.
— *La Haine de la musique*, Calmann-Lévy, 1996, rééd. Folio.
RABELAIS, Fr., *Gargantua,* texte original et translation en fr. moderne par G. Demerson, Seuil, 1995.
RACINE, J., *Œuvres complètes*, Gallimard, « Bibliothèque de la Pléiade », 1950.
RAMNOUX, Cl., *La Nuit et les enfants de la nuit dans la tradition grecque*, Flammarion, 1959.
RIMBAUD, A., *Œuvres complètes,* texte établi et annoté par A.R. de Renéville et J. Mouquet, Gallimard, « Bibliothèque de la Pléiade », 1963.
RINGBOM, S., *De l'Icône à la scène narrative* [1965] trad. fr. P. Joly et L. Milési, G. Monfort, 1997.
— *Les Images de dévotion*, XIIe-XV^e^siècle ; « Images de dévotion et dévotions imaginatives » [1969] trad. fr. A. Girod, G. Monfort, 1995
ROBIN, L, *La Théorie platonicienne de l'amour,* Alcan, 1908.
— *Platon,* Alcan, 1re éd. 1938.
— Notice introductive au *« Banquet »,* Belles Lettres, rééd. 1989.
ROSAND D., *Titien,* Gallimard, 1993.
ROUGET, G., *La Musique et la transe*, 1980, rééd. Gallimard, 1990.
ROUSSEAU, J.-J.,
—, *Œuvres complètes* éditées sous la direction de B. Gagnebin et M. Raymond, Gallimard, « Bibliothèque de la Pléiade », 1959-1995 (5 t.).
— *Correspondance* (3 vol.), *Œuvres complètes de J.-J. Rousseau,* Hachette, 1886.
ROWE, Ch., « Contre Platon : Philosophie et littérature dans le *Phédon* », *Le Platonisme renversé,* Vrin, 1995.
SAINT GIRONS, B., *Fiat lux. Une philosophie du sublime,* Quai Voltaire, 1993.
SCHOPENHAUER, A., *Le Monde comme volonté et comme représentation*, trad. fr. A. Burdeau, PUF, 1966.
SCHAEFFER, J. M, *L'Art de l'âge moderne. L'Esthétique et la philosophie de l'art du* XVIIIe *siècle à nos jours*, Gallimard, 1992.
— « Originalité et expression de soi », *La Création, Communications,* n° 64, p. 89-116, Seuil, 1997.
SCHAERER, R., *La Question platonicienne*, Neuchâtel, 1938.
SCHUHL, P.-M., *Platon et l'art de son temps,* PUF, 1935.
— *Essai sur la formation de la pensée grecque*, PUF, 1949.
Sénèque, éd. établie et annotée par Paul Veyne, Laffont, 1993.
SEZNEC, J., *La Survivance des dieux antiques*, 1980, rééd Flammarion, 1993.
STAROBINSKI, J., *La Relation critique* (*L'Œil vivant* II), Gallimard, 1970.
— *Trois fureurs*, Gallimard, 1974.
— *La Mélancolie au miroir, Trois lectures de Baudelaire,* Julliard, 1989.
STEINER, G., *Réelles Présences. Les arts du sens* [1989], trad. fr. M.R. de Pauw, Gallimard, 1991.

— *Passions impunies* [1996], trad. fr. L. Evrard, P.E. Dauzat, Gallimard, 1997.
STENDHAL, *De l'Amour* [1822], Le Divan, 1957.
STRICKER, R., *Mozart et ses opéras. Fiction et vérité*, Gallimard, 1980.
THÉRÈSE D'AVILA, *Œuvres de sainte Thérèse, Vie de sainte Thérèse écrite par elle-même,* trad. fr. du P. M. Bouix, 1884, t.1.
— *Vie écrite par elle-même,* trad. fr. du père Grégoire de Saint-Joseph, Seuil, 1949, rééd. 1995.
— *Le Château de l'âme ou le livre des demeures*, trad. fr. père Grégoire de Saint-Joseph, Seuil, 1949, rééd. 1997.
TOLNAY, Ch. (De), *Michel-Ange,* Tisné, 1951.
TOLSTOI, L., *Sonate à Kreutzer* [1889], trad. fr. Rosny et Pavolovsky, Lemerre, 1933.
VALÉRY, P., *Œuvres,* éd. établie et annotée par J. M. Hytier, Gallimard, « Bibliothèque de la Pléiade », 2 t., 1957.
VAN GOGH, V., *Lettres à son frère Théo,* Gallimard, 1956 (rééd. 1988).
VASARI, G., *Les Vies des meilleurs peintres sculpteurs et architectes, Vie de Michel-Ange Buonarroti (*vol. 9), éd. fr. sous la direction d'A. Chastel, Berger-Levrault, 1985.
VÉDRINE, H., *Philosophie et magie à la Renaissance,* Le Livre de poche, 1996.
VERNANT, J.-P., *Aspects mythiques de la mémoire en Grèce. Journal de Psychologie*, fasc I, p. 1 à 29, PUF, 1959.
— *Mythe et pensée chez les Grecs*, Maspero, 1965, rééd. 1974, t. I et II.
— *La Mort dans les yeux,* Hachette, 1985.
— *L'Individu, la mort, l'amour. Soi-même et l'autre en Grèce ancienne*, Gallimard, 1989, rééd Folio 1996.
VLASTOS, G., « Socrate », *Philosophie grecque* 1997 (voir Canto).
VUARNET, J. –N., *Extases féminines,* Hatier, 1991.
WARBURG, A., *Essais florentins*, trad. fr. S. Muller, Klincksieck, 1990.
WILDE, J., *De Bellini à Titien. Texture, forme, couleur dans l'art vénitien* [1981], trad. fr. G. Morel, Macula, 1993.
WIND, E., *Mystères païens de la Renaissance* [1958], trad. fr. P.-E. Dauzat, Gallimard, 1992.
XÉNOPHON, *Banquet, Apologie de Socrate*, trad. F. Ollier, Belles Lettres, 1961 (rééd. 1995).

Revues, documents et catalogues

Lorsque la référence ne concerne qu'un seul auteur (de la revue ou du catalogue), elle n'est pas mentionnée ici, mais (sous le nom de cet auteur) dans la bibliographie qui précède.

Actes de l'Atelier de Philosophie, *Philosophie et musique,* Mafpen, Dossiers CNDP, publication annuelle (sous la direction de M. Massin) ; en particulier
- pour 1994-1995, les articles de G. Cantagrel et C. Genin,
- pour 1995-1996, les contributions d'A. Bélis et M. Quesne
- pour 1996-1997 les articles de F. Boullant, R. Court et M. Duponthieux.

Documents, actes et rapports pour l'éducation, Musique et philosophie, CNDP,

1997, édité sous la direction d'A. Boissière ; en particulier les articles d'H. Dufourt, de B. Piettre, de R. Court.
Etudes de littérature ancienne, Presses de l'Ecole Normale Supérieure
—, t. 7, *Antiquités imaginaires. La Référence antique dans l'art occidental, de la Renaissance à nos jours*, 1996 ; édité sous la direction de Ph. Hoffmann et P.L. Rinuy avec la collaboration d'A. Farnoux ; en particulier les articles de Ph. Hoffmann, H. Lasalle, P. Marèchaux.
—, t. 8, *Le Rire des anciens,* 1998 ; édité sous la direction de Ph. Hoffmann et M. Trédé, avec la collaboration de Cl. Auvray-Assayas ; en particulier les articles de J.C. Carrière, E. Jouet-Pastré.

Revues

Ateliers, Lille III : Instruments, musiques et musiciens de l'antiquité classique, 1995, en particulier les articles d'A. Bélis et de D. Delattre.
L'Arc : *Georges Bataille*, Duponchelle, 1990.
L'Avant-scène Opéra :
— *La Flûte enchantée, n° 1*, janvier – février 1976, (en particulier les articles de H. Barraud, J. Brunschwig, J. Chailley).
— *Cosi fan tutte, du tragique au pessimisme*, n° 16/17 juillet octobre 1978 (en particulier les articles de J.V. Hocquard et S. Murr).
— *Cosi fan tutte*, I, n° 16/17, octobre 1978 et II, n° 131/132, mai-juin 1990 (en particulier les articles de D. Jameux, I. Moindrot, M. Vignal).
Communications : *La Création*, n° 64 dirigé par F Flahault et J. M. Schaeffer, Seuil, 1997 (en particulier les articles d'O. Boulnois, Y. Hersant et J. M. Schaeffer).
Critique : Vladimir Jankélévitch, janv.-févr. 1989, n° 500, 501 (en particulier les articles de C. Rosset, E.S. Apter, L.-A. Revah, J. Lacoste).
Philosophie : L'objet musical et l'universel, n° 59, septembre 1998 (en particulier les articles de B. Seve et A.-G. Wersinger).

Catalogues

Negotiating rapture, the power of Art to transform Lives, Catalogue d'exposition du Museum of contemporary Art, Chicago, 1995.
Nicolas Poussin, Catalogue de l'exposition du Grand Palais, 1994.
Le Siècle de Titien, Catalogue de l'exposition du Grand Palais, mars-juin 1993, Réunion des Musées nationaux.

ŒUVRES ARTISTIQUES ÉTUDIÉES

ARTS PLASTIQUES

(Le) Bernin, *Pluton et Proserpine*, 1621-1622, Rome, Galerie Borghèse.
— *Sainte Thérèse*, 1646-1651, Eglise Santa Maria della Vittoria, Rome
Botticelli, *Le Printemps*, 203 x 314 cm, 1478, Florence, Les Offices.
Cavallini, *Le Jugement dernier*, 1290, Rome, Sainte-Cécile.
(Le) Corrège, Chambre du monastère de saint Paul, 1518-1519, Parme.
— *Noli me tangere*, 130 x 103 cm, entre 1518 et 1524, Madrid, Musée du Prado.
— *Le Rapt de Ganymède*, 163,5 x 70,5 cm, 1531-1532, Vienne, Kunsthistoriches Museum.
— *Io,* 163,5 x 70,5 cm, 1531-1532, Vienne, Kunsthistoriches Museum.
Fiorentino, N., *Médaille* de Pic de la Mirandole, 1484-1485, Londres, British Museum.
— *Médaille* de Giovanna Tornabuoni, Londres, British Museum.
Giambologna, 1583, *L'Enlèvement d'une Sabine,* v. 1579,1583, Florence, Loggia della Signoria.
Lorrain, Cl., *Paysage fluvial avec le temple de la sibylle à Tivoli,* 37 x 52 cm, entre 1630 et 1635, Melbourne, National Gallery of Victoria.
— *Paysage pastoral au joueur de flûte*, 49 x 39 cm, v. 1930, Nancy, Musée des Beaux-arts.
Michel-Ange, *Bacchus,* entre 1496 et 1498, Florence, Bargello.
— *La Bataille de Cascina* (entre 1504 et 1505, original perdu).
— (d'après l'original perdu de 1532), *Ganymède*, 19 x 33 cm, Fogg Art Museum, Cambridge.
— *Le Châtiment de Tityus*, 19 x 33 cm, 1532, Royal Library, Windsor.
— *La Chute de Phaéton*, troisième version, 41,3 x 23,4 cm, 1533, Royal Library, Windsor.
— *Le Jugement dernier*, Chapelle Sixtine, de 1536 à 1541, Rome, Vatican.
(Le) Pérugin, *Apollon et Marsyas*, 39 x 29 cm, 1495, Paris, Musée du Louvre.
Picasso, *La Flûte de Pan*, 205 x 174,5 cm, 1923, Paris, Musée Picasso.
Poussin, *L'Enlèvement des Sabines,* 154 x 206 cm, 1633, 1634, New York, Metropolitan Museum.
— *L'Enlèvement des Sabines*, 159 x 206 cm, v. 1637, Paris, Musée du Louvre.
— *Pan et Syrinx*, 106,5 x 82 cm, 1637, Galerie de Dresde.
— *Le Ravissement de saint Paul*, 148 x 120 cm, 1649-1650, Paris, Louvre.
Raphaël,
— *Les Trois Grâces,* 17 x 17 cm, 1505, Chantilly, Musée Condé.

— *La Chambre de la Signature*, 1509-1511, Rome, Vatican
Marsyas et Apollon, médaillon, 120 x 125 cm,
L'Ecole d'Athènes,
— *Sainte Cécile*, 220 x 136 cm, v. 1513,1514, Bologne, Pinacoteca Nazionale.
— *La Madone de saint Sixte*, 265 x 196 cm, v. 1513, 1514, Dresde, Gemälde Galerie.
— *La Transfiguration*, 405 x 278 cm, v. 1518, 1520, Rome, Vatican.
Rembrandt, *L'Enlèvement de Ganymède*, 171 x 130 cm, 1635, Dresde.
Rubens, P.-P., *L'Enlèvement des Filles de Leucippe*, 224 x 210,5 cm, 1618, Münich, Alte Pinakothek.
Sirani, E., *Sainte Madeleine au désert*, 113,5 x 94,3 cm, v. 1638, 1665, Musée des Beaux-arts de Besançon.
Signorelli, L., *Le Triomphe de Pan*, daté de 1490 environ (le tableau autrefois à Berlin, Kaiser Friedrich Museum, a été détruit en 1945).
Titien, *L'Amour sacré et l'Amour profane*, 118 x 279 cm, v. 1515, Rome, Galerie Borghèse.
— *Danaé*, 120 x 172 cm, v. 1545, Naples, Galleria Nazionale di Capodimonte.
— *Danaé*, 129 x 180 cm, 1554, Madrid, Musée du Prado.
— *L'Enlèvement d'Europe*, 185 x 205 cm, achevé en 1562, Boston, Isabella Stewart Gardner Museum.
— *Portrait de l'artiste par lui-même*, 96 x 75 cm, v. 1562, Berlin, Staatliche Museen.
— *Portrait de l'artiste par lui-même*, 86x 65 cm, v. 1567, Madrid, Musée du Prado.
— *La Chute de l'homme*, 240 x 186 cm, v. 1570, Madrid, Musée du Prado.
— *Le Supplice de Marsyas*, 212 x 207 cm, v. 1570, 1576, Kromeriz, château archiépiscopal, République tchèque.
Zuccaro, T., *La conversion de saint Paul*, fresque de 1563, Rome, Eglise San Marcello al Corso.

MUSIQUE

Bach, J.S., *Cantate* BWV 21, « Ich hatte viel Bekümmernis ».
— *Cantate* BWV 51, « Jauchzet Gott in allen Landen ».
— *Cantate* BWV 66 et 66 a, « Erfreut ihr Herzen ».
— *Cantate* BWV 82, « Ich habe genug ».
— *Cantate* BWV 201, *Der Streit zwischen Phœbus und Pan*, « Geschwinde, ihr wirbelnden Winde ».
— *Cantate* BWV 210, « O holder Tag, erwünschte Zeit ».
— *Cantate du café*, BWV 211, « Schweigt stille, plaudert nicht ».
— *Cantate des paysans* BWV 212/20, « Mer hahn en neue Oberkeet ».
— *Oratorio de Pâques*, BWV 249, et BWV 249 b.
— *Fantaisie et Fugue* en sol mineur BWV 542.
— *Passion selon saint Matthieu*, BWV 244.
— *Prélude et Fugue* en si mineur, BWV 544.
— *Toccata avec fugue* en ré mineur, BWV 565.
— *Variations Goldberg*, BWV 988.

Mozart, W.A., *Les Noces de Figaro,* livret de Da Ponte.
— *Don Giovanni,* livret de Da Ponte.
— *Cosi fan tutte*, livret de Da Ponte.
— *La Flûte enchantée*, livret de Schikaneder.
— *Quintette pour clarinette,* K. 581.
Schubert, Fr., *Ganymed, Lied* sur un poème de Goethe, D. 544, opus 19 n° 3.

TABLE DES ILLUSTRATIONS HORS-TEXTE

Remerciements

Ce livre propose une version remaniée de la thèse de doctorat soutenue en avril 1999 à l'E.H.E.S.S.

Je voudrais dire tout ce qu'elle doit à la direction chaleureuse et attentive d'Yves Hersant, remercier aussi de leurs stimulantes remarques Raymond Court, Jean-François Mattéi, Jackie Pigeaud et Jean-Marie Schaeffer ; remercier encore celles et ceux qui m'aidèrent à plus d'un titre durant le travail de thèse (au premier rang desquels Elisabeth, Jean-Paul et Monique Brisson, Françoise Guérard, Jean-Pierre Hammer, Bernard Jourde, Alain Le Guyader et Monique Quesne), ainsi qu'Annie Bélis et Georges Montcriol qui me conseillèrent dans cet autre et délicat travail de réécriture et acceptèrent d'en relire des chapitres.

Que Serge Boucheron trouve ici l'expression de ma profonde gratitude ; du dessein à l'aboutissement de ce livre, sa rigueur exigeante, ses suggestions et sa sollicitude furent de précieux appuis. Merci enfin à Benoît, Barbara et Irène Servant de leur patience confiante et de l'entrain avec lequel ils acceptèrent de voyager de musées en musées, de partitions en partitions, pour suivre (et parfois partager) mes propres ravissements.

TABLE

COLLECTION « PARTAGE DU SAVOIR »

Parrainée par Edgar Morin

Parce que l'Université n'a pas seulement vocation à transmettre et créer des savoirs, mais également à les faire partager au plus grand nombre, Le Monde de l'éducation a décidé, en 1997, encouragé par Jean-Marie Colombani, directeur du Monde, *de créer le prix Le Monde de la recherche universitaire, avec le concours de la Fondation d'entreprise Banques CIC pour le livre, de la Fondation Charles Léopold Mayer, et le soutien de l'Unesco.*

Notre ambition commune est triple : décloisonner les lieux de production du savoir et encourager la recherche universitaire en lui offrant un autre canal de valorisation, une audience élargie au grand public ; créer une dynamique d'échange entre le monde éditorial et les universités et impulser un débat d'idées permanent autour des savoirs ; encourager, enfin, les chercheurs à aborder des problématiques de recherche visant à réduire les clivages entre l'espace de production des connaissances et les besoins des hommes.

Le prix est ouvert aux titulaires d'un doctorat ayant soutenu, au sein d'une université française ou étrangère, une thèse rédigée en français et non publiée. Les travaux font l'objet d'une sélection effectuée par un comité de lecture rassemblant une centaine de personnalités des communautés scientifique et culturelle. Un jury final attribue la possibilité à cinq jeunes docteurs d'être publiés chez Grasset dans cette collection que nous avons souhaitée grand public, « Partage du savoir ».

En lançant cette collection, nous avons voulu signifier très fortement combien les chercheurs sont impliqués dans l'élaboration de la société de demain. Ils inventent au jour le jour, parfois dans la solitude, de nouveaux savoirs dont les prolongements pourront être essentiels pour l'humanité. Cette collection, destinée à faire découvrir à un large public les nouveaux territoires de la pensée contemporaine, est donc, avant tout, un hommage rendu à leur travail.

ANNE-LINE ROCCATI
Rédactrice en chef.

DANS LA COLLECTION
« PARTAGE DU SAVOIR »

RACHEL BEAUJOLIN
Les vertiges de l'emploi
L'entreprise face aux réductions d'effectifs

RAYMONDE COUDERT
Proust au féminin

ON' OKUNDJI OKAVU EKANGA
Les entrailles du porc-épic
Une nouvelle éthique pour l'Afrique

RACHEL GASPARINI
Ordres et désordres scolaires
La discipline à l'école primaire

NACIRA GUÉNIF SOUILAMAS
Des « beurettes » aux descendantes d'immigrants nord-africains

MARIE-CÉCILE MOULINIER
Au risque de naître : maternité et sida

BRUNO REMAURY
Le beau sexe faible
Les images du corps féminin entre cosmétique et santé

TRACEY SIMPSON
Le dernier poème du dernier poète
La poésie de Jim Morrison

AGNÈS VILLECHAISE-DUPONT
Amère banlieue
Les gens des grands ensembles

CHRISTINE GEOFFROY
La mésentente cordiale
Voyage au cœur de l'espace interculturel franco-anglais

PIERRE BURLAUD
Danube-Rhapsodie
Images, mythes et représentations d'un fleuve européen

Impression réalisée sur CAMERON par

BUSSIÈRE CAMEDAN IMPRIMERIES

GROUPE CPI

à Saint-Amand-Montrond (Cher)
en octobre 2001

N° d'édition : 12156. — N° d'impression : 014876/4.
Dépôt légal : octobre 2001.

Imprimé en France

ISBN 2-246-61071-0